教育部　财政部职业院校教师素质提高计划成果系列丛书
教育部　财政部职业院校素质提高计划职教师资开发项目
"物流管理"专业职教师资培养资源开发项目（VTNE077）（负责人：白世贞）

仓储与配送管理

霍 红　李 腾　主编

科学出版社
北　京

内 容 简 介

本书根据"以工作过程为导向，以任务为核心，以职业能力为依据"的设计理念，突出岗位牵引、知识依托、实践强化、理实教一体化的教材特色。全书共分七章，主要包含仓储与配送管理概述、入库与在库作业管理、分拣作业管理、配送作业管理、仓储与配送设施设备、仓储与配送技术及仓储与配送信息技术，还包括三个综合实践项目。每章基本涵盖了学习目标、案例引导、知识与技能、实践训练、教学实践等内容，方便读者理解。

本书适合物流管理专业教师使用，也适合高等院校及职业院校物流管理、物流工程等专业的本、专科学生使用，同时可作为物流从业人员的培训教材或参考书。

图书在版编目（CIP）数据

仓储与配送管理 / 霍红，李腾主编. —北京：科学出版社，2018.6
（教育部　财政部职业院校教师素质提高计划成果系列丛书）
ISBN 978-7-03-056999-8

Ⅰ.①仓… Ⅱ.①霍… ②李… Ⅲ.①仓库管理-高等职业教育-教材②物流管理-物资配送-高等职业教育-教材 Ⅳ.①F253②F252.14

中国版本图书馆 CIP 数据核字（2018）第 051670 号

责任编辑：张　宁　王京苏 / 责任校对：彭珍珍
责任印制：霍　兵 / 封面设计：蓝正设计

科 学 出 版 社 出版
北京东黄城根北街 16 号
邮政编码：100717
http://www.sciencep.com

文林印务有限公司 印刷
科学出版社发行　各地新华书店经销
*

2018 年 6 月第 一 版　开本：787×1092　1/16
2018 年 6 月第一次印刷　印张：19
字数：442 000
定价：62.00 元
（如有印装质量问题，我社负责调换）

教育部 财政部职业院校教师素质提高计划
职教师资培养资源开发项目专家指导委员会

出 版 说 明

《国家中长期教育改革和发展规划纲要（2010—2020年）》颁布实施以来，我国职业教育进入加快构建现代职业教育体系、全面提高技能型人才培养质量的新阶段。加快发展现代职业教育，实现职业教育改革发展新跨越，对职业学校"双师型"教师队伍建设提出了更高的要求。为此，教育部明确提出，要以推动教师专业化为引领，以加强"双师型"教师队伍建设为重点，以创新制度和机制为动力，以完善培养培训体系为保障，以实施素质提高计划为抓手，统筹规划，突出重点，改革创新，狠抓落实，切实提升职业院校教师队伍整体素质和建设水平，加快建成一支师德高尚、素质优良、技艺精湛、结构合理、专兼结合的高素质专业化的"双师型"教师队伍，为建设具有中国特色、世界水平的现代职业教育体系提供强有力的师资保障。

目前，我国共有60余所高校正在开展职教师资培养，但由于教师培养标准的缺失和培养课程资源的匮乏，制约了"双师型"教师培养质量的提高。为完善教师培养标准和课程体系，教育部、财政部在"职业院校教师素质提高计划"框架内专门设置了职教师资培养资源开发项目，中央财政划拨1.5亿元，系统开发用于本科专业职教师资培养标准、培养方案、核心课程和特色教材等系列资源。其中，包括88个专业项目，12个资格考试制度开发等公共项目。该项目由42家开设职业技术师范专业的高等学校牵头，组织近千家科研院所、职业学校、行业企业共同研发，一大批专家学者、优秀校长、一线教师、企业工程技术人员参与其中。

经过三年的努力，培养资源开发项目取得了丰硕成果。一是开发了中等职业学校88个专业（类）职教师资本科培养资源项目，内容包括专业教师标准、专业教师培养标准、评价方案，以及一系列专业课程大纲、主干课程教材及数字化资源；二是取得了6项公共基础研究成果，内容包括职教师资培养模式、国际职教师资培养、教育理论课程、质量保障体系、教学资源中心建设和学习平台开发等；三是完成了18个专业大类职教师资资格标准及认证考试标准开发。上述成果，共计800多本正式出版物。总体来说，培养资源开发项目实现了高效益：形成了一大批资源，填补了相关标准和资源的空白；凝聚了一支研发队伍，强化了教师培养的"校—企—校"协同；引领了一批高校的教学改革，带动了"双师型"教师的专业化培养。职教师资培养资源开发项目是支撑专业化培养的一项系统化、基础性工程，是加强职教教师培养培训一体化建设的关键环节，也是对职教师资培养培训基地教师专业化培养实践、教师教育研究能力的系统检阅。

自2013年项目立项开题以来，各项目承担单位、项目负责人及全体开发人员做了大量深入细致的工作，结合职教教师培养实践，研发出很多填补空白、体现科学性和前瞻性的成果，有力推进了"双师型"教师专门化培养向更深层次发展。同时，专家指导委员会的各位专家以及项目管理办公室的各位同志，克服了许多困难，按照两部对项目开发工作的总体要求，为实施项目管理、研发、检查等投入了大量时间和心血，也为各个项目提供了专业的咨询和指导，有力地保障了项目实施和成果质量。在此，我们一并表示衷心的感谢。

教育部　财政部职业院校教师素质

提高计划成果系列丛书编写委员会

2016 年 3 月

前　言

仓储与配送是现代物流的两个重要环节，配送中心（distribution center，DC）是物流企业或者企业物流运作管理的一个重要部门。仓储与配送过程可以实现所有物流功能的整合，其水平反映了物流的处理能力。现代物流管理需要大量掌握仓储与配送知识和技能的从业人员，从而促进企业物流配送水平的提升和现代物流业的快速发展。

本书面向物流行业，根据仓储与配送相关业务操作人员及管理人员的广泛岗位需求，结合仓储与配送岗位任务和作业特征，按照物流管理专业教师要求，依托仓储与配送管理所需要的学科、专业知识和能力，提出了"以工作过程为导向，以任务为核心，以职业能力为依据"的内容设计理念，体现岗位牵引、知识依托、实践强化、理实教一体化的教材特色。本书以货物的入库、在库保管与养护、出库、配送作业为学习线索，以仓储与配送技术和仓储与配送信息技术的运用为必要技术支撑，结合教师教学设计、教学评价及教学开发能力培养，注重理论性与实践性相结合，突出仓储与配送管理理论、实践、教学一体化特色。本书的结构框架如下页图所示。

全书共七章。第一章讲述了仓储与配送管理的基本概念、分类与基本流程。第二章至第五章基于仓储与配送业务及管理工作过程，讲述了商品入库与在库管理、分拣作业管理、配送作业管理以及仓储与配送设施设备。第六章和第七章讲述了仓储与配送管理的必要支撑内容，包括仓储与配送技术、仓储与配送信息技术。最后的综合实践借助典型应用实践项目对多个知识点进行综合应用。

本书由霍红、李腾担任主编，霍红负责全书的整体策划和结构设计，李腾负责内容的组织和撰写及最后的统稿工作。本书具体编写分工为：第一章和第二章由刘莉编写，第三章和第四章由宋杨编写，第五章由李腾编写，第六章由高妍南编写，第七章由张鹤冰编写，各章的实践训练和练习题由王仁龙辅助整理，综合实践内容由刘莉和王仁龙共同完成。

本书在编写过程中，参考了大量的相关文献资料，在此对资料的作者表示由衷的感谢。

由于编者水平有限，书中难免存在不足之处，希望广大读者提出宝贵意见，以便进一步完善。

编　者

2018 年 5 月

岗位牵引、知识依托、实践强化、理实教一体化

学科体系　→　专业知识体系　→　能力体系　→　职业岗位

业务操作层

专业知识与技能
- 商品分类与养护知识
- 仓储业务流程设计与组织
- 设施设备认知
- 数据采集与识别知识
- 包装标准化
- 仓储配送增值业务知识
- 配送业务流程知识
- 分拣业务流程与工艺知识

实践应用
- 商品储存与养护实践
- 仓储业务流程设计实践
- 仓储配送设施设备识别
- 数据采集与识别操作实践
- 配送业务流程操作实践
- 企业实习
- 专业技能大赛

运营管理层

专业知识与技能
- 库存管理知识
- 装卸搬运优化技能
- 流通加工优化技能
- 仓库信息管理知识
- 仓库模拟仿真技能
- 设施设备应用选择
- 配送计划能力
- 分拣策略知识

实践应用
- 库存控制模拟实践
- 仓储配送管理信息系统实践模拟
- 仓储配送管理计算机仿真实验
- 设施设备选型模拟实践
- 分拣技术实训
- 配送技术实训
- 企业实习
- 专业技能大赛

❖管理科学与工程　目标管理　流程管理　信息管理
❖计算机科学与技术　信息系统　模拟仿真
❖机械工程　机械设计　机械原理　机械电子
❖信息与通信工程　数据采集　数据识别　信息跟踪
❖教育学　教育知识　教育　心理学　教学法

能力体系：
□ 对仓储、配送对象的认知能力
□ 仓储业务能力
　■基本业务能力　■增值业务能力
　入库　流通加工
　在库　包装
　出库　数据挖掘与利用
　配送
□ 仓储配送设施设备的使用能力

□ 仓储配送运营管理能力
　■仓库规划设计能力
　■库存控制能力
　■流通加工、装卸搬运、包装合理化能力
　■分拣策略优化能力
　■配送调度能力
□ 仓储配送设施设备的优化选型能力
□ 现代技术综合应用能力
　■自动化技术
　■机械技术
　■信息技术
　■计算机技术

职业岗位 **业务操作层**
- 库管员
- 统计员
- 理货员
- 质检员
- 物流信息管理员
- 拣货员
- 流通加工员
- 采购员
- 操作员
- 配送员

运营管理层
- 仓库规划与设计
- 库存控制
- 仓储配送业务流程设计与优化
- 仓储配送信息技术应用
- 仓储配送管理信息系统操作

底部栏：
■教学知识　■教育法律法规　■教学设计能力
■教育学　■教育管理学　■教学评价能力
■教育心理学　■教育技术　■课程开发能力
■教学法　■教育实习

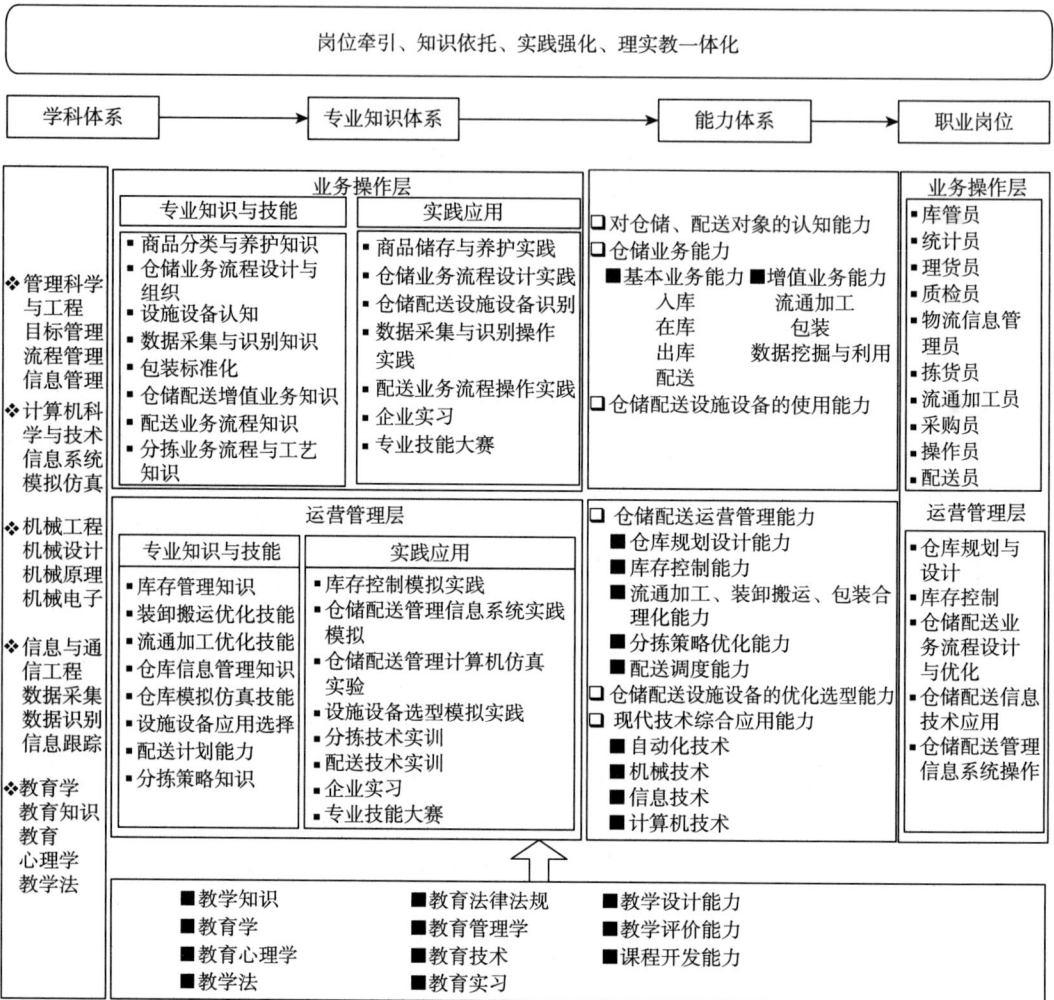

本书的结构框架

目　　录

第一章 仓储与配送管理概述

本章实施体系图如图 1-1 所示。

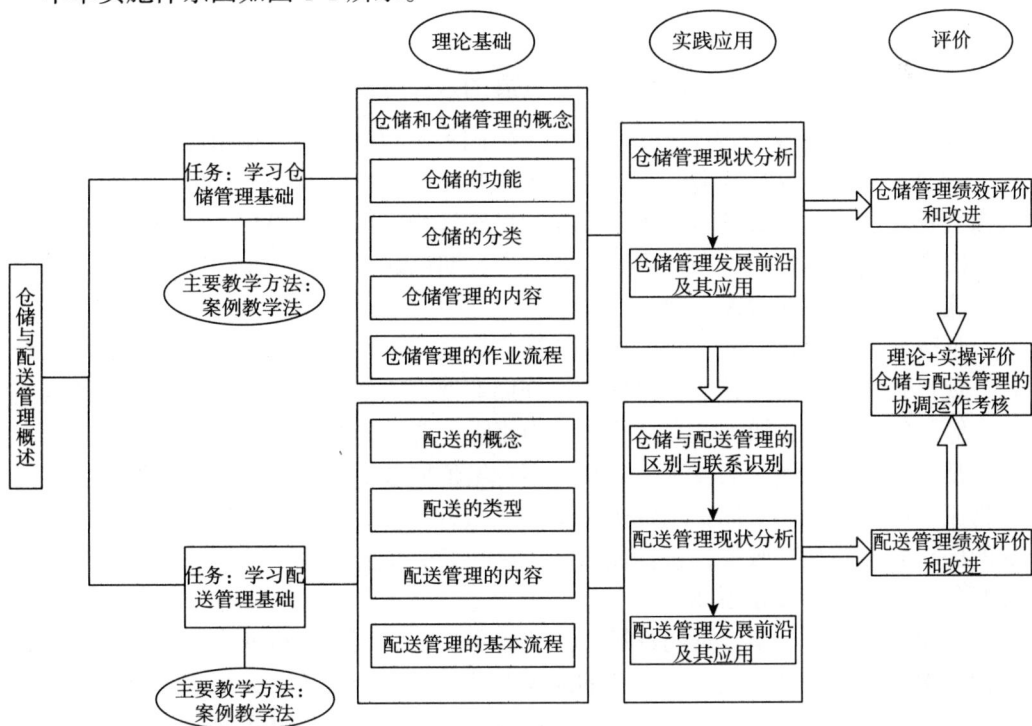

图 1-1 第一章实施体系图

◎学习目标

知识目标：了解仓储与配送的概念，掌握仓储与配送的功能，掌握仓储的分类，掌握仓储管理的内容，熟悉仓储作业的基本流程，了解仓储管理和配送管理的现状及发展趋势，掌握配送的类型，掌握配送管理的内容，掌握配送管理的基本流程。

能力目标：能正确叙述仓储与配送的区别，能够确定仓储管理与配送管理的内容，能够熟练地说明仓储作业和配送作业的基本流程，能够随时跟踪分析仓储与配送管理的现状与发展趋势，能够根据商品的特性进行合适的储位管理工作，能够根据商品选择不同配送方式。

素质目标：具有良好的仓储与配送管理人员从业道德、严谨的工作态度和良好的团队合作精神；具备良好的口头表达和人际沟通能力；具有一定的仓储行业或配送中心从业人员法律保护意识。

◎案例引导

钢铁物流仓储业发展的六大方向分析

2014 年 9 月，商务部为贯彻落实 2013 年国务院召开的部分城市物流工作座谈会精神和 2014 年 6 月国务院常务会议通过的《物流业发展中长期规划（2014—2020 年）》，促进商贸物流发展，降低物流成本，支撑国民经济稳步增长，提出了相应的实施意见。参考此次商务部的实施意见和《物流业发展中长期规划（2014—2020 年）》，预计今后钢铁物流仓储业发展的六大方向。

一是改变"大而全"或"小而全"的运作模式，由传统的钢铁物流仓储业向大型、综合、现代化物流仓储业转变。钢铁物流仓储业要大力发展配送和加工业务，建成能够提供仓储、配送、流通加工、交易等多项物流服务功能的综合型物流园区。

二是钢铁物流仓储业的盈利模式将向多种增值服务、收入渠道多元化的方向发展。钢铁物流仓储业除提供仓储、运输等基本物流服务节外，还可以向广大客户提供一系列附加的创新服务和独特服务，包括流通加工、包装、信息处理、展览、咨询、培训等辅助性服务内容，拓展服务领域。

三是建立公开、公正、透明的第三方监管平台。钢贸物流行业发生的虚假仓单和重复质押的根本原因是供应链监管环节的缺失，即缺乏一个公正、公平、公开的第三方监管平台，以保证其和仓储信息系统、银行系统实现三方数据实时互动。

四是钢铁物流体系将与钢铁电商平台互相促进。电商的价值最终要通过物流来完成，物流是电商的必要环节。同时，电商平台也要通过技术化手段来优化物流行业、降低物流成本、加快物流速度、改进物流服务，物流业的发展也离不开电商平台。

五是加强人才培养，逐步提高钢铁物流仓储的专业化水平。开展钢铁物流仓储从业人员的资质培训工作，特别是注重实践性人才的培养，严格实行持证上岗制度；发挥相关教育培训机构的作用，利用高校教育资源，把各类专业仓储从业人员的培养纳入教育体系，推进钢铁物流仓储业向信息化、标准化、一体化的趋势发展。

六是提高标准化水平，打造现代物流企业。钢铁物流仓储业应加快商贸物流管理、技术和服务标准的推广，鼓励有关企业采用标准化的物流计量、货物分类、物品标识、物流装备设施、工具器具、信息系统和作业流程等；利用信息平台中的客户管理、管理报告、库存状态查询等方法，为客户提供可靠、高质量和便利的服务。

总的来看，钢铁物流仓储业的发展前景广阔。目前，我国钢铁物流仓储业正处于转型的关键阶段，未来必然发展成集仓储、加工、快速配送和电子商务为一体的现代钢铁物流。

请结合案例和以下知识体会仓储管理的重要性。

（资料来源：http://www.ccsbw.com/news/html/market/12718.html）

◎知识与技能

第一节　仓储管理基础知识

一、仓储的定义及作用

（一）仓储的定义

"仓"也称为仓库，即存放物品的建筑物和场地；"储"表示收存以备使用，具有收存、保管、交付使用的意思，适用有形物品时也称为储存。

仓储是指利用仓库及相关设施设备进行物品的入库、存储、出库的活动。仓储的概念包含静态仓储及动态仓储两种。静态仓储是指对未被即时消耗掉的物资、物料、物品等，配以专门的场所进行存放的行为。动态仓储是指将物资、物料、物品存入仓库及对存放在仓库里的物资、物料、物品进行保管、控制与供货等的行为。

（二）仓储的作用

仓储的作用主要体现在以下几个方面。

1. 产生时间效用

仓储能克服生产和消费在时间上的间隔，产生时间效用。时间效用的含义是，同种"物"由于时间状态不同，其使用价值的实现程度可能有所不同，其效益的实现也就会不同，从而最大限度地发挥使用价值，提高了投入产出比。

为了均衡地消费那些集中生产的物资，调整生产及消费的时间差别，就需要设仓库进行仓储。

2. 消除供求矛盾

仓储可以消除生产旺季与生产淡季及消费之间的供求矛盾。集中生产的产品如果即时推向市场销售，必然造成市场短期内的产品供给远大于需求，使产品价格大幅降低，甚至由于无法消费而被废弃。在非供应季节，市场供应量少而产品价格高，有利于生产的持续进行。仓储的功能是稳定市场，均衡市场的供给。

3. 提供服务节

仓储的绩效指标可以用来衡量仓储提供服务节的优劣。在仓储过程中通过进行备货、分拣、再包装等流通加工作业，以及用户进行的库存控制等物流服务业务，为物流管理提供了更多的服务节。开展物流管理必须重视仓储管理，有效的仓储管理能够实现物流管理的目的。

4. 仓储是"第三利润源泉"

仓储作为一种停滞，时时有冲减利润的趋势，在储存的过程中商品使用价值降低，各种储存成本支出又必然起到冲减利润的作用。仓储作为"第三利润源泉"的主要原因包含以下四个方面。

（1）有了仓储保证，就可免除加班赶工，省去了加班费。

（2）有了仓储保证，就能在有利时机进行销售，或者在有利时机进行购进。

（3）有了仓储保证，就无须紧急采购，不致增加成本。

（4）仓储中节约的潜力也是巨大的。储存合理化，如减少储存时间、加速资金流转，可以使成本降低进而增加利润。

二、仓储的分类

（一）按照仓储经营主体分类

1. 自营仓储

自营仓储主要包括生产企业仓储和流通企业仓储。生产企业仓储是为保障原材料供应、半成品及成品的保管需要而进行的仓储保管，其储存的对象较为单一，以满足生产为原则。流通企业仓储则是为流通企业经营的商品进行的仓储保管，其目的是支持销售。自营仓储不具有经营独立性，仅仅是为企业的产品生产或商品经营活动服务。相对来说自营仓储规模小，数量众多，专业性强，仓储专业化程度低，设施简单。

2. 营业仓储

营业仓储是仓储经营人以其拥有的仓储设施，向社会提供仓储服务。仓储经营人与存货人通过订立仓储合同的方式建立仓储关系，并且根据合同约定提供仓储服务并收取仓储费。营业仓储面向社会，以经营为手段，追求利益最大化。与自营仓储相比，营业仓储的使用效率较高。

3. 公共仓储

公共仓储是公用事业的配套服务设施，为车站、码头提供仓储配套服务，其运作的主要目的是保障车站、码头等的货物作业和运输，具有内部服务的性质，处于从属地位。对于存货人而言，公共仓储适用营业仓储的关系，只是不独立订立仓储合同，而是将仓储关系列在作业合同、运输合同之中。

4. 战略储备仓储

战略储备仓储是国家根据国防安全、社会稳定的需要，对战略物资进行储备。战略储备仓储特别重视储备品的安全性，且储备时间较长，储备的物资主要有粮食、油料、有色金属等。

（二）按照仓储功能分类

1. 生产仓储

生产仓储为生产领域服务，主要是用来保管生产企业生产加工的原材料、燃料、在制品和待销售的产成品，包括原材料仓储、在制品仓储和成品仓储。

2. 流通仓储

流通仓储为流通领域服务，专门储存和保管流通企业待销售的商品，包括批发仓库、零售仓库。

3. 中转仓储

中转仓储是衔接不同运输方式的仓储，主要设置在生产地和消费地之间的交通枢纽地，如港口、车站等。中转仓储具有货物大进大出的特点，储存期限短，注重货物的周转效率。

4. 保税仓储

保税仓储是指使用海关核准的保税仓库存放保税货物的仓储行为。保税仓储储存的对象是暂时进境并且需要复运出境的货物，或者是海关批准暂缓纳税的进口货物。保税仓储受到海关的直接监控，虽然储存的货物由存货人委托保管，但保管人要对海关负责，入库或出库单据均需要由海关签署。

5. 加工型仓储

加工型仓储是商品保管和加工相结合的仓储活动。其主要职责是根据市场需要，对商品进行选择、分类、整理、更换等流通加工活动。

（三）按照仓储的保管条件分类

1. 普通物品仓储

普通物品仓储是指不需要特殊条件的物品仓储。其设备和库房建造都比较简单，使用范围较广。这类仓储有一般性的保管场所和设施，常温保管，自然通风，无特殊功能。

2. 专用仓储

专用仓储是专门用来储存某一类（种）物品的仓储。一般由于物品本身的特殊性质，如对温湿度的特殊要求或易于对与之共同储存的物品产生不良影响，因此要专库储存，如机电产品、食糖、烟草仓库等。

3. 特殊物品仓储

特殊物品仓储是在保管中有特殊要求和需要满足特殊条件的物品仓储，如危险品、石油、冷藏物品等。这类仓储必须配备有防火、防爆、防虫等专门设备，其建筑构造、安全设施都与一般仓库不同，如冷冻仓库、石油库、化学危险品仓库等。

三、仓储管理的界定

仓储管理就是对仓库及仓库内的物资所进行的管理，是仓储机构为了充分利用所具有的仓储资源提供高效的仓储服务所进行的计划、组织、控制和协调过程。具体来说，仓储管理包括仓储资源的获得、仓储商务管理、仓储流程管理、仓储作业管理、保管管理、安全管理等多种管理工作及相关的操作。

仓储管理是一门经济管理科学，同时也涉及应用技术科学，故属于边缘性学科。仓储管理的内涵是随着其在社会经济领域中的作用不断扩大而变化的。仓储管理，即库管，是指对仓库及其库存物品的管理，仓储系统是企业物流系统中不可缺少的子系统。物流系统的整体目标是以最低成本提供令客户满意的服务，而仓储系统在其中发挥着重要作用。仓储活动能够促进企业提高客户服务水平，增强企业的竞争能力。现代仓储管理已从静态管理向动态管理发生了根本性的变化，这对仓储管理的基础工作也提出了更高的要求。

四、仓储管理的内容

"仓储管理"管理的对象是"一切库存物资"，管理的手段既有经济的，也有纯技术的，具体包括以下几个方面。

（1）仓库的选址与建筑问题，包括：仓库的选址原则，库内运输道路与作业的布置，仓库建筑面积的确定，等等。

（2）仓库机械作业的配置与选择问题，包括：根据仓库作业特点和所储存物资的种类及其理化特性选择机械装备以及应配备的数量，对这些机械进行管理，等等。

（3）仓库的业务管理问题，包括：组织物资入库前的验收，存放入库物资，对在库物资进行保管保养、发放出库，等等。

（4）仓库的库存管理问题，即在满足企业生产需求状况下，储存合理数量的物资，既不因为储存过少引起生产中断造成损失，又不因为储存过多占用过多的流动资金等。

（5）仓库的组织管理问题，包括：货源的组织，仓储计划，仓储业务，货物包装，货物养护，仓储成本核算，仓储经济效益分析，仓储货物的保税类型，保税制度和政策，保税货物的海关监管，申请保税仓库的一般程序，等等。

（6）仓库的信息技术问题，包括仓储管理中计算机的应用以及仓储管理信息系统的建立和维护等。

此外，仓储管理所涉及的内容还包括仓库业务考核问题，新技术、新方法在仓库管理中的运用问题，仓库安全与消防问题，等等。

五、仓储基本流程

仓储作业的基本流程如下。

（1）收货入库：主要包括点数、过称、指导卸货、签送货单、开进仓单、记标识卡等工作。

（2）送检：对原材料仓须报送检验，由检验员检验合格与否，不合格退货，合格才可入仓。

（3）在库保管：根据储存商品对象的特点，做好防火、防水，保证商品质量，进行盘点工作等。

（4）出库发货：根据发货计划按量发货、点数、过称、指导搬货、签领料单、开出仓单、记标识卡。

（5）记账：对当日发生的收货、出货入电脑账，打印进仓单、出仓单；收货写明送货单位名称、数量、规格、日期等；出货写明出货单位名称、数量、规格、日期等；盘点时，注意账、物、卡的数量须保持一致。

（6）盘点：每月底进行月度盘点，数量异常须进行仔细检查核对，查明盈亏原因，对错误进行纠正；按照时间进度（日、月、季度等）汇总仓库报表，同时，盘点后不得再发生进货、出货作业，并将报表打印交财务部门。

第二节　配送管理基础知识

一、配送概述

（一）配送的定义

配送是指在经济合理区域范围内，根据客户要求，对物品进行拣选、加工、包装、分割、组配等作业，并按时送达指定地点的物流活动。配送是物流中一种特殊的、综合的活动形式，是商流与物流紧密结合，包含了商流活动和物流活动，也包含了物流中若干功能要素的一种形式。

（二）配送的作用

配送的试行范围已经扩大到很多国家和地区，其作用具体表现在以下方面。

（1）推行配送有益于物流资源的合理配置。配送不仅能够把流通推上专业化、社会化道路，更重要的是，它能够以其特有的运动形态和优势调整流通结构，使物流运动演化为规模经济运动。所以推行配送可以提高效率和效益，并减少车辆的空驶，达到减少空气污染的目的。

（2）完善了运输和整个物流系统。配送环节处于支线运输，灵活性、适应性、服务性都较强，能将支线运输与搬运统一起来，使运输过程得以优化和完善。

（3）提高了末端物流的经济效益。采用配送方式，通过增大经济批量来达到经济地进货。将各种商品配齐集中起来统一向用户发货，代替分别向不同用户小批量发货，使末端物流经济效益得到提高。

（4）配送是降低物流成本的有效途径。配送对于降低物流成本的意义体现在集中社会库存和分散的运力，以配送企业的库存取代分散于各家各户的库存，进而以社会供应系统取代企业内部的供应系统。同时，由于采用现代化、智能化的配送设备和技术手段，配送活动进一步灵活化和高效化，一些企业的"零库存"生产成为可能。

（5）简化手续，方便用户。采用配送方式，用户只需向配送中心一处提出订货就能达到向多处采购的目的，因而极大地减轻了工作量和负担，也节省了订货等一系列费用开支。

（6）提高供应保证程度。生产企业自己持有库存，维持生产，由于受库存费用的制约，供应保证程度很难提高，而采取配送方式，配送中心可以比任何单位企业的储备量更大，因而降低了企业断货、缺货、影响生产的风险。

（7）配送为电子商务的发展提供了基础和支持。从商务角度来看，电子商务的发展需要具备两个重要的条件：一是货款的支付，二是货物的配送。网上购物无论如何方便快捷，如何减少流通环节，唯一不能减少的就是货物配送。电子商务离不开物流配送的发展，同时电子商务又促进了物流配送的发展，这使得配送在促进物流乃至流通发展中变得更为重要。

二、配送管理概述

（一）配送管理的内容

配送管理的基本内容如下。

（1）集货，是将分散的或小批量的物品集中起来，以便进行运输、配送的作业。

（2）分拣，是将物品按品种、出入库先后顺序进行分门别类堆放的作业。

（3）配货，就是使用各种拣选设备和传输装置，将存放的物品，按客户要求分拣出来，配备齐全，送入指定发货地点。

（4）配装，是指集中不同客户的配送货物，进行搭配装载以充分利用运能、运力。

（5）配送运输，是较短距离、较小规模、频度较高的运输形式，一般使用汽车作为运输工具。配送运输的路线选择问题是技术难点。

（6）送达服务，是指圆满地实现运到之货的移交，并有效地、方便地处理相关手续完成结算，讲究卸货地点、卸货方式等。

（7）配送加工，是按照配送客户的要求所进行的流通加工。

（二）配送管理的现状及发展趋势

1. 配送管理的现状

在观念发生变化的同时，配送方式和配送手段也有很大发展，尤其突出反映在以下几个方面。

（1）配送共同化的进展。初期送货以单独企业为主体，为满足用户配送要求，出现了配送企业车辆利用率低、不同配送企业之间交错运输、交通紧张、事故频繁等问题。

（2）配送计划化的进展。初期配送，较多强调即时，即完全按顾客要求办事，而不是按顾客的合理要求办事。制订合理计划不是完全按顾客要求那样进行配送，是高水平的计划配送的一大进展。计划有效地促进了配送合理化，采用大量发货减少收费，也受到用户的欢迎。

（3）配送区域的扩大。近些年，配送已突破了一个城市的范围，在更大范围中找到了优势。

（4）直达配送的进展。不经过物流基地中转，在有足够批量且不增加用户库存的情况下，配送在"直达"领域中也找到了优势，因而突破了配送的原来概念，有了新的发展。对于生产资料而言，直达配送有更广泛的应用。

（5）计算机管理配送的进展。随着配送规模的扩大和计算机的微型化，计算机管理配送取得很大进展，这个进展突出表现在以下三个方面：①信息传递与处理，甚至建立了 EDI（electronic data interchange，即电子数据交换）系统；②计算机辅助决策，如辅助进货决策、辅助配货决策、辅助选址决策等；③计算机与其他自动化装置的操作控制，如无人搬运车（automatic guided vehicle，AGV）、配送中心的自动分拣系统（automated sorting system）等。

（6）配送劳动手段的进展。配送劳动手段作为支撑配送的生产力要素，是进展很大的领域。

2. 配送管理的发展趋势

我国物流行业的飞速发展，对配送管理也提出了更高更新的要求，现代配送将向着集约化、共同化方向发展，这样能使企业进行资源的有效整合，并进行资源的合理配置；同时，现代化的配送也将向着区域化的方向发展，拓展自身的区域性功能，从而更加适应时代的要求；未来在配送时效性上也更加明显，将实现配送的产地直送，这样可以大大缩短配送的时间，同时能为顾客提供更加方便的运输；配送的发展必将更大地依赖于信息技术的发展，信息技术的跨越式发展，必将促进配送业的发展，并且配送的自动化、机械化、条码化、数字化及组合化等特点同样会显现，将多方面的资源、信息、配送方式进行整合必将极大促进配送的发展。

（三）配送作业基本流程

配送流程是配送中心为完成配送任务所必须制定的配送组织程序。制定和选择科学的配送流程，对配送场所规划、配送设备选择、配送设施设置、配送线路确定、配送效率提高等有着重要作用。

一般较完整的配送流程结构包括进货、储存、分拣、配货、送货等环节，如图 1-2 所示。这种流程既适用于各种包装、非包装、混装等种类较多，规格复杂的中、小件商品，也适用于多品种、小批量、多批次、多客户的商品配送的需要，是一种适用范围较广的结构形式。

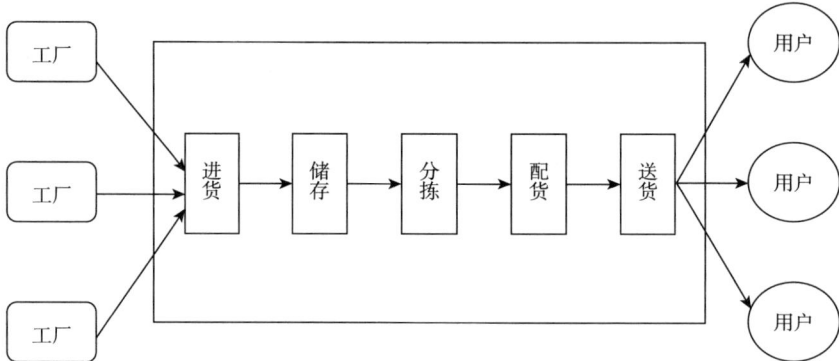

图 1-2　配送的一般流程

1. 进货

进货是指组织货源。进货方式有两种：一是订货或购货，表现为配送主体向生产厂商订货，由生产厂商供货；二是集货或接货，表现为配送主体收集货物，或接受用户所订购的货物。前者的货物所有权属于配送主体，后者的货物所有权属于用户。

2. 储存

储存是指按用户提出的要求并依据配送计划对购到或收集到的各种货物进行检验，然后分门别类地存储在相应的设施或场所中，以备分拣和配货。在配送活动中，储存有储备及暂存两种形态。

储备是按一定时期的配送经营要求，形成对配送的资源保证。这种类型的储备数量较大，储备结构也较完善，视货源及到货情况，可以有计划地确定周转储备及保险储备结构和数量。配送的储备保证有时在配送中心附近单独设库解决。

暂存是具体执行日配送时，按分拣和配货要求，在理货场地所做的少量储存准备。由于总体储存效益取决于储存总量，所以这部分暂存数量只会对工作方便与否造成影响，不会影响储存的总效益，因而在数量控制上并不严格。

3. 分拣、配货

分拣和配货是同一流程中有着密切关系的两项活动，有时候这两项活动是同时进行和同时完成的。

分拣是指采用适当的方式和手段，从储存的货物中拣选出客户所需的货物。分拣货物一般采取摘果式和播种式两种方式。

配货是指把分拣完成的货品进行配货检查过程后，装入容器和做好标识，再运到配货准备区，待装车后发货。

4. 送货

送货流程包括配装、运输和交货作业。配送系统必须具备一定的运输能力，及时将配装商品安全送达客户。送货时要集中车辆调度，组合最佳线路，采取巡回送货方式，以提高运输的效率，同时，要做好送货服务工作。

（四）配送增值服务

增值服务是指根据客户需要，为客户提供的超出常规服务范围的服务，或者采用超出常规的服务方法提供的服务，创新、超出常规、满足客户需要是增值性物流服务的本质特征。配送增值服务包括以顾客为核心的承运人型增值服务、以顾客为核心的仓储型增值服务、以顾客为核心的货运代理增值服务、信息型增值服务、第四方物流增值服务、代收货款服务等。

第三节　仓储与配送管理理论前沿及应用

一、仓储管理理论前沿及应用简介

（一）自动化仓储系统——机器人技术的应用

自动化立体仓库是现代物流系统中迅速发展的一个重要组成部分，它具有节约用地、有效地减少流动资金的积压、提高物流效率等诸多优点。人工成本、土地成本和能耗成本陡增，物流业各个环节独立运作，重复建设造成资源浪费都成了制约物流业实现转型升级的瓶颈。面对全国经营性通用仓库，特别是自动化程度较高的立体仓库（stereoscopic warehouse）的短缺，国内电商以及大型企业不得不构建自动化仓储物流。在这样的发展趋势下，物流机器人将得到快速发展。

在物流产业高速发展的今天，机器人技术的应用程度已经成为决定企业间相互竞争和未来发展的重要衡量因素。目前，机器人技术在物流中的应用主要集中在包装堆码、装卸搬运两个作业环节，尤其是货物搬运、周转，机器人都可以完全胜任，在恶劣的天气条件下，有机器人来替代，可以说是非常安全的事情，不仅不会因为天气耽误时间，还能提高货物周转效率。在未来智能工厂的构建中智能物流机器人将扮演重要角色。

1. AGV 机器人

不论是普通制造业还是码头仓库，物料装卸（loading and unloading）和搬运（handling/ carrying）都是物流的要素之一，在物流系统中成本占比也很高。

美国工业生产过程中装卸搬运费占成本的 20%~30%，德国物流企业物料搬运费用占营业额的 35%，日本物流搬运费用占成本的 10%，中国生产物流中装卸搬运费用约占加工成本的 20%，所以企业一直都在寻求最完美的自动化、智能化的搬运技术和装备。

AGV 机器人是一种柔性化和智能化的物流搬运机器人，在国外从 20 世纪 50 年代就被开始使用在仓储业中，目前已经在制造业、港口、码头等领域得到普遍应用，在国内逐渐也有部分企业重视并应用 AGV 机器人来完成一些简单的搬运任务，如图 1-3 所示。

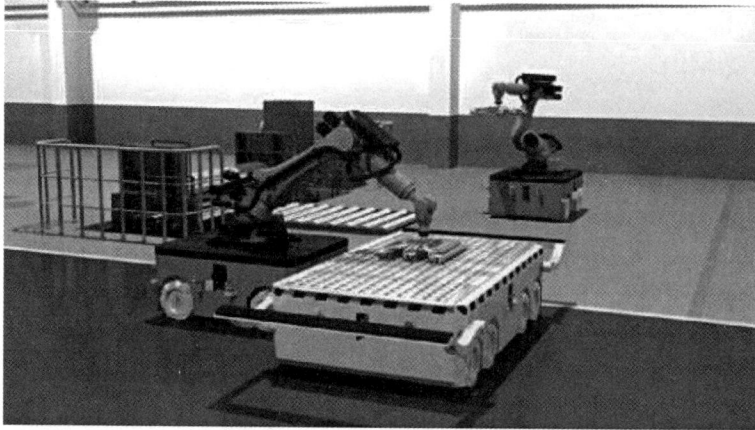

图 1-3　AGV 机器人搬运图

AGV 机器人在我国汽车、烟草、印钞、新闻纸等行业已有大规模应用。其中，汽车制造业（主要是零部件制造）使用 AGV 机器人的占比最高，约占总量的 43%；其次是电力行业，应用占比 13%；柴油发动机、烟草、乳品和饮料行业的应用分别占 AGV 总量的 9%、6%、6%左右。

物流行业快速发展的一个重要标志就是物流自动化的进程不断加快，对于物流行业的企业厂内物流自动化升级最主要的功臣自然是 AGV 机器人。AGV 机器人是物流装备中自动化水平最高的产品，是物流自动化系统中最具有柔性化的一个环节，几乎囊括了所有物流装备的技术。

2. 堆垛机器人

堆码是自动化物流的重要环节之一，传统的堆码设备已经很难满足厂内自动化物流的发展需求。以传统堆码设备为例，机械式堆垛机，具有占地面积大、程序更改复杂、耗电量大等缺点；采用人工搬运，劳动量大，工时多，无法保证堆码质量，影响产品顺利进入货仓，约有 50%的产品由于堆码尺寸误差过大而无法进行正常存储，还需要重新整理。

堆垛机器人主要有直角坐标式机器人、关节式机器人和极坐标式机器人。堆垛机器人适用于纸箱、袋装、罐装、箱体、瓶装等各种形状的包装成品堆码作业，如图 1-4 所示。

目前德、美、日的堆垛机器人在堆码市场的占有率超过了 90%，绝大多数堆码作业由堆垛机器人完成。从效率上讲，堆垛机器人不仅能承担高负重，而且速度和质量远远高于人工。

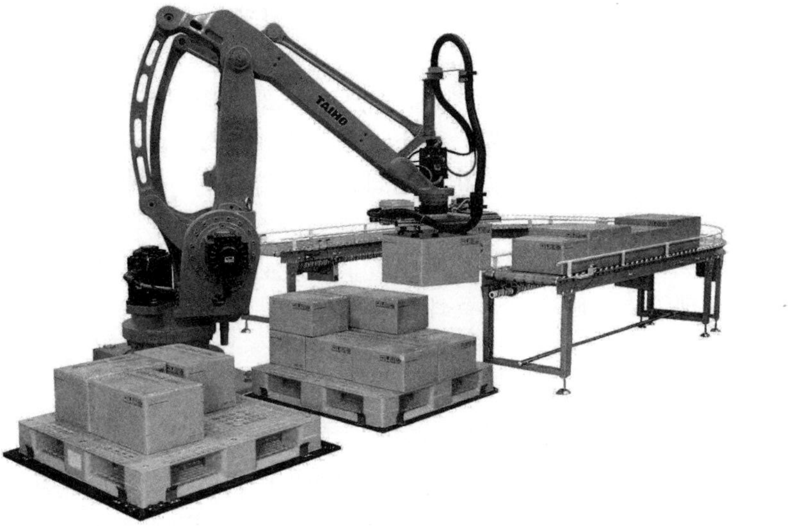

图 1-4　堆垛机器人

从精度上讲，每一台堆垛机器人都有独立的控制系统，保证了作业精度，目前有企业堆垛机器人重复精度可达±0.5 米。

从稳定性上讲，目前最先进的堆垛机器人已经达到 5 轴和 6 轴，通过相应的科学、合理的刚性机械本体设计，机器人本体不仅能适应高负重、高频率的堆码作业，还能适应食品快餐行业分拣烦琐、灵活性高的作业要求。

从成本控制上讲，机器人虽然前期投入较高，但是能达到边际成本效用最大化，机器人生产厂家都在为客户的成本控制努力，且在产品中不断加入新的科技成果。

3. 分拣抓取机器人

分拣作业由机器人来进行品种拣选，如果品种多，形状各异，机器人需要带有图像识别系统和多功能机械手，机器人每找到一种物品托盘就可根据图像识别系统"看到"的物品形状，采用与之相应的机械手抓取，然后放到搭配托盘上，如图 1-5 所示。

图 1-5　分拣抓取机器人

目前分拣抓取机器人在仓储物流中应用不是很多,有部分企业在尝试和研发生产中。未来,空无一人的仓库,一台台机器人将货物送到包装台,通过准确识别货物,分拣出需要的商品,打包后放在传输带上,这不是科幻电影,而是未来智能化的仓储物流现场。随着分拣抓取机器人的研发、面市,无人仓储的梦想离现实越来越近。

分拣抓取机器人已经形成了样机,一旦这些智能化的分拣抓取机器人应用于电子商务、工厂、物流等行业,将极大地提高仓储管理的工作效率,压缩人工成本。分拣抓取机器人要进入市场仍需一段时间,短期内仓储系统必然是以自动化与人工辅助的形式存在的,要真正实现无人仓储还需要一段时间。

（二）智能化仓储系统——物联网技术的应用

1. 智能化仓储系统的产生背景

随着个性化定制模式逐渐兴起,新一代智能工厂将陆续出现,这将对物流行业提出新的要求。为了节约生产成本、提升国际竞争力,中国制造业掀起"机器换人"的发展浪潮。从长远发展来看,自动化物流装备能给企业带来人力节省和效率的提升,因此智慧物流必将成为智能制造的一个重要方向。目前,众多现代物流系统已经具备了信息化、数字化、网络化、智能化的功能,借助于最新的红外、自动识别、卫星定位等高新技术实现真正的智慧化。

2. 智能化仓储系统的构成及应用

智能化仓储系统是以立体仓库和配送分拣中心为产品的表现形式,由立体货架、有轨巷道堆垛机、出入库托盘输送机系统、检测阅读系统、通信系统、自动控制系统、计算机监控管理等组成,综合了自动化控制、自动输送、场前自动分拣及场内自动输送,通过货物自动录入、管理和查验货物信息的软件平台,实现仓库内货物的物理运动及信息管理的自动化及智能化。此系统可广泛应用于医药、食品饮料、冷链物流、电子商务、跨境电商、快消品及保健品等行业。

3. 智能化仓储系统的应用前景

智能化仓储系统将成为物流智能化进程中增长最稳定、成长空间最大的子板块之一。其应用前景如下。

（1）下游市场更稳定:受益于现代物流业的快速发展,下游物流投资的确定性比一般制造业投资更高,因此智能化物流受经济周期的扰动相对较小。

（2）适应新兴物流方式的需求:第三方物流、电子商务、全冷链生鲜配送等新兴物流方式正在深刻地改变着下游市场,客户除了需要节约不断上涨的人工成本,对于处理速度、管理效率和用户体验的需求在急剧上升。智能化仓储系统是适应新兴物流方式的最佳解决方案。

（3）技术快速进步:随着物联网、机器视觉、仓储机器人、无人机等新技术的应用,物流仓储智能化技术正在以较快的速度发生变革。智能化仓储系统及设备投入规模由 2007 年的 25 亿元增长至 2015 年的 453 亿元,年均复合增长率约为 43.64%。

（三）"云仓储"系统——云技术的应用

1. "云仓储"的产生

云的概念来源于云计算，是一种基于互联网的超级计算模式，在远程的数据中心里，成千上万台电脑和服务器连接成一片电脑云。"云仓储"的概念正是基于这种思路，在全国各区域中心建立分仓，由公司总部建立一体化的信息系统，用信息系统将全国各分拣中心联网，分仓为云，信息系统为服务器，实现配送网络的快速反应。

2. "云仓储"的内涵

"云仓储"是一种全新的仓库体系模式，它主要是依托科技信息平台充分运用全社会的资源，做到迅速、快捷、经济地选择理想的仓储服务。在这一模式下，快件可直接由仓储到同城快递物流公司的公共分拨点实现就近配送，极大地减少配送时间，提升用户体验，这就给那些对物流水平需求极高的企业带来了新的机遇。"云仓储"实施的关键在于预测消费者的需求分布特征。只有把握了需求分布，才能确定出最佳的仓库规模，并进行合理的库存决策，从而有效降低物流成本，获得良好的利益，达到较高的服务水平。

3. "云仓储"的可行性分析

打造"云仓储"平台，需要大量的人力、物力，不过通过社会力量的整合与政府的支持也可实现。对于政府，可以在政策上给予优惠，放宽对电商相关方面的约束，提供相应的便利措施促进这一方案的实施。对于电商企业，要么采取联盟的形式，要么采取单个实力派牵头去促进这一设想的实现。如果采取的是联盟的形式，大家可能关注的是成本投入如何划分的问题，对于这个问题，可以根据电商企业的规模量以及建成后的业务量投资，来划分一个比例，投入相应的资本；如果是单个实力派牵头，那么电商企业的任务主要是搭建这样的一个平台，以及吸引相关的仓储企业入驻平台，使之好比企业所属的子仓储。另外，电商企业可以选择在长期的发展战略城市区域建立仓储物流中心，但也属于这样的模式。就这样的一个平台经过整合和信息技术的运用，便变得十分高效，而且极大化地利用了各方资源。

4. "云仓储"的实施条件

"云仓储"的实施需要三个条件。首先，需要技术的支撑，一个能连接电商信息平台的云物流平台，当订单下达时，能够迅速汇总并传达到"云仓储"平台，再由各仓储中心处理客户的订单需求，经过信息的汇总后下达最终的配送指令，直至抵达客户终端。其次，需要专业的仓储人员。构建平台的同时一方面就应着手相关人员的培养或者招募，一旦平台搭建完成即可安排到岗进行分工，使之各尽其责。另一方面需要政府的大力扶植，有了政府的支持，调动相关资源，并推广宣传，更多企业入驻"云仓储"平台，将极大降低成本，提高资源利用率。最后，需要有一个信息反馈与监督运行机制和组织，监控"云仓储"的运行和处理协调突发问题，以及进行系统的改进。

5. "云仓储"适用的企业

"云仓储"平台搭建后,会惠及相关的行业,不仅有电商企业,还有物流行业和仓储行业。当"云仓储"平台搭建后,电商企业们只要有需求就可以登录平台查询,寻找自己需要的资源,相对的仓储行业的信息也都在这个数据库里,所以不会遗漏或闲置社会资源。当这个模式出现时,规模经济的效益势必会催生一个适应这种需求的物流模式,要么是第三方公司,要么是电商企业自己打造的。

6. "云仓储"下的效益分析

"云仓储"下的效益主要来源于以下几个方面:第一,物流成本的节约,因为是规模订单的集合,所以在配送方面就避免了同一个地方因为多次重复配送而产生额外费用;第二,通过闲散资源的集成,节约了固定成本的投入;第三,这种模式可以帮助提升企业形象,进而吸引更多回头客,从而增加销售收入;第四,这种模式可以帮助更多的第三方物流企业寻找到客户,利于发挥自身资源的最大效用;第五,消除了外包情况下一库难求的局面,汇集了社会闲散琐碎的仓库资源;第六,利用对这种模式的掌控,减少了以往外包下服务质量难以把控的局面;第七,降低了自建模式的风险;第八,进行了社会资源整合,优化了资源配置;第九,开辟了行业新局面,走上了规模经济之路;第十,进行了行业重组,优胜劣汰,进行了产业升级;第十一,快速响应客户需求,提升社会整体速度;第十二,缩短了行业间的距离,促进了跨行业间的互利共赢;第十三,线路的规划设计、拼车、共同配送(common delivery)等方案在系统中会得到一个最优决策,从而确保效率的可靠性;第十四,"云仓储"是一种虚拟的仓库,是一种移动仓储,所有的经营活动都是靠庞大的网络资源去调配的,所以比较便捷。

7. "云仓储"实施思路

"云仓储"的理念就是在全国区域中心建立分仓,形成公共仓储平台,使商家就近安排仓储,从而可以就近配送,信息流和物流重新结合。这种模式的实施思路如下。

(1)建立实体分仓,实现就近配送。阿里巴巴进军物流领域,它的设想是在全国七大区域中心城市建立实体分仓。我国如今各种电商企业,可以由像阿里巴巴这样的企业牵头,建立社会化的公共分仓,实现货物的就近配送。例如,从上海发往西安的货物,如果客户拒收,质量没问题的货物就暂时到西安的中转站,但要通知上海的企业,寄存日期可以根据实物性质而定,如果在寄存期限内另有客户要购买,就将以上退货调拨出去,可以短时间内再次配送,减少不必要的周转。

(2)完善社会化信息系统,实现货物信息共享。实体分仓是由电商企业联合打造的,实施了这样的云,即分仓,下面便是资源整合的问题,把全国的区域城市通过物流信息系统串联,实现各种物流资源的完全共享,尽可能地降低因信息失灵所带来的成本增加或者其他的损失。通过这样的公共信息平台和公共分仓,实现全社会的货畅其流。

(3)"云仓储"中的技术处理。"云仓储"的基本问题和一般的仓库体系是一样的，主要包括仓库选址、仓库数量及规模、库存决策等问题。所以要实施好"云仓储"战略，首先必须解决好这些问题。

通过"云物流"平台，我们可以知道各个需求点之间的需求流量，从而可以知道各个需求点的需求量。那么下面重要的工作就是如何从这些需求点来建设一定数量的配送中心，从而建立新的仓储配送体系。这个问题涉及多仓库多地点问题，可以采用启发式算法进行求解。

启发式算法中的模拟退火算法和遗传算法相结合可以形成一种混合算法，它结合了遗传算法和模拟退火算法的优点，即模拟退火算法中每两个温度间的状态点无关和遗传算法中代代进化，就可更快地求得最优解，从而更好地解决多仓库选址问题，同时确定仓库的数量。

当这些仓库的一系列准备工作完备后，电商企业就要根据以往的交易信息和消费者的需求分布特征，确定出仓库的最佳规模，并进行合理的库存决策，从而有效地降低物流成本，获得较好的利益，达到较高的服务水平。

二、配送管理理论前沿及应用简介

（一）共同配送管理的发展

共同配送是经长期的发展和探索优化出的一种追求合理化配送的配送形式，也是美国、日本等一些发达国家采用较广泛、影响面较大的一种先进的物流方式。它对提高物流动作效率、降低物流成本具有重要意义。

1. 共同配送的内涵

共同配送也称共享第三方物流服务，指多个客户联合起来共同由一个第三方物流服务公司来提供配送服务。它是在配送中心的统一计划、统一调度下展开的。共同配送是由多个企业联合组织实施的配送活动。共同配送的本质是通过作业活动的规模化降低作业成本，提高物流资源的利用效率。共同配送是指企业采取多种方式，进行横向联合、集约协调、求同存异以及效益共享。

2. 共同配送的产生原因

（1）货主方原因。共同配送可以降低配送成本，由于共同配送是多个货主企业共享一个第三方物流服务公司的设施和设备，从而由多个货主共同分担配送成本，降低了成本。另外，由多个不同货主的零散运输经过整合可以变成成本更低的整车运输，从而使得运输费用大幅度降低。共同配送还可以降低每个货主的日常费用支出，降低新产品上市时初始投资的风险。

（2）第三方物流服务公司原因。共同配送同样可以降低第三方物流服务公司的成本，从而间接地为其客户带来费用的节省。英国著名的第三方物流服务公司Exel的副总裁托马斯认为："我们之所以能够降低我们的成本，是因为我们的人工、设备和设施费用分摊到了很多共享的客户身上。这些零散客户共享所带来的生意就像大客户所带来的生意量一样大，使得我们可以发挥物流的规模效益，从而节约成本，这些成本的节约又反过来可以使我们公司实施更加优惠的低价政策。"

3. 共同配送的功能

共同配送可以实现以下三个功能。

（1）从多点到一点。现在很多第三方物流服务公司都提供共同配送服务，而且通过与有效消费者响应和连续补货方式相联系，更显现出其独特之处。在零售业共同配送非常流行，由于零售业的一个重要特点就是产品种类多，因此一个零售商要由很多的供货商向其供货。

共同配送虽然具有很多优点，但是运作起来也很复杂，它不仅是将几家货物装到一个车上那样简单，还需要做很多技术上的工作。它需要第三方物流服务公司提供更多的技术和管理系统来对由多个供应商所提供商品组成的订单进行优化，从而形成整车运输。此外，实现共同配送的另一个前提条件就是第三方物流服务公司同样要有同一行业的大量客户。

（2）可以做到最小风险。共同配送已经形成一个潮流，而且它的广度与深度已经超越了整合运输的这种简单形式。随着经济的发展，很多公司都想扩展自己的业务、开拓新的市场，或进入其他的产品市场，但是，在进行投资之前这些公司都非常谨慎，并希望投资风险尽量减小，基于此方面的原因，很多公司采取了共同配送的运作形式。

共同配送可以帮助厂商对市场需求做出快速反应。例如，药品与保健品公司是共享配送网络的最大客户之一，这是因为为了快速履行订单，它们必须要在主要的销售点附近保存少量的存货，这些销售点相对来说空间很小，为保证在有限的空间内陈列更多的商品，就不能保有太多的库存，因此采用共同配送进行及时补货是非常适合的。其他的行业如电子产品和汽车生产商，当产品短暂的生命周期和狭小的库存空间使得公司必须强调物流网络的完善和节省资金占用时，共同配送同样也是降低风险的好选择。由于共同配送避免了厂商在仓库等建筑物、物料搬运系统设备、人工以及支持性的信息系统这些方面的投资，又能及时满足客户的需求，因而受到厂商等客户的欢迎。对于厂商来说采用共同配送所需的成本只是实际的货运量带来的变动成本，节省了固定成本，因此他们可以用节省下来的资金投资于自己的核心业务活动，如产品开发、市场营销以及其他创收活动。

（3）可以实现最大柔性。共同配送本身所具有的柔性同样是其深受广大公司青睐的一个重要原因。大客户一般都倾向于与第三方物流服务公司签订长期合同，与之相比，共享服务对象所签订的合约往往是短期的，通常一月一签约。例如，客户上个月与第三方物流服务公司签订的是 1 000 平方米的库房租约，下个月可能就变成 800 平方米，因此这种服务方式非常柔性。如果客户更倾向于按单位产品的费率来收费，那么相应的第三方物流服务公司就可以按照他们所处理的实际货运量的大小来收费。

4. 应用案例

美国得克萨斯州的沃斯堡孟买家具及配件公司（以下简称孟买公司），近来想要成立一家服务于成千上万家零售店和网上商店的孟买批发分公司，原计划利用其原有的物流网络来组织新的商业物流，但是孟买公司的物流副总裁很快就意识到，孟买批发分公司要想成功，就必须采用全新的物流方式。因为孟买公司的配送中心的设计是专门符合家具的存储和分拣配送的，而新成立的孟买批发分公司所销售产品的性质和零售渠道与孟买公司是完全不同的，他们必须要有能力履行位于不同地方的成千上万个客户的订单。由于服务的集约化以及运量的不同，他们几乎需要使用所有的运输方式，很多客户同时还要求采用特殊的条形码和标签。

由于孟买公司的配送中心初期并不具有灵活处理订单的能力，因此，他们打算寻求物流业务外包，但是新的孟买批发分公司刚刚起步，未来发展如何还不能确定，因此与第三方物流服务公司签订长期的个体租用合同对其来说是一种冒险，孟买公司的总裁说："在我们不知道业务会做到多大时，我们需要更多的柔性。"于是综合各方面的因素，共同配送成为孟买批发分公司的首选。在此原则下，孟买批发分公司选择了USCO 物流公司作为其物流服务商，共享其物流设施。他们之间的协议是一月一签约，并且是采用按件计费的收费方式。这样使得孟买批发分公司避免了支付人工、设备和设施等高额的管理费用，这同样给孟买公司更大的发展空间，并为他们的服务能力带来了更大的柔性。

随着客户订单的快速增长，不同客户订单的自动处理能力对于孟买公司的成功至关重要。而该能力恰恰是孟买公司的物流系统所不具备的，因此孟买批发分公司依靠USCO 物流公司的帮助来实现订单履行程序的自动化，且该物流公司提供为顾客定制条形码和标签的技术支持。孟买批发分公司同样也把公司所有的外向运输交给了 USCO 物流公司，这在一定程度上要比孟买公司自己与运输公司谈判签约所付的运费要低。

孟买公司的物流经理认为，共同配送与高的交付率和订单履行能力一起将帮助孟买公司为客户提供优于其竞争对手的服务，更重要的是，这种更具竞争力的优势将帮助孟买批发分公司树立良好的服务品牌。

（二）冷链配送的发展

1. 冷链配送的产生背景

当前，经济快速增长使消费者的可支配收入不断增加，网络购物逐渐普及，再加上冷链物流的快速发展，使得生鲜商品品质迅速提升，同时也提升了消费者网购生鲜食品的信心，这为生鲜电子商务市场拓展了巨大的空间。另外，除了淘宝、京东等综合平台电商外，在生鲜产品领域，包括顺丰优选、我买网等在内的很多垂直电商都处在亏损阶段。亏损原因主要包括生鲜产品储藏、运输不易，损耗大，需要冷链物流的支持，成本居高不下，等等。而要扭转亏损局面，生鲜电商需要具备良好的资源运用和组合能力，其中核心问题是解决冷链配送和品质管控问题。也就是说，冷链配送和品质管控能力是生鲜电商的核心竞争力，在冷链配送和品质管控方面具有优势的生鲜电商将占据市场的主动权。

2. 冷链配送的界定

冷链配送是指在配送环节中始终将冷藏冷冻类食品处于规定的低温环境下，以保证食品质量，减少食品损耗的一项系统工程。

3. 冷链配送适用范围

冷链配送的适用范围包括：初级农产品，如蔬菜、水果、肉、禽、蛋、水产品、花卉产品；加工食品，如速冻食品，禽、肉、水产等包装熟食，奶制品，巧克力，快餐原料；特殊商品，如药品。所以它比一般常温物流系统的要求更高、更复杂，建设投资规模也更大，是一个庞大的系统工程。

4. 冷链配送的应用前景

随着农产品冷链物流行业竞争的不断加剧，大型农产品冷链物流企业间并购整合与资本运作日趋频繁，国内优秀的农产品冷链物流生产企业愈来愈重视对行业市场的研究，特别是对企业发展环境和客户需求趋势变化的深入研究。

由于一些企业不具备专业的冷链物流运作体系，也没有冷链物流配送中心，而冷链物流中心的建设是一项投资巨大、回收期长的服务性工程，建立冷链物流配送中心显然不适合它们。这些企业可与社会性专业物流企业结成联盟，有效利用第三方物流服务公司，实现冷链物流业务。

物流企业可与工商企业结成联盟，按条块提供冷链分割的冷链运输环节功能服务，输出有针对性改进的物流管理和运作体系。冷链运输是冷链物流的关键环节，尤其是乳制品要求严格，需要天天配送。鲜奶的质量要求比较高，需要特殊条件的运输，零售业与厂商结盟实现鲜奶的保质运输。由于生产厂商有一整套的冷链物流管理和运作系统，能在运输中保证鲜奶的质量，建立由厂商直接配送的运输服务。例如，一些大型超市与蒙牛建立长期的合作关系，由蒙牛直接配送，利用蒙牛运输条件和运输工具直接到达超市的冷柜，避免在运输过程中鲜奶变质，给超市造成重大损失，因而影响蒙牛的信誉度。随着合作的进展，与客户建立起的合作关系趋向稳固，以及操作经验的不断积累，通过对生产商自有冷链资源、社会资源和自身资源的不断整合，建立起科学的、固定化的冷链物流管理和运作体系。

麦当劳餐厅的冷链物流则是以外包方式完全包给第三方物流服务公司，即夏晖公司。夏晖公司是麦当劳的全球物流服务提供商，为麦当劳提供优质的服务。夏晖公司为了满足麦当劳冷链物流的特殊要求，投资建立多温度食品分发物流中心，分为干库、冷链库和冷冻库，配有冷链冷冻保存设备及冷链运输设施，保质保量地向麦当劳餐厅运送冷链货物。

由于冷链配送的低温特点，物流企业单独建立冷链物流中心，投资成本高，且回收期较长，而冷链食品的特点相同，因此可以把社会上整个冷链物流业联合起来，共同建立冷链物流配送中心，实现冷链物流业的共同配送。

从微观角度看，实现冷链物流的共同配送，能够提高冷链物流作业的效率，降低企业营运成本，可以节省大量资金、设备、土地、人力等。企业可以集中精力经营核心业务，促进企业的成长与扩散，扩大市场范围，消除有封闭性的销售网络，共建共存共享的环境。

从整个社会角度看，实现冷链物流的共同配送可以减少社会车流总量，减少城市卸货妨碍交通的现象，改善交通运输状况；通过冷链物流集中化处理，有效提高冷链车辆的装载率，节省冷链物流处理空间和人力资源，提升冷链商业物流环境进而改善整体社会生活品质。

5. 冷链配送的应用制约因素

发展冷链配送，可以促进农产品、水产品、畜禽肉类等的商品流通，降低资源损耗，从而增强社会资源的利用率。专家指出，中国食品冷链产业发展存在三大制约因素。

（1）设施设备不足。中国易腐物品装车大多在露天场所而非在冷库和保温场所操作，80%~90%的水果、蔬菜、禽肉、水产品都是用普通卡车运输，大量的牛奶和豆制品是在没有冷链保证的情况下运输的，运输这些易腐食品时大多在上面盖一块帆布或塑料布，有时棉被还成了最好的保温材料。造成这种窘境的直接原因是中国冷链设施和冷链装备严重不足，原有设施设备陈旧，发展和分布不均衡，无法系统地为易腐食品流通提供低温保障。

（2）技术标准缺位。由于食品冷链是以保证易腐食品品质为目的，以保持低温环境为核心要求的供应链系统，所以它比一般常温物流系统的要求更高、更复杂，建设投资也要大很多。而中国的冷链系统还只是一个早期的冷冻设备市场，掌握的冷链技术在很多食品种类上还不能完全应用，相对于国际先进水平差距很大。

（3）产业配套不全。易腐食品的时效性要求冷链各环节必须具有更高的组织协调性，然而中国冷链产业的整体发展规划欠缺影响了食品冷链的资源整合，供应链上下游之间缺乏配套协调。例如，在冷库建设中就存在着重视肉类冷库建设，轻视果蔬冷库建设；重视城市经营性冷库建设，轻视产地加工型冷库建设；重视大中型冷库建设，轻视批发零售冷库建设；等等问题。这些失衡使得中国食品冷链产业还未形成独立完善的运作体系。

（三）自动化配送的发展

1. 自动化配送系统的原理

自动化配送系统可使家电、卷烟、出版、制药、书店、花卉等行业配送中心的建设以更合理、经济的成本获得更先进、可靠的装备，从而加快物流、配送自动化的进程。自动化配送系统包含计算机控制系统、计算机控制软件以及自动分拣系统、配送终端、电控系统、输送系统，涉及计算机仿真技术（computer simulation technology）、网络通信技术、激光定位技术、电子标签技术、现场总线控制技术、三维设计和有限元分析等技术。

2. 自动化配送系统的特点

（1）自动化配送系统是根据配送作业的需要，应用现代电子和信息技术及相应的自动化设备，完成货物的自动识辨、分拣、储存和提取，将直接面对服务对象的集货、配货和送货有机地结合起来。

（2）自动化配送系统设计运用供应链管理（supply chain management，SCM）思想，有效优化物流配送资源，通过信息集成技术构成全面、无缝的配送网络，电控系统使用现场总线技术，设计模块化，自主开发的计算机控制软件（配送管理系统）具有模块化、高可靠性和适应性、先进性和开放性等特点，实现仓储、调拨、销售、发运配送过程的全自动化。

（3）自动化配送系统及关键设备的成功研制，解决了企业物流与流通领域物流待突破的瓶颈问题，可为我国各行业提供性价比高的自动化配送系统及装备，使我国各行业配送中心的建设有可能以更合理、经济的成本获得更先进、可靠的装备，从而加快我国流通领域的自动化进程，提高我国企业配送系统设备的自动化水平，改善企业生产组织结构与人员工作环境，节约企业人、物、财等资源，节约外汇，打破同类技术/装备依赖进口、受制约、成本高的被动局面，获得很好的社会效益。

（四）无人机配送技术的应用

目前，众多企业争相布局空中物流，如图 1-6 所示。无人机配送不仅能大幅降低配送成本，还可提高效率，解决偏远地区的配送难题，"低成本""低人力"特性的商用无人机，让企业竞先研发。众多企业均在大量测试无人机配送技术，参与到这个理念的实现中来。

图 1-6　无人机配送场景图

1. 国外无人机配送技术的应用

1）美国无人机技术的开发应用

据美国科技商业新闻网站《商业内幕》近日报道，亚马逊正在英国乡间的一处秘密场所测试其快递无人机。据说，亚马逊想用无人机在 30 分钟内将包裹投送到人们的家门口和办公室。亚马逊一流空运公司联合创始人丹尼尔·巴奇穆勒尔曾说，这种由电池供电的运输工具可以像直升机一样垂直起降，最高可飞到400英尺（1英尺=0.304 8米）的高空，然后以每小时50英里（1英里=1.609 3千米）的速度飞行最多15英里。他说，公司正在研制本身重量为 25 千克的无人机，这种无人机实现了高度自动化，能够携带最多 2 千克重的包裹，而且公司现在已经研制出 10 余种样品机。

同样是快递服务巨头的美国联合包裹公司也正在尝试无人机技术，所不同的是，它运送的是紧急医疗供给。路透社称，该公司模拟了通过无人机运送紧急药品的实验，成功将药品送给外岛上露营的儿童。不过在此之前，他们首先向政府监管机构证明这种无人机运送服务的安全性。美国联邦航空管理局最新的商用无人机新规对无人机送货等内容做出了严格的限制。此外，据称美国联合包裹公司也将和沃尔玛一样利用无人机检查仓库库存。

2）日本无人机技术的开发应用

2017 年 3 月 6 日，日本媒体报道，为了实现人工智能（artificial intelligence，AI）的产业化，日本政府制定了路线图，计划分 3 个阶段推进利用人工智能大幅加快制造业、物流等行业发展，在因网购市场扩大而人手短缺的快递等物流行业，将活用卡车的自动驾驶和小型无人机，"力争到 2030 年实现完全无人化"。

3）新加坡无人机技术的开发应用

新加坡"美食熊猫"公司在 2016 年公布正在测试无人机订餐送餐服务，并表示改善后的送餐速度将从之前的 60~70 分钟缩减至 30 分钟。新加坡"美食熊猫"公司总经理艾玛·西普表示，在德国火箭互联网的支持下，在线商城已于 2016 年 3 月开始测试无人机送餐服务，如果测试顺利，未来几年有望在新加坡全面展开运用。

2. 国内无人机配送技术的应用

国内无人机配送技术主要应用于电商企业中，代表企业是阿里巴巴集团和京东商城，美团网等其他企业也在跃跃欲试。

1）淘宝网无人机配送

2015 年 2 月 4~6 日，北京、上海、广州三地特定区域用户在淘宝网指定页面下单购买姜汤红茶后，就有机会体验无人机配送服务，共有 450 人能体验到无人机送货，北京的第一单已经在 4 日上午完成，用时 37 分钟。

2）京东商城无人机配送

2016 年 5 月，京东成立了智慧物流开放平台"X 事业部"，自主研发无人机、无人车、无人仓等一系列尖端的智慧物流项目。目前，京东的无人机已完成超过 1 万分钟的飞行总时长、近万千米的飞行里程、超过 1 000 架次的飞行次数。此外，京东无人机已获得四省的飞行许可，已勘测确定超过 10 条航线，并在 2016 年双十一期间正式投入日常配送服务中。这不仅仅提升了用户体验，最重要的是解决了几十年以来农村物流成本太高的问题。预计到 2018 年，京东无人机就可以遍布全国各地。

未来，京东会在廊坊构建全球第一个无人仓库，整个库房全部实现机器人作业。京东研发的无人配送车在 2016 年双十一已经开始送货试运营。未来的配送站可能都不需要房子，无人机在指定地点起降，下面有无人配送车接驳，负责包裹配送。在偏远山村地区，京东的无人机可以载着货物飞到村口，无人车自动接收包裹后再送到每户人家里面去。甚至，消费者购物不需要留地址，客户购买一个产品，买完之后从 A 地到 B 地去玩，或者又到 C 地，总之，可以不断走动，京东会通过人工智能的方式，找到一个最佳时点，让无人车将产品送到客户手中。技术手段会使物流成本进一步降低，效率也会进一步提升，当商业活动的所有成本均达到了最低，消费者就能享受到最好的价格、最佳品质的产品和最优的用户体验。人工智能对供应链的意义就在于它能把整个供应链成本降到极致，供应链的效率也提升到极致，用户体验随之大幅提升。

◎ 实践训练

（1）通过教材、课件、文献、网络资源等方式搜集不同类型仓库的仓储作业流程，加深对作业流程共同点的重点理解。

（2）搜集国内外有关仓储管理的发展现状和发展趋势，了解仓储管理的最新动态。

（3）搜集不同配送中心的配送流程，了解不同商品的配送作业特点及流程。

（4）参观实际仓库与配送中心，通过与企业相关管理人员的沟通，获得对仓库与配送中心仓储管理和配送管理的直观认识。

◎ 仓储与配送管理概述教学实践

本部分主要介绍仓储与配送管理概述的教学设计。根据仓储与配送管理这门课程的要求和教学对象的特点（设定教学对象为中职学校学生），确定本章的教学设计，包括教学目标、教学任务分解、教学重难点、教学方法与教学手段、教学步骤与时间分配等环节。

一、教学目标

本章的教学目标是讲述仓储与配送管理的相关概念和基础理论，使学生达到了解、认知、区分及实际应用的水平。

二、教学任务分解

本章的教学任务分解如表 1-1 所示。

表 1-1 第一章教学任务分解

任务	任务分解	课时分配	形式
仓储管理基础	（1）教师通过案例让学生了解仓储的概念和功能； （2）教师介绍仓储的分类，并举例说明各类仓储的特点； （3）教师介绍仓储管理的概念和内容，并举例说明； （4）通过案例，教师介绍仓储作业的基本流程； （5）通过案例展示仓储管理的现状及发展趋势	1 课时	理论
配送管理基础	（1）通过案例，教师介绍配送的概念和作用； （2）教师介绍配送的类型，并举例说明； （3）教师介绍配送管理的基本流程，并举例说明； （4）通过案例展示配送管理的现状及发展趋势	1 课时	理论
实践训练	仓库与配送中心的参观调研	1 课时（与后面的参观合并学时）	实践

三、教学重难点

本章的教学重点是让学生了解仓储与配送管理的相关概念和基础理论，全部内容都属于了解认知内容，具体包括：仓储的功能，仓储管理的内容，仓储管理现状及发展趋势，配送的作用，配送管理的内容，配送管理现状及发展趋势。

本章的教学难点包括：仓储与配送的区别和关联，仓储管理现状及发展趋势，配送管理现状及发展趋势。

四、教学方法与教学手段

针对本章基本理论较多的特点，以及以了解认知为主的定位，在课堂教学过程中，通常是以讲授法为主，同时辅以学生去感受认知的方法，具体将采用课堂讲授法、案例教学法、头脑风暴法、实训教学法相结合的综合教学方法。

本章教学中会大量使用图片、视频进行辅助，帮助学生快速感性认知仓储管理与配送管理的区别，在实践内容部分，辅助课后资料收集和企业调研，了解未来仓储管理和配送中心的现状及发展趋势。

五、教学步骤与时间分配

本章的课堂教学以讲授为主，下面以仓储管理基础知识节为例说明教学步骤及时间分配。

（1）引入新课（2~4 分钟）。手法与实例：从展示常见的仓库照片入手，让学生使用头脑风暴法说明仓库的基本工作会包括哪些，自然顺畅地引出仓储管理这个主题。

（2）讲授新课（30~35 分钟，根据内容，时间可分多段）。概述仓储和仓储管理的概念后，分别介绍仓储的分类和仓储管理的内容，通过观看企业录像视频让学生直观看到仓储作业的基本流程。

（3）总结归纳（3~5 分钟）。总结仓储管理的主要类型和内容，归纳仓储管理的现状和未来发展趋势。

（4）课后作业（1~2分钟）。布置课后调研作业。

六、教学评价

本章的教学评价如表1-2所示。

表1-2　第一章教学评价

章名称：仓储与配送管理概述

评价类别	评价节	评价标准	评价依据	评价方式			权重
				学生自评	同学互评	教师评价	
				0.1	0.1	0.8	
过程评价	学习能力	学习态度，学习兴趣，学习习惯，沟通表达能力	学生考勤，课后作业完成情况，课堂表现，收集和使用资料情况，合作学习情况				0.2
	理论能力	重点内容的掌握程度，难点内容的理解程度	随堂测试成绩，回答问题效果，仓储与配送流程是否清晰				0.3
	其他方面	探究、创新能力，应用能力	积极参与研究性学习，有独到的见解，能提出多种解决问题的方法				0.1
结果评价	理论考核						0.2
	实操考核						0.2

本 章 小 结

本章主要概括介绍了仓储与配送的基本概念、分类和作业流程，仓储管理与配送管理的基本内容，展现了仓储与配送的发展现状，提出了仓储与配送未来的发展趋势，旨在让学生初步了解当前仓储与配送管理的基本知识，掌握仓储管理和配送管理作业的基本要求。

综合案例分析

"最后一公里"快递配送难题如何解决？

现如今，不论是哪一种物流配送，都面临着一个亟待解决的难题——"最后一公里"。传统快递更是紧跟着电商的步伐，尝试着如何解决这一难题。

一、电商自建物流

（一）抢占商机

"最后一公里"对企业来讲不仅是一个难题，而且是一个巨大的商机。目前，越来越多的企业开始深耕"最后一公里"这片沃土，欲从中挖出宝藏。2013年下半年，电商线下品牌"猫屋"开始兴起，在这个不起眼的名字背后，隐藏的是一个瞄准"最后 100 米"的盈利模式。

该模式以实体店为依托，主要实现物流"最后 100 米"的覆盖。"猫屋"最主要的商业模式之一便是与社区里的水果店、理发店、美甲店等商户进行加盟合作，提供邻居式的包裹代收服务，使这些社区商户成为快递物流最后一个环节的问题解决者，打通物流梗阻。

在业内人士看来，"猫屋"模式大有可为，它不仅为电商物流、快递企业提供了毛细管式的终端服务，也为如生鲜电商等提供了保障。此外，线上电商企业还可根据消费者大数据，向线下投放商品，做精准营销。

（二）渠道下沉

电商企业通过互联网编织出一个强大的零售网络，但电商终究还是要把商品送到顾客手中，电商企业在探索 O2O（online to offline，即线下电子商务）模式之时，通过渠道下沉，将线下零售商作为其展示平台和仓库，解决"最后一公里"的难题。

2014 年 3 月中旬，京东商城宣布与 15 座城市的上万家便利店进行 O2O 合作。其中包括快客、好邻居、良友、每日每夜、人本、美宜佳、中央红、一团火等知名连锁便利店品牌。根据介绍，顾客可以通过 LBS（location based service，即基于位置服务）在距离自己最近的门店进行购物。通过京东商城的配送系统，还将得到"1 小时达""定时达""15 分钟极速达""上门体验"等个性化的便捷服务。

在业内人士看来，京东 O2O 将利用线下门店和其中央厨房、冷链、常温物流体系，提供更低成本和更高效率的配送服务，彻底改变以往消费者光临线下商店的消费模式，转为直接送货上门，消费者在家收货。目前电商企业 O2O 需要渠道下沉，即把物流渠道不断下沉，直到"最后一公里"。

二、传统快递企业

（一）线上加码体验

技术含量低一直是人们对于快递行业的初始印象，在快递行业的传统观念里快速、低价为企业的核心竞争力，但与以往不同，快递行业开始步入消费体验转型期，企业开始通过线上为消费者加码消费体验，同时解决"最后一公里"的难题。

日前，一条关于顺丰快递收派员"靓照"的微博引发网友热议。有网友反映称，通过顺丰的微信公众号查询快递情况，公众号不仅回复了快递单号、快递员的姓名与工号，还写明："回复 P 字母可查看收派员照片。"消费者回复后发现不仅有快递员的证件照，下面还罗列出了潮男指数、回头率、阳光值、活力值四项具体指标。其实，快递行业已涌现出越来越多的创新服务模式。

线上体验只是快递企业营销的一种手段，其目的还是吸引顾客使用其线上服务。目前，顺丰、EMS、中通等多家快递企业均通过 App、微信公众号等加码线上服务。在业内人士看来，目前快递企业的线上服务对于解决"最后一公里"难题虽然没有太好的措施，但随着技术的进步，企业仍可通过大数据分析制定收派路线、网点布局等优化"最后一公里"派送的方案。

（二）线下拓展业务

互联网的快递发展将快递这样的基础行业推到了舆论的风口浪尖。在电商快速发展的驱动下，快递行业迎来快速发展，"最后一公里"也成为更加棘手的问题。快递企业开始尝试便利店、自提货柜等 O2O 模式。

其实，"快递+便利店"模式早已进入快递企业的视线。早在 2011 年，顺丰就在深圳开设了第一家顺丰店，除了常规的便利店服务外，还提供自寄自取、文印处理、扫描传真以及送货上门等服务。

在业内人士看来，"快递+便利店"模式能够很好地解决"最后一公里"问题。消费者只需将寄送的快件放至便利店，快递员便会统一收取。便利店也可代消费者收取快件，方便消费者收货。此外，此模式也能为快递员减负，实现集中效率，为企业节省人力成本。同时，快递增值服务也会为便利店带来新的利润增长点。

对于消费者而言，便捷、高效的快递对于其来讲是十分重要的，因此不论是电商还是传统的快递业务，哪个能够用最好的方式解决"最后一公里"的难题，哪个才能得到消费者的青睐，才能有更大的发展。

（资料来源：http://www.tui18.com/a/201404/0260805.shtml）

案 例 分 析

"最后一公里"物流是配送的最后一个环节。它的优势是可以实现"门到门"，按时按需的送货上门，但是目前完成"最后一公里"物流存在的较大障碍是在最终靠近用户的车辆进城和投递环节。据咨询公司估计，2020 年，全世界的"最后一公里"送货服务年营业额将会跃升到 6 万亿美元。随着全国物流行业收入和规模的高速增长，物流业多年来存在的"最后一公里"难题日趋凸显。"'最后一公里'配送难题在国外也没有彻底解决的方法，联邦物流曾经做过统计，终端配送的费用占物流总成本的 30%以上。"国内现在能做的就是在有限的条件下尽量优化物流的各个环节，节约成本，减小企业压力。要更好地解决这个问题，需要的不仅是企业的努力，还要有整个市政建设的配合。

中国的快递行业是劳动密集型行业，服务人员的职业素养欠缺，且电子商务企业往往集中在大城市，而越来越多的订单来自于中西部或者三四级中小城市，也使得快递行业面临复杂局面。所以真正的问题在于连接网购的两端，物流的发展困局解决应该在分货和最终几公里的配送上面，也就是从配送中心到用户手里的过程，这个环节现有的物流公司不好解决。物联网技术应用、物流本地化、社区学校、专业贸易市场、智能快递柜的出现等，都是解决物流业问题的方向性手段。

问题：

（1）如何通过共同配送，改善"最后一公里"快递的瓶颈问题？

（2）"最后一公里"配送过程中可以应用哪些先进的物流技术和设备来提高效率

和服务水平？

✍ 练习题

一、简答题

（1）简答仓储的功能。

（2）简答仓储管理的基本内容。

（3）简述仓储作业的基本流程。

（4）简述配送的一般流程。

二、论述题

（1）论述配送的作用。

（2）论述配送管理的主要内容。

三、分析题

通过调研当前仓储与配送发展的现状，分析未来仓储与配送发展的趋势。

第二章 入库与在库作业管理

本章实施体系图如图 2-1 所示。

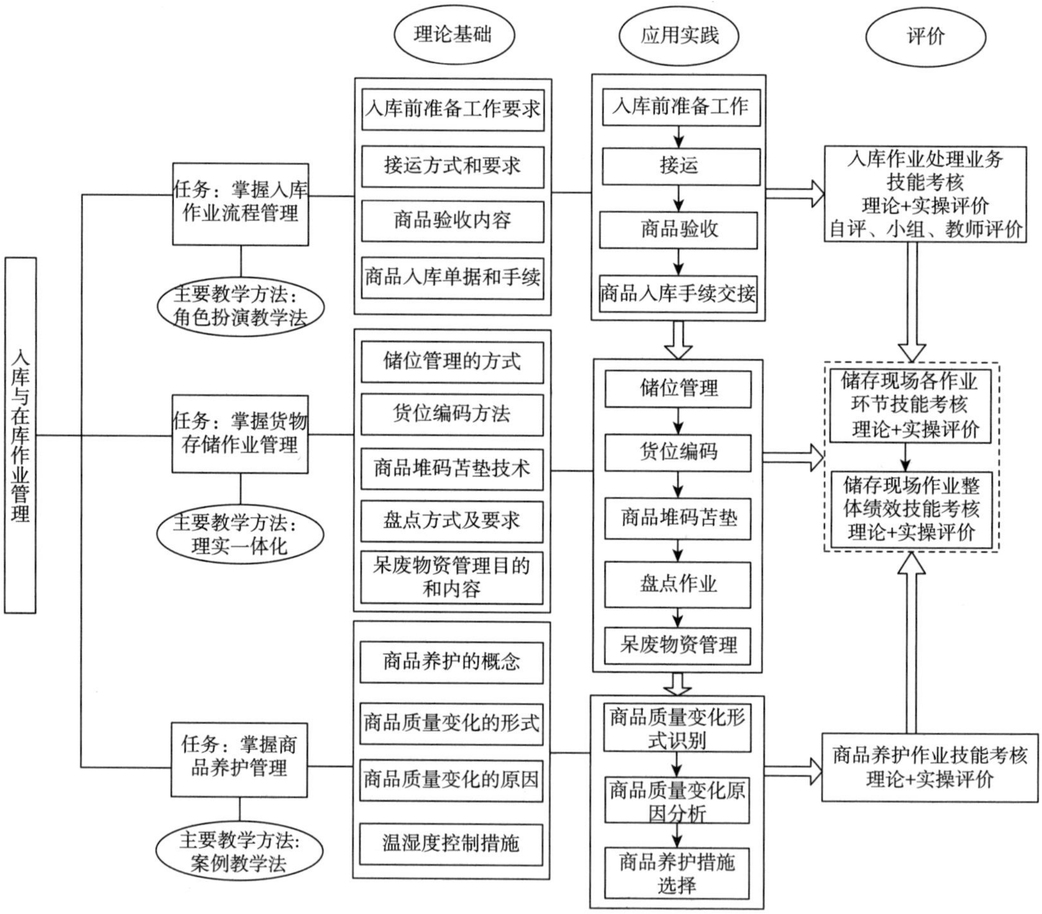

图 2-1　第二章实施体系图

◎学习目标

　　知识目标：了解商品入库作业组织过程，掌握仓储的入库作业管理要求，掌握储位管理、堆码苫垫的基本要求，熟悉货位编码技术和盘点作业的基本要求，了解呆废物资管理的重要性，掌握商品养护过程中商品质量变化的形式、原因和主要养护措施的相关知识。

能力目标：能正确叙述商品入库作业的基本流程，能够确定不同入库接运方式下的职责和组织相应的商品入库过程，能够完成商品验收准备工作及实施商品验收作业，能够熟练地完成商品入库手续的办理及各种单据的流转，能够根据商品的特性进行合适的储位管理工作，能够选择合适的货位编码方式，能够依据商品的特性和仓库的环境特征对商品进行合理的堆码苫垫，能够采取合理的呆废物资管理方法来降低呆废物品率，能够通过观察商品质量变化的形式确定商品质量变化的类型和程度，能够依据商品质量变化的形式寻找并确定引起商品质量变化的原因，并提出相应的商品养护措施，能够掌握温湿度的相关指标和变化规律，并根据商品养护的实际情况采取合理的温湿度控制措施。

素质目标：具有良好的仓储管理人员从业道德、严谨的工作态度和良好的团队合作精神；具备良好的口头表达和人际沟通能力；具有一定的仓储行业从业人员法律保护意识。

◎案例引导

《低温仓储作业规范》国家标准正式发布

由中国仓储协会组织起草的《低温仓储作业规范》国家标准（GB/T31078—2014），经由国家质量监督检验检疫总局、国家标准化管理委员会批准并正式发布（中华人民共和国国家标准公告2014年第30号），将于2015年7月1日起实施。

《低温仓储作业规范》国家标准规定了低温仓储的入库作业、储存作业、出库作业、环境控制、安全控制及信息处理的要求。该项国家标准适用于公共低温仓库的仓储作业活动和自营低温仓库的仓储作业活动。

通过阅读案例，思考仓储环节中哪些作业需要进行标准化。

（资料来源：http://bao.hvacr.cn/201308_2038961.html）

◎知识与技能

第一节　入　库　作　业

商品入库必须经过入库准备、接运、商品入库、卸货、搬运、商品验收、堆码、交接手续、登账、立卡、建立商品档案等一系列操作过程，这些统称为入库作业。入库作业要在一定时间内迅速、准确地完成。入库作业流程图如图2-2所示。

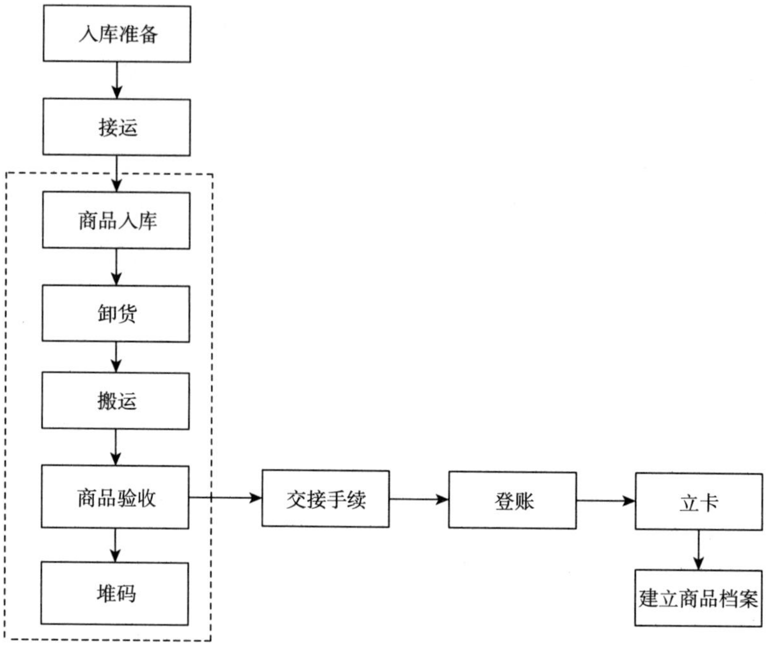

图 2-2　商品入库流程图

一、入库准备

仓库管理部门做好接收前的准备工作，可以保证物品准确、迅速、安全入库，也可以防止由于突然到货而造成忙乱，以至于拖延。商品入库前的具体准备工作，一般有以下几个方面。

1. 编制仓储计划

货物仓储计划编制的主要依据是货物的市场供需变化情况、客户向仓储企业提供的货物存储申报计划及库场存储能力和条件等。仓储计划内容一般包括存储货物的种类、数量、包装、货主、入库时间和出库时间及储存要求。

2. 入库前具体准备工作

（1）加强日常业务联系。仓库根据储存情况，经常向存货单位、仓库主管部门、生产厂或者运输部门联系，了解即将到库商品情况，掌握入库商品的品种、类别、数量及到库时间，据此精确安排入库的准备事项。一般来说，商品入库前存货单位或者仓库主管部门要提前（至少一天）通知仓库，以便仓库做好接货的各项准备工作。仓库对主管部门安排储存的商品不得挑剔。

（2）要妥善安排仓容。当接到进货单之后，在确认为有效无误时，应当根据入库商品的性能、数量、类别，结合分区分类保管的要求，核算所需的货位面积（仓容）大小，确定存放位置及必要的验收场地。对于新商品或不熟悉的商品入库，要事先向存货单位详细了解商品的性质、特点、保管方法与有关注意事项，以便商品入库后做好保管养护工作。

（3）合理组织人力。根据商品进出库的数量和时间，做好收货人员和搬运、堆码等劳动力的安排工作。采用机械操作的要定人、定机，事先安排作业序列，做好准备。

（4）准备验收和装卸搬运的机具。为保证入库作业的顺利进行，根据入库商品验收内容和方法及商品的包装和重量，准备好各种点验商品数量、质量、包装与装卸、堆码所需的点数、称量、测试等所有用具，要做到事先检查，保证准确有效。

（5）准备苫垫、劳保用品。根据入库商品的性能、数量和储存场所的条件，核算所需苫垫用品的数量，据此备足必需的数量。尤其对于底层仓间与露天场地存放商品，更应当注意苫垫用品的选择和准备。同时，根据需要准备好劳动保护用品。

二、接运

由于商品到达仓库的形式不同，除了小部分由供货单位直接运到仓库交货外，大部分都要经过铁路、公路、航运等运输渠道转运。凡经过交通运输部门转运的商品，均需经过仓库接运后，才能进行入库验收。所以，商品入库业务流程的第一道作业环节是商品的接运，也是商品仓库直接与外部发生的经济联系。商品接运的主要任务是及时并且准确地向交通运输部门提取入库商品，要求手续清楚，责任分明，为仓库验收工作创造有利条件。

1. 接运的方式

商品接运方式主要有以下四种。

1）车站、码头提货

提货人员应当了解所提取商品的品名、型号、特性和一般保管知识、装卸搬运注意事项等。在提货前应做好接运货物的准备工作，如准备好装卸运输工具，腾出存放商品的场地等。提货人员在到货前，应当主动了解到货时间和交货情况，根据到货多少组织装卸人员、机具和车辆，按时前往提货。

2）专用线接车

专用线接车要注意以下几点。

（1）接到专用线到货通知后，应当立即组织好卸车所需要的机械、人员及有关资料，做好卸车准备，力求缩短场内搬运距离。

（2）车皮到达后，引导对位，进行检查。检查车皮封闭情况是否良好，卡车、车窗、铅封、苫布等是否完好无损；根据运单及有关资料核对到货品名、规格、标志和清点件数；检查是否有进水、受潮或其他损坏现象；检查包装是否有损坏或有无散包。

如果在检查中发现异常情况，应当请铁路部门派员复查，属铁路方面责任的应做出商务记录，属于其他方面责任需要铁路部门证明的应做出普通记录，由铁路运输员签字，注意记录内容与实际情况要相符，以便交涉。

（3）卸车时要注意为商品验收和入库保管提供便利条件。保证包装完好，不压伤，不碰坏，不得自行打开包装；应当根据商品的性质合理堆放，以免混淆；分清车号、品名、规格，不混不乱。卸车后应当在商品上标明车号和卸车日期。

（4）编制卸车记录，连同有关证件和资料，尽快办好内部交接手续。

3）库内接货

存货单位或者供货单位将商品直接送到仓库储存时，应当由验收人员或保管员直接与送货人员办理交接手续，当面验收并做好记录。

4）仓库自行接货

仓库自行接货应当注意以下两个方面。

（1）仓库接受货主委托，直接到供货单位提货时，应当将接货与出验工作结合起来进行。

（2）仓库应根据提货通知，了解所提货物的性能、数量、规格，准备好提货所需的人员、机械，配备保管员当场检验质量、清点数量，并且做好验收记录。

2. 商品接运管理

由于接运工作直接与交通运输部门接触，所以做好接运工作还需要熟悉交通运输部门的要求和制度，如发货人与运输部门的交接关系和责任的划分，收货人和铁路、航运、海运等运输部门在运输中应负的责任，向交通运输部门索赔的手续和必要的证件，铁路或者其他运输部门编制普通记录和商务记录的范围，等等。

3. 货运责任划分和货运事故的处理

1）货运责任划分的必要性

货物入库是由发货单位、收货单位及承运单位共同协作完成的，要完成货物入库，就需要这三方面的密切配合。而发货、收货、承运单位都各有自己的责任范围，都存在各自独立的经济效益，只有划清这三方面的责任界限，才能确保各方分工的工作质量，当发生运输事故时，由责任方承担经济赔偿。

2）货运事故的处理

货物在运输中，由于各种原因造成货物的短缺、破损、受潮及其他差错事故，不管责任属于哪一方，都应当保护好现场，做好事故记录，划清责任界限，并以此作为事故处理和索赔的依据。在处理事故中，要求各有关方面都应当本着实事求是的态度，客观反映真实情况，互相协作，认真、妥善地处理好各类货运事故。

货运事故记录是正确分析事故产生原因及处理方法的依据。因此，在事故发生时，必须按照规定及时要求交通运输部门做好事故记录，把事故详细情况记载下来。铁路记载货运事故的记录有两种，分别是货运记录和普通记录；公路记载货运事故一般可在公路运输交接单（或三联单）上记录货损、货差情况。

（1）货运记录。货运记录是表明承运单位负有责任事故，收货单位据此索赔的基本文件。货物在运输过程中发生货物名称、件数与运单记载不符，货物被盗、丢失或者损坏，货物污损、受潮、生锈、霉变或者其他差错等，均要填写货运记录。

在收货人卸车或者提货前，认真检查、发现问题，经承运单位复查确认后，由承运单位填写货运记录交收货单位。

（2）普通记录。普通记录是由承运部门开具的一般性证明文件，不具备索赔效力，仅作为收货单位向有关部门交涉处理的依据。当遇有下列情况并发生货损、货差时，填写普通记录：①铁路专用线自装自卸的货物；②棚车的铅封印纹不清、不符或者没有按规定施封；③施封的车门、车窗关闭不严，或者门窗有损坏；④篷布苫盖不严实，有漏雨或者其他异状；⑤责任判明为发货单位的其他差错事故等。

（3）公路运输交接单。公路运输交接单是指在公路运输中，发生损失或者差错事故，并且确定其责任属于承运单位时，所编写的书面凭证，是收（发）货方向承运单位提出索赔的依据。

3）办理交接手续

交接手续通常是由仓库保管员在送货回单上签名盖章表示货物收讫。如果上述程序中发现差错、破损等情形必须在送货单上详细注明或者由接货人员出具差错、异状记录，详细写明差错数量、破损情况等，以便与运输部门分清责任，作为查询处理的依据。

三、商品验收

（一）商品验收的作业流程

商品验收包括验收准备、核对凭证和实物检验三个作业环节，具体如图 2-3 所示。

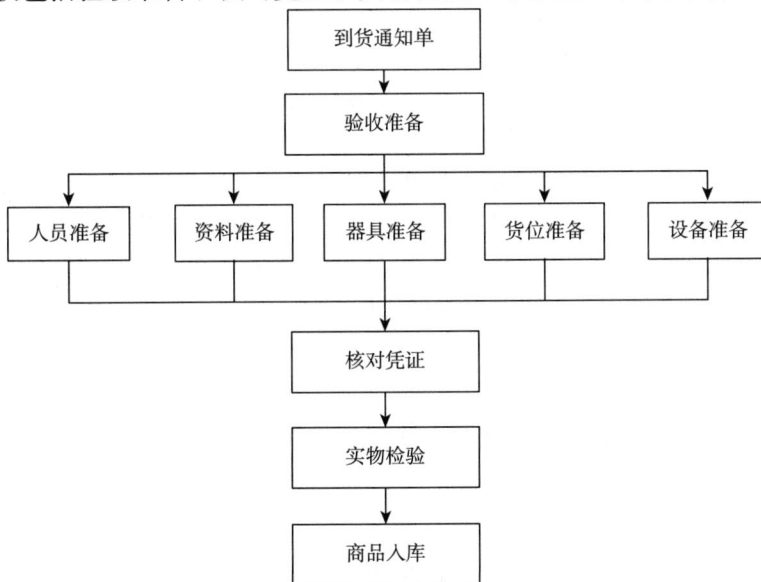

图 2-3　商品验收流程图

1. 验收准备

仓库接到到货通知后，应根据商品的性质和批量提前做好验收前的准备工作，大致包括人员准备、资料准备、器具准备、货位准备和设备准备。

2. 核对凭证

入库商品必须具备下列凭证。

（1）入库通知单和订货合同副本，这是仓库接收商品的凭证。

（2）供货单位提供的材质证明书、装箱单、磅码单、发货明细表等。

（3）商品承运单位提供的运单，若在商品入库前发现残损情况，还要有承运部门提供的货运记录或普通记录，作为向责任方交涉的依据。

入库通知单、订货合同要与供货单位提供的所有凭证逐一核对，相符后，才可进行下一步实物检验。

3. 实物检验

实物检验是指根据入库通知单和有关技术资料对实物进行数量和质量检验。在一般情况下或订货合同没有约定检验事项时，仓库仅对物品的品种、规格、数量、外包装状况，以及不需要开箱、拆捆便直观可见、可辨的外观质量情况进行检验，对于内容的检验则根据合同约定、作业特性确定。但是在进行分拣配装作业的仓库里，就需要检验所有物品的品质和状态。

（二）商品质量验收的方法

商品质量检验包括外观检验、尺寸检验、机械物理性能检验和化学成分检验四种形式。仓库一般只做外观检验和尺寸检验，后两种检验如果有必要，则由仓库技术管理职能机构取样，委托专门检验机构检验。

（三）商品数量验收的方法

按商品性质和包装情况，商品数量检验主要有计件、检斤、检尺求积等形式。

在做数量验收之前，还应根据商品来源、包装好坏或有关部门规定，确定对到库商品是采取抽验还是全验方式。在一般情况下数量检验应全验，即按件数全部进行点数，按重量供货的全部检斤，按理论重量供货的全部检尺，后换算为重量，以实际检验结果的数量为实收数。有关全验和抽验，如果商品管理机构有统一规定，则可按规定办理。

（四）商品验收中问题的处理

在商品验收中，可能会发现如单货不符、商品质量异状、证件不齐等问题，应区别不同情况，及时处理。

1. 单货不符

在收货点验中，根据"以单为主，以单核货"的要求，对同一批次的入库货物，若发现数量、品种方面的单货不符，应在货运交接单上按实批注，以分清仓库与运输车辆的交接责任。同时，仓库应立即查询送货单位，待对方核对确定后，若属送货单位少送的数量要补齐，多送的数量要补单或退回，互串的要如数调换；若属发货单位错开、漏开入库单节的，要办理正式更正手续。总之，仓库发现入库货物单货不符的问题，必须在有关方面做出符合入库要求的具体处理后，才能签发单证。

2. 商品质量异状

发现入库商品外观质量异状时，应分别情况，区别处理。若属异状轻微，不影响使用，而采购部门又要求入库并同意提前调拨的，仓库按异状情况连同采购部门意见，一并在入库单上批注清楚，予以办理入库手续。但在库内，为防止异状扩大，要采取养护措施。若属异状严重，但数量较少，送货单位同意及时到库调换整理的，仓库可先收货，待调换整理后，再签发单证。若属异状严重，数量又多，应配合送货单位做好退厂或在库整理等工作，暂不签发单证。

3. 包装不符合标准

对于不能保护货物安全的包装，特别是不能保护外调货物安全的包装，仓库要及时通知送货单位到库负责对包装的整理加固或换装工作。如果包装污损程度轻微，数量又较少，不影响货物质量的，收货人员在做好验收记录和按实批注入库单予以签发单证后，代为整理，再行堆码。若属包装破损的程度轻微，数量较少，收货人员应在会同送货单位开箱检明细数无短缺的情况下，再予办理入库手续。在收货检验中，还要注意那些虽是包装完整，但其毛重有显著差异的，收货人员也应会同送货单位开箱检点细数有无短缺，以明责任。对于包装标志不符合制作要求的入库货物，仓库一般都在不影响运输车辆卸货的情况下，通知送货单位到库处理，在未处理前，暂缓签发单证。

4. 证件不齐

入库商品的证件不齐时，若是供货单位的问题，应及时通知采购部门向供货单位索取必要的证据，仓库应及时向采购部门要证件。对于证件不齐的到货，可先进行预验，单独存放，妥为保管，不得发放出库，待证件到齐再作正式验收，办理入库手续。

5. 质量证明书与到货技术标准不符

遇有质量证明书与到货技术标准不符时，验收人应如实填写商品验收记录，及时通知采购部门，由采购部门向供货单位交涉处理。

6. 磅差

数量短缺在规定磅差范围内的，可按原数入账，凡超过规定磅差范围的，应查对核实，做成验收记录和磅码单交主管部门会同货主向供货单位办理交涉。凡实际数量多于原发料量的，可由主管部门向供货单位退回多发数，或补发货款。在商品入库验收过程中发生的数量不符情况，其原因可能是发货方面在发货过程中出现了差错，误发了商品，或者是在运输过程中漏装或丢失了商品等。在商品验收过程中，如果没有对数量进行严格的检验，或由于工作粗心，放过了商品数量的短缺，就会给仓库造成经济损失。

按照重量交货的商品，由于计量器具的感量误差，往往会产生数量出入，商品在搬储运输过程中也会产生一定损耗，温度、气压等自然条件也会使商品重量产生差异，因此，应按国家规定的磅差标准处理。而贵重稀有金属的重量和理论换算的重量不应有差异。

7. 残损、潮污等

发现残损、潮污的情况，必须取得承运部门的货运记录或普通记录。验收人员应将商品的残损、潮污短件等详细情况记入商品验收记录，并和承运部门的记录一并交采购部门交涉处理，若属承运部门的责任，则由采购部门与承运部门交涉处理，若属供货单位责任，则由采购部门与供货单位交涉处理，若属仓库责任，则由仓库与有关部门协商处理或赔偿。

8. 凭证和商品不同时到

（1）凭证到，商品未到。入库通知单和其他有关凭证已到，而在规定的时间内该批商品未到库时，应及时向采购部门反映以便采购部门及时向供货单位或承运部门查询。

（2）商品到，凭证未到。出现这种情况，可先进行预验，并同时向采购部门索要凭证。待凭证到齐后，再正式办理入库手续。

四、商品入库交接手续

商品经检验后，若发现有问题，收货员应分清责任做好记录，立即交由仓库有关业务部门处理。若检验合格，立即办理入库交接手续，即登账、立卡、建立商品档案。

（一）登账

商品明细料账是根据商品入库验收单及有关凭证建立的商品保管明细台账，并按入库商品的类别、品名、规格、批次等，分别立账。它是反映在库储存商品进、出、存动态的账目。

（二）立卡

"卡"又称"料卡""料签""商品验收明细卡"，是直接反映商品的品名、型号、规格、数量、单位以及进出动态、积存数的保管卡，由负责该商品保管的人员填写，是保管业务活动进行的"耳目"。货卡按照其作用不同可分为货物状态卡、商品保管卡。商品保管卡包括标识卡和储存卡等。

（三）建立商品档案

建立商品档案是将商品入库作业全过程的有关资料进行整理、核对，建立资料档案，为商品的保管、出库业务活动创立良好条件。商品建档工作要求做到以下几点。

1. 商品档案应一物一档

（1）商品出厂时的各种凭证和技术资料，如商品技术证明、合格证、装箱单、磅码单、发货明细表等。

（2）商品运输资料及其他凭证，如普通记录、货运记录或者公路运输交接单等。

（3）商品验收的入库通知单、验收记录、磅码单、技术检验报告等。

（4）商品储存保管期间的检查、维护保养、溢补损坏变动等情况的记录。

（5）室内外温湿度记载及其对商品的影响情况。

（6）商品的出库凭证及其他有关资料。

2. 档案应统一编号

商品的档案应统一编号，并且在档案上注明货位号，同时在商品明细料账上注明档案号，以便查阅。

3. 应当妥善保管

在商品保管期间，仓库可根据情况，由业务机构统一管理或者直接由保管员管理好商品档案。某种商品全部出库后，除了必要的技术证件必须随货同行不能抄发外，其余均应留在档案内，并且将商品出库证件、动态记录等整理好一并归档。商品档案部分资料的保管期限，可以根据实际情况决定。

第二节　商品储存作业

一、储位管理

储位管理就是利用储位来使商品处于被保管状态，并且能够明确显示所储存的位置，同时当商品的位置发生变化时能够准确记录，使管理者能够随时掌握商品的数量、位置及去向。

（一）储位管理的对象

储位管理的对象分为保管商品和非保管商品两部分。保管商品是指在仓库的储存区域中的保管商品，由于它对作业、储放搬运、拣货等方面有特殊要求，在保管时会有很多保管形态出现，如托盘、箱、散货或其他方式，这些虽然在保管单位上有很大差异，但都必须用储位管理的方式加以管理。非保管商品主要是指包装材料、辅助材料和回收材料等。

（二）储位管理的范围

在仓库的所有作业中，所用到的保管区域均是储位管理的范围，根据作业方式不同分为预备储区、保管储区、动管储区。

1. 预备储区

预备储区是商品进出仓库时的暂存区。在预备储区，不但要对商品进行必要的保管，还要将商品打上标识、分类，再根据要求归类，摆放整齐。为了在下一作业程序中节省时间，标识与看板的颜色要一致。

（1）对于进货暂存区，在商品进入暂存区前先分类，暂存区也先行标示区分，并且配合看板上的记录，商品依据分类或入库上架顺序，分配到预先规划好的暂存区储存。

（2）对于出货暂存区，每一车或每一区域路线的配送商品必须排放整齐并且加以分隔，摆放在事先标示好的储位上，再配合看板上的标示，并按照出货单的顺序，进行装车。

2. 保管储区

为了最大限度地增大储存容量，要考虑合理运用储存空间，提高使用效率。为了对商品的摆放方式、位置及存量进行有效的控制，应考虑储位的分配方式、储存策略等是否合适，并选择合适的储放和搬运设备，以提高作业效率。

知识链接：分区分类规划的方法和原则

（1）分区分类规划的方法如下：①按库存物品理化性质不同进行规划；②按库存物品的使用方向或按货主不同进行规划；③混合货位规划。

（2）分区分类规划的原则如下：①存放在同一货区的物品必须具有互容性；②保管条件不同的物品不应混存；③作业手段不同的物品不应混存；④灭火措施不同的物品决不能混存。

3. 动管储区

动管储区是在拣货作业时所使用的区域，此区域的商品大多在短时期即将被拣取出货，商品在储位上流动频率很高。由于这个区域的功能在于提供拣货的需求，为了让拣货时间及距离缩短、降低拣错率，就必须在拣取时能很方便迅速地找到商品所在位置，因此对于储存的标示与位置指示就非常重要，而要让拣货顺利进行及拣错率降低，就得依赖一些拣货设备来完成，如电脑辅助拣货系统（computer aided picking system，CAPS）、自动拣货系统等，动管储区的管理方法就是这些位置指示及拣货设备的应用。

（三）储位管理的原则

储位管理与其他管理一样，其管理方法必须遵循一定的原则。其基本原则有以下三个。

1. 储位标识明确

先将储存区域详细划分，并加以编号，让每一种预备存储的商品都有位置可以存放。

2. 商品定位有效

依据商品保管方式的不同，应该为每种商品确定合适的储存单位、储存策略、分配规则，以及其他储存商品要考虑的因素，把商品有效地配置在先前所规划的储位上。储存策略包括定位储存策略、随机储存策略、分类储存策略、分类随机储存策略和共用储位储存策略。

3. 变动更新及时

商品不管是因拣货取出，或是被淘汰，或是受其他作业的影响，其位置或数量发生了改变时，就必须及时地把变动情形加以记录，以使记录与实物数量能够完全吻合，如此才能进行管理。

（四）储位管理的要素

储位管理的要素有储位空间、商品、人员及储放、搬运设备与资金等。

1. 储位空间

仓库从功能上可分为仓储型仓库和流通型仓库，所以在储位空间的分配上，对于仓储型仓库，主要是仓库保管空间的储位分配；而对于流通型仓库，则为便于拣货及补货进行的储位分配。在储位分配时，确定储位空间，就先考虑空间大小、柱子排列、梁下高度、过道、设备作业半径等基本因素，再结合其他因素，才能合理安排储存商品。

2. 商品

管理放在储位上的商品，要考虑商品本身的影响因素，这些因素主要如下。

（1）供应商。商品的供货渠道，是自己生产的还是购入的，有没有行业特点。

（2）商品特性。商品的体积、重量、单位、包装、周转率、季节性的分布、自然属性、温湿度的要求、气味的影响等。

（3）数量的影响。例如，生产量、进货量、库存量、安全库存量等。

（4）进货要求。采购前置时间，采购作业特殊要求。

（5）种类。种类类别、规格大小等。

确定商品本身的影响因素后再决定如何放置，此时应该考虑存储单位（单个、箱、托盘）、储位策略（定位储存、随机储存、分类储存、分类随机储存，或是其他的分级、分区存储）、储位分配原则、商品特性、补货的方便性、单位在库时间、订购频率等。

商品摆放好后，就要进行有效的在库管理，随时掌握库存状况，了解其种类、数量、位置、入出库状况等所有资料。

3. 人员

人员包括了仓管人员、搬运人员、拣货补货人员等。仓管人员负责管理及盘点作业，搬运人员负责入库作业、出库作业、翻堆作业（为了商品先进先出、通风、气味避免混合等），拣货人员负责拣货作业，补货人员负责补货作业。

人员在存取搬运商品时，在仓库的作业中，讲求的是省时、高效，而在照顾员工的条件下，讲求的是省力。因此要达成存取效率高、省时、省力，则作业流程方面要合理化；储位配置及标示要简单、清楚，一目了然；商品要好放、好拿、好找；表单要简单、标准化。

4. 储放、搬运设备与资金

相比较储位空间、商品、人员来说，储放、搬运设备与资金是关联要素，在选择搬运设备时，要考虑商品特性、单位、容器、托盘等因素，以及人员作业时的流程、储位空间的分配等，还要考虑设备成本与人员操作的方便性。各储位统一编码，编码规则必须明了易懂、好操作。资金要有预算，如果超出预算，要看是否能够产生相应效益。

（五）储位分配的方法

储位分配是指在储存空间、储存设备、储存区位、储位编码等一系列前期工作准备就绪之后，用什么方法把货品分配到最佳的位置上。目前常用的储位分配方法有人工分配、计算机辅助分配和计算机全自动分配三种方式。

知识链接：货物入库分类分区存放的检查标准

物资入库后，需按不同类别、性能、特点和用途分类分区码放，做到"二齐、三清、四号定位"。其中，"二齐"是指物资摆放整齐、库容干净整齐；"三清"是指材料清、数量清、规格标识清；"四号定位"是指按区、按排、按架、按位定位。

二、货位编码管理

货位布局合理安排以后，应给予统一编码。货位编码是将库房、料棚、货场、货架、货垛按地点、位置顺序统一编列号码，可以使物品出入库时，按号存取，查找方便，减少收发差错，提高作业效率。所有编码应当在编码地点、位置设置醒目的标志。

仓库的货位布置可以根据仓库的条件、结构、需要，已确定的商品分类保管的方案及仓容定额加以确定。货位编码的方法有多种，可以灵活掌握，但无论采用何种货位编码方式，货位摆放往往都需与主作业通道垂直，以便于存取。

1. 货位编码的要求

货位的编号就好比商品在仓库中的住址，须符合"标志明显易找，编排循规有序"的原则。具体编码时，应符合以下要求。

（1）标志设置应适宜。货位编码的标志设置应因地制宜，采用适当的方法，选择适当的地方。例如，无货架的库房内，走道、支道、段位的标志，一般都设置在水泥或者木板地坪上；有货架的库房内，货位标志一般设置在货架上。

（2）标志制作应规范。货位编码的标志如果随心所欲、五花八门，很容易造成单据串库、商品错收、商品错发等事故，统一使用阿拉伯字码制作标志，就可避免以上弊病。为了将库房以及走道、支道、段位等加以区别，可以在字码大小、颜色上进行区分，也可以在字码外加上括号、圆圈等符号加以区分。

（3）编码顺序应一致。整个仓库范围内的库房、货棚、货场内的走道、支道、段位的编码，一般都以进门的方向左单右双或者自左向右顺序编码的规则进行。

（4）段位间隔应恰当。段位间隔的宽窄，应取决于货种及批量的大小。同时要注意的是，走道、支道不宜经常变更位置，变更编码，因为这样不仅会打乱原来的货位编码，而且会使保管员不能迅速收发货。

2. 货位编码的方法

目前，仓库中货位编码常用的方法有以下几种。

（1）仓库内储存场所的编码。整个仓库内的储存场所如果有库房、货棚、货场，则可以按照一定的顺序（自左向右或自右向左），各自连续编码。库房的编号一般写在库房的外墙上或者库门上，字体要统一、端正，色彩鲜艳、清晰醒目、易于辨认。货棚编号书写的地方，则可以根据具体情况而定，总之应让人一目了然。货场的编号一般写在场地上，书写的材料要耐摩擦、耐雨淋、耐日晒。

（2）库房编码。对于多层库房的编码，经常采用三位数编码、四位数编码或者五位数编码。三位数编码是用三个数字或字母依次表示库房、层次和仓间，如 123 编码，表示 1 号库房、2 层楼、3 号仓间。四位数编码是用四个数字或字母依次表示库房、层次、仓间和货架，如 1234 编码，表示 1 号库房、2 层楼、3 号仓间、4 号货架。五位数编码是用五个数字或字母依次表示库房、层次、仓间、货架、货格，如 12345 编码，表示 1 号库房、2 层楼、3 号仓间、4 号货架、5 号货格。

（3）货位编码。货位布置的方式不同，其编码的方式也不相同。货位布置的方式一般有两种，即横列式和纵列式。横列式，即货位横向摆放，可以采用横向编码；纵列式，即货位纵向摆放，常采用纵向编码，如图 2-4 所示。

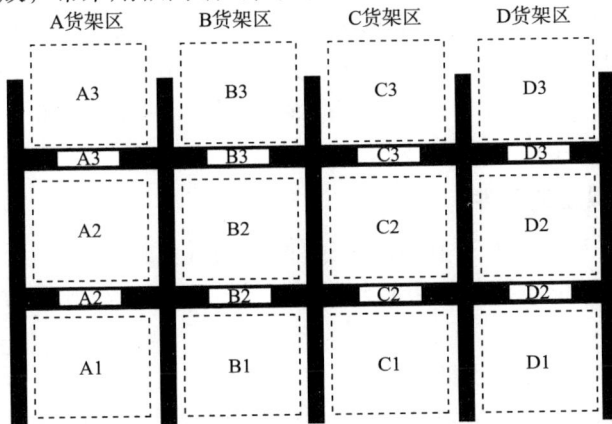

图 2-4　某托盘货架区货位编码示意图

三、商品堆码与苫垫管理

（一）堆码的基本原则

商品堆码是一项技术性的工作，因此，企业或组织在进行商品堆码时应当遵循以下原则。

1. 简易方便

实际操作中，垛形应尽量简化，使其容易堆码，省力省工，便于物品的收发查点，有利于实现装卸搬运机械化。人工作业时，料垛高度不宜过高，尽可能采取立柱式或框架式托盘堆码。

2. 整齐美观

料垛排列和料垛本身横竖成线，实行"五五化"堆码，过目成数，标记料签明显可见，但不宜要求过高过严，造成人力、物力的浪费。

3. 科学合理

应当根据商品的性质、容重、形状、大小、数量、包装等不同情况，确定相应的堆码方式，要按照商品的不同品种、规格、型号、等级、生产厂、进货批次等分别堆码，同时，要贯彻先进先出的原则，做好下垫上苫，创造良好的保管条件。

4. 稳固安全

垛基要坚实牢固，能承受料垛的全部重量，单位面积的储存量应小于地坪最大承载能力，料垛高度要适宜，保证最下层的商品或包装不受损坏。另外，还要做到降低料垛的重心，保持一定的垂直度，进行必要的加固，增强料垛的整体性和稳定性，以防止料垛倒塌。

（二）堆码的基本条件和要求

进行商品堆码时，必须根据商品的性能、包装形态及质量要求和仓库设备条件，选择合理的堆放方式及堆积层数，并在安全、方便、节约的原则下合理地利用仓容，增加单位面积商品的储存量，并要留有适当的墙距、灯距、垛距、顶距、底距，同时还要做到堆码合理、整齐、牢固、无倒置现象。

1. 堆码物品应具备的条件

对于验收的物品，企业必须具备以下条件方能进行堆码。

（1）包装完好，标志清楚，包装外表的尘土、雨雪、污迹等已清扫干净，不影响物品质量。

（2）物品的数量、质量已彻底查清。

（3）为便于机械作业，金属材料等该捆扎的已捆扎，机电产品和仪器仪表等可集中装箱的已装入合格的包装箱。

（4）对受潮、锈蚀、残损，已发生某些质量变化或质量不合格部分，虽经加工处理，也不能再与合格品混杂堆码。

2. 堆码的基本要求

（1）合理。垛形必须适合物品的性能特点，不同品种、型号（牌号）、批次、等级、单价的物品均应分开堆码，达到合理保管的目的，同时，要合理确定垛距、走道的宽度等，堆码时要分清先后次序，必须贯彻"先进先出"的原则。

（2）牢固。堆码时必须不偏不斜，且不压坏底层物品的包装，地坪、垛顶与库梁下距离不得小于 1 厘米，并与墙壁、柱子保持一定距离，以确保堆码稳固安全。

（3）定量。每垛、每行、每层的物品数量力求成整数，便于检查和盘点，物资不能成整数时，每层应明显分隔，标明重量，大宗物品尽量做到定量存放，分堆分层堆码。

（4）方便。垛位垛形符合装卸搬运、出库、维护、检查等作业便利的要求。

（5）整齐。排列整齐有序，垛形有一定规格，成行成列。包装上有标志者，标志尽量做到向外。

（6）经济。要节省仓位，提高仓容利用率，节省劳动力。

3. 对堆码场地的要求

（1）库内堆码：墙距合理（通常为 0.8 米），垛底一般应垫高 20~60 厘米。

（2）货棚内堆码：货棚必须防止雨雪渗漏，货棚四周必须有排水沟或管道，且棚内地坪应高于棚外地面。堆码时要垫垛底，一般垫高 20~40 厘米。

（3）露天货场堆码：场地应坚实、干燥、平坦、无积水及杂草，必须高于四周地面，垛底垫高不低于 40 厘米，货场四周排水沟必须畅通。

4. 货垛的"五距"要求

货垛的"五距"是指垛距、墙距、柱距、顶距和灯距。

（1）垛距。货垛与货垛之间的必要距离，称为垛距，常以支道作为跺距。垛距能方便存取作业，起通风、散热的作用，方便消防工作。库房的跺距一般为 0.5~1 米，货场的跺距一般不小于 1.5 米。

（2）墙距。为了防止库房墙壁和货场围墙上的潮气对商品的影响，也为了开窗通风、消防工作、建筑安全、收发作业，货垛必须留有墙距。墙距分为库房墙距和货场墙距，其中，库房墙距分为内墙距和外墙距。内墙是指墙外还有建筑物相连，因而潮气相对少些；外墙则是指墙外没有建筑物相连，所以墙上的湿度相对大些。库房的外墙距为 0.3~0.5 米，内墙距为 0.1~0.2 米；货场只有外墙距，一般为 0.8~3 米。

（3）柱距。为了防止库房柱子的潮气影响货物，也为了保护仓库建筑物的安全，必须留有柱距，一般为 0.1~0.3 米。

（4）顶距。货垛堆放的最大高度与库房、货棚屋顶间的距离，称为顶距。顶距能便于装卸搬运作业，能通风散热，有利于消防工作，有利于收发、查点。顶距一般做以下规定：①平房库顶距为 0.2~0.5 米；②人字形库房以屋架下弦底为货垛的可堆高度；③多层库房底层与中层为 0.2~0.5 米，顶层须大于等于 0.5 米。

（5）灯距。货垛与照明灯之间的必要距离，称为灯距。为了确保储存商品的安全，防止照明发出的热量引起商品燃烧而发生火灾，货垛必须留有灯距。灯距严格规定不小于 5 米。

（三）堆码形式的计算

依据商品性能、数量、体积和形状、地坪载重量等确定垛行、底层排列和可堆高层数，计算货垛的占地面积。在计算占地面积，确定垛高时，必须注意上层商品的重量不得超过底层商品承载能力。整个货垛的压力不得超过地坪的最大载重量。

1. 货垛可堆高层数的计算

货垛可堆高层数计算方法有两种：一种是在库房地坪安全负载范围内不超重的计算方法；另一种是在库房可用高度范围内不超高的计算方法。

（1）货垛不超重可堆高层数的计算方法。库房载重量是根据建筑部门核定的安全负载决定的，通常是以千克/米^{2}为单位。货垛不超重可堆高层数，是指在安全负载范围内进行堆码。所以在商品堆码之前，应预先计算货垛不超重商品可堆高层数。

以一件商品的占地面积计算，计算公式为

不超重可堆高层数=每件商品实占面积×每平方米核定载重量÷每件商品毛重

以一批商品整垛的占地面积计算，计算公式为

$$不超重可堆高层数=整垛商品实占面积×每平方米核定载重量$$
$$÷每件层数÷每件商品毛重$$

（2）货垛不超高可堆高层数计算方法。货垛不超高可堆高层数，是指货垛不超过可用高度的可堆高层数，计算公式为

$$不超高可堆高层数=库房可用高度÷每件商品高度$$

2. 货垛底层排列

货垛底层排列要先测算可堆高层数，再进行货垛底层排列。货垛底层排列有两个内容：一是货垛底数的安排；二是货垛底形的安排。

货垛底层排列时，根据可堆高层数，先排底数，再根据商品外包装占地面积和堆码要求，排出底形。对于箱装、规格整齐划一的商品可参照下列公式计算。

底数计算：底数多少与占用货位面积的大小成正比，计算公式为

$$底数=货垛总件数÷可堆高层数$$

底形排列：根据商品实占面积与货位的深度和宽度综合考虑排列。底形排列关系到货垛的稳固、点数和发货的方便，应予以重视。

货垛实占面积：货垛底数、每件商品底面积和底形排列直接影响货垛实占面积，计算公式为

货垛的实占面积=货垛总件数×每件商品底面积÷可堆高层数=底数×每件商品底面积

（四）堆码的基本形式

由于商品的性能、外形不同，因而有各种堆码形式。物品堆码存放的基本方法主要有以下几种。

1. 散堆法

散堆法是直接用堆扬机或者铲车在确定的货位后端起，直接将物品堆高，在达到预定的货垛高度时，逐步后推堆货，后端先形成立体梯形，最后成垛。由于散货具有流动性和散落性，因此，堆货时不能堆到太近垛位四边，以免散落使物品超出预定的货位。

通常散堆法适用于露天存放的没有包装的大宗物品，如煤炭、矿石等，也适用于库

内少量存放的谷物、碎料等散装物品。

2. 堆垛法

对于有包装的物品，包括裸装的计件物品，通常采取堆垛的方式储存。采用这种方式储存能够充分利用仓容，从而做到仓库内整齐，方便作业和保管。常见的堆垛方式主要包括重叠式、纵横交错式、仰伏相间式、衬垫式、压缝式、通风式、栽柱式等。

（1）重叠式。重叠式是指逐件、逐层向上重叠堆码，一件压一件的堆码方式，为了保证货垛稳定性，在一定层数后改变方向继续向上，或者长宽各减少一件继续向上堆放。该方法方便作业、计数，但同时稳定性较差，通常适用于袋装、箱装、箩筐装物品，以及平板、片式物品等，如图 2-5 所示。

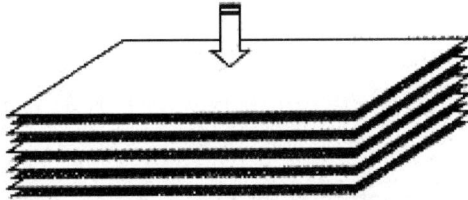

图 2-5　重叠式堆码

（2）纵横交错式。纵横交错式是指每层物品都改变方向向上堆放，通常适用于管材、捆装、长箱装物品等。该方法较为稳定，但操作不便，如图 2-6 所示。

图 2-6　纵横交错式堆码

（3）仰伏相间式。仰伏相间式是指对上下两面有大小差别或凹凸的物品，如槽钢、钢轨等，将物品仰放一层，在反一面伏放一层，仰伏相向相扣。该方法极为稳定，但操作不便，如图 2-7 所示。

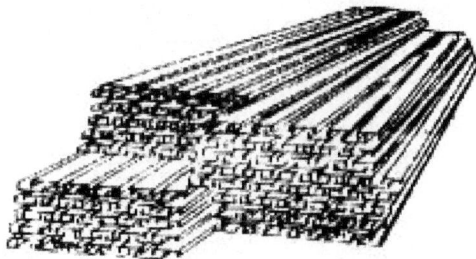

图 2-7　仰伏相间式堆码

（4）衬垫式。衬垫式是指堆码时，隔层或隔几层铺放衬垫物，当衬垫物平整牢靠后，再往上码。该方法通常适用于不规则且较重的物品，如图 2-8 所示。

图 2-8　衬垫式堆码

（5）压缝式。压缝式是指将底层并排摆放，上层放在下层的两件物品之间，如图 2-9 所示。

图 2-9　压缝式堆码

（6）通风式。通风式是指在进行堆码时，任意两件相邻的物品之间都留有空隙，以便通风，层与层之间采用压缝式或者纵横交错式。通风式堆码可以用于所有箱装、桶装及裸装物品堆码，从而起到通风防潮、散湿散热的作用，如图 2-10 所示。

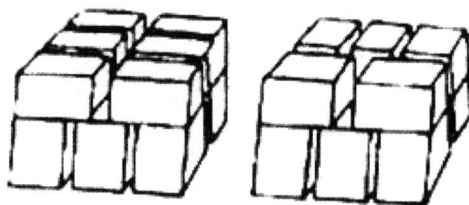

图 2-10　通风式堆码

（7）栽柱式。栽柱式是指码放物品前先在堆垛两侧栽上木桩或者铁棒，然后将物品平码在桩柱之间，几层后用铁丝将相对两边的柱拴连，再往上摆放物品。该方法通常适用于棒材、管材等长条状物品，如图 2-11 所示。

图 2-11　栽柱式堆码

3. 托盘上存放物品

由于托盘在物流系统中的运用得到了认同，因此就形成了物品在托盘上的堆码方式。托盘是具有标准规格尺寸的集装工具，因此，在托盘上堆码物品可以参照典型堆码图谱来进行。

4. "五五化"堆码

"五五化"堆码是指以五为基本计算单位，堆码成各种总数为五的倍数的货垛，以五或五的倍数在固定区域内堆放，使货物"五五成行、五五成方、五五成包、五五成堆、五五成层"，堆放整齐，上下垂直，过目知数，从而便于对货物的数量控制和清点盘存。

（五）堆码设计的内容

1. 垛基

垛基是货垛的基础，其主要作用是：承受整个货垛的重量，将物品的垂直压力传递给地坪；将物品与地面隔离，起防水、防潮和通风的作用；垛基空间为搬运作业提供方便条件。因此，对垛基提出以下要求。

（1）将整垛物品的重量均匀地传递给地坪。垛基本身要有足够的抗压强度和刚度。为了防止地坪被压陷，应扩大垛基同地坪的接触面积，衬垫物要有足够的密度。

（2）保证良好的防潮和通风。垛基应为敞开式，有利于空气流通，可适当增加垛基的高度，特别是露天货场的垛基，其高度应在 300~500 毫米，必要时可增设防潮层。露天货场的垛基为了利于排水还应保持一定的坡度。

（3）保证垛基上存放的物品不发生变形。露天场地应平整夯实，衬垫物应放平摆正，所有衬垫物要同时受力，而且受力均匀。大型设备的重心部位应增加衬垫物。

垛基分为固定式和移动式两种。移动式又可分为整体式和组合式，组合式垛基机动灵活，可根据需要进行拼装。

在进行堆码作业时必须参照物品的仓容定额、地坪承载能力、允许堆积层数等因素进行。仓容定额是某种物品单位面积上的最高储存量，单位是吨/米²。不同物品的仓容定额是不同的，同种物品在不同的储存条件下其仓容定额也不相同。仓容定额的大小受物品本身的外形、包装状态、仓库地坪的承载能力和装卸作业手段等因素的影响。

2. 垛形与堆码

垛形是指货物码放的外部轮廓形状，垛形需要根据物品的特性、保管的需要来确定，能实现作业方便、迅速和充分利用仓容的原则。仓库常见的垛形如下。

1）平台垛

平台垛是先在底层以同一个方向平铺摆放一层货物，然后垂直继续向上堆积，每层货物的件数、方向相同，垛顶呈平面，垛形为长方体，如图2-12所示，当然在实际堆码时并不是采用层层加码的方式，往往从一端开始，逐步后移。平台垛适用于包装规格单一的大批量货物，如能够垂直叠放的方形箱装货物、大袋货物、规则的软袋成组货物、托盘成组货物。平台垛只是用在仓库内和无须遮盖的堆场堆放的货物堆码。

图2-12　平台垛

平台垛具有整齐、便于清点、占地面积小、堆码作业方便的优点，但该垛形的稳定性较差，特别是小包装、硬包装的货物有货垛端头倒塌的危险，所以在必要时（如太高、长期堆存端头位于主要通道等）要在两端采取加固措施。对于堆放很高的轻质货物，往往在堆码到一定高度后，向内收半件货物后再向上堆码，以保证货垛稳固。

2）起脊垛

起脊垛是指先按平台垛的方法堆码到一定的高度，以卡缝的方式逐层收小，将顶部收尖成屋脊形。起脊垛是用于堆场场地堆货的主要垛形，货垛表面的防雨遮盖从中间起向下倾斜，便于雨水排泄，防止水湿货物。有些仓库由于陈旧或建筑简陋有漏水现象，仓内的怕水货物也采用起脊垛堆码并遮盖。

起脊垛是平台垛为了遮盖、排水的需要而产生的变形，具有平台垛操作方便、占地面积小的优点，适用平台垛的货物都可以采用起脊垛堆码。起脊垛由于顶部压缝收小，形状不规则，因此无法在垛堆上清点货物，顶部货物的清点需要在堆码前以其他方式进行。另外，由于起脊的高度使货垛中间的压力大于两边，因而采用起脊垛时库场使用定额要以脊顶的高度来确定，以免中间底层货物或库场被压损坏。

3）立体梯形垛

立体梯形垛是在最底层以同一方向排放货物的基础上，向上逐层同方向减数压缝堆码，垛顶呈平面，整个货垛呈下大上小的立体梯形形状，如图2-13所示。立体梯形垛用于包装松软的袋装货物和上层面非平面而无法垂直叠码的货物的堆码，如横放的桶装、卷形、捆包货物。立体梯形垛极为稳固，可以堆放得较高，仓容利用率较高。对于露天堆放的货物可以采用立体梯形垛，为了排水需要也可以在顶部起脊。

图 2-13　立体梯形垛

为了增加立体梯形垛的空间利用率，在堆放可以立直的筐装、矮桶装货物时，底部数层可以采用平台垛的方式堆放，在一定高度后再用立体梯形垛。

4）行列垛

行列垛是将每票货物按件排成行或排成列，每行或每列一层或数层高，垛形呈长条形。行列垛用于存放批量较小货物的库场堆码，如零担货物，为了避免混货，每批独立开垛存放。长条形的货垛使每个货垛的端头都延伸到通道边，可以直接作业而不受其他货物阻挡，但每垛货量较少，垛与垛之间都需留空，垛基小而不能堆高，使得行列垛占用库场面积大，库场利用率较低，如图 2-14 所示。

图 2-14　行列垛

5）井形垛

井形垛用于长形的钢材、钢管及木方的堆码。它是在以一个方向铺放一层货物后，再以垂直的方向铺放第二层货物，货物横竖隔层交错逐层堆放，垛顶呈平面。井形垛垛形稳固，但层边货物容易滚落，需要捆绑或者收进。井形垛的作业较为不便，需要不断改变作业方向，如图 2-15 所示。

图 2-15　井形垛

6）梅花形垛

梅花形垛是对于需要立直存放的大桶装货物，将第一排（列）货物排成单排（列），第二排（列）的每件靠在第一排（列）的两件之间卡位，第三排（列）同第一排（列）一样，后面每排（列）依次卡缝排放，形成梅花形垛，如图 2-16 示。梅花形垛货物摆放紧凑，充分利用了货件之间的空隙，节约库场面积。

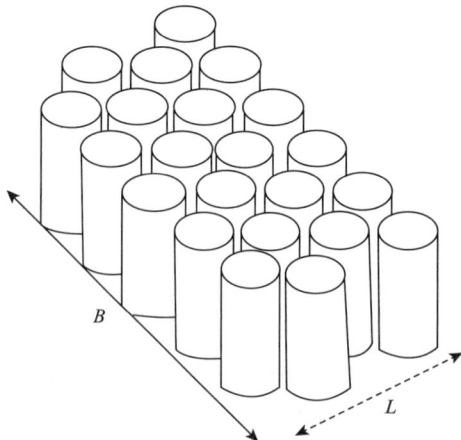

图 2-16　梅花形垛

对于能够多层堆码的桶装货物，在堆放第二层以上时，将每件货物压放在下层的三件货物之间，四边各收半件，形成立体梅花形垛。

3. 货垛参数

货垛参数是指货垛的长、宽、高，即货垛的外形尺寸。这三个参数决定了货垛的大小，要注意的是每个货垛不宜太大，以利于先进先出和加速货位的周转。

4. 堆码方式

商品的堆码方式主要取决于商品本身的性质、体积、形状、包装等，一般情况下多采取平放（卧放）使重心最低，最大接触面向下，易于堆码，稳定牢固。在实际情况中也有些商品不宜平放堆码，必须竖直立放。

5. 料垛苫盖

料垛苫盖主要是针对露天堆码的物料，为了防雨雪、防风吹日晒、防尘、防散失等，使用苫盖物进行苫盖，通常多使用篷布、油毡、苇席、塑料薄膜或铁皮制活动苫棚。苫盖中应注意排水良好，且苫盖物要与被苫盖物隔离，以免渗水浸湿商品。近几年来，活动苫棚得到普遍采用，这是一种代替苫盖的有效措施，应大力提倡。

6. 料垛加固

为了防止料垛倒塌，对某些稳定性较差的料垛应当进行必要的加固，加固的目的是增加料垛的整体性。目前常用的料垛加固方法有两侧立挡柱、层间加垫板、两侧加楔形木、使用钢丝拉连等。可通过静力学的计算确定加固材料的规格尺寸和数量。

（六）垫垛

商品在堆码时需要垫垛，露天存放的商品在垫垛以后，还应妥善地苫盖，才能减轻商品受雨、露、潮气的侵蚀和受日光暴晒的危害，所以苫垫是商品保管保养的必要措施。

垫垛是指商品在堆码前，根据不同的保管要求，按垛形尺寸和负荷轻重，在垛底放置适当的衬垫物，如水泥墩、水泥条、枕木、防潮纸、帆布、钢板等，从而使商品隔离地面潮湿，便于通风，防止商品受潮、霉变及生虫。库房和料棚内的衬垫要按照地坪和物品防潮要求而定。根据储备物品储存期长、要求高的特点，一般除防腐能力较强的铝、铜、锡等外，一般均需垫垛，垫垛高度为20~60厘米。露天存放的物品一般均需垫垛，垫垛高度不低于40厘米，如橡胶垫垛高度不应低于60厘米，纸张、棉纱类垫垛高度不应低于40厘米。

1. 垫垛的目的

（1）形成垛底通风层，有利于货垛通风排湿。

（2）通过强度较大的衬垫物使重物的压力分散，从而避免对地坪的损害。

（3）使地面平整，堆码货物与地面隔离，地面杂物、尘土与货物隔离，防止地面潮气和积水浸湿货物。

（4）货物的泄露物留存在衬垫之内，不会流动扩散，便于收集和处理。

2. 垫垛的基本要求

（1）地面要平整坚实，衬垫物要摆平放正，避免堆码后，地面下沉而造成倒垛事故。

（2）衬垫物要铺平放稳，物品堆码受力均匀，不得超过衬垫物和地坪的负荷限额。

（3）所使用的衬垫物不会与拟存货物发生不良影响，具有足够的抗压强度。

（4）化纤类物品不得用油污、潮湿、虫蛀的枕木（垫板）垫垛，纸张类还应注意垫木平整，不得有钉子或尖锐的突起。

（5）要有足够的高度，露天货垛要达到 0.3~0.5 米，库房内 0.2 米即可。

（6）层垫物间距适当，直接接触货物的衬垫面积与货垛底面积相同，垫物不伸出货垛外。

（7）合理使用衬垫物，注意节约，并妥善保管出库后的衬垫物。

3. 衬垫物数量的确定

一些单位质量大的物品在仓库中存放时，如果不能有效分散物品对地面的压强，则有可能对仓库地面造成损伤，因此需要考虑在物品底部和仓库地面之间衬垫木板或钢板。

衬垫物的使用量除考虑将压强分散为仓库地坪载荷的限度之内，还需要考虑这些库用消耗材料所产生的成本，因此，需要确定使压强小于地坪载荷的最少衬垫物数量，计算公式为

$$n = \frac{Q_{物}}{l \times w \times q - Q_{自}}$$

其中，n 为衬垫物数量；$Q_{物}$ 为物品重量；l 为衬垫物长度；w 为衬垫物宽度；q 为仓库地坪承载能力；$Q_{自}$ 为衬垫物自重。

案例分析

60吨重的机械设备的衬垫方案设计

某仓库内要存放一台自重60吨的设备，该设备底架为两条钢架。该仓库地坪承载能力为 3 吨/米^2。问需不需要垫垛？如何采用自重0.5吨的钢板垫垛？

解：物品对地面的压强为

$$\frac{60}{2 \times 2 \times 0.2} = 75 \text{吨/米}^2$$

因为 75 吨/米^2 远大于仓库地坪承载能力，所以必须垫垛。

$$n = \frac{Q_{物}}{l \times w \times q - Q_{自}} = \frac{60}{2 \times 1.5 \times 3 - 0.5} = 7$$

因此根据计算结果知道需要采用 7 块钢板衬垫，将 7 块钢板平铺展开，设备的每条支架分别均匀地压在两块钢板之上。

4. 垫垛方法

（1）码架式：采用若干个码架，拼成所需货垛底面积的大小和形状，以备堆码。码架是用垫木为脚，上面钉着木条或木板的构架，专门用于垫垛。码架规格不一，常见的有长2米、宽1米、高0.2米或0.1米。不同储存条件，所需码架的高度不同，楼上库

房使用的码架高度一般为 0.1 米，平房库使用的码架高度一般为 0.2 米，货棚、货场使用的码架高度一般在 0.3~0.5 米。

（2）垫木式：采用规格相同的若干根枕木或垫石，按货位的大小、形状排列，作为垛垫。枕木和垫石一般都是长方体的，其宽和高相等，约为 0.2 米，枕木较长约 2 米，而垫石较短约 0.3 米。这种垫垛方法最大的优点是拼拆方便，不用时可节省储存空间，适用于底层库房及货棚、货场垫垛。

（3）防潮纸式：在垛底铺上一张防潮纸作为垛垫，常用芦席、油毡、塑料薄膜等防潮纸，适用于地面干燥的库房。当储存的商品对通风要求不高时，可在垛底垫一层防潮纸防潮。

此外，若采用货架存货或采用自动化立体仓库的高层货架存货，则货垛下面可以不用垫垛。

（七）苫盖

露天货场存放的物品，除下垫外，一般都应苫盖，即采用专用苫盖材料对货垛进行遮盖，以防物品直接受雨、露、雪、风沙及阳光的侵蚀，使货物由于自身理化性质所造成的自然损耗尽可能减少。苫盖物应根据物品的性质、要求及垛形而定，要注意选用经济耐用和符合防火安全要求的苫盖物。常用的苫盖物有芦席、油毡纸、油布、苫布、铁皮、塑料布等。在存放危险品及化工物品的仓库不能使用芦席、油毡纸等易燃的苫盖物。

1. 苫盖的方法

1）就垛苫盖法

就垛苫盖法是指直接将大面积苫盖材料覆盖在货垛上遮盖，适用于起脊垛和大件包装物品的苫盖，一般采用大面积的帆布、油布、塑料膜等。就垛苫盖法操作便利，但基本不具有通风条件，如图 2-17 所示。

图 2-17　就垛苫盖

2）席片鱼鳞式苫盖法

席片鱼鳞式苫盖法是指将苫盖材料自货垛的底部开始逐渐向上围盖，从外形看似鱼鳞状逐层交叠，如图 2-18 所示。席片鱼鳞式苫盖法一般采用面积较小的席、瓦等材料苫盖。当商品需要顶部或四周有通风条件时，可将席子下部翻卷来隔离苫垛。

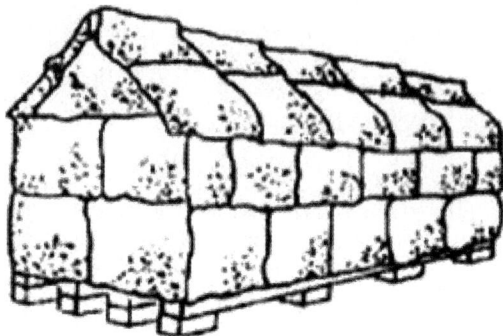

图 2-18　席片鱼鳞式苫盖

3）隔离苫盖法

隔离苫盖法是指苫盖物不直接摆放在货垛上，而是采用隔离物使苫盖物与货垛间留有一定空隙，可用竹竿、木条、钢筋、钢管、隔离板等作为隔离物。此法优点是利于通风。

4）固定棚架苫盖法

固定棚架苫盖法是用预制的苫盖骨架与苫叶合装而成的简易棚架，但不需基础工程，可随时拆卸和人力移动。

5）活动棚苫盖法

活动棚苫盖法是指将苫盖物制成一定形状的棚架，在货物堆码完毕后，移动棚架到货垛遮盖，或者采用即时安装活动棚架的方式进行苫盖。通常活动棚苫盖法较为快捷，具有良好的通风条件，但活动棚本身需要占用仓库位置，需要较高的购置成本。

2. 苫盖的要求

苫盖需要满足货物遮阳、避雨、挡风、防尘的要求。

（1）苫盖牢固。每张苫盖材料都需要牢固固定，必要时在苫盖物外用绳索、绳网绑扎，或者采用重物镇压，确保刮风揭不开。

（2）苫盖物的接口要有一定深度的互相叠盖，不能迎风叠口或留空隙，同时苫盖物必须拉挺、平整，不得有折叠和凹陷，防止积水。

（3）苫盖的底部与垫垛平齐，不腾空或拖地，并牢固地绑扎在垫垛外侧或地面的绳桩上，衬垫材料不露出垛外，以防雨水顺延渗入垛外。

（4）使用旧的苫盖物或在多雨季节，垛顶或者风口需要加层苫盖，以确保雨淋不透。

（5）选择合适的苫盖材料。选用符合防火、无害的安全苫盖材料，同时，确保苫盖材料不会与货物发生不利影响，且成本低廉，不宜损坏，并且能重复使用，没有破损和霉烂。

四、商品盘点管理

（一）盘点管理

盘点管理是指对在库的物品进行账目和数量上的清点作业。

（二）盘点管理的主要目的

（1）核查实际库存数量。盘点可以查清实际库存数量，并通过盈亏调整使库存账面数量与实际库存数量一致。

（2）计算企业资产的损益。库存物品总金额直接反映企业流动资产的使用情况，库存量过高，流动资金的正常运转将受到威胁，因此为了能准确地计算出企业实际损益，必须进行盘点。

（3）发现物品管理中存在的问题。通过盘点查明盈亏的原因，发现作业与管理中存在的问题，并通过解决问题来改善作业流程和作业方式，提高人员素质和企业的管理水平。

（三）盘点管理的内容

（1）查数量。通过点数计数查明物品在库的实际数量，核对库存账面资料与实际库存数量是否一致。

（2）查质量。检查在库物品质量有无变化，有无超过有效期和保质期，有无长期积压等现象，必要时还必须对物品进行技术检验。

（3）查保管条件。检查保管条件是否与各种物品的保管要求相符合。

（四）盘点管理的步骤

（1）盘点前的准备。仓库盘点作业的事先准备工作，完全决定了仓库盘点作业进行的顺利程度。

（2）盘点时间的确定。一般来说，为保证账物相符，货物盘点次数越多越好，但盘点需投入人力、物力、财力，所以合理地确定盘点时间非常必要。

（3）盘点的方法。因为不同现场对盘点的要求不同，盘点的方法也会有差异，为了尽可能快速准确地完成仓库盘点作业，必须根据实际需要确定盘点方法。

（4）盘点人员的培训。盘点人员通常应进行培训，熟悉盘点现场、盘点物品以及正确填制表格和单证。

（5）盘点现场的清理。盘点现场即仓库的作业区域，仓库盘点作业开始之前必须对其进行整理，以提高仓库盘点作业的效率和盘点结果的准确性。

（6）仓库盘点作业。仓库盘点作业的关键是点数，由于手工点数工作强度极大，差错率较高，通常可采用条形码进行盘点，以提高盘点的速度和精确性。

（7）查找盘点差异的原因。通过盘点发现账物不符，而且差异超过容许误差时，应立即追查产生差异的主要原因。

（8）盘点盘盈、盘亏的处理。差异原因查明后，应针对主要原因进行适当的调整与处理，至于呆滞品、废品、不良品减价的部分需与盘亏一并处理。

（9）盘点结果的评估检讨。通过对盘点结果的评估，可以查出作业和管理中存在的问题，并通过解决问题提高仓储管理水平，以减少仓储损失。

（五）盘点的方法

盘点方法主要分为账面盘点、实物盘点和账物盘点。

（1）账面盘点。通常对在库的"次要"物品采用账面盘点的方法进行盘点，一般一个月或一个季度进行一次实物盘点。

（2）实物盘点。通常对在库的"重要"物品采用实物盘点的方法进行盘点，对"重要"物品在每天或每周至少进行实物清点一次。

（3）账物盘点。通常对在库的"一般"物品采用账物盘点的方法进行盘点。例如，相对"重要"物品在每天或每周至少对实物清点一次，而相对"次要"物品则采用账面盘点，一般一个月或一个季度进行一次实物盘点。

五、呆废物资及其管理

（一）呆废物资的概念

呆废物资是指加工过程中出现的丧失其使用价值，同时也无法改作他用的物料。呆废物资包括呆料、废料和残料。

（1）呆料是指库存时间过长，而使用极少或有可能根本不用的物料。

（2）废料是指因某些原因而丧失其使用价值，同时也无法改作他用的物料。

（3）残料是指在使用加工过程中所产生的已无法再利用的边角或零头。

（二）呆废物资处理的目的

（1）物尽其用。呆废物资闲置在仓库内而不加以利用，时间太长，会使物料生锈、受潮、变质等，使其丧失使用功能。因此，应及时利用呆废物资。

（2）减少资金占用。呆废物资闲置在仓库中而不及时处理和利用，会占用一部分资金。

（3）节省储存费用。呆废物资若能及时处理，可以省去因管理这些呆废物资而产生的各项管理费用。

（4）节省储存空间。及时处理呆废物资，可以减少仓储空间的占用。

（三）呆废物资的处理

（1）转用：转用于其他产品的生产。

（2）修正再用：在规格等方面稍加修正后加以利用。

（3）拆零利用：使有用的零件回收利用。

（4）调换：与加工商或供应商协调进行等价调换其他物资。

（5）转赠：转送其他单位使用。

（6）降价出售：将呆废物资降价出售，回收部分资金。

（7）报废：呆废物资无法进行上述处理时，只能进行销毁，以免占用仓库空间。

第三节　商品养护技术

一、商品养护概述

（一）商品养护的概念

商品养护是指在产品由生产部门进入流通领域后，分别对不同性质的商品在不同储存条件下采取不同的技术措施，以防止其质量劣化的活动。由于不同的商品其构成不同，且商品的质量变化的规律与物理、化学、生物、机械、金属等多门学科都有密切的联系，因此，商品养护是一项综合的应用科学性技术的工作，需要养护人员了解和掌握这些学科理论才能做好商品的养护工作，保证商品的质量。

（二）商品养护的任务和目的

商品养护的基本任务是面向库存商品，根据库存数量多少、发生质量变化速度、危害程度、季节变化，按轻重缓急分别进行研究制定相应的技术措施，使货物质量不变，以求最大限度地避免与减少商品损失，降低保管损耗。

商品养护的目的是研究商品在储存的过程中受内外因素的影响，质量发生变化的规律；研究安全储存商品的科学养护方法，来保证商品的质量，避免和减少商品损失。

（三）商品养护的基本措施

1. 安排合理的储存场所

产品由生产部门转入流通领域，首先进入储存部门。为了确保其质量不变，应根据商品的性能，选择适当的储存地点，同时要注意避免与同库储存的商品在性质上有相互抵触性，避免受串味、沾染以及其他影响，注意采取的养护措施以及方法必须一致。

2. 严格入库验收

商品在入库前，要通过入库验收及时发现在运输、搬运、装卸、堆码等过程中，可能因受到雨淋、水湿、沾污、操作不慎，以及运输中震动、撞击导致货物或包装受到的损坏，因此要对入库货物进行严格的验收，以分清责任界限。

对吸湿性物品要检测其含水量是否超过了安全水平，并对其他有异常情况的物品要查清原因，针对具体情况进行具体处理，做到防微杜渐。

3. 堆码和苫垫合理化

入库商品应根据其性质、包装条件、安全要求采用适当的堆码方式，达到安全牢固、便于堆码且节约仓库的目的。为了方便检查、通风、防火和库房建筑安全，应适当地留出垛距、墙距、柱距、顶距、灯距以及一定宽度的主走道和支走道。为了防止商品受潮和防汛需要，货垛垛底应适当垫高，对怕潮商品垛底还需要加垫隔潮层。露天货垛必须苫盖严密，达到风吹不开、雨淋不湿的要求，垛底地面应稍高，货垛四周应无杂草，并有排水沟以防积水。

4. 加强仓库温湿度管理

各类商品在储存过程中发生的质量变化，多数是由于受到空气温度和湿度的影响。因此，不同的商品在储存过程中都要求有一个适宜的温湿度范围，这样就需要掌握自然气候变化规律，并采取各种措施，使库房内的温度和湿度得到控制与调节，创造适宜货物储存的温湿度条件以保护商品的质量不变。

5. 检查仓库

商品在储存期间受到各种因素的影响，在质量上可能发生变化，若未能及时发现，就可能造成损失，因此需要根据其性质、储存条件、储存时间以及季节气候变化分别确定检查周期、检查比例、检查内容，分别按期进行检查或进行巡回检查。在检查中发现异状，要扩大检查比例，并根据问题情况，及时采取适当的技术措施，及时处理，防止商品受到损失。

6. 搞好仓库清洁卫生

储存环境不清洁易引起微生物、虫类寄生繁殖，从而危害物品。所以，要对仓库内外环境经常进行清扫，彻底铲除仓库周围的杂草、垃圾等杂物，必要时使用药剂杀灭有害微生物与潜伏的害虫。

7. 开展科学实验

对入库储存的商品及时检验质量，开展对货物质量变化规律的研究和采取养护措施的科学实验，是养护科研工作的一项重要内容。通过实验的可靠数据，证实养护措施的可靠性以指导实践，再通过保管实践的数据反馈，验证养护措施的可靠性，或根据其不足处再做进一步研究改进。

二、商品质量变化的各类形式

（一）库存商品的物理变化

物理变化是商品在保管过程中没有生成新物质的一种变化。这种变化只改变了商品的形态，而商品的组成和化学性质并没有改变，商品在发生物理变化后，一般可以通过物理方法使其恢复到开始状态。库存商品一旦发生物理变化，就会造成数量的减少和质量的下降，因此，要加强对库存商品的防护和保管。一般来讲，库存商品物理变化的形式有以下几种。

1. 挥发

挥发是指液态物质在低于沸点的温度下转变为气态的现象。各种液体挥发的难易程度有较大差别，这主要取决于液体分子之间吸引力的大小，具体表现为液体的比重、黏度、沸点的不同，此外，蒸发热较小而蒸汽压力较大的液体挥发度较大。挥发性液体大多是易燃液体，挥发速度最快的是乙醚，此外，挥发性液体还有丁酮、苯、汽油、甲醇、乙醇、氯仿、松节油等。

影响液体挥发速度的主要因素有温度的高低、液面的大小、液面上压力的大小、液体或空气流动的快慢。温度越高，液面越大、液面上的压力越小、液体或空气流动的速度越快，液体挥发的速度越快；反之，液体挥发速度就越慢。由于挥发会导致库存物品数量的减少，有的还影响到质量，特别是那些易燃性、爆炸性、腐蚀性和毒害性液体的挥发，不仅会污染环境，影响人体健康，而且容易引起燃烧和爆炸，酿成重大事故，招致严重损失，因此，对这些物品要严加保管。

2. 潮解

潮解是指某些易溶于水的固体物质，在潮湿的空气中吸收水分逐渐溶解成液体的现象。在库存物品中易于潮解的主要有固体化工原料，如一些碱类物质（如氢氧化钠、氢氧化钾等）、盐类物质（如碳酸钠、氯化钠、氯化钙、氯化镁和硝酸钾等），其中烧碱（固碱、氢氧化钠）不仅极易潮解成为液体，而且会同时吸收空气中的 CO_2 发生化学变化而变质。

3. 熔化

熔化是指某些固体物质受热后变软，以至于最后变成液体的现象。固体的熔化主要受温度的影响，库存物品中的低熔点固体原料，从周围空气中吸收并吸储热量，当达到其熔点温度时，固体就开始变软，熔化成为液体，如各种润滑脂、石蜡、沥青以及沥青制品（如油毡）等。这些物品一旦软化或熔化，不但影响了自身的质量，而且会造成流失，浸入包装，沾污其他物品等。

4. 凝固

凝固是指液体物质遇冷凝结成固体物质的现象。有些物质在凝固过程中放出热量，冷却到一定温度时开始凝固，但本身温度保持不变，此温度即凝固点。有些物质（非晶体，如沥青）在凝固过程中随温度的降低而逐渐失去流动性，最后变为固体，这类物质则没有凝固点。

在库存物品中有些属于液体物品，如大部分酸类、石油产品等，受冻后往往凝固。一般来讲，这些液体物品凝固后，当温度回升又会恢复到液态，然而一些物品凝固后体积膨胀而导致包装容器的破裂，造成流失及事故。另外，凡凝固后的物品不能马上使用，而必须采用人工缓慢加温办法使其液化。例如，有些柴油品种的凝固点为10℃，当室温降至此温度以下时，会凝固而影响其使用。又如，浓硫酸具有较高的凝固点，98%

的硫酸凝固点为 0.1℃，105%的硫酸为-11℃。因此，冬季储存和运输浓硫酸应注意采取保温防冻措施。

5. 干缩湿胀

有些库存物品原材料在未受到外力的情况下，仅由于环境中的温湿度的变化以及环境中其他介质的作用，原材料体积的胀缩，导致制成品变形，也会发生物理、化学变化，从而引起有的工程遭到破坏。

对于吸水性和吸湿性较大的材料，由于干湿的交替作用，体积将发生变化，材料的组织变得疏松。特别是在冻融交替作用下，材料孔隙内存在的水，在冻结时体积将增加约9%，从而增大对孔壁的压力，随着冻融交替次数的增加，材料强度也就随之下降。例如，木材的干缩是其内部水分的蒸发导致它的尺寸、体积缩小的现象，并且有纵向（即顺木材纹理方向）和横向（垂直于纹理方向）之分，横向又有径向和弦向之分，木材的纵向干缩很小，可以忽略不计，而径向干缩和弦向干缩的影响较大。木材的不均匀干燥和过分干燥会使其发生变形、开裂和内应力等缺陷，因此，木材储存应防暴晒。

6. 热胀冷缩

由于环境温度的变化，物品原材料会发生体积的胀缩，即热胀和冷缩。例如，硅酸盐材料的导热率一般较小，当受到阳光照射或靠近热源时，容易引起局部温度升高，产生热应力。而耐火材料在使用中，温度在几十摄氏度至一千几百摄氏度之间变化，会产生显著的体积膨胀和收缩，从而导致制成品变形。所以，对有些易热胀冷缩的物品原材料，也应该采取相应的防护措施。

7. 破碎与变形

破碎与变形是指商品在外界力的作用下所发生的形态上的改变。对于容易破碎与变形的商品要注意妥善包装轻拿轻放，在对商品堆码时，还应注意商品及商品外包装的压力极限。

8. 渗漏

渗漏是指液体商品，特别是易挥发的液体商品，由于包装容器不严密、包装质量不符合商品性能的要求以及在搬运装卸时碰撞震动破坏了包装，而使商品发生跑、冒、滴、渗的现象。商品渗漏除了与包装材料性能、包装容器结构及包装技术的优劣有关，还与仓储温度变化有关。

9. 串味

串味是指吸附性较强的商品吸附其他气体、异味，从而改变其本来气味的变化现象。对于易串味的商品应该尽量采取密封包装，在储存中不能与有强烈气味的商品同库储存，同时还应注意仓储环境的清洁卫生。

（二）库存商品的化学变化

商品的化学变化是指在外界环境的影响下商品本身的性质和结构发生了变化，商品经化学变化有新的物质生成，且不能恢复原状。化学变化不仅改变了商品的外表形态，严重时会使商品失去使用价值。商品的化学变化形式主要有分解、水解、化合、聚合、氧化、裂解、老化、风化等。

1. 分解

分解是指某些性质不稳定的物品，在光、电、热、酸、碱及潮湿空气的作用下，由一种物质生成两种或两种以上物质的变化。物品发生分解反应后，不仅其数量减少、质量降低，有的还会在反应过程中，产生一定的热量和可燃气体，而引发事故。例如，过氧化氢（双氧水）是一种不稳定的强氧化剂和杀菌剂，在常温下会逐渐分解，如遇高温能迅速分解，生成水和氧气，并能放出一定的热量。漂白粉，呈白色粉末状，其外观与石灰相似，故又称氧化石灰，也是一种强氧化剂和杀菌剂，当漂白粉遇到空气中的二氧化碳和水汽时，就能分解出氯化氢、碳酸钙和次氯酸。在反应过程中，所生成的新生态氧具有很强的氧化能力，即能够加速对其他物品的氧化，还能破坏物品的色团。因此，过氧化氢和漂白粉，都具有漂白作用，但在保管过氧化氢和漂白粉的过程中，一旦发生上述变化时，就会降低其有效成分，还会降低其杀菌能力。电石遇到潮气，能分解生成乙炔和氢氧化钙，并能放出一定的热量，乙炔气体易于氧化而燃烧，要特别引起注意。这类物品的储存要注意包装物的密封性，库房中要保持干燥、通风。

2. 水解

水解是指某些物品在一定条件下，遇水发生分解的现象。不同物品在酸或碱的催化作用下发生水解的情况是不相同的。例如，肥皂在酸性溶液中，能全部水解，而在碱性溶液中却很稳定；蛋白质在碱性溶液中容易水解，在酸性溶液中却比较稳定，所以羊毛等蛋白质纤维怕碱不怕酸；棉纤维在酸性溶液中，尤其是在强酸的催化作用下，容易发生水解，大分子链断裂，进而纤维的强度大大降低，而棉纤维在碱性溶液中却比较稳定，所以棉纤维怕酸耐碱。

易发生水解的物品在物流过程中，要注意包装材料的酸碱性，要清楚哪些物品可以或不能同库储存，以便防止物品的人为损失。

3. 化合

化合是指物品在储存期间，在外界条件的影响下，两种或两种以上的物质相互作用，从而生成一种新物质的反应。化合反应通常不是单一存在于化学反应中，而是两种反应（分解、化合）依次发生。如果不了解这种情况，就会给保管和养护此类物品带来损失。例如，化工产品中的过氧化钠，如果储存在密闭性好的桶里，并在低温下与空气隔绝，其性质非常稳定，但如果遇热，就会发生分解放出氧气。过氧化钠如果同潮湿的空气接触，在迅速地吸收水分后，便发生分解，会降低有效成分。

4. 聚合

聚合是指某些物品，在外界条件的影响下，能使同种分子互相加成而结合成一种更大分子的现象。例如，由于桐油中含有高度不饱和脂肪酸，在日光、氧和温度的作用下，能发生聚合反应，生成 B 型桐油块浮在其表面，而使桐油失去使用价值。所以，储存和保管养护此类物品时，要特别注意日光和储存温度的影响，以便防止发生聚合反应，造成物品质量的降低。

5. 氧化

氧化是指物品与空气中的氧或其他能放出氧的物质化合的反应。容易发生氧化的物品品种比较多，如某些化工原料、纤维制品、橡胶制品、油脂类物品等。棉、麻、丝、毛等纤维织品，长期受阳光照射会发生变色，也是织品中的纤维被氧化的结果。商品在氧化过程中会产生热量，如果产生的热量不易散失，就能加速其氧化过程，从而使反应的温度迅速升高，当达到自燃点时，会发生自燃现象。桐油布、油布伞、油纸等桐油制品，在还没有干透就进行打包储存，就容易发生自燃，这是由于在桐油中，含有不饱和脂肪酸，在发生氧化时放出的热量不易尽快散失时，便会促使其温度升高，当达到纤维的燃点时，就会引起自燃事故。除了桐油制品外，还有其他植物性油脂类或含油脂较多的物品，如豆饼、核桃仁等，也会发生自燃现象。所以，此类物品要储存在干燥、通风、散热和温度比较低的库房才能保证其质量安全。

6. 裂解

裂解是指高分子有机物（如棉、麻、丝、毛、橡胶、塑料、合成纤维等），在日光、氧、高温条件的作用下，发生了分子链断裂、分子量降低，从而使其强度降低，机械性能变差，产生发软、发黏等现象。例如，天然橡胶在日光、氧和一定温度的作用下，就会变软、发黏而变质。另外，塑料制品中的聚苯乙烯，在一定条件下，也会同天然橡胶一样，发生裂解。所以，这类物品在保管养护过程中，要防止受热和日光的直接照射。

7. 老化

老化是指含有高分子有机物成分的物品（如橡胶、塑料、合成纤维等），在日光、氧气、热等因素的作用下，性能逐渐变坏的过程。物品发生老化，能破坏其化学结构，改变其物理性能，使机械性能降低，出现变硬发脆、变软发黏等现象，而使物品失去使用价值。容易老化的物品，在保管养护过程中，要注意防止日光照射和高温的影响，不能在阳光下曝晒。物品在堆码时不宜过高，以防止在底层的物品受压变形。橡胶制品切忌同各种油脂和有机溶剂接触，以防止发生粘连现象。塑料制品要避免同各种有色织物接触，以防止由于颜色的感染，发生串色。

8. 风化

风化是指含结晶水的物品，在一定温度和干燥空气中，失去结晶水而使晶体崩解，变成非结晶状态的无水物质的现象。

9. 锈蚀

锈蚀是指金属或金属合金，在同周围的介质相互接触时，相互间发生了某种反应，而逐渐遭到破坏的过程。金属商品会发生锈蚀是由金属本身化学性质不稳定，还有受到水分与有害气体的作用造成的。

三、影响库存商品质量变化的原因

（一）影响库存商品变化的内因

商品本身的组成成分、分子结构及其所具有的物理性质、化学性质和机械性质，决定了其在储存期发生损耗的可能程度。通常情况下，有机物比无机物易发生变化，无机物中的单质比化合物易发生变化；固态商品比液态商品稳定且易保存保管，液态商品又比气态商品稳定并易保存保管；化学性质稳定的商品不易变化、不易产生污染；物理吸湿性、挥发性、导热性都差的不易变化；机械强度高、韧性好、加工精密的商品易保管。

1. 商品的化学性质

商品的化学性质，是指商品的形态、结构，以及商品在光、热、氧、酸、碱、温度和湿度等作用下，发生改变商品本质相关的性质。与商品储存紧密相关的物品的化学性质包括商品的化学稳定性、毒性、腐蚀性、燃烧性、爆炸性等。

（1）化学稳定性。化学稳定性是指商品受外界因素作用，在一定范围内，不易发生分解、氧化或其他变化的性质。化学稳定性不高的商品容易丧失使用性能，商品的化学稳定性是相对的，化学稳定性的大小与其成分、结构及外界条件有关。

（2）毒性。毒性是指某些商品能破坏有机体生理功能的性质。具有毒性的商品，主要是用做医药、农药及化工商品等。有的商品本身有毒，有的蒸汽有毒，有的本身虽无毒，但分解化合后，产生有毒成分等。

（3）腐蚀性。腐蚀性是指某些商品能对其他物质产生破坏作用的化学性质。具有腐蚀性的商品，本身具有氧化性和吸水性，因此，不能把这类商品与棉、麻、丝、毛织品以及纸张、皮革制品等同仓储存，也不能与金属制品同仓储存。盐酸可以与钢铁制品作用，使其遭受破坏；烧碱能腐蚀皮革、纤维制品和人的皮肤；硫酸能吸收动植物商品中的水分，使它们碳化而变黑；漂白粉的氧化性，能破坏一些有机物；石灰有强吸水性和发热性，能灼热皮肤和刺激呼吸器官等。因此在保管商品时要根据其不同的性能，选择储存场所，安全保管。

（4）燃烧性。燃烧性是指有些商品性质活泼，发生剧烈化学反应时常伴有热、光同时发生的性质。具有这一性质的商品被称为易燃物品。常见的易燃商品有红磷、火柴、松香、汽油、柴油、乙醇、丙酮等低分子有机物。易燃商品在储存中应该特别注意防火。

（5）爆炸性。爆炸是物质由一种状态迅速变化为另一种状态，并在瞬间以机械功的形式放出大量能量的现象。能够发生爆炸的商品要专库储存，并应有严格的管理制度和办法。

2. 商品的机械性质

商品的机械性质，是指商品的形态、结构在外力作用下的反应。商品的这种性质与其质量关系极为密切，是体现适用性、坚固耐久性和外观的重要内容，它包括商品的弹性、可塑性、强力、韧性和脆性等。商品的机械性质对商品的外形及结构变化有很大的影响。

3. 商品的物理性质

商品的物理性质主要包括吸湿性、导热性、耐热性、透气性等。

（1）吸湿性。吸湿性是指商品吸收与放出水分的特性。商品的质量变化都与其含水的多少及吸水性的大小有直接关系。

商品吸湿性的大小、吸湿速度的快慢，会直接影响该商品含水量的增减，对商品质量的影响非常大，是许多商品在储存期间发生质量变化的重要原因之一。

（2）导热性。导热性是指物体传递热能的性质。商品的导热性与其成分和组织结构有密切关系，商品结构不同，其导热性也不一样。同时商品表面的色泽与其导热性也有一定的关系。

（3）耐热性。耐热性是指商品耐温度变化而不致被破坏或显著降低强度的性质。商品的耐热性，除与其成分、结构和不均匀性有关外，也与其导热性、膨胀系数有密切关系。导热性大而膨胀系数小的商品，耐热性良好，反之则差。

（4）透气性。商品能被水蒸气透过的性质称为透气性，商品能被水透过的性质称为透水性。前者是指气体水分子的透过，后者是指液体水的透过，但是在本质上都是指水的透过性能。

商品透气性、透水性的大小，主要取决于商品的组织结构与化学成分。结构松弛、化学成分含亲水基团的透气性、透水性较大。

4. 商品的化学成分

（1）无机成分的商品。无机成分商品的构成成分中不含碳，但包括碳的氧化物、碳酸及碳酸盐，如化肥、部分农药、搪瓷、玻璃、五金及部分化工物品等。无机成分的商品，按其元素的种类及其结合形式，又可以分为单质商品、化合物、混合物等三大类。

（2）有机成分的商品。有机成分商品是指以含碳的有机化合物为其成分的商品，但不包括碳的氧化物、碳酸与碳酸盐。属于这类成分的商品，其种类相当繁多，如棉、毛、丝、麻及其制品、化纤、塑料、橡胶制品、石油产品、有机农药、有机化肥、木制品、皮革、纸张及其制品、蔬菜、水果、食品、副食品等。这类商品成分的结合形式也不相同，有的是化合物，有的是混合物。

单一成分的商品极少，多数商品含杂质，而成分绝对纯的商品很罕见。所以，商品成分有主要成分与杂质之分，主要成分决定着商品的性能、用途与质量，而杂质则影响着商品的性能、用途与质量，给储存带来不利影响。

5. 商品的结构

商品的种类繁多，各种商品又有各种不同形态的结构，所以要求用不同的包装盛装。例如，气态物品，分子运动快，间距大，多用钢瓶盛装，其形态随盛器而变；液态商品，分子运动比气态慢，间距比气态小，其形态随盛器而变；只有固态商品，有一定外形。

虽然商品形态各异，但概括起来，可分为外观形态和内部结构两大类。商品的外观形态多种多样，所以在保管时应根据其体形结构合理安排仓容，科学地进行堆码，以保证商品质量的完好。商品的内部结构即构成商品原材料的成分结构，属于商品的分子及原子结构，是人的肉眼看不到的结构，必须借助于各种仪器来进行分析观察。商品的内部结构，对商品性质往往影响极大，有些分子的组成和分子量虽然完全相同，但由于结构不同，性质就有很大差别。

总之，影响商品发生质量变化的因素很多，主要包括商品的性质、成分、结构等内在因素，这些因素是相互联系、相互影响的统一整体，工作中决不能孤立对待。

（二）影响库存商品变化的自然因素

各种自然因素是影响商品变化的外因，包括温度、湿度、大气中的有害气体、日光、尘土、虫鼠雀、自然灾害、生物和微生物等。

1. 温度

除冷库以外，仓库的温度直接受天气温度的影响，因此库存商品的温度也随天气温度的变化而变化。

普通仓库对温度的控制主要是避免阳光直接照射商品，怕热商品要存放在仓库内阳光不能直接照射到的货位。仓库遮阳采用仓库建筑遮阳与苫盖遮阳。不同建筑材料的遮阳效果也不同，混凝土结构遮阳效果最佳。

对温度较敏感的商品，在气温高时可采用洒水降温，对怕水商品可对苫盖、仓库屋顶洒水降温。对露天堆场的商品，在日晒降低的傍晚或夜间，将堆场商品的苫盖适当地揭开通风是降温保管的有效措施。对容易自热的商品，应常常检查商品温度，发现升温时，可采取加大通风、洒水等方式降温，翻动商品散热降温，必要时还可以采取在货垛内存放冰块、释放干冰等方法降温。

此外，仓库里的热源也会造成温度升高，因此应避开热源或者在高温季节避免使用仓库内的热源。而温度过低，也会对某些商品造成损害。所以在严寒季节，气温极低时，可采用加温设备对商品加温防冻。

2. 湿度

不同商品对环境湿度的要求也有很大差别。霉菌、微生物和蛀虫在适宜的温度和相对湿度高于 60%时繁殖迅速，可以在短时期内使棉毛丝制品、木材、皮革、食品等发生霉变、腐朽。

具有吸湿性的商品，在湿度比较大的环境中会结块。绝大多数金属制品、电线、仪表等在相对湿度达到或是超过 80%时锈蚀速度加快。纯净的潮湿空气对商品的影响不大，特别是对金属材料及其制品，但如果空气中含有有害气体，即使相对湿度刚刚达到 60%，金属材料及其制品也会迅速锈蚀。

某些商品的储存环境却要求保持一定的潮湿度，如木器、竹器和藤制品等，在相对湿度低于50%的环境中会因为失水而变形开裂，但当相对湿度大于80%时又容易霉变。

3. 大气中的有害气体

大气中的有害气体主要有二氧化碳、二氧化硫、硫化氢、氯化氢及氮等，它们主要来自燃料如煤、石油、天然气等放出的烟尘及工业生产过程中产生的粉尘、废气等。

商品储存在有害气体浓度大的空气中，其质量变化很明显。例如，溶解度很大的二氧化硫气体，溶于水中能生成亚硫酸，当它遇到含水量较大的商品时能强烈地腐蚀商品中的有机物。空气中含有0.01%二氧化硫，就能使金属锈蚀增加几十倍，使皮革、纸张、纤维制品脆化。因此，在金属电化学腐蚀中，二氧化硫也是构成腐蚀电池的重要介质之一。

通过改进和维护商品包装或是在商品表面涂油、涂蜡等方法，可减少有害气体对商品质量的影响。

4. 日光、尘土、虫鼠雀等

适当的日光可去除商品表面或体内多余的水分，也可抑制微生物的生长，但是长时期在日光下曝晒会使商品或包装物出现开裂、变形、变色、褪色、失去弹性等现象。尘土、杂物能加速金属的锈蚀，影响精密仪器仪表和机电设备的精密度和灵敏度；虫鼠雀不仅能毁坏商品与仓库建筑，还会污染商品。

5. 自然灾害

自然灾害主要包括地震、暴雨、洪水、台风、雷击等。

（三）影响库存商品变化的人为因素

人为因素是指人们未按商品自身特性的要求或未认真按有关规定和要求作业，甚至违反操作规程而使商品受到损害和损失的情况。这些情况主要包括以下方面。

1. 保管场所选择不合理

由于商品自身理化性质决定了不同库存物在储存期要求的保管条件不同，因此，对不同库存应结合当地的自然条件选择合理的保管场所。一般条件下，普通的黑色金属材料、大部分建筑材料和集装箱可在露天货场储存；怕雨雪侵蚀、阳光照射的商品放在普通库房及货棚中储存；要求一定温湿度条件的商品应相应存放在冷藏、冷冻、恒温、恒湿库房中；易燃、易爆、有毒、有腐蚀性危险的商品必须存放在特种仓库中。

2. 包装不合理

为了防止商品在储运过程中受到可能的冲击、压缩等外力而被破坏，应对库存物品进行适当的捆扎和包装，如果捆扎不牢，将会造成倒垛、散包，使物品丢失和损坏。某些包装材料或形式选择不当不仅不能起到保护的作用，还会加速库存物受潮变质或受污染霉烂。

3. 装卸搬运不合理

装卸搬运活动贯穿于仓储作业过程的始终，是一项技术性很强的工作。各种商品的装卸搬运均有严格规定，如平板玻璃必须立放挤紧捆牵，大件设备必须在重心点吊装，胶合板不可直接用钢丝绳吊装等。实际工作表明，装卸搬运不合理，不仅给储存物造成不同程度的损害，还会给劳动者的生命安全带来威胁。

4. 堆码苫垫不合理

垛形选择不当、堆码超高超重、不同物品混码、需苫盖而没有苫盖或苫盖方式不对都会导致库存物品损坏变质。

5. 违章作业

在库内或库区违章明火作业、烧荒、吸烟，会引起火灾，造成更大的损失，带来更大的危害。

（四）储存期

商品储存期的长短受采购计划、供应计划、市场供求变动、技术更新，甚至金融危机等因素的影响，商品在仓库中停留的时间越长，受外界因素影响发生变化的可能性就越大，而且发生变化的程度也越深。所以仓库应坚持先进先出的发货原则，定期盘点，及时地处理接近保存期限的商品，对于落后产品或接近淘汰的产品要限制入库。

（五）社会因素

影响库存商品变化的社会因素主要包括国家宏观经济政策、企业管理水平、仓库设施条件及管理水平、生产力布局、交通运输条件和经济管理体制等。如果企业或仓库管理水平低下，就可能造成某些商品经常超储。

总之，影响商品发生质量变化的因素有很多，这些因素之间是相互联系、相互影响的统一整体，因此工作中决不能孤立对待。

四、仓库温湿度控制

（一）相关概念

1. 空气温度

空气温度是指空气的冷热程度。仓库温度的控制既要注意库房内外的温度，也要注意储存物本身的温度。空气中的热量主要来源于太阳的热量。一般而言，距地面越近气温越高，距地面越远气温越低。

2. 空气湿度

空气湿度是指空气中所含水汽量的多少或大气干、湿的程度。空气中水汽量的多少，一方面与气温有关，气温越高，空气中所包含的水汽也就越多；另一方面与地表的水分有关，地表的水分越大，地面就越潮湿，空气中的水汽相对也就越多。

常用的空气湿度大小的表示方法有如下几种。

（1）绝对湿度。绝对湿度是指单位体积的空气里实际所含的水汽量。一般情况下，温度越高，水汽蒸发得越多，绝对湿度越大；反之就越小。

（2）饱和湿度。饱和湿度是指在一定温度下，单位体积空气中所能容纳的水汽量的最大限度。空气的饱和湿度会随着温度的变化而变化，温度越高，单位体积空气中所能容纳的水蒸气就越多，饱和湿度也就越大。

（3）相对湿度。相对湿度是指空气中实际含有的水蒸气量（绝对湿度）距离饱和状态（饱和湿度）程度的百分比。相对湿度越大，表示空气越潮湿；相对湿度越小，表示空气越干燥。几种商品的温湿度要求如表 2-1 所示。

表 2-1　几种商品的温湿度要求

种类	温度/℃	相对湿度/%	种类	温度/℃	相对湿度/%
金属及其制品	5~30	≤75	重质油、润滑油	5~35	≤75
碎末合金	0~30	≤75	塑料制品	5~30	50~70
轮胎	5~35	45~65	工具	10~25	50~60
布电线	0~30	45~60	压层纤维塑料	0~35	45~75
仪表、电器	10~30	70	汽油、煤油等	≤30	≤75
轴承、钢珠等	5~35	60	树脂、油漆	0~30	≤75

（4）露点。结露是指含有一定量水蒸气（绝对湿度）的空气，当温度下降到一定程度时，空气中所含的水蒸气就会达到饱和的状态（饱和湿度）并开始液化成水的现象。水蒸气开始液化成水时的温度叫作露点温度，简称露点。

（二）库内空气温度的日变化规律

（1）气温逐渐升高或降低时，库温也会随着升高或降低，库温主要随气温变化而变化。

（2）库温变化的时间，总是在气温变化 1~2 小时之后。

（3）库温同气温相比，夜间库温高于库外，而白天库温却比库外低。

（4）库温变化的幅度要比气温变化的幅度小。库内的最高温度低于库外的最高温度，库内的最低温度高于库外的最低温度。

除此之外，库房坐落方向、建筑结构、建筑材料、库房部位及储存商品等对库房的温度变化都有一定的影响。库内温度的年变化，完全会受气温变化的影响。在春、夏季节，气温直线上升时，库温通常低于库外气温；在秋、冬季节，气温急剧下降时，库温常常高于库外气温。这些还要根据仓库密封情况来正确判断。

（三）温湿度控制的主要方法

控制与调节仓库温湿度，是商品养护中非常重要的工作，是维护商品质量的重要措施。在商品的储存过程中，要根据商品的特性与质量变化规律，合理安排储存场所，科学地运用密封、通风、吸湿等方法，正确地控制与调节仓库的温湿度，来确保商品质量和安全。

1. 密封

密封是指利用绝热性与防潮性较好的材料，把商品尽可能地严密封闭起来，防止和减弱外界温湿度对商品的影响，以达到安全储存的目的。密封是仓库温湿度管理的基础。对库房采用密封，能够使库内温度处于相对稳定状态。若能根据商品特性，做到合理密封，能起到防潮、防霉、防热、防冻、防锈及防老化等多方面的效果。

目前常用的密封材料主要有防潮纸、油毡纸、塑料薄膜、稻谷壳，还有纤维板、芦席、锯末、干草及河沙等。

1）密封储存时应注意的事项

（1）密封商品的质量要求。密封前，要认真地检查商品的质量和含水量是否正常，如果发现商品的含水量过高、生霉、生锈、虫蛀或是有其他变质现象，要经过降湿、除霉、除锈、灭虫等处理，使商品质量恢复到正常，才可密封。

（2）密封时间的选择。通常根据商品的性质来确定密封时间。怕潮易霉的商品，适宜在梅雨季节到来之前密封；怕热易熔的商品，应该在较阴凉的季节进行密封；怕冻商品，应该在气温较高时进行密封；怕干裂的商品，应该在温度较高、干燥期到来之前进行密封。

（3）密封后的商品检查。由于密封只是相对的密封，不能完全隔绝气候对商品的影响，商品密封后，要定期进行检查。在检查的过程中，若发现商品和包装有异状，或温湿度不适宜，要及时采取措施予以补救，以保护商品质量的安全。

2）密封储存的形式

密封储存的形式有很多，主要有整库、整垛、整件、整柜密封等。

（1）整库密封。整库密封时，地面可以采用水泥沥青、油毛毡等制成防潮层来隔潮，内涂沥青和油毛毡，库内做吊平顶，门窗边缘用橡胶条密封，在门口可以用气帘隔潮墙壁外涂防水砂浆。这种方法适用于储存量大、整进整出、进或出不频繁的商品。

（2）整垛密封。未经干燥处理的新仓库，里面的商品在进行储存时也必须实行分垛密封保管。在密封的过程中，先用塑料薄膜或苫布垫好底，然后将货垛四周围起，以减少气候变化时对商品的影响。此方法适用于临时存放的、怕潮易霉或易干裂的商品。

（3）整件密封。整件密封就是将商品的包装严密地进行封闭，适用于数量少、提价小的易霉、易锈蚀商品。

（4）整柜密封。整柜密封时可在货柜内放一容器，内装硅胶或氯化钙等吸湿剂，以保持货柜内干燥；若要防虫，还可在货柜内放入适量的驱虫剂。这种方法适用于出入库频繁、零星但又怕潮易霉、易干裂、易生虫、易锈蚀的商品。

2. 通风

通风是指利用库内外空气温度不同而形成的气压差，使库内外空气形成对流，以达到调节库内温湿度的目的。正确地进行通风，可调节与改善库内的温湿度，及时地散发商品及包装物的多余水分。

1）通风的分类

（1）通风降温。某些商品对温度要求比较严格，而对空气湿度的要求不大严格，如易挥发的双氧水、氨水等化工商品。这类怕热商品，在夏季，只要库外的温度低于库内时，就可进行通风。

（2）通风升温。当库外温度高于库内的温度时，可以采用通风办法升温，主要是指怕冻或怕凝固的商品，采用通风方法，调节库内温度。

（3）通风降湿。有的商品怕受潮，如五金商品，需要通过通风来降低库内的相对湿度。在通风降湿时，应该先比较库房内外的绝对湿度的高低，然后对比相对湿度和温度的高低，一般只有当库外的绝对湿度低于库内时，才可以通风降湿。但库内外温湿度变化情况比较复杂，通风前，必须认真分析研究后，才能进行。通风降湿的时机，一般有以下几种情况：①当库外空气的温度与相对湿度都低于库内时，可以通风；②当库内外的相对湿度很接近，库外相对湿度较库内低时，可以通风；③当库外温度与绝对湿度低于库内，库外相对湿度稍高于库内时，可以通风。在其他情况下，一般不可通风降湿。

（4）通风降温、降湿。当库外温度、相对湿度与绝对湿度都低于库内时，才可通风，达到同时降温、降湿的目的。例如，储存皮革制品就需要同时降低温度和湿度。

（5）通风增湿。有些商品怕干，如竹木制品，可以采用通风方法，增加相对湿度。当库外相对湿度高于库内相对湿度时，可以通风。当库外温度低于库内温度而相对湿度等于库内时，也可以通风，随温度降低可提高库内相对湿度。

2）通风的方法

（1）自然通风。自然通风是指在温室顶部或侧墙设置窗户，依靠热压或者风压进行通风，并可通过调节开窗的幅度来调节通风量。

采取自然通风法来降低湿度一般要遵循以下四项原则：①当外部温度与湿度都低于库内时，可以通风，反之则不能通风；②当外部温度低于库内，库内外相对湿度一样时，可以通风，反之则不能；③当库外相对湿度低于库内相对湿度而库内外温度一样时，可以通风；④当库内外温湿度的情况不与上述三项原则相同但又不相反时，需经计算来确定能否通风。

（2）机械通风。机械通风是在库房上部装设出风扇，在库房的下部装置进风扇，利用机械进行通风，以加速库房内外的空气交换。机械通风的温室通风换气量受外界气候影响很小。

3. 吸湿

空气除湿是利用物理或化学的方法，将空气中的水分除去，以降低空气湿度。在梅雨季节或阴雨天，当库内外湿度都过高，不宜进行通风散潮时，可以在密封库内用吸湿的办法降低库内湿度。吸湿的方法主要有以下几种。

1）吸湿剂吸湿

这种除湿方法是最常用的方法之一，可以分为静态吸湿和动态吸湿。

（1）静态吸湿。静态吸湿是将固体吸湿剂静止放置在被吸湿的空间中，使其自然与空气接触，吸收空气中的水分，以达到降低空气湿度的目的。静态吸湿简便易行，不需任何设备，也不消耗能源，一般仓库都可以采用，是目前应用最广泛的除湿方法，但是此方法吸湿比较缓慢，吸湿效果不够明显。常用的吸湿剂有氧化钙、氯化钙、硅胶、木炭等。

（2）动态吸湿。动态吸湿是指利用吸湿机械强迫空气通过吸湿剂进行吸湿。通常是将吸湿剂装入特制的箱体内，箱体有进风口与排风口，在排风机械的作用下，将空气吸入箱体内，通过吸湿剂吸收空气中的水分，从排风口排出较干燥的空气。这样反复循环吸湿可以将空气干燥到一定的程度。吸湿剂用量的确定是根据库房内空间总含水量与所使用的吸湿剂单位重量的最大吸水量决定。

2）冷却法吸湿

这种方法是利用制冷的原理，将潮湿空气冷却到露点温度之下，使水汽凝结成水滴分离排出，从而使空气干燥的一种方法，也称为露点法。

◎ 前沿扩展

一、自动化仓库的出入库管理

自动化仓库（automatic warehouse）的出入库管理是负责合理安排出入库作业，完成立体仓库在生产线与平面仓库（或其他供料系统）之间运送物料的任务。

（一）出入库作业

入库与出库是自动化仓库作业的主要内容。出入库的物料有毛坯和成品。其具体作业是毛坯出库、成品回库、毛坯入库、成品出库。下面分述各项任务的具体内容。

（1）毛坯出库任务——为了满足生产线加工的实时需要，将所需的毛坯送至指定的缓冲站。其出库申请来自缓冲站（加工缓冲站或工位缓冲站）。出库申请提出对物料品种、型号、数量及供料时限的要求。接到申请后，立体仓库结合当前库存情况查询到所需物料的货位（通常不止一个），根据货位管理原则确定出库的货位号，并立即形成毛坯出库任务单（出料货位号、供货最低时限、出库台号等）。

（2）成品回库任务——通过条形码扫描得到。当加工好的成品回到立体仓库的入库台前时，条形码阅读器将成品的信息（编号、数量等）读入，并提出入库申请。立体仓库结合当前货位情况，根据货位管理原则为该成品寻找一个合适的空货位，同时形成成品回库任务单。

（3）毛坯入库任务——通过入库条形码阅读器得到。毛坯入库任务形成过程与成品回库相同。

（4）成品出库任务——按照 MRP Ⅱ（material requirements planning，即物料需求计划）制订提货计划并通知立体仓库后，根据厂外提货计划确定成品出库的时间、数量、种类等，立体仓库按照计划要求，确定每一个待出库成品的货位号，并形成成品出库任务单。

（二）出入库作业调度

负责合理调度堆垛机来完成出入库作业任务，是物流系统满足实时性要求的关键。为了实现合理调度，一方面需要有合理的数据和信息作依据，另一方面要有合理的调度原则和算法。在调度堆垛机时，需要获得出库任务最迟送达生产线时刻、入库任务申请时刻、出入库任务所需执行时间、出入库任务堆垛机平均执行时间、出入库任务完成时刻的安全系数、运输小车故障及恢复信息、运输任务（包括已下发未完成的运输任务及未下发的运输任务）情况、出入库作业调度（主要是安排各出入库的开始执行时刻）作为参考依据的数据和信息，并在分析这些数据的基础上根据调度原则执行调度。

由于堆垛机是执行出入库的主要设备，因而制定调度原则时应主要考虑堆垛机任务执行情况，掌握堆垛机的任务执行顺序。在线自动仓库堆垛机执行任务一般遵循以下调度原则。

（1）优先执行出库任务。在同时存在数条出库任务时，最紧急者先执行。

（2）当入库任务的执行不影响任何出库任务的按时完成时，方执行入库任务。出库优先于入库并非因为入库不重要，而是由于一般企业生产，可以把入库安排在班后进行，而在生产班次上入库只插空进行。

（3）若某一出库任务的终点工位缓冲站所在小车环线有故障，则暂不执行该出库任务，或将该出库任务的终点改至出库台。调度原则确定后，通过一定的算法，可计算出各任务的执行时刻。首先将任务排队，对每台堆垛机设入库任务队列，入库任务按申请时刻排队，每次下发队头任务，出库任务按以下公式算出的最迟执行时刻排序：

$$最迟执行时刻 = 最迟送达缓冲站时刻 - （出库任务所需执行时间 \times 估算出库任务预计完成时刻的安全系数）$$

然后通过以下方法加以调整：若相邻两个出库任务的最迟执行时刻之差小于堆垛机平均作业时间，则提前前一任务的最迟执行时刻，使其差距为堆垛机平均作业时间。循环操作直至所有任务的最迟执行时刻的差距不小于堆垛机平均时间。

（三）自动化仓库的出入库作业的实时性要求

物流系统各项作业的实时性要求是不同的，因此对物流作业管理应考虑设置优先级。毛坯出库直接影响生产线加工，因此实时性要求高；成品回库影响装夹工作站的工作，实时性要求也较高；毛坯入库和成品出库实时性要求较低。由于作业的产生互不关联，同时产生多种请求的可能性很大，因此在自动仓库的作业中有一个排序的问题。

排序原则应该是在保证实时性高的作业优先被执行的前提下，合理安排其他作业，也就是采用基于优先级的作业管理原则。基于优先级的作业管理原则包含两个内容。

（1）作业调度时，按优先级顺序服务，以保证总是首先响应当前优先级最高的作业任务，即实时性要求最高的作业任务。例如，在所有的作业任务中，首先响应缓冲站提出的毛坯出库申请。

（2）考虑到有的作业执行时间较长或很多情况下为提高效率采取联合作业，这样仍会有优先级最高的任务受到延误的可能。所以在作业执行时，还采取可中断抢先的原则，即在作业执行时，将作业任务分为若干执行单元。例如，堆垛机的一次出入库任务，从入库台取货—存入指定货位—另一货位取货—放到出库台，可以分成取—存和取—存两个执行单元。每一作业执行单元完成后，都再次进行作业调度，从而保证优先级较高的作业任务可以抢先中断尚未完成的、级别较低的作业任务而被执行。待抢先的任务完成后，再继续执行被中断的、尚未完成的作业任务。当然，这个级别高的任务也可能被级别更高的作业任务所抢先中断。为了提高存取效率，一般避免单项出库，而多采用出入库联合作业。

（四）自动化仓库的出入库任务优化组合

在有多项出库和入库申请时，适当把出库任务与入库任务进行优化组合。使满足条件的出库任务和入库任务组合成出入库联合作业任务，可缩短存取周期，提高存取效率。当出库台和入库台设在仓库的同一端时，最简便的做法是使入库申请与出库申请分别排序，将第一个出库作业与第一个入库作业组合为一个联合作业任务。这种组合一般情况下在效率上都不会有损失。当立体仓库的出库台与入库台分设在仓库两端时，需考虑入库货位的位置与出库货位的位置，原则上是选取入出库同时作业时，堆垛机在巷道中运行路径不重复或重复路线最短。

（五）自动化仓库的货位管理

货位管理是指对自动化立体仓库的货位进行管理，即要合理地分配和使用货位，既考虑如何提高货位的利用率，又要保证出库效率。货位分配包含两层意义：一是为出入库的物料分配最佳货位（因为可能同时存在多个空闲的货位），即入库货位分配；二是要选择待出库物料的货位（因为同种物料可能同时存放在多个货位里）。

货位分配考虑的原则是很多的。专门用于仓储的立体仓库的货位分配原则如下。

（1）货架受力情况良好，上轻下重——重的物品存在下面的货位，较轻的物品存放在高处的货位，使货架受力稳定。分散存放，物料分散存放在仓库的不同位置，避免因集中存放造成货格受力不均匀。

（2）加快周转，先入先出——同种物料出库时，先入库者先提取出库，以加快物料周转，避免因物料长期积压产生锈蚀、变形、变质及其他损坏造成的损失。

（3）提高可靠性，分巷道存放——仓库有多个巷道时，同种物品分散在不同的巷道进行存放，以防止因某巷道堵塞影响某种物料的出库，造成生产中断。

（4）提高效率，就近入出库。在线自动仓库，为保证快速响应出库请求，一般将物料就近放置在出库台附近。

二、6S 现场管理及应用

（一）6S 现场管理的内涵

6S 现场管理是 5S 的升级，6S 即 seiri（整理）、seiton（整顿）、seiso（清扫）、seiketsu（清洁）、shitsuke（素养）、security（安全），6S 和 5S 管理一样兴起于日本企业。

（1）整理：将工作场所的任何物品区分为有必要和没有必要的，除了有必要的留下来，其他的都消除掉。其目的是腾出空间，空间活用，防止误用，塑造清爽的工作场所。

（2）整顿：把留下来的必要用的物品依规定位置摆放，并放置整齐加以标识。其目的是使工作场所一目了然，消除寻找物品的时间，整整齐齐的工作环境，消除过多的积压物品。

（3）清扫：将工作场所内看得见与看不见的地方清扫干净，保持工作场所干净、亮丽。其目的是稳定品质，减少工业伤害。

（4）清洁：将整理、整顿、清扫进行到底，并且制度化，经常保持环境处在美观的状态。其目的是创造明朗现场，维持上面 3S 成果。

（5）素养：每位成员养成良好的习惯，并遵守规则做事，培养积极主动的精神（也称习惯性）。其目的是培养具有良好习惯、遵守规则的员工，营造团队精神。

（6）安全：重视成员安全教育，每时每刻都有安全第一观念，防患于未然。其目的是建立起安全生产的环境，所有的工作应建立在安全的前提下。

（二）6S 现场管理的作用

做好 6S 现场管理，可以实现以下作用。

（1）提升企业形象：整齐清洁的工作环境，能够吸引客户，并且增强自信心。

（2）减少浪费：由于场地杂物乱放，致使其他东西无处堆放，这是一种空间的浪费。

（3）提高效率：拥有一个良好的工作环境，可以使个人心情愉悦；东西摆放有序，能够提高工作效率，减少搬运作业。

（4）质量保证：一旦员工养成了做事认真严谨的习惯，他们生产的产品返修率会大大降低，提高产品品质。

（5）安全保障：通道保持畅通，员工养成认真负责的习惯，会使生产及非生产事故减少。

（6）提高设备寿命：对设备及时进行清扫、点检、保养、维护，可以延长设备的寿命。

（7）降低成本：做好 6S 可以减少跑冒滴漏和来回搬运，从而降低成本。

（8）交期准：生产制度规范化使得生产过程一目了然，生产中的异常现象明显化，出现问题可以及时调整作业，以达到交期准确。

（三）6S 现场管理的原则

6S 现场管理过程中要坚持以下三个原则。

（1）"三现"原则，6S 活动是以现场为中心而推行的一项基础管理活动，只有不断地深入现场、发现问题、解决问题，创造亮点，才能使它深入持久地坚持下去。

（2）"问题眼光"原则，这是 6S 开展的一个非常重要的前提条件。只有带着专业的角度，用心去感觉现场，把问题当问题发现出来，把问题当问题来对待，才能够有效地去改善现场，提高我们的现场管理水平，从而培养发现问题的眼光，使我们的员工建立正确的问题意识，让大家真正参与进来，发现问题，解决问题，所以问题眼光是我们活动的一个基础原则，必须要去正视问题，不能回避，当然这存在一个具体的要求，就是怎么样去培养员工干部发现问题的能力，所以要具备问题眼光。

（3）"自主"原则，也就是把要我改善变为我要改善，提高员工改善的自主性，所以要以现场改善为中心不只是简单地去进行宣传、说教、检查评比，发现问题以后，关键是通过改善来推进。

（四）仓储管理中的 6S 现场管理应用

仓库是 6S 现场管理应用最能体现的工作现场之一。仓库现场检查，常会发现以下问题。

（1）不用的备件、杂物、设备、材料、工具都堆放在备件仓库，使仓库变成杂物存放地；货架大小不一，备件摆放不整齐。

（2）货架上的备件没有"备件出入库登记卡"，管理状态不清，除了当事人之外，其他人一时难以找到；货架太高或备件堆积太高，不易拿取；没有按"重低轻高""大低小高"的原则摆放。

（3）仓库管理人员为图省事，不按出入库制度运作，给维修车间领取备件时一次发很多，造成维修现场混乱或没用到的备件堆积。

（4）货架上备件存放箱的大小不一，检查时以备件大小不一做借口，造成备件货架参差不齐，非常凌乱。

（5）备件连外包装箱在内一起放在货架上，影响仓库的整齐划一；清扫时只扫备件不扫货架，清扫不彻底。

（6）安全意识淡薄，防范措施缺失；工作缺乏主动性，就事论事，工作中没有创新。

面对以上检查出现的问题，仓库的 6S 现场管理应该重点做到以下三点。

一是在"整理、整顿、清扫、清洁"的 4S 内容中制定工作规范，即仓库管理要做到"两齐"（库容整齐、堆放整齐）、"三清"（数量、质量、规格）、"三洁"（货架、备件、地面）、"三相符"（账、卡、物）、"四定位"（区、架、层、位对号入座）。

二是进行每周一次的不定期检查，对结果进行张榜公布并在全公司范围通报，令责任单位负责人定期改正。

三是定期对仓管人员进行一次轮训（半年一次），强化"安全"和"素养"的意识。6S 管理最终实现目的就在于"素养"，形成日常行为习惯，贵在坚持，长期见效。

◎ 实践训练

一、认知实践

（1）搜集不同类型的仓库与配送中心的入库与在库作业流程图。通过教材、课件、文献、网络资源等方式获取不同类型的仓库与配送中心的入库与在库作业流程图，并通过小组协作方式获取案例资料，开展小组讨论，找出其入库与在库作业的共同点与不同点，加深对不同类型仓库与配送中心入库与在库作业流程的理解。

（2）搜集商品入库前准备的文字资料。

（3）搜集不同商品储位的选择和管理要求。

（4）搜集不同商品货位编码的方法及其案例。

（5）搜集不同商品的堆码苫垫图片。

（6）搜集不同仓库与配送中心的盘点流程及案例。

（7）调研不同仓库与配送中心的呆废物资管理现状，并尝试提出相应的改进措施。

（8）参观实际仓库与配送中心，观察商品养护的现状，并通过观察到的商品质量变化形式，找到商品质量变化的原因，并提出商品养护的有效措施。

二、实操训练

1. 货物入库与验收操作实训

实训目标：通过本节的教学，学生进一步熟悉仓库入库与验收作业的流程，并结合具体行业的仓储与配送业务，掌握各环节的操作技巧，并提高学生团队合作和实际操作的能力。

实训准备：

（1）学生每 5~6 人为一个小组，每个小组定一名学生为组长。

（2）进行岗位分工并设定角色，分别扮演供应商、收货员、质检员、仓库主管和库工。每组中，1 人充当供应商，1 人充当收货员，1 人充当质检员，1 人充当仓储主管（负责检查下属人员的单证是否做对及签字），1 人充当库工（负责装卸搬运和包装作业等）。

（3）依据教材内容和查询资料设计送货单、入库通知单、货物质检单、入库货物异常报告等常见文件资料。

实训场地：实训室或者仓库。

实训过程：根据提前准备的资料和角色分工，完成各环节之间的入库与验收流程。

实训提问设计：

（1）商品入库中需要涉及的单证有哪些？

（2）商品验收前需要做的准备工作有哪些？

（3）商品入库过程中各个角色的职责是什么？

考核形式及标准：通过提交实训报告，观察学生对商品入库与验收作业的掌握程度，将成绩分为优秀、良好、中等、及格和不及格等五个档次。

2. 仓储货物堆码设计

实训目标：通过本节的教学，学生进一步熟悉仓储管理中货物堆码的原则与要求，并结合具体行业的仓储业务以及具体货物的堆码作业，掌握现实作业中几种常见的堆码垛形及其适用条件，熟悉常见货物的堆码形式和要求等。

实训准备：

（1）学生每5~6人为一个小组，每个小组定一名学生为组长。

（2）准备各种尺寸货物纸箱，按照实训内容准备饼干、方便面、肥皂等15种货物模型，规格为500厘米×400厘米×220厘米等。

（3）准备标准托盘若干，规格为1 200厘米×1 000厘米×100厘米，1 100厘米×1 100厘米×100厘米等。

（4）卡片若干，用于标示堆码号。

实训场地：实训室或者仓库。

实训过程：

（1）安排1学时参观企业仓库，观察企业仓库包装商品堆码的形式和方法。

（2）根据实训室提供的商品条件，完成规定商品堆码设计和实施。

实训提问设计：

（1）如何保证商品堆码过程中不出现倒垛现象？

（2）是否所有商品都需要进行苫垫作业呢？

（3）托盘上的货物信息应该如何标示在托盘上？

（4）纵横式堆码方式的优缺点是什么？

考核形式及标准：通过提交实训报告，观察学生对商品堆码苫垫的掌握程度，将成绩分为优秀、良好、中等、及格和不及格等五个档次。

◎入库与在库作业管理教学实践

本节主要介绍入库与在库作业管理的教学设计。根据仓储与配送管理这门课程的要求和教学对象的特点（设定教学对象为中职学校学生），确定本章的教学设计，包括教学目标、教学任务分解、教学重难点、教学方法与教学手段、教学步骤与时间分配等环节。

一、教学目标

本章的教学目标是讲述仓库入库与在库作业管理的基本方法和要求，使学生达到了解、认知及实际应用的水平。

二、教学任务分解

本章的教学任务分解如表 2-2 所示。

表 2-2　第二章教学任务分解

任务	任务分解	课时分配	形式
入库作业管理	（1）教师利用流程图展示入库作业流程； （2）教师介绍入库前的准备工作，并举例说明； （3）教师介绍商品验收的方法和基本要求，并举例说明； （4）通过案例，教师介绍商品入库手续的办理及常见问题的处理	1 课时	理论
商品储存作业管理	（1）通过案例，教师介绍储位管理的基本方法； （2）教师介绍货物编码的基本方法，使学生了解货物编码方法的优缺点，学会选择应用； （3）教师介绍商品堆码苫垫技术，使学生了解商品堆码的方法、适用对象及使用； （4）教师通过案例介绍盘点作业的分类和具体操作过程； （5）教师通过案例介绍与学生讨论呆废物资出现的原因，并提出呆废物资管理的目的和方法	2 课时	理论与实践
商品养护管理	（1）教师通过图片、视频等方式介绍商品在仓库中因养护不当引起的各种现象及后果，进而提出商品养护的任务和目的； （2）教师通过图片、视频等方式介绍商品质量变化的形式，并让学生了解变化的类型； （3）教师通过讨论等方式介绍商品质量变化的原因； （4）教师介绍温湿度变化的规律，指导学生掌握温湿度控制的应用	1 课时	理论与实践
实践训练	（1）进入实验室进行货物入库与验收操作实训； （2）仓储货物堆码方法的选择和实际操作	1 课时	实践

三、教学重难点

本章的教学重点是让学生了解仓库入库与在库作业过程及其管理方法，以了解、认知为主，实操为辅，具体包括：商品验收的流程及要求，储位管理的作业要求，货位编码的方法，商品堆码技术及应用，盘点作业方法，商品质量变化的形式和原因，温湿度控制。

本章的教学难点包括：商品验收中出现问题的处理，合理商品堆码方法的选择，商品盘点作业方法的选择和应用，商品质量变化的原因辨别，仓库温湿度变化的规律和控制。

四、教学方法与教学手段

针对本章商品入库与在库作业的特点，以了解、认知为主的定位，在课堂教学过程中，通常是以讲授法为主，同时辅以学生去活动、去体验的方法，主要采用的方法包括引导文法、考察教学法、案例教学法、情景教学法等。

本章教学中会大量使用图片、视频进行辅助，帮助学生快速感性认知商品入库与在库作业流程，在实践内容部分，辅助课后资料收集、实地调研及实验室操作实践，了解商品入库与在库作业的实际操作。

五、教学步骤与时间分配

本章的课堂教学以引导文法入手，情景教学法为主，下面以商品养护技术节为例说明教学步骤及时间分配。

1. 引言（3~5 分钟）

物资经验收合格入库后，就进入了物资存储作业程序。物资存储作业是对物资进行合理的保管和养护，以确保物资的质量完好和数量无误，是防止商品质量变化的重要措施，是仓储保管中一项经常性的工作。

仓库中存在着各种各样的商品，它们有着不同的特性，因而物资保养是一项综合性的应用技术，涵盖了不同学科的知识，如物理学、化学、生物学、微生物学和气象学等。

要求针对每种商品，进行货物的在库保养。在此过程中，我们要根据不同性质的物资、不同储存条件采取不同的养护措施，防止商品质量劣化，最大限度地保护物资的质量完好和数量无误。

本引导文帮助学生认识、了解要想保证物料质量和品质，哪些方面是在库物资保管中必须考虑到的，组织工作人员间的具体协商具有怎样的重要意义。

2. 确定主题（2~3 分钟）

在库商品养护。展示商品养护的主要图片和视频。

3. 信息资料及辅助手段

韩岗. 如何进行仓储物料管理. 北京：北京大学出版社，2008.

史小峰. 仓储作业实务. 北京：化学工业出版社，2009.

郭元萍. 仓储管理实务. 北京：中国轻工业出版社，2007.

钱芝网. 仓储管理实务情景实训. 北京：电子工业出版社，2008.

信息资料及辅助手段还包括《货品养护手册》、卫生规定、培训师的指导、来自企业的辅助手段。

4. 引导问题（25~30 分钟）

（1）理解库存物资保养的目的。

请列出影响库存物品发生变化的因素。

库存物资质量变化的内在因素：

库存物资质量变化的外在因素：

（2）不同物资对保管的要求不同，请举例说明（必要时详细说明）。

库存物资的种类：

对保管的要求：

（3）下列条件对库存物资保管影响最大的是

☐ 温度　☐ 湿度　☐ 微生物　☐ 货位的选择　☐ 堆码的形式　☐ 虫害的侵蚀
☐ 仓库的卫生条件　☐ 外力对货品的影响　☐ 社会因素

（4）表 2-3 为仓库的常见商品，填写下列商品的安全温度和安全相对湿度。

表 2-3　仓库中商品的温湿度

商品名称	安全温度/℃	安全相对湿度/%
麻织品		
丝织品		
毛织品		
皮革制品		
橡胶制品		
金属制品		
塑料制品		
竹木制品		
玻璃制品		
人造革		
纸制品		

（5）了解温湿度的变化规律。

大气温湿度的变化规律如下：一年中，气温最低的月份，内陆为_____月，沿海为_____月；一年中，气温最高的月份，内陆为_____月，沿海为_____月；一昼夜中，最高温度在_____点，最低温度在_____点；湿度的日变化，一般相对湿度最高值出现在_____点，相对湿度最低值出现在_____点。

库房温度变化的一般规律如下：从季节看，一般_____月气温低于库温；_____月气温高于库温；_____月库温大致相当。

（6）你会用干湿球温度表测量库房温湿度吗？

（7）干湿球温度表应安置在库房什么位置？

☐ 受阳光照射的地方　　　　　　☐ 不受阳光照射的地方

☐ 空气流动好　　　　　　　☐ 空气流动差

☐ 挂在墙上　　　　　　　　☐ 不要挂在墙上

☐ 挂置高度要与人眼平齐　　☐ 挂置高度要稍高于人眼位置

（8）一般情况下，仓库一天应进行几次温湿度测定？

☐ 1　　　☐ 2　　　☐ 3　　　☐ 4　　　☐ 5

（9）列举仓库温湿度控制与调节的方法。

（10）列举仓库密封保管的形式。

（11）说出几种密封材料。

（12）列举密封保管时的注意事项

（13）列举仓库通风形式。

（14）列举仓库通风时的注意事项。

（15）说出吸湿剂种类及其使用方法。

（16）请说出表 2-4 中商品的锈蚀原因。

表 2-4　商品的锈蚀原因

金属制品	原因
钢制品	
铜制品	
铝制品	

（17）请说出金属防锈方法。

（18）请说出常见的易腐商品。

（19）列举仓库中常用的防腐剂。

（20）列举仓库中预防仓虫的主要措施。

（21）列举仓库中杀死仓虫的主要方法。

（22）提出目前仓库情况建议。

（23）请说明仓库物资保养安排情况概要。

（24）请向您的任务委托人/培训师解释说明您的建议，并记录他们的调整建议。

（25）请制作仓库物资保养所必需材料的预定清单，并检查和记录现存物资的在库养护情况。

（26）在库物资养护所需设施物品核查表。

（27）请说明需要的工作人员人数和任务分配情况。

（28）请按正确顺序列出您的工作所包含的必要工作步骤，并给出时间计划安排（时间跨度可为若干天）。

（29）请与培训师商量您的工作流程计划。

（30）请具体实施完成您的任务。

（31）根据表 2-5 中标准检查和评价您的工作任务完成结果情况。

表 2-5　学生自我工作评估表

评价事项	什么对我来说是成功的?	什么对我来说不是很成功的?
1. 整体结果		
2. 物资养护材料的选择 □ 密封材料 □ 吸湿剂 □ 防锈材料 □ 防腐材料 □ 防虫害材料 □ 数量 □ 与在库物资保养初衷的吻合度		
3. 工作技术		
4. 工作岗位安排		
5. 库存物资在库保养的构成		

请与老师讨论您的评价结果。

5. 总结归纳（3~5 分钟）

总结商品养护中质量变化的形式、原因和主要措施。

6. 课后作业（1~2 分钟）

布置课后调研作业。

六、教学评价

本章的教学评价如表 2-6 所示。

表 2-6　第二章教学评价

				评价方式			权重
			章名称：入库与在库作业管理				
评价类别	评价节	评价标准	评价依据	学生自评	同学互评	教师评价	权重
				0.1	0.1	0.8	
过程评价	学习能力	学习态度，学习兴趣，学习习惯，学习主动性	学生考勤，课后作业完成情况，课堂气氛是否活跃，收集和使用资料情况，师生配合情况				0.2
	理论能力	准确叙述入库作业流程，掌握商品养护管理，掌握商品储存管理，重点、难点的掌握程度	是否独立画出入库作业流程图，是否识记全部知识点，是否对理论知识有疑问				0.2
	实践能力	独立完成入库与在库作业的管理过程	是否能依据企业实际情况及问题设计入库与在库的管理				0.1
	其他方面	探究、创新能力	积极参与研究性学习，有独到的见解，能提出多种解决问题的方法				0.1
结果评价			理论考核				0.2
			实操考核				0.2

本 章 小 结

本章主要介绍了货物仓储的相关作业流程，商品的验收，商品的相关手续办理，商品的储位管理等相关操作，以及商品养护的相关知识和技术，旨在让学生具备从事实际仓储管理工作的操作能力和管理素质。

综合案例分析

中药黑幕曝光 杜绝从冷库做起

当今中国，已经被戏称为"化学大国"，中药商在这方面的"追求"更是孜孜不倦。近年来为了让中药材更好看更耐存，除了打磺，还增加了用双氧水浸泡天麻漂白，用氧化铁水洗丹参染色，用洗衣粉搓掉霉斑……这些触目惊心的中药材"面子工程"，已经不止一次公布于世。是什么造成中药材的这些黑幕？要怎么做才能杜绝这些现象？

中药材的储存，毋庸置疑存放于冷库中比打磺好得多，但冷库的建造与维护成本，也不是一般药农和小商贩能承担的，所以作为小药厂重要源头的他们，就不可能停止给中药材熏硫磺。1 吨中药材只需要 100 元的硫磺就能保存 2 年，换成冷库，这 100 元恐怕不够付 2 年冷库电费的。一位从事中药行业多年的业内人士透露，目前的多数情况是为了防虫用磷化铝熏蒸，为了防霉用硫磺熏蒸，这对中药材的品质造成极大影响。有些药商称自己的药材是无硫的，但是一到药检就过不了关。作为中医的基础，中药材的药性直接影响到疗效，"中医将亡于药"不是危言耸听。

长期以来，中药材一直是由广大药农与个体商户分散加工、分散存储、民宅存储，缺乏统一的标准与全程监管，很难保证中药材质量与流通中的品质。硫磺蒸、磷化铝熏蒸、掺杂使假等现象比较严重。在相当长的时期内，我国药农分散种植、个体商户分散经营药材。在这种格局难以改变的情况下，要保障中药材流通中的质量与品质，就必须推行集约加工、集中仓储。浩爽制冷作为冷链一体化集成商，已经为神威药业、鲁抗药业等多家知名药业提供冷库仓储的建造与支持，为人们能吃上安全无黑幕中药材提供了保障。

正因冷库作用如此之大，2015 年年初，商务部办公厅印发了《关于加快推进中药材现代物流体系建设指导意见的通知》（商办秩函〔2014〕809 号，以下简称《通知》）。《通知》要求各地商务主管部门推动建立中药材现代物流体系，促进中药材流通现代化，提升中药材质量安全保障能力。《通知》明确了到 2020 年初步形成采收、产地加工、包装、仓储和运输一体化的中药材现代物流体系的总体目标，明确提出消除磷化铝熏蒸现象，防止在中药材产地加工与仓储期间滥用硫磺熏蒸，按照安全环保与节约的原则，根据各类中药材的特性，推广应用气调养护、低温养护等先进适用的储存养护技术和方法，保障中药材的品质与安全。

要杜绝中药材黑幕，将中药材储存标准化、正规化，必须从冷库做起。经多年的实验与专家论证，气调养护技术是目前能够取代硫磺与磷化铝熏蒸，并保障中药材品质，且安全环保、经济适用的技术。《中药材气调养护技术规范》行业标准即将颁布实施，国家有望能够统一在中药材主产区建造符合标准的冷库，提供专业的支持，并建立中药材源头可追溯机制，中药材黑幕有望杜绝。

（资料来源：www.cclcn.com）

案 例 分 析

中药材的生理特性与一般消费品不同，易生虫、易发霉、易变色、易泛油，一旦发生变化，药性就会受到影响。目前衣帽鞋等一般消费品基本上不需要养护；水果蔬菜放在冷库、气调库就能实现较长时间的保鲜。但中药材品种很多，市场价格差别很大，中药存放时间动辄好几年，不同种类药材养护技术也不同，几千种中药材的养护，是项技术活。浩爽制冷在此提醒：某些矿物类药材，储存环境过于干燥容易失去结晶水而风化，而湿度大又易溶化或吸湿。含挥发油多的药材，储存温度过高，容易散失香气或泛油；室内湿度大也易吸湿霉变和虫蛀。含糖分或胶质的药材，温度高、湿度大均易吸湿变软发黏，易被污染，继而霉烂虫蛀。某些药材，还会腐蚀金属。不同种的药材可能会相互影响。药材需要分库存放，或者密封包装好。

根据商品的特性制定有针对性的养护措施，是仓库管理的重要工作。尤其是对温湿度要求非常严格的药品和食品，按照仓库出入库管理的流程严格操作，投入具有自动记录功能的温湿度监测系统、多层货架、自动化立体仓库、输送机、分拣机、RF（radio frequency，即射频）、电子标签等先进技术和装备，除了能够提高作业效率外，更重要的是可以减少商品的差错率和破损率。

问题：

（1）仓储作业如何实现标准化？

（2）仓库中商品的多样性给仓储管理带来哪些困难？如何有效解决？

练习题

一、单项选择题

（1）商品入库作业的第一步是（　　）。

　　A. 接运　B. 验收　C. 登账　D. 点数

（2）某些性质不稳定的物品，在光、电、热、酸、碱及潮湿空气作用下，由一种物质生成两种或两种以上物质的变化，叫作（　　）。

　　A. 分解　B. 裂解　C. 老化　D. 风化

（3）纤维制品长期受阳光照射会发生变色，这种现象是（　　）。

  A. 熔化　B. 老化　C. 氧化　D. 水解

（4）下列库存物变化形式中，属于化学变化的是（　　）。

  A. 溶化　B. 沉淀　C. 聚合　D. 挥发

二、多项选择题

（1）储位管理的要素包括（　　）。

  A. 储位空间　B. 商品　　C. 人员　　D. 储放、搬运设备　E. 资金

（2）盘点作业的内容包括（　　）。

  A. 查数量　　B. 查资金　C. 查包装　D. 查质量　　　　E. 查保管条件

（3）商品入库过程的质量检验包括（　　）。

  A. 外观检验　B. 尺寸检验　C. 机械物理性能检验

  D. 化学成分检验　　　　E. 生化检验

三、简答题

（1）简答商品验收的作用。

（2）简答呆废物资管理的目的。

（3）简答商品堆码的基本原则。

（4）简答商品温湿度控制的基本手段。

四、论述题

论述商品质量变化的原因。

第三章 分拣作业管理

本章实施体系图如图 3-1 所示。

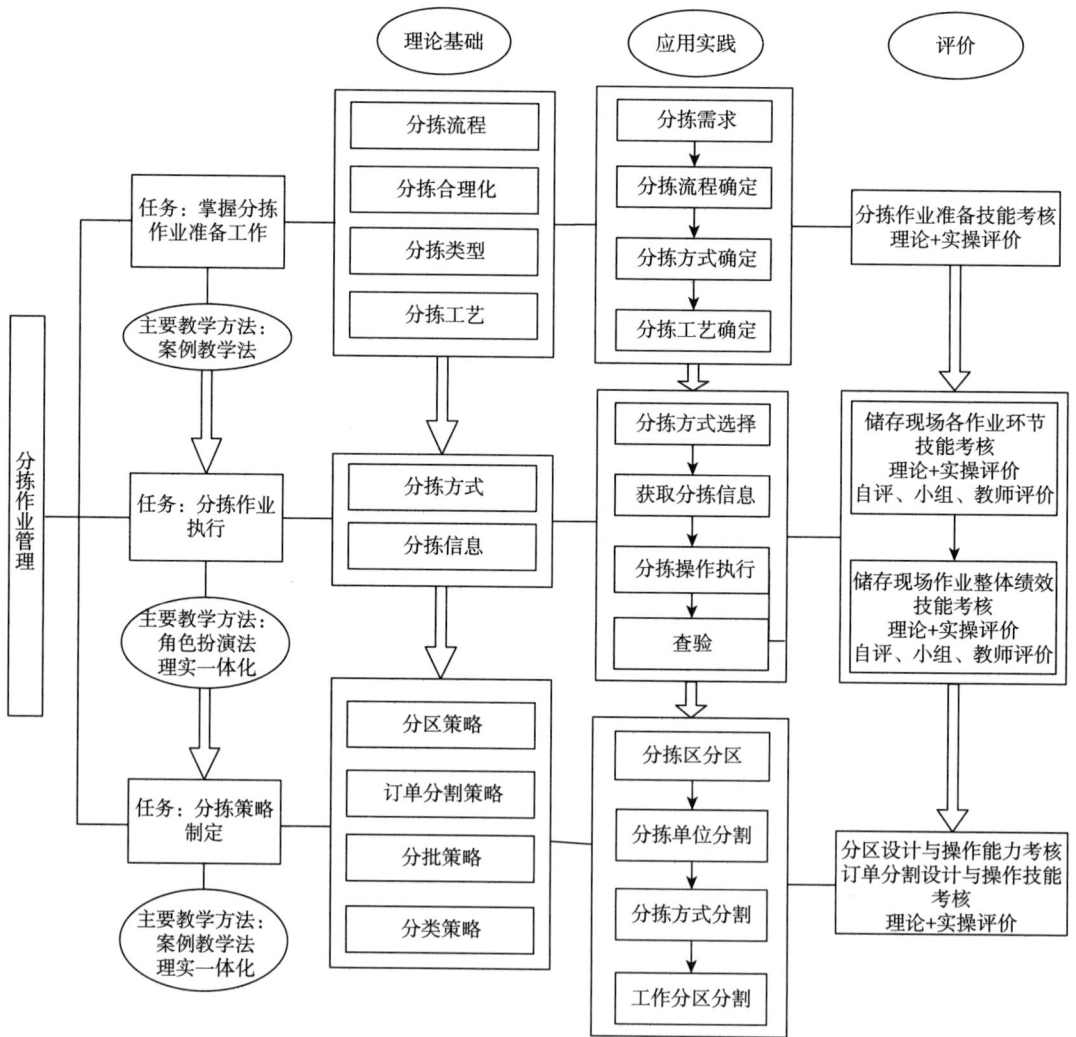

图 3-1 第三章实施体系图

◎学习目标

知识目标：了解分拣的相关概念，掌握分拣作业类别，掌握分拣单的必备要素，掌握分拣策略。

能力目标：能根据节要求，设计分拣单，在此基础上，能够运用恰当的方法，针对具体情况提出分拣策略。

素质目标：具有良好的物流人员从业道德、严谨的工作态度和良好的团队合作精神；具备良好的口头表达和人际沟通能力；具有一定的行业从业人员法律保护意识。

◎案例引导

顶峰（Zenith）电子公司是位于亨茨维尔市的160 000平方英尺的仓库，采用自动识别系统技术改进货物分拣系统，从出货到装船，实现了全部自动化操作，显著改善了该公司的物流管理。这套系统在基于Unix的HP9000上运行美国ORACLE公司的数据库，服务器由4个900兆赫兹的NorandRF工作站组成，它连接各个基本区域，每个区域支持20个带有扫描器的手持式无线射频终端。订单从配送中心的商务系统（在另一HP9000上运行的）下载到仓储管理系统（warehouse management system，WMS），管理系统的服务器根据订单大小、装船日期等信息对订单进行分类，实施根据订单分拣与两种分拣策略，并且指导分拣者选择最佳分拣路线。

根据订单分拣货物，如果订单订货数量比较大，可以根据订单，一个人一次提取大量订货。货物分拣者从他或她的无线射频终端进入服务器，选择订单上各种货物，系统会通过无线射频终端直接向货物分拣者发送货物位置信息，指导分拣者选择最优路径。货物分拣者在分拣前扫描货柜箱上的条形码标签，如果与订单相符，直接分拣。完成货物选择后，所有选择的货物经由传送设备运到打包地点。扫描货物目的地条形码，对分拣出来的货物进行包装前检查，然后打印包装清单。完成包装以后，在包装箱外面打印订单号和条形码（使用 CODE 39 条形码）。包装箱在 UPS（uninterrupted power supply，即不间断电源）航运站称重，扫描条形码订单号，并且把它加入 UPS 的跟踪号和重量信息条形码中，这些数据，加上目的地数据，构成跟踪记录的一部分上报到 UPS。

请思考：顶峰电子公司的自动识别系统技术改进了货物的分拣系统，其特点是什么？

◎知识与技能

第一节　分拣作业概述

一、分拣的概念

分拣作业是配送作业的中心环节。所谓分拣，是依据顾客的订货要求或配送中心的作业计划，尽可能迅速、准确地将商品从其储位或其他区域拣取出来的作业过程。在配送作业环节中分拣作业不仅工作量大，工艺复杂，而且要求作业时间短，准确度高，服务质量好。因此，加强对分拣作业的管理非常重要。在分拣作业中，根据配送的业务范围和服务特点，即根据顾客订单所反映的商品特性、数量多少、服务要求、送货区域等信息，采取科学的分拣方式，进行高效的作业是配送作业中关键的一环。

二、分拣作业主要环节

分拣作业按实际作业情形大致分为以下四个部分。

（一）分拣资料的形成

分拣作业开始前，指示分拣作业的单据或信息必须先行处理完成。虽然一些配送中心直接利用顾客订单或公司交货单作为分拣指示，但因此类传票容易在分拣过程中受到污损而产生错误，无法正常指示产品储位，所以大多数分拣方式仍需将原始传票转换成分拣单或电子信号，使分拣人员或自动分拣设备进行更有效的分拣作业。

（二）行走或搬运

分拣时，分拣人员或机器必须直接接触并拿取货物，因此形成分拣过程中的行走与货物的搬运。这一过程有以下两种完成方式。

（1）人—物方式。即分拣人员以步行或搭乘拣货车辆方式到达货物储存位置。这一方式的特点是货物处于静态储存方式，主要移动方为分拣者（分拣机器人也属分拣者）。

（2）物—人方式。和第一种情况相反，物—人方式中，主要移动方是货物，分拣人员在固定位置作业，不必去寻找商品的储存位置。这种方式的特点在于货品保持动态的储存方式，如轻负载自动仓储、旋转自动仓储等。

（三）拣货

当货品出现在分拣者面前时，一般采取的两个动作为拣取与确认。拣取是抓取物品的动作，确认则是确定所拣取的物品、数量是否与指示分拣的信息相同。在实际的作业中多采用读取品名与分拣单据作对比的确认方式，较先进的做法是利用无线传输终端机读取条形码后，再由电脑进行确认。通常对小体积、小批量、搬运重量在人力范围内且出货频率不是特别高的货品，采取手工方式拣取；对体积大、重量大的货物，利用升降叉车等搬运机械辅助作业；对于出货频率很高的货品则采用自动分拣系统进行分拣。

（四）分类与集中

配送中心收到多个客户的订单后，可以批量拣取。拣取完毕后再根据不同的客户或送货路线分类集中，有些需要进行流通加工的商品还需根据加工方法进行分类，加工完后再按一定方式分类出货。分货过程中多品种分货的工艺过程较复杂，难度也大，容易发生错误，它必须在统筹安排形成规模效应的基础上，提高作业的精确性。在物品体积小、重量轻的情况下，可以采取人力分货，或机械辅助作业的方式，还可利用自动分货机将拣取出来的货物进行分类与集中。分类完成后，货物经过查对、包装便可以出货、装运、送货了。

三、分拣作业合理化

分拣作业的合理化，关键在于分拣作业的效率和准确度，而这两方面都依赖于订货、备货等作业的配合。配送业务各环节的衔接依赖于信息技术的发展。为了能够及早满足客户的订货要求，配送中心可以在接受订货时，就利用信息系统做好销售账单、发货票等单据，并将备货清单传送到客户指定的店铺。进行备货作业时，在商品上贴附含有不同客户的信息条形码，这样进行分拣作业时只要用扫描装置读取条形码便能自动按不同的客户和配送目的地进行分拣，分拣作业效率和准确度将大大提高。

分拣作业的合理化还体现在自动化程度与分拣作业量的匹配上。许多企业，尤其是连锁经营企业的自营配送中心都在追求分拣作业的自动化，但是并不是任何规模的配送中心都适合采用自动化分拣设备。自动化分拣设备投资大，如果分拣作业量过小，会造成分拣作业成本的增加。

分拣作业合理化的重点是利用信息技术，提高分拣作业的效率，尽可能及早地满足客户的订货，并尽量压缩本企业商品的在库量。正因为如此，多数配送中心内分拣业务都尽可能利用条形码技术来提高效率。

从以上分拣作业合理化的种种方法可以看出，配送作业的管理主要是借助引入自动化设备、构筑信息系统等手段，力图做到配送作业的机械化，节省人力资源，简化订发货作业，最终降低配送成本，缩短商品的在途时间，提高配送效率。

第二节　分拣作业的分类和工艺

一、分拣作业的分类

　　分拣作业按订单的组合，可以分为按单分拣和批量分拣；按人员组成，可以分为单独分拣和接力分拣；按运动方式，可以分为人至货前分拣和货至人前分拣；按分拣信息，可以分为分拣单分拣、标签分拣、电子标签分拣、RF分拣等（图3-2）。

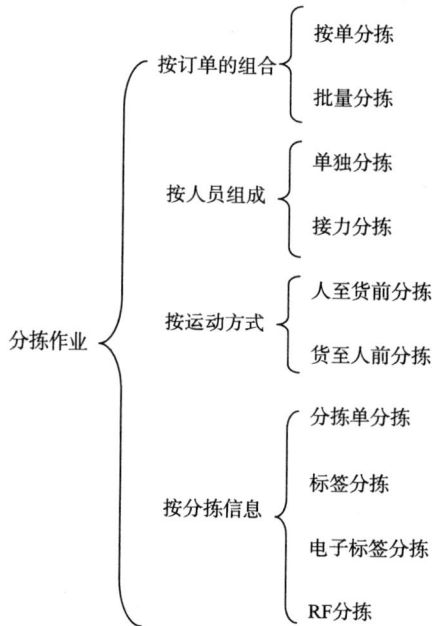

```
                              ┌ 按单分拣
               按订单的组合 ┤
                              └ 批量分拣

                              ┌ 单独分拣
               按人员组成   ┤
                              └ 接力分拣
分拣作业
                              ┌ 人至货前分拣
               按运动方式   ┤
                              └ 货至人前分拣

                              ┌ 分拣单分拣
                              │
                              │ 标签分拣
               按分拣信息   ┤
                              │ 电子标签分拣
                              │
                              └ RF分拣
```

图 3-2　分拣作业分类

（一）按订单的组合分类

1. 按单分拣

　　定义：按单分拣是针对每一份订单，分拣人员按照订单所列商品及数量，将商品从储存区域或分拣区域拣取出来，然后集中在一起的拣货方式。

　　实施方法：分拣人员手持订单巡回于各个储存点，按订单要求的物品完成货物的配货。因此方法比较像到果园摘果子，故又称为摘果式。

　　特点：按单分拣作业方法简单，接到订单可立即拣货，作业前置时间短，作业人员责任明确，但当商品品项较多时，拣货行走路径加长，拣取效率较低。

　　适用场合：按单分拣适合订单大小差异较大，订单数量变化频繁，商品差异较大的情况，如化妆品、家具、电器、百货、高级服饰等。

2. 批量分拣

定义：批量分拣是将多张订单集合成一批，按照商品品种类别加总后再进行拣货，然后依据不同客户或不同订单分类集中的拣货方式。

实施方法：分拣人员从储存点集中取出各个客户共同需要的某种货物，然后巡回于各客户的货位之间，按每个客户的需要量分放后，再集中取出共同需要的第二种货物，如此反复，直至客户需要的所有货物都分放完毕。因此种方法像在播种，故又称为播种式。

特点：批量分拣可以缩短拣取商品时的行走时间，增加单位时间的拣货量。同时，由于需要订单累积到一定数量时，才做一次性的处理，因此会有停滞时间产生。

适用场合：批量分拣适合订单变化较小，订单数量稳定的配送中心和外形较规则、固定的商品出货。需进行流通加工的商品也适合批量拣取，再批量进行加工，然后分类配送，有利于提高拣货及加工效率。

（二）按人员组成分类

单独分拣方式即一人持一张取货单进入分拣区（储存区）分拣选物，直至将取货单中内容完成为止；接力分拣方式（分区按单分拣）是将分拣区分为若干个区，由若干名作业者分别操作，每个作业者只负责本区货品的分拣，携带一张订单的分拣小车依次在各区巡回，各区作业者按订单的要求分拣本区段存放的货品，一个区域分拣完移至下一区段，直至将订单中所列货品全部分拣完。

（三）按运动方式分类

1. 人至货前分拣

人至货前分拣即人（或人乘分拣车）到分拣区（储存区）寻找并取出所需要分拣的货品。人至货前分拣的拣选设备包括以下两类：①存储设备有托盘货架、轻型货架、橱柜、流动货架、高程货架等；②搬运设备包括动力拣选台车、动力牵引车、叉车、拣选车、拣选式堆垛机、无动力输送机、计算机辅助拣选。

人至货前分拣可分为以下三种。

（1）"人至货"分拣方法。这是一种传统的分拣方法，在分拣系统的基本构成要素中，分拣货架（拣选货架）静止不动，即货品不运动，通过人力移动完成货品的拣选。其具体操作是分拣货架静止，分拣人员带着流动的集货货架或容器移动到分拣货架，即在分拣区（储存区）完成拣选，然后将货品送到静止的集货点（集货容器）。

这种作业系统的优点是构成简单、柔性化程度高，不需要机械设备和计算机支持，但也有较大的不足，不仅需要较大的作业面积，而且补货困难，对分拣人员来说劳动强度高。因此，确定最佳的拣选路径对于"人至货"分拣方式非常重要。

（2）分布式的"人至货"分拣方法。这种分拣作业系统的分拣货架也是静止不动的，但分货作业区被输送机分开，即输送机处于中间位置，分货作业区分布于输送机两侧。这种分拣方法也简称为"到皮带"法。

（3）活动的"人至货"分拣方法。这种分拣方法是分拣人员（或分拣机器人、高架堆垛机）带着集货点在搬运机械的帮助下，按照拣选单的要求，到分拣货架拣选，当拣选任务完成或集货点装满后，到分拣区（储存区）卸下所拣选物。

由于此系统一般由机器人进行拣选，因此大大降低了分拣人员的劳动强度。其缺点是机器人取物装置的柔性较差，不能同时满足箱状货品、球状货品、柱状货品的拣取，这也就限制了它的应用。在出库频率很高且货种单一的场合较适用这种系统。

2. 货至人前分拣

货至人前分拣是将货品移动到分拣者旁，由分拣者分拣出所需的货品。货至人前分拣的拣选设备自动化水平较高，其存储设备本身具有动力，可称为动态储存设备。储存设备包括单元自动仓储系统、小件自动仓储系统、水平旋转自动货架、垂直旋运自动货架、梭式小车式自动仓储系统。搬运设备主要有堆垛机、动力输送带和 AGV。

货至人前分拣可分为以下两种方式。

（1）"货至人"的分拣方法。这种作业方法的拣选设备自动化水平较高，在作业过程中分拣人员不需要移动，通过动态储存设备以及搬运设备将货品送到分拣人员面前，再由不同的分拣人员拣选，拣出的货品集中在集货点的托盘上，然后由搬运车辆送走。

采用这种方法，分拣人员不用行走，分拣效率较高、工作面积紧凑、补货容易、空箱和空托盘的清理也容易进行，也可以优化分拣人员的工作条件和环境。其不足之处在于投资大、分拣周期长。

（2）闭环"货至人"的分拣方法。闭环"货至人"的分拣方法中集货点总是被有序地放在地上或搁架上，处在固定位置。输送机将分拣货架（或托盘）送到集货区，分拣人员根据拣选单分拣货架中的货品，放到载货托盘上，然后移动分拣货架，再由其他的分拣人员拣选，最后通过另一条输送机，将拣空后的分拣货架送回。

这种方法的优点在于拣选路径短、拣选效率高、系统柔性好、空箱和无货托盘的清理容易、所需作业面积小、劳动组织简单。其缺点有：为了解决分拣货架的出货和返回问题，仓库、输送机和控制系统的投资大，因顺序作业，造成作业时间长等。

提高这种系统效率的关键，是要通过解决大规模分拣任务的批处理问题，减少移动的分拣货架的数量，缩短分拣作业的时间。

（四）按分拣信息分类

无论人工还是机械拣取货品，首先都必须确认被拣选货品的品名、规格、数量等内容是否与分拣信息传递的指示一致。只有在拣选信息被确认后，拣取过程才能真正开始，并由人工或自动化设备完成。

通常，在出货频率不是很高且货品的体积小、批量少、搬运的重量在人力范围所及的情况下，可采用纯人工拣取方式；对于高价位或出库频率很高的货品往往需要电子辅助分拣，如电子标签辅助、RF 辅助，甚至采用自动分拣的方式。不同的方式需要不同的方式传递分拣信息，根据不同的分拣信息，可将分拣方式分为传票分拣、分拣单分拣、标签分拣、电子标签分拣、RF 分拣、自动分拣等。

二、分拣作业的工艺

分拣系统因其构成的物流技术不同，存在很大差别，可能选择的技术有如下几种。
（1）分拣货架的运动状态：静态或动态。
（2）拣货运动方式：一维或二维。
（3）拣货方式：人工或机械或自动。
（4）集货方式：集中或分布。

（一）分拣货架的运动

静态货架可以是分拣系统中地面上的一个位置，也可以是组合式货架或抽屉式货架。这种货架可在空间上将拣货区与补货区分开。

采用空间分割方式的缺点是要为补货专门设定通道。通道的宽度与补货单元的大小及所采用的补货技术有关。如果将补货和拣货空间合一，则没有了专门的补货通道。这种空间合一安排的优点是节约了土建面积，缺点是会降低分拣的效率、不能做到及时补货、不能使补货过程实现自动化，但这些缺点可通过随机安排货位及并排轮换补货的方法解决。

（二）拣货运动

在静态货架的分拣系统中，分拣人员或机械到分拣货架的方式有如下几种。
（1）分拣人员带着手推车步行拣货。
（2）拣货机械如堆垛机在水平方向和垂直方向同时运动，到达指定货位后，由人取货或将货叉伸出取货。其中，第一种方式属一维的拣货运动方式；第二种方式属二维的拣货运动方式。

与人员行走拣货相比，使用堆垛机运动拣货可充分利用仓储空间，并可缩小拣货行走通道的宽度与长度。

（三）拣货方式

拣货可通过如下方式进行。
（1）人工拣货。这种方式不需要技术支持。
（2）机械拣货。即人力操纵可回转的拣货设备，通过拣取装置拣货。
（3）自动拣货。由机器人按计算机指令拣货，或通过分类装置拣货。

人工拣货或机械拣货，应按人机工程学的要求，对拣货的空间进行设计。机器人拣货时，货物的存放地点不能随意变动，但如果采用了CCD（charge coupled device，即电子耦合器件）后，机器人可通过现代物流工程技术与系统装备传感器了解货物储位和包装的变化，并向机器人发出指令，机器人就可自行变更预定的运动路线。分类装置拣货时，则应考虑每种分类装置的适应范围，选择合适的分类装置。

第三节　分拣方式与分拣信息

一、分拣方式

（一）订单拣取

这种作业方式是针对每一份订单，作业员巡回于仓库内，按订单所列的商品及数量，将客户所订购的商品逐一从仓库储位或其他作业区中取出，然后集中的拣货方式。

1. 工艺特点

（1）用户需求不互相牵制，可以根据要求调整先后顺序。

（2）对于紧急需求可以集中精力快速分拣。

（3）分拣完一个货单，货物便配齐，工序简便。

（4）对于机械化、自动化要求不高。

（5）用户数量可在很大范围内波动。

2. 订单拣取的优点

（1）作业前置时间短，作业方法单纯。

（2）作业人员责任明确，易于安排人力。

（3）拣货后不用进行分类作业，适用于配送批量大的订单的处理。

（4）导入容易且弹性大。

3. 订单拣取的缺点

（1）商品品类多时，拣货行走路径加长，拣货效率降低。

（2）拣货区域大时，搬运系统设计困难。

（3）少量多次拣取时，造成拣货路径重复，效率降低。

4. 适用范围

（1）用户不稳定，波动较大。

（2）用户之间共同需求差异较大。

（3）用户需求种类较多，增加统计和共同取货的难度。

（4）用户的配送时间有明确要求且要求不一。

（5）传统仓库改建成配送中心时。

（二）批量拣取

这种作业方式把多张订单集合成一批，依商品类别将数量加总后再进行拣取，之后依客户订单做分类处理。

1. 批量拣货的优点

（1）提高分拣规模，降低分拣成本。

（2）可以缩短拣取货物时的行走时间，增加单位时间的拣货量。

（3）节约人力，减少与其他作业的冲突。

2. 批量拣货的缺点

对紧急订单无法及时处理，必须等订单积累到一定数量时，才能做一次性的处理，从而会延长停滞时间。

3. 适用范围

（1）用户稳定，数量较多。

（2）用户之间共同需求大。

（3）用户需求种类较少，便于统计和共同取货。

（4）用户的配送时间没有明确要求。

（5）专业性强的配送中心。

（三）复合拣取

复合拣取是将按订单拣取和批量拣取组合起来的拣货方式，即根据订单的品种、数量及出库频率，确定哪些订单适应于按订单拣取，哪些适应于批量拣取，然后分别采取不同的拣货方式。

二、分拣信息

分拣信息是分拣作业的原动力，常见的分拣信息传送方式有以下几种。

（一）传票分拣

传票分拣是最原始的分拣方式，直接利用客户的订单或公司的交货单作为分拣指示。

其优点为无须利用电脑等设备处理分拣信息；缺点为容易导致传票受污、分拣过程中发生错误、无法判别确认等情况，不利于分拣人员寻找货位，无法运用分拣策略提高分拣效率。

（二）分拣单分拣

分拣单分拣是目前最常用的分拣方式，将原始的客户订单输入电脑后进行分拣信息处理，打印分拣单（表3-1）即可。

表 3-1　分拣单

订单单号：		分拣员：		序号：	
客户代号：		客户名称：		日期：	
No.		货位号码	品名	数量	备注

其优点为避免传票受污，分拣过程中可根据传票修正错误，可引导分拣员按最短路径分拣，可充分利用分拣策略提高分拣效率；缺点为打印工作耗费人力、时间。

（三）标签分拣

标签分拣即分拣标签取代了分拣单，分拣标签的数量与分拣量相等，在分拣的同时将标签贴在物品上以便确认数量。

其优点为缩短整体作业时间，提高分拣的正确性；缺点为若要同时打印出价格标签，必须统一下游客户货物价格和标签形式，操作环节比较复杂，分拣费用高。

（四）电子标签分拣

电子标签分拣即电子标签取代分拣单，在货架上显示分拣信息，是一种电脑辅助的无纸化分拣系统。其优点为不容易出错，提高分拣速度，可使不识货物的新手也能分拣。

（五）条形码

条形码是利用黑白相间的粗细条纹组成不同的平行线符号，来取代商品货箱的号码数字。通常把它贴在商品或货箱表面上，经过条形码扫描器读取和计算机解码后，把"线条符号"转变成"数字号码"再进行计算机运算。

条形码是商品从制造、批发到销售过程中实施自动化管理的符号。通过条形码扫描器读取的方式，不但能准确快速掌握商品信息，还能提高库存管理精度，是一种实现商品管理现代化的有效方法。例如，通过条形码扫描器读取表示货架位置号码的条形码后，可以立即得到货物保管位置的信息。

（六）无线电识别器

把无线电识别器安装在移动设备上，同时把接收和发射电波的智能卡或标签等的信息反应器安装在货品或储位上，当无线电识别器接近货品时，立即读取货品或储位上的反应器，并通过识别电路传给计算机。

（七）无线电通信设备

通过安装在堆垛机上的无线电通信设备，把分拣信息传递给分拣人员。

（八）计算机随行指示

在堆垛机或台车上安装辅助拣货的计算机终端，在拣货之前把分拣信息输入计算机，分拣人员根据计算机的显示引导进行拣货。

（九）自动拣货系统

当电子信息输入自动拣货系统后，系统自动完成拣货工作。这是世界上最先进的自动拣货系统，是拣货设备未来的发展方向。

第四节　分拣策略

分拣策略是影响分拣作业效率的关键，它主要包括分区、订单分割、订单分批、分类四个因素，这四个因素相互作用可产生多个分拣策略。

一、分区策略

分区就是将分拣作业场地作区域划分，按分区的原则不同分类，可分为以下三种。

1. 按拣货单位分区

将分拣作业按拣货单位划分，如箱装拣货区、单件拣货区、具有特殊性的冷冻品拣货区等，基本上这一分区与储存单位分区是相对应的。其目的在于将储存与拣货单位分类统一，以便拣取与搬运单元化和分拣作业单纯化。

2. 按分拣方式分区

不同的拣货单位分区中，依分拣方法及设备的不同，又可划分为若干分区。分区的原则通常按商品销售的 ABC 分类而来。按各品类的出货量大小及拣取次数的多少，各做 A、B、C 群组划分。再根据各群组的特征，决定合适的拣货设备及分拣方式。这种方式可将作业区单纯化、一致化，以减少不必要的重复行走所耗费的时间。

3. 工作分区

在相同的分拣方式下，将分拣作业场地细分成不同的分区，由一个或一组固定的分拣人员负责拣取区域内的货物。这一策略的优点在于能减少分拣人员所需记忆的存货位置及移动距离，缩短拣货时间。同时也可配合订单分割策略，运用多组分拣人员在短时间内共同完成订单的拣取。接力式拣货就是工作分区下的产物，只是其订单不作分割或不分割至各工作分区，分拣人员以接力的方式来完成所有的分拣作业。

二、订单分割策略

当订单所订购的商品种类较多，或设计一个要求及时快速处理的拣货系统时，为了使其能在短时间内完成拣货处理，利用订单分割策略将订单切分成若干的子订单，交由不同的分拣人员同时进行分拣作业可以加速拣货的完成。订单分割策略必须与分区策略配合运用，才能有效地发挥其优势。

订单分割策略通常需要有效的分区策略的支持。

三、订单分批策略

订单分批是为了提高分拣作业效率而把多张订单集合成一批，进行批次拣取的作业。订单分批方式有以下四种。

（1）合计量分批原则：将进行分拣作业前所有累积订单中的货品依品项合计总量，再根据此总量选定拣取。它适合固定时间的周期性配送，优点是一次拣出商品总量，可使平均拣货距离最短；缺点是必须经过功能较强的分类系统完成分类作业，订单数不可过多。

（2）时窗分批原则：当订单到达至出货所需时间非常紧迫时，可利用此原则开启短暂时窗，如 5~10 分钟，再将此时窗中所到达的订单做成一批，进行拣取。此分批方式较适合密集频繁的订单，且能应付紧急插单的需求。

（3）定量分批原则：订单分批按先进先出的基本原则，当累计订单数达到设定的固定量后，再开始进行分拣作业。它的优点是维持稳定的拣货效率，使自动化的拣货设备、分类设备得以发挥最大功效；缺点是订单的商品总量变化不宜太大，否则会造成分类作业的不经济。

（4）智能型分批原则：订单汇集后，必须经过较复杂的电脑计算程序，将拣取路线相近的订单集中处理，求得最佳的订单分批，可大量缩短拣货的行走搬运距离。它的优点是分批时已考虑到订单的类似性及拣货路径的顺序，使拣货效率进一步提高；缺点是软件技术层次较高不易达成，且信息处理的前置时间较长。

四、分类策略

若采用订单分批策略，随后必须有相配合的分类策略，通常把分类方式大致分成两类。

1. 拣货时分类

在拣取的同时将货物分类到各订单中，这种分类方式常与固定量分批或智慧型分批方式配合，因此须使用电脑辅助台车作为拣货设备，以加快拣货速度。采用这种方式时，每批次的客户订单量不宜过大。

2. 拣取后集中分类

拣取后集中分类即分批按合计总量拣取后，再进行集中分类。实际的做法一般有两种，一种以人工作业为主，将货物搬运到空地上进行分类，但每批次订单量及货物数量不宜过大，不得超过人员负荷；另一种方式是利用分类输送系统进行集中分类，这是较自动化的作业方式。当订单分批批量品种较多时，常使用后一种方式来完成集中分类工作。

以上四大类分拣策略因素可单独或联合运用，也可不采用任何策略，直接按订单拣取。

◎前沿扩展

一、分拣管理信息化

快递、快运企业需要在最短时间内将物品经过多次分拨和运输，最终快速无误地送达给客户。在运输速度的提升空间日趋有限的情况下，货物在各个分拨中心停留时间的长短直接决定着快递、快运企业的服务质量。先进的分拣技术，不仅能够提高货物的分拨效率，还能大大降低差错率。

随着电子商务的高速发展，大型自动化仓库和分拨中心的分拣压力较大，为了实现高效、准确的拣选和分货作业，必须采用自动化程度较高的分拣设备，而此类设备价格较高，对场地要求较苛刻，是一些中小分拣中心无法承担的。目前国内二级分拨中心使用较多的是皮带输送机加人工分拣的方式，内场分拣操作主要依靠人工方式，分拣效率低，劳动强度大，差错率高，节假日爆仓往往导致分拨线严重堵塞。

锐特信息技术有限公司（以下简称锐特）针对行业的需求，提供先进的分拣管理信息化解决方案、优化的流程和软件系统，对传统流水作业快速改造，使快递、快运企业，包括未部署自动分拣流水线的中小型转运中心可以用较低的投入实现高效、准确的数字化分拣，从而替代人工识别服务，大大降低企业成本并确保客户服务水平。

其应用价值包括：通过对货物体积、重量及分拣路径的综合运算，提升货物装载率；在多转运模式混合操作的模式下，提升货物分拣效率；可实现数据预分拣，在实货到达之前即完成分拣运算操作，有效缓解人工操作压力；实现分拣操作数字化记录，为提升货物分拣效率提供分析依据；为货物装载工作提供数字调度服务；与分拣中心内外部相关应用信息系统实现数据融合，提高转运效率。

国际快递巨头 DHL-Sinotrans 应用锐特的分拣管理信息化解决方案，流程简单高效，日前已顺利进入试运行阶段。

（资料来源：http://www.china.wuliu.com.cn/）

二、电商配送中心常用的几种分拣模式

（一）"RF拣货+PTL分播"模式

1. 作业流程

1）"RF拣货+PTL分播"模式介绍

物流中心（logistics center）接收到客户销售订单后，根据配送站点、配送时间、快递公司次序等启动分拣作业，将众多订单拆分成一个个拣货波次。每个波次包括多个订单，生成一张拣货集合单。如果仓库内部分成多个分拣区，为了提高拣货效率，把拣货集合单进一步拆成多个小拣货集合单，每张小拣货集合单对应一个分拣区。使用RF在各区域拣货，将已拣货品合流到一个周转箱里。再将周转箱运至PTL（picking to light，即电子标签拣货）分播货架，将货品分播到一个个客户。然后对各客户的货品进行复核，最后打包、集货到客户对应的配送站点集货位。

2）流程说明

（1）启动波次。生成拣货集合单和小拣货集合单，将拣货单发送至RF开始拣货。

（2）拣货。分拣人员使用拣货车进行拣货，一辆拣货车上同时放多个周转箱，通常为6~8个，这些周转箱是在物流中心内部使用的。使用RF从各个拣货位上拣取货品并放入周转箱内。一个分拣区拣完后，将已拣货品放在预分拣货架上。

（3）合流。用合流周转箱依次将各区预分拣货架上的货品集合，一个合流周转箱收集一个拣货集合单的货品，对应多个客户订单。合流完成后，将周转箱运送至Re-bin Wall（合流墙）分播区。

（4）PTL分播。扫描周转箱条形码，扫描货品条形码，根据电子标签灯的指示，将货品放入客户分播货位。

（5）打印单据。分播完成后，打印客户出货单、发票、面单。

（6）打包。将出货单、发票、货品放在包装箱/袋内，打包，将面单贴在外箱/袋上。

（7）集货。集货员将客户包裹集货到配送站点的集货位上。

2. 采用设备

该模式采用的设备主要包括RF无线手持终端、Re-bin Wall电子标签、货架系统等。货架系统采用多货多位（random store）设计方案，即一个货品摆放多个货位，一个货位摆放多个货品。

3. 作业能力评估

每个分播线的作业速度：使用PTL的Re-bin Wall，每个每天可以分播75个波次（以"每波次100订单行，平均订单行2.5"为例）。

拣货差错率：万分级。

人均每日拣货单数：50单。

4. 适用范围

年配货金额大、单体仓库大、硬件投资水平高、拣货准确性要求高的物流中心，适合采用 RF 拣货+PTL 分播的分拣模式。

对大型的物流中心，可以结合应用自动分拣机（sorter），自动将客户包裹分播到各个配送站点的集货位或者集货笼车，大幅提高分拣效率。

（二）"标签拣货+标签二次分播作业"模式

1. 作业流程

1）"标签拣货+标签二次分播作业"模式介绍

物流中心启动拣货波次，每个波次包括多个客户订单，打印该波次的拣货标签，一件货品一个标签（包括客户订单号、拣货货位等信息）。分拣人员一次拣一个波次的货品，根据标签将货品拣出来放在拣货车里。一个波次拣完后，将拣货车拉到分播区，将货品放入客户分播货位，并用 RF 关联货品拣货标签与分播货位。分播完成后，打印出货单、发票、面单，并放入客户分播货位。然后，复核货品与单据，打包，称重，集货。

2）流程说明

（1）接收客户销售订单。仓储管理系统接收企业资源计划（enterprise resource planning，ERP）系统的客户销售订单，生成仓储管理系统里的配货通知单。

（2）启动波次。配货作业，也称"波次管理"，通过订单来源、快递公司、是否有发票、是否 VIP 客户等多种方式，筛选配货通知单，区分波次，启动仓库内部作业，生成仓库内部拣货使用的分拣单。同时，系统自动根据货品的波次需求数量与拣货位现有数量，判断是否需要从存储位补货到拣货位，若需要补货，则自动生成补货单、发送补货指令到补货员的 RF 上。

（3）补货。补货人员对拣货位库存不够的商品进行补货；支持多种补货时机和补货策略，包括在拣选前将一个波次需求的数量都补到拣货位上、在拣选中分多次将货品补货至拣货位上等几种运作方式；支持按客户个性化需求定制补货策略与补货算法。

（4）标签拣货。每个分拣人员在拣货时，可以同时作业多张订单，如 50 单，或者100 单，主要取决于他能够拣取的数量。订单行为 1 的货品摆放在拣货台车一层，非 1的货品摆放在拣货台车二层。为了便于考核工作量，分拣人员领取拣货标签时，刷员工卡，统计工作量。

（5）分播。拣完货之后，将货品放在分播货位上。一个订单对应一个分播货位。货品放入货位时，用 RF 扫描货品拣货标签、扫描集货位条形码，将两者关联，并通过RF 将关联结果反馈回仓储管理系统。

（6）打印出货单、快递单、发票，并播种到订单对应的集货位上。支持 RF 扫描式播种单据，将单据条形码与集货位信息关联。

（7）复核、打包、称重。在集货位对所有整箱货品和拆零货品清点总件数，用RF/扫描平台扫描货品、单据和集货位信息。复核完成后，选择合适大小的纸箱，将集货位货品装箱，然后称重。

扫描复查：为了提高拣货准确性，减少由差错引起的大量后续纠错工作量，需要对货品进行复查；采用扫描平台的方式，来提高复查效率；逐一扫描货品拣货标签、出货单、快递单、发票；扫描复查完成后，将箱子推入打包区域。打包：将快递单取出，用塑料胶带进行封箱，将快递单贴在外箱上。称重：将箱子放在电子秤上，扫描快递单条形码，称重，重量自动记入系统中，并在屏幕上显示。称重员将屏幕上的重量，手工记录在快递单上，然后将箱子放在待出货区。

（8）快递公司来取货时，与他们交接快递货箱。

（9）交接完成后，在系统中记录交接完成，并将信息发到 ERP 系统中，用于通知客户物流作业进度。

2. 采用设备

该模式采用的设备主要包括条形码打印机、简易式分播货位等。

3. 作业能力评估

每个分播线的作业速度：每个分播货架每天分播 40 个波次（以"每波次 100 订单行，平均订单行 2.5"为例）。

拣货差错率：万分级。

人均每日拣货单数：30 单。

4. 适用范围

"标签拣货+标签二次分播作业"模式适合于仓库规模小、平均订单行 2~3、货品单价高、每日出货量在 1 万单以内的物流中心采用，如李宁这类品牌供应商的电商物流中心。

（三）"表单拣货+表单分播作业"模式

1. 作业流程

1）"表单拣货+表单分播作业"模式介绍

物流中心启动拣货波次，生成拣货集合单和出货单并打印，接着打印面单与发票，一起装订。分拣人员按照拣货集合单拣货，将已拣货品拉到分播区，根据出货单将货品放入客户分播货位。分播完成后，根据出货单复核，并分播发票与面单，最后打包，称重，集货。

2）流程说明

此模式作业流程类似标签拣货，只是将电子标签换成了纯表单作业。

2. 采用设备

此模式采用的设备主要有分播货架（类似标签拣货模式）和拣货车等。

3. 作业能力评估

每个分播线的作业速度：每天 8 个波次（以"每波次 500 订单行，平均订单行 10"为例）。

拣货差错率：百分级。

人均每日拣货单数：20 单。

4. 适用范围

"表单拣货+表单分播作业"模式适合初期开展电子商务配送的物流中心采用。

（资料来源：http://www.100ec.cn/detail-6246351.html ）

◎ 实践训练

一、认知实践

（1）搜集仓库与配送中心案例。通过教材、课件、文献、网络资源等方式获取分拣系统图片及特征描述；获取不同类型配送中心分拣系统资料。

（2）搜集不同类型分拣单资料。

（3）搜集不同分拣系统如分拣货架、电子标签拣货系统、自动分拣系统案例。

（4）配送中心参观。对配送中心进行实地参观调研，了解配送中心的分拣系统等。参观后，提交参观调研报告。

二、实操训练

（1）某配送中心收到超市 A、超市 B 和超市 C 的订单，作为配送中心的制单人员根据三个客户的订单分别制作按单分拣和批量分拣方式的拣货单，商品信息如下：

旺旺大米饼
储位号：B00102　　　商品编码：6920616313186
乐事薯片
储位号：B00101　　　商品编码：6924743915824
矿泉水
储位号：B00202　　　商品编码：6953392541290
旺仔小馒头
储位号：B00201　　　商品编码：6935041525479
酸奶烙干
储位号：B00103　　　商品编码：6934746221082
爱萌手帕纸
储位号：B00203　　　商品编码：6944287400099

按单分拣拣货单示例见表 3-2。

表 3-2　按单分拣拣货单

超市名称	超市 A		电话		*******
地址	*******		负责人		*******
品名	规格	单位	数量	单价	总价
乐事薯片	104g×24（桶）	箱	2	——	——
矿泉水	500ml×24	瓶	1	——	——
合计					

实操后，提交相应的实验报告。

（2）利用 flexsim（或乐龙）软件构建仓储和配送中心，进行以下实验：①针对同一组订单，分别采用按单分拣、批量分拣和复合分拣方式进行分拣，对比不同分拣方式的参数。②针对同一订单，采用按单分拣方式，通过调整规划储位及分拣顺序，对比分拣效率。③针对不同订单，分别模拟分区、订单分割、订单分批、分类四种分拣策略的实施效果。④实操后，提交相应的实验报告。

◎分拣作业管理教学实践

本节主要介绍分拣作业管理的教学设计。根据仓储与配送管理这门课程的要求和教学对象的特点（设定教学对象为中职学校学生），确定本章的教学设计，包括教学目标、教学任务分解、教学重难点、教学方法与教学手段、教学步骤与时间分配等环节。

一、教学目标

本章的教学目标是讲述仓库与配送中心分拣系统，使学生达到了解、认知及触及使用的水平。

二、教学任务分解

本章的教学任务分解如表 3-3 所示。

表 3-3　第三章教学任务分解

任务	任务分解	课时分配	形式
分拣作业概述	（1）教师介绍分拣的含义； （2）教师介绍分拣作业的基本流程，并进行举例说明； （3）通过案例，教师介绍配送中心分拣合理化的思路； （4）教师为学生布置作业进行不同类型仓库及配送中心调研	0.5 课时	理论
分拣作业的分类与工艺	（1）教师介绍分拣作业的基本类型； （2）教师介绍不同类别的分拣工艺	0.5 课时	理论

续表

任务	任务分解	课时分配	形式
分拣方式与分拣信息	（1）教师介绍两种分拣方式； （2）教师介绍不同种分拣方式的适用条件，并进行举例说明； （3）通过案例，教师介绍分拣单的设计方法； （4）教师为学生布置作业进行不同类型仓库及配送中心调研分拣信息	1课时	理论与实践
分拣策略	（1）教师介绍常用的四种分拣策略； （2）教师介绍分区策略与订单分割策略的联系，并进行举例说明； （3）通过案例，教师介绍批量分拣与分批策略的联系； （4）教师为学生布置作业进行不同类型仓库及配送中心调研分拣策略的运用情况	1课时	理论与实践
实践训练		2课时	实践

三、教学重难点

本章的教学重点是让学生了解仓储与配送中心分拣作业的主要环节，掌握分拣方式和分拣策略，以了解认知为主，实操为辅。

本章的教学难点是让学生结合配送中心的实际情况确定具体分拣方式；结合分拣策略设计分拣单。

四、教学方法与教学手段

针对本章分拣类别多样、分拣信息多样的特点，以及分拣策略理论不深、以了解、认知为主的定位，在课堂教学过程中，通常是以讲授法为主，同时辅以学生去活动、去体验的方法。

本章教学中会大量使用图片、视频、案例进行辅助，帮助学生快速感性认知不同分拣方式和分拣信息的应用情况，在实践内容部分，辅助课后资料收集、实地调研及借助RaLC软件的仿真，了解配送中心分拣系统的特征。

五、教学步骤与时间分配

本章的课堂教学以讲授为主，下面以分拣方式与分拣信息节为例说明教学步骤及时间分配。

（1）引入新课（2~4分钟）。手法与实例：采用"赋、比、兴"（赋，直接陈述；比，比喻；兴，先言其他）的手法，自然顺畅地引出新课的内容；根据学生认知规律和水平，从学生有感受的生活实例入手。

（2）讲授新课（30~35分钟，根据内容，时间可分多段）。分别介绍订单拣取和批量拣取，每种分拣方式按照图片展示、分拣流程、分拣特点、适用条件的顺序进行讲述，对两种分拣方式进行对比。分别介绍不同种类的分拣信息，对传票、分拣单、分拣标签、电子标签、自动识别等内容进行讲述，对多种分拣信息进行对比。

（3）总结归纳（3~5 分钟）。重温结构点题目，从具体实例中上升到对知识结构化认识。

（4）课后作业（1~2 分钟）。

六、教学评价

本章的教学评价如表 3-4 所示。

表 3-4　第三章教学评价

章名称：分拣作业管理

评价类别	评价节	评价标准	评价依据	评价方式			权重
				学生自评	同学互评	教师评价	
				0.1	0.1	0.8	
过程评价	学习能力	学习态度，学习兴趣，学习反思力，思维灵活度，学习成就感	学生考勤，课后作业完成情况，课堂互动情况，收集和使用资料情况，学生学习信心状态				0.2
	理论能力	分拣方式、分拣策略，理论前沿的掌握程度，分拣作业类型	对于分拣方式、分拣策略的理解程度，能否准确叙述分拣作业的类型、工艺以及分拣信息				0.2
	实践能力	调研问题能力，收集资料能力，基于调研问题解决问题的能力	对于企业实际情况建立分拣策略，分拣方式				0.1
	其他方面	探究、创新能力	积极参与研究性学习，有独到的见解，能提出多种解决问题的方法				0.1
结果评价			理论考核				0.2
			实操考核				0.2

本 章 小 结

本章主要介绍了与分拣相关的知识，包括分拣的概念、分类等，着重介绍了各种分拣是如何实施的以及各种分拣技术。在本章中要掌握各种分拣技术、分拣分区策略及分拣单的填写。在实际操作中，分拣策略是最基本的知识，要求灵活运用。在实际的分拣工作中，条形码的扫描识别的应用是非常多的，它可以加快分拣的速度与准确性，也要重点掌握。

综合案例分析

亚马逊物流中心实拍：壮观

亚马逊的奇迹依赖于其全球 90 多个物流和分拣中心，仅在美国就有 50 个。到 2014 年末，亚马逊还将建成 15 个分拣中心。下面，就让我们去看看这些物流中心内部到底什么样。

全球正在迎接假日购物节到来，先是"黑色星期五"，之后紧随"网络星期一"，数周后即迎来圣诞节。对于亚马逊等零售商来说，这将是它们全年利润最丰厚的一段时间。国际电商软件服务巨头 Channel Advisor 公布数据显示，亚马逊感恩节销售额年增长率超过 25%。

亚马逊的"销售旺季"在圣诞节前后，也就是 11~12 月。在"销售旺季"，亚马逊物流中心的工作人员每天要工作 12 小时。

亚马逊物流中心的工作人员大部分是通过承包商雇佣的，而非亚马逊的全职员工。2014 年，亚马逊在其分拣与物流中心雇佣了 8 万名临时工人。亚马逊物流中心的工作人员正在自己的岗位上给货物打好包装。通常情况下，这些人的时薪可达到 11~14 美元。

亚马逊最大的物流中心位于美国亚利桑那州凤凰城，它占地超过 11 万平方米，可容纳 28 个足球场。在这里工作非常耗费体力，因为员工们需要举起 20 千克以上货物，每天可站立或行走 10~12 小时。即使在物流中心里面，他们每天也要走上 11~24 千米。

亚马逊物流中心的产品不是按类组织安放，而是相同的产品分散到整个仓库中，以尽量缩短工作人员寻找这些产品需要走出的距离。

每当有人向亚马逊订货时，订单会传到员工的手持扫描仪上，这款设备可指引工作人员找到所需货物。对货物进行扫描后，工作人员可将其放在手提包中，然后再对手提包扫描，最后放到传送带上准备出货。物流中心的传送带非常快，在肯塔基州 Campbellsive 物流中心的传送带，每秒钟可处理 426 份订单。

负责拣选的人员将某人订购的所有产品都放在一个手提袋中，负责包装的工作人员将这些产品放入亚马逊特制的盒子里。

亚马逊的包装人员被告知，对待每个包裹要像对待圣诞礼物那样精心。

亚马逊有自己的计算方式，可以为每笔订单选择合适的盒子。

一般来说，软件在物流中心发挥着巨大作用。这里任何东西都可以通过算法优化实现自动化，《连线》杂志曾称亚马逊的物流中心就像一个巨大机器人。

亚马逊的工作人员工作效率非常高，他们使用的工具甚至可以告诉他们需要多长时间能够取得产品。

部分工作人员称，亚马逊追踪他们在物流中心的每一步行动。如果他们不像其他人那样高效，将会受到警告。

其他人也发表牢骚，因为亚马逊物流中心实在太过庞大，仅是走到订购商品所在区域就浪费他们大量的休息时间。

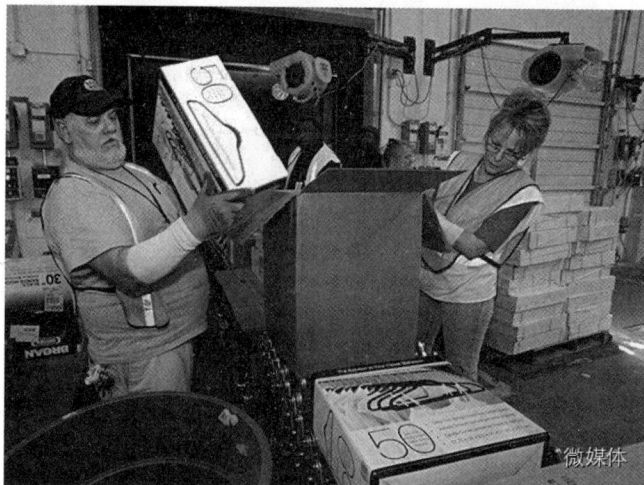

每天进出亚马逊物流中心时，所有人需要通过金属探测器检查。在最新一起诉讼案中，拉斯维加斯物流中心的工作人员称，每天下班时的安全扫描就需要耗费 25 分钟。但亚马逊辩驳称，他们使用的先进安全设备未让员工等待太久。

几年前，曾有消息曝光称，亚马逊物流中心有十分严格的规矩。例如，工作人员不被允许抹口红，他们只能喝透明瓶子里的水，以便楼层监管人员看到里面的液体是什么。

（资料来源：http://www.storage-online.cn/hangyezixun/47.html）

案 例 分 析

分拣作业是配送作业的中心环节。引入物流信息系统和自动分拣系统能够有效提高配送中心的分拣效率。同时，对分拣人员进行有效的管理也是配送中心必不可少的工作。

问题：

（1）亚马逊物流中心分拣过程中应用的信息技术和现代物流设备有哪些？

（2）亚马逊物流中心的分拣人员管理情况如何？

练习题

一、单项选择题

（1）目前配送中心最常用的分拣信息是（　　）。

　　A. 传票　　　　　　B. 分拣单　　　C. 分拣标签　　　D. RFID 信息

（2）单一分拣也可叫作（　　）。

　　A. 播种式分拣　　B. 批量分拣　　C. 摘果式分拣　　D. 复合分拣

（3）订单分批策略的原则有（　　）项。

　　A. 4　　　　　　　B. 5　　　　　　C. 3　　　　　　D. 6

二、多项选择题

（1）按单分拣与批量分拣相比，其特点是（　　）。

　　A. 作业方法简单　　B. 前置时间短　　C. 弹性大

　　D. 拣货效率较低　　E. 错误率相对高

（2）分区策略主要有哪些类型（　　）。

    A. 按拣货单位分区　B. 按分拣方式分区　C. 按工作分区

    D. 按订单数量分区　E. 按分拣周期分区

（3）分拣作业所消耗的时间主要包括以下哪几个部分（　　）。

    A. 订单或送货单经过信息处理，形成拣货指示的时间

    B. 走或搬运货物的时间

    C. 准确找到货物的储位并确认所拣货物及数量的时间

    D. 拣取完毕，将货物分类集中的时间

    E. 带回货物的时间

三、简答题

（1）简述批量分拣的适用范围。

（2）简述订单拣取的特点。

（3）简述分拣策略的种类。

第四章　配送作业管理

本章实施体系图如图 4-1 所示。

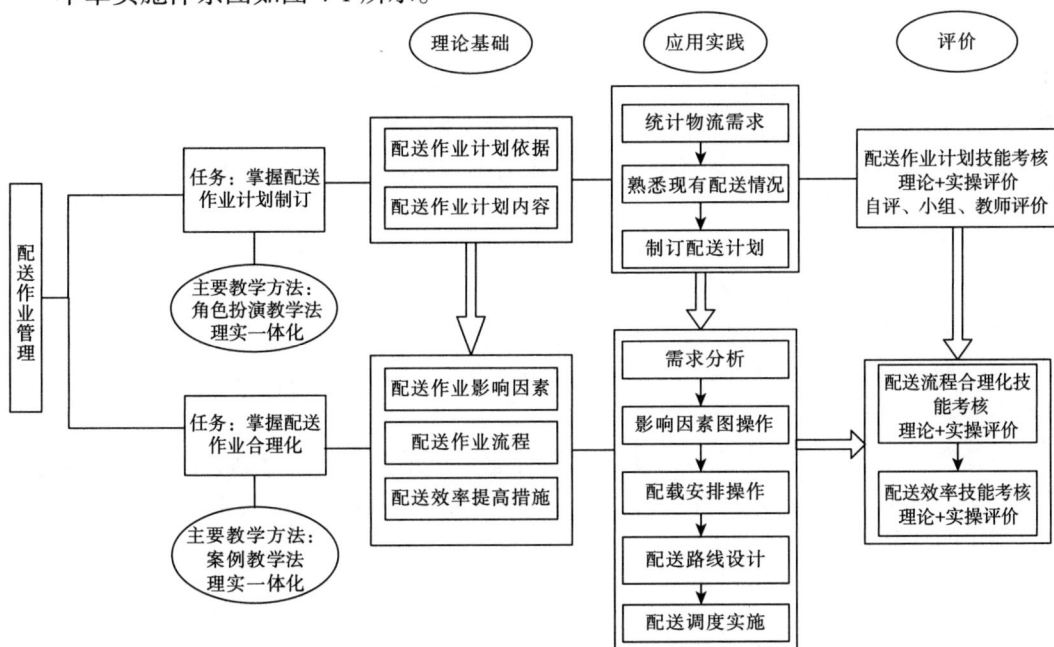

图 4-1　第四章实施体系图

◎学习目标

　　知识目标：了解配送作业计划的重要性，掌握配送作业计划的制订依据和制订方法，了解送货服务的要点，掌握送货作业的流程和提高送货效率的方法。

　　能力目标：能根据用户要求制订配送作业计划，在此基础上，能够运用恰当的方法，组织开展配送作业活动。

　　素质目标：具有良好的物流人员从业道德、严谨的工作态度和良好的团队合作精神；具备良好的口头表达和人际沟通能力；具有一定的行业从业人员法律保护意识。

◎ 案例引导

顺丰杀入医药物流 抢占配送"最后一公里"

近日，一位不愿具名的物流行业人士向记者透露，顺丰正在为 2015 年处方药放开后介入医药物流做准备，有可能是想进军医药电商。多位受访的医药电商人士接受采访时称，已收到风声"顺丰要来了"，但不清楚顺丰对医药电商的规划布局。对此，顺丰方面对记者回应说，公司已成立的食品医药事业部，着重于药品配送。

在处方药网售放开之际，越来越多的企业想在这座"金矿"中分享盛宴。对于蓬勃发展的医药电商来说，解决"最后一公里"的物流配送难题已刻不容缓。

值得一提的是，由于我国医药商业发展仍不成熟，行业内一直缺乏专业的物流服务，不少医药商业公司不得不投入大量的精力、财力在医药物流层面。然而，医药流通是医药行业中利润最薄弱的环节，如果自建物流，会让不少电商感到"入不敷出"。因此，这也给了第三方专业物流极大的想象空间。

随着处方药网售开闸的呼声越来越高，我国医药流通体系将迎来一场彻底变革。业内预测，如果网售处方药放开，市场预期值达 1 万亿元的处方药将有 30%转投线上，市场规模或达 3 000 亿元。

公开资料显示，顺丰物流致力于为医药行业客户提供专业、订制、高效的医药物流解决方案，建立专业药品运输能力，为客户提供常温/温控运输、专业包装、全程监控等客制化的产品和服务。

◎ 知识与技能

第一节　合理制订配送作业计划

1. 制订配送作业计划的必要性

配送作业计划是在配送过程中关于配送活动的周密计划。制订配送作业计划的目的是实现配送管理的合理化；消除配送中的作业浪费、时间浪费；减少商品损失，提高设备、设施、运输工具的使用效率，从而削减配送费用，使配送工作能够按最高效率的路线和行车时间表进行（如进行夜间配送）。

配送是直接面对客户的活动，详细的计划是提高配送效率的保障，是提高配送服务水平的必要条件。

　　配送是一个多环节的作业，配送效率的提高是在各个环节的密切配合、协调一致的情况下实现的，这就决定了配送是一个复杂的过程。如果没有周密的计划，对配送的每一个环节、每一个部门的工作不做出明确的规定，而是在执行配送作业时，各部门各自为政，各行其是，难免会出现配送作业的混乱、低效率和配送不及时，降低服务水平。

　　配送管理也存在着很大的难度。配送一般都是在小范围内（如一个城市内）为分散在不同地方的多家客户少量、多频率地运送客户所需的商品，用于配送的运输工具一般都是小型卡车，也有使用小型船舶、非机动车等配送工具的情况。如何安排和控制配送运输环节存在一定的难度，需要优化配送路线，控制时间，合理安排车辆、人员，对交通事故、交通堵塞、临时送货等突发事件采取应变措施，等等。

　　由于上述众多的问题，在配送过程中，事先定好的计划被打破的情况经常发生。途中改变计划，某家客户的货可以不送了，需要在客户那里再装运别的货物，类似这样的情况也常常会发生。因此，制订配送作业计划时，需要以配送活动不可能完全按计划行事的思想为前提，对配送进行管理。

2. 配送作业计划考虑的要点

　　（1）客户订单。一般客户订单对配送物品的品种、规格、数量、送货时间、送达地点、收货方式等都有要求。客户订单是拟订配送作业计划最基本的依据。

　　（2）客户分布、运输路线和距离。客户分布是指客户的地理位置分布。客户位置离配送据点的距离长短、配送据点到达客户收货地点的路径选择，直接影响到运输成本。

　　（3）配送的各种物品的体积、形状、重量、性能、运输要求。配送货物的体积、形状、重量、性能、运输要求是决定运输方式、车辆种类、载重、容积、装卸设备的制约因素。

　　（4）运输、装卸条件。运输道路交通状况、运达地点及其作业地理环境、装卸货时间、天气等对配送作业的效率也起相当大的约束作用。

3. 配送作业计划的主要内容

　　（1）按日期排定客户所需商品的品种、规格、数量、送达时间、送达地点、送货车辆与人员等。

　　（2）优化车辆行走路线与运送车辆趟次，并将送货地址和车辆行走路线在地图上标明或在表格中列出。如何选择配送距离短、配送时间短、配送成本低的线路，需要根据客户的具体位置、沿途的交通情况等做出优先选择和判断。除此之外，还必须考虑有些客户或其所在地点环境对送货时间、车型等方面的特殊要求，如有些客户一般不在上午或晚上收货，有些道路在某高峰期实行特别的交通管制，等等。因此，确定配送批次顺序应与配送线路优化综合起来考虑。

　　（3）按客户需要的时间结合运输距离而确定启运提前期。

　　（4）按客户要求选择送达服务的具体组织方式。

　　配送作业计划确定之后，还应将物品送达时间、品种、规格、数量通知客户，使客户按计划准备好接货工作。

第二节　配送作业合理化

一、配送作业的影响因素

配送作业计划的编制对于整个配送活动的实施具有重要的作用，配送作业计划作为一种全局性的事前方案，对于整个配送活动具有客观上的导性和过程上的规定性，是有效开展配送的第一步。从物流的观点来看，配送几乎包括了物流的全部活动；从整个流通过程来看，它又是物流与商业信息流的统一体。具体而言，配送作业计划的影响因素包括以下方面。

1. 配送的对象（客户）

由于配送中心的种类很多，因此配送的对象也有所不同，其出货形态也不尽相同。这些客户可能是经销商、配送中心、大型超市、百货公司、便利店及平价商店等中的一种或几种。其中经销商（营业所）、配送中心及大型超市等的订货量较大，它的出货形态可能大部分是整托盘出货，小部分为整箱出货；百货公司的订货量其次，它的出货形态可能 10%属于整托盘出货，60%属于整箱出货，30%属于拆箱出货；便利店及平价商店的订货量较小，它的出货形态可能 30%属于整箱出货，70%属于拆箱出货。配送中心有可能同时出现整托盘、整箱及拆箱出货的情形，此种情形由于客户层次不同以及订货量大小差异性大，订货方式非常复杂，同时有业务员抄单、电话订货、传真订货及计算机联机（EOS，POS）等方式，是配送中比较复杂的一种，难度也较高。

2. 配送的物品种类

配送中心所处理的物品品项数差异性非常大，多则上万种以上，少则数百种甚至数十种，由于品项数的不同，其复杂性与困难性也有所不同。例如，所处理的物品品项数为 10 000 种的配送与品项数 1 000 种的配送是完全不同的，物品储放的储位安排也完全不同。

另外，在配送中心所处理的物品种类不同，其特性也完全不同。例如，目前比较常见的配送物品有食品、日用品、药品、家电、服饰货物、录音带、化妆品、汽车零件及书籍等，分别有其特性，配送中心的厂房硬件及物流设备的选择也完全不同。所以需要研究分析所需配送的各种物品的性能、运输条件，并在考虑需求数量的条件下，确定运输方式及相应的运载工具等。

3. 物品的配送数量或库存量

这里的配送数量或库存量包含三个方面的含义：一是配送中心的出货数量；二是配送中心的库存量；三是配送中心的库存周期。物品的出货数量的多少和随时间的变化趋势会直接影响到配送中心的作业能力和设备的配置。例如，一些季节性波动、年节的高峰等问题，都会引起出货量的变动。

　　配送中心的库存量和库存周期将影响到配送中心的面积和空间的配置。因此应对库存量和库存周期进行详细的分析。一般进口物品的配送中心因进口船期的原因，必须拥有较长的库存周期（约两个月以上）；而流通型的配送中心，则完全不需要考虑库存量，但必须注意分货的空间及效率。

4. 物流渠道

　　目前，常见的物流渠道主要有如下几种模式。

　　（1）工厂—配送中心—经销商—零售商—消费者。

　　（2）工厂—经销商—配送中心—零售商—消费者。

　　（3）工厂—配送中心—零售店—消费者。

　　（4）工厂—配送中心—消费者。

　　因此在制订物流配送作业计划时，必须了解物流渠道的类型，然后根据配送中心在物流渠道中的位置和上下游客户的特点进行规划。

5. 物流的服务水平

　　物流企业建设配送中心一个重要的目的就是提高企业的服务水平，但物流服务水平的高低恰恰与物流成本成正比，也就是说，服务品质越高则其成本也越高。站在客户的立场而言，希望以最经济的成本得到最佳的服务，所以原则上物流的服务水准，应该是合理的物流成本下的服务质量。物流服务水平的主要指标包括订货交货时间、物品缺货率、增值服务能力等。企业应该针对客户的需求，制定一个合理的服务标准。

6. 物流的交货时间

　　物流服务质量中，物流的交货时间非常重要，因为交货时间太长或不准时都会严重影响零售商的业务，因此交货时间的长短与守时与否成为物流企业的重要评估节。所谓物流的交货时间是指从客户下订单开始，订单处理、库存查询、理货、流通加工、装车及货车配送到达客户手上的这一段时间。物流的交货时间根据厂商的服务水准的不同，可分为 2 小时、12 小时、24 小时、2 天、3 天、1 星期送达等几种。

7. 配送货物的价值

　　在制订配送作业计划时，还应该注意研究配送物品的价值。配送物品的价值与物流成本有很密切的关系，因为在计算物流成本时，往往会计算它所占物品单价的比例。因此如果物品的单价高其百分比相对会比较低，则客户能够负担得起；如果物品的单价低其百分比相对会比较高，则客户会感觉负担较重。

二、配送作业的一般流程

1. 划分基本配送区域

　　首先将客户所在地的具体位置做较系统统计，并做区域上的整体划分，再将每一客户包括在不同的基本送货区域中，以作为配送决策的基本参考。例如，按行政区域或按交通条件划分不同的送货区域，在区域划分的基础上再做弹性调整来安排送货顺序。

2. 车辆配载

由于配送货物品种、特性各异，为提高送货效率，确保货物质量，必须首先对特性差异大的货物进行分类。在接到订单后，首先将货物按特性进行分类，以分别采取不同的送货方式和运输工具，如按冷冻食品、速食品、散装货物、箱装货物等货物类别进行分类配载；其次配送货物也有轻重缓急之分，必须初步确定哪些货物可配于同一辆车，哪些货物不能配于同一辆车，以做好车辆的初步配装工作。

3. 暂定配送先后顺序

在考虑其他影响因素，做出确定的送货方案前，应先根据客户订单的送货时间将送货的先后次序大致的预订，为后面车辆积载做好准备工作，计划工作的目的是保证达到既定的目标。所以，预先确定基本送货顺序可以有效地保证送货时间，提高运作效率。

4. 车辆安排

车辆安排要解决的问题是安排什么类型、吨位的配送车辆进行最后的送货。一般企业拥有的车型有限，车辆数量也有限，当本公司车辆无法满足需求时，可使用外雇车辆。在保证送货运输质量的前提下，是组建自营车队，还是以外雇车为主，则须视经营成本而定。

5. 选择配送线路

知道了每辆车负责配送的具体客户后，如何以最快的速度完成对这些货物的配送，即如何选择配送距离短、配送时间短、配送成本低的线路，还需根据客户的具体位置、沿途的交通情况等做出优先选择和判断。除此之外，还必须考虑有些客户所在地点环境对送货时间、车型等方面的特殊要求，如有些客户不在中午或晚上收货，有些道路在某高峰期实行特别的交通管制，等等。

6. 确定最终的送货顺序

做好车辆安排及选择好最佳的配送线路后，依据各车负责配送的先后顺序，即可明确确定最终的客户送货顺序。

7. 完成车辆积载

明确了客户的送货顺序后，接下来就是如何将货物装车，按什么次序装车的问题，即车辆的积载问题。原则上，知道了客户的配送顺序之后，只要将货物依"后送先装"的顺序装车即可，但有时为了有效利用空间，可能还要考虑货物的性质（怕振、怕压、怕撞、怕潮）、形状、体积及重量等做出弹性调整。此外，对于货物的装卸方法也必须考虑货物的性质、形状、重量、体积等因素后再做具体决定。

三、配送作业合理化措施

1. 消除交错送货

消除交错送货可以提高整个配送系统的送货效率。例如，将原直接由各工厂送至各客户的零散路线利用配送中心来做整合并调配转送，这样可缓解交通网路的复杂程度，且可大大缩短运输距离。

2. 开展直配、直送

由于"商物分流"，订购单可以通过信息网络直接传给厂商，因此各工厂的产品可从厂商的物流中心直接交货到各零售店。这种利用直配、直送的方式可大幅简化物流的层次，使得中间的代理商和批发商不设存货，下游信息也能很快地传达到上游。

3. 采用标准的包装器具

配送不是简单的"送货上门"，而要运用科学而合理的方法选择配送车辆的吨位、配载方式，确定配送路线，以达到"路程最短、吨公里最小"的目标。采用标准的包装工具，如托盘，可以使送货中货物的搬运、装卸效率提高，并便于车辆配装。

4. 建立完善的信息系统

完善的信息系统能够根据交货配送时间，车辆最大积载量，客户的订货量、个数、重量来选出一个最经济的配送方法；根据货物的形状、体积、重量及车辆的能力等，由电脑自动安排车辆和装载方式，形成配车计划；在信息系统中输入每一客户的位置，电脑便会依最短距离找出最便捷的路径。

5. 改善运货车辆的通信

健全的车载通信设施，可以把握车辆及司机的状况、传达道路信息或气象信息、掌握车辆作业状况及装载状况、传递作业指示、传达紧急信息指令、提高运行效率及安全运转。

6. 均衡配送系统的日配送量

和客户沟通，尽可能使客户的配送量均衡化，这样能有效地提高送货效率。为使客户的配送量均衡，通常可以采用以下方式。

（1）对大量订货的客户给予一定折扣。

（2）制定最低订货量。

（3）调整交货时间，对于受季节性影响的产品，尽可能引导客户提早预约。

7. 以顾客为中心，提供系统化物流解决方案

配送是面向终端的物流服务，是物流服务的最终体现者。除了考虑配送作业自身的效率优化外，从系统化的角度为顾客提供全面物流配送解决方案是现代配送管理的关键一环。当然，这对配送管理者提出了更高的要求。

◎ 前沿扩展

一、大润发"触电"上线生鲜业务 全程冷链冰鲜配送

大润发旗下B2C网站飞牛网正式对外宣布上线生鲜业务，首选上海作为试点城市，随后会快速扩展至全国。2014年12月27日，上海地区的买家即可访问飞牛网购买生鲜商品。

据大润发董事长、飞牛网首席执行董事黄明端的介绍，飞牛网将借助其母公司大润发遍布全国的300家门店超市资源，生鲜供应与大润发实体店实现线上线下一体化打通。一是可以实现就近配送，二是可以保证商品的新鲜度。据介绍，飞牛网的生鲜供应与大润发实体店线上线下一体化打通，以大润发的实体店经验及优势供应链，从产品原产地采购到最终配送客户家里，将全程采取冷链冰鲜保存，让顾客放心购买和安心食用。

除了强大的供应链和专家级的生鲜团队，飞牛网此次对生鲜品配送也做足创新文章。虽然首批仅在上海地区做试点，但上线伊始，飞牛网就在上海十大中心城区的测试中实现了半日送达。只要买家在上午11点前下单，下午5点客户就能收到货。同时，为了解决买家收到生鲜品后的保鲜携带问题，飞牛网还免费供客户借用一个保鲜箱。无论客户是在家里还是在办公室收货，之后的储存、携带，全程都是冷链保存。

（资料来源：http://www.chinawuliu.com.cn/）

二、重庆首个城市共同配送平台上线 引领物流行业变革

由重庆市物流与供应链协会零担物流分会、IT（information technology，即信息技术）开发精英团队、重庆邮电大学、重庆移动公司及国内物流专家团队等共同打造的"重庆同程达城市共同配送平台项目"2016年8月26日正式揭牌营运。据了解，该平台利用互联网、物联网、移动App和大数据云计算技术，整合重庆市专业交易市场与城市共同配送物流资源，实现物流共同配送，提高货车使用率，将使企业物流成本降低8%。

1. 行业变革 实现物流全产业链信息化

据重庆同程达物流服务有限公司董事长刘云介绍，城市共同配送平台具有四项功能，实现物流全产业链信息化。

首先是实现智慧物流，货物、仓库、货车等物流链条上各方都会将信息发布到平台，平台实现对货物、仓库、货车、人力等大数据信息的收集、整理、分析，对配送供需信息进行及时有效的匹配传送，对车、货、司机的实时状态跟踪、监督和管理，把分散的货物集中在一个体系中运输，提高物流标准化、专业化和网络化程度，让第三方物

流形式更加社会化、普及化。目前该平台上已有 9 628 条专线线路，近 1 000 名司机，整合了 3 个物流园，5 个专业市场，200 多家商户。

其次是仓配物流将巨变，以整合加自建的形式，升级完善各级公共仓配中心，打造整体效率最优、协调性最强的仓配一体化服务网络，实现以空间换时间，实现空间、时间共管。打造一级仓配中心 3~5 个，二级仓配中心 10~20 个，三级仓配中心 100~200 个，分三个层级整合构建多个数量的城市公共仓储配套网点；引导传统仓库向配送中心转化，达到既管理空间又管理时间之功能；实现科学化管理的货物存储和快速配送，为消费者提供便捷和保障。

再次是打造绿色物流，刘云介绍，城市物流点多、量小，道路条件复杂，需要物流车辆达到安全性、专业性、兼容性、灵活性、密封性、环境保护、节能减排等要求。同程达联合中国新能源汽车运营产业联盟，以租赁方式定制化提供高性价比新能源物流车，打造专业运力平台，总量预计规模为 20 000 辆，首期拟投放 1 000 辆，为物流企业提供车辆服务，解决传统货车入城通行、停靠、装卸难等问题，减少货车闲置浪费、降低空载率，降低传统货车运营成本，提高人员素质培训及管理水平。

最后是金融物流，通过整合物流上下游资源，以定制化金融服务助推孵化大型物流企业，其中包括联名信用卡、融资租赁、保险分期、代付保证金、应收账款保理等功能。通过同程达的金融定制服务支撑，可以解决物流企业的资金困境，加快运费的回款周期，提升物流企业的信用额度，减少物流企业保证金押款等，支持其向标准化、规模化发展。

2. 破解痛点 物流企业成本可下降

重庆市物流与供应链协会常务副会长、零担物流分会会长陈协洪介绍，2015 年主要第三方物流企业的毛利率仅为 15% 左右，随着劳动力成本持续上涨，毛利率有逐年下降趋势。具体到重庆来看，物流行业还面临货物配送不及时、服务态度差、货物不安全、代收货款被挪用、相关物流公司信誉度不高等问题。

此外，车辆、仓库设备空置率太高也是行业痛点之一。陈协洪说道："货物信息、需求信息交流不及时，导致物流公司的车辆高达 40%~50% 的空载率，尤其是返程空载现象突出；仓库设备空置率更是高达 50% 以上，这不仅增加了物流公司的运营成本，使得外迁市场有货无车、原有市场有车无货的情况经常发生。"

刘云表示，同程达共同配送平台可以实现城市配送物流信息化、标准化，并在此过程中制定统一的服务 KPI（key performance indicator，即关键业绩指标）质量考核标准，约束运力供应商（物流公司）按照平台的要求完成物流运营，不断地淘汰和筛选优秀的运力资源（物流公司），如发车时效、货物到达时效、货物装车规范、客户服务要求等。从而解决了现在物流行业服务参差不齐、服务意识淡薄、查货麻烦、货物到达不及时、货物破损率高、遇到问题投诉难等现状问题。

通过公共物流信息配送平台的 O2O 车货匹配系统，可借鉴专车模式或拼车模式，实现货主和司机均可通过 App 进行车货信息发布，在匹配交易成功后，可以实现货物在途跟踪和送达确认，实现城配物流信息的透明化。同时，通过线下的货物搭配整合，以及采集合适的运力供应，解决市内配送成本高的问题，大大降低货车空载率，使企业物流成本下降 10%~20%。

除此之外，平台整合交易市场等资源，通过公共物流信息配送平台，开展公共仓储和专业化智能仓储的建设，并形成连接，满足行业商家的仓储要求；通过专业的仓储代管为商家节约人力成本、场地成本。通过系统建设实现系统的智能化仓储一体服务，让商家由原先的"再小的仓库也要人管"转变为"再大的仓库也不用操心"。

3. 大有商机　重庆共同配送率四年后达到 30%

据了解，该平台算上仓储设施、新能源货车、充电桩等领域的建设，累计投资将超过 10 亿元，可以满足 30 万辆货车的需求。前期投资为 1 亿元，可满足 8 000~10 000 辆货车使用，目前主要针对成渝经济圈布局，并已于九州国际汽摩城等大型市场合作。

值得注意的是，该平台目前已经与力帆、长安等车企在合作，通过公共物流信息配送平台在主城全面推广使用绿色环保的新能源车进行主城配送，实现节能减排，降低碳排放，打造"智慧物流""绿色物流""金融物流"相结合的新能源汽车为主的城市配送线下平台，提供充足的城市配送运力支撑。

《重庆市现代商贸服务业发展"十三五"规划》明确指出，要大力发展绿色物流，鼓励发展共同配送、多式联营等，减少返空、迂回运输，做好商贸物流与全市物流衔接，进一步优化交通组织，采取多式联运方式，切实降低物流成本，到 2020 年，全市城市共同配送率达到30%以上，社会物流总成本与地区生产总值的比率下降到16%左右，商贸物流费用率降低 2%左右。

市场对物流企业提出了"快捷、高效"等新要求，但仅靠物流企业自身很难转型升级，同程达为广大中小物流企业搭建了一个新的生存平台和发展平台，引领物流行业变革，助推城市共同配送系统发展。

（资料来源：http://cq.qq.com/）

三、打通乡村配送网络　京东布局一体化物流体系

京东宣布全国布局乡村配送网络，目前已经建成包括 1 600 多个"京东帮服务店"、1 500 多个"县级服务中心"，发展了 27 万名乡村推广员，服务覆盖超过 27 万个行政村。

公开资料显示，京东早在 2007 年就开始自建物流，目前已经在全国覆盖 2 639 个区县、拥有 7 个物流中心、234 个大型仓库、6 756 个配送站、仓库占地面积为 520 万平方米以上、85%的自营订单，实现当日和次日达配送。

近 10 年过去，京东打造的仓、运、配一体化物流网络已遍布全国，仓配一体化不是简单的仓储加配送，它主要依托的是京东大数据。农村消费者居住地远离城市中心，很多物流公司都无法触及，导致农村消费者很难享受到城市消费者同样便捷的送货上门和售后服务。

此外，由于农村区域人群比较分散。村与村、乡与乡之间的距离可能会很远，在无形之中增加了物流的成本和难度。如果物流点布局的不够合理，物流的成本也会增加不少，这对于低价低利润的电商来说，是一次不小的挑战。

　　"京东依托在物流领域的强大积累、完整物流链和供应链的优势，以及对大数据、云计算等技术的应用，提升了物流体系的智慧化程度，这是京东经过十几年的深耕，'花1000亿也无法复制'的事情。"曾有京东高管对外自豪的做出上述表示。

　　数据显示，截至2016年6月底，京东已经建成包括1600多个"京东帮服务店"、1500多个"县级服务中心"，发展了27万名乡村推广员，服务覆盖超过27万个行政村。

　　在2016年双十一期间，京东更是宣布为帮助商家在双十一之前更为科学合理地在全国进行分仓备货，确保双十一期间第三方商家的订单可以像京东自营订单一样在第一时间进行生产并尽早送达消费者手中，京东物流在全面开放的基础上，将拿出5亿对商家的仓储配送服务进行补贴。

　　补贴政策分三个阶段实施：第一阶段是10月1日~11月4日，商家在京东产生的仓储服务费全额减免；第二阶段是11月5~20日，商家的仓储服务费和配送服务费均全额减免；第三阶段是11月21日至12月31日，商家的仓储服务费和配送服务费均可按账单金额给予5折优惠。

　　将双十一期间的"慢递"变回"快递"，并让第三方享受与京东自营同样的快速时效，是2016年京东在双十一期间物流布局的重点。

　　俯瞰电商领域，竞争对手在向越来越封闭的方向发展，而京东却越来越开放，甚至不惜将配送体系、大数据、智慧物流这些核心技术拿出来与伙伴分享。从商业角度来看，开放的态度也为京东带来了巨大回报。

（资料来源：http://www.chinanews.com/）

◎ 实践训练

一、认知实践

　　（1）搜集仓库与配送中心案例。通过教材、课件、文献、网络资源等方式，获取配送作业特征描述，获取不同类型配送中心配送系统资料。

　　（2）搜集不同类型配送中心配送作业计划资料。

　　（3）参观配送中心，对配送中心进行实地参观调研，了解配送中心配送作业的流程和管理重点等。参观后，提交参观调研报告。

二、实操训练

　　（1）进入配送中心（有条件的，也可在实验室进行），进行配送作业计划排定实训：①统计物流需求；②统计现有配送设备情况；③按日拟订配送作业计划。

实操后，提交三日的配送作业计划。

（2）进入配送中心（有条件的，也可在实验室进行），进行配送中心车辆调度实操训练：①统计用户分布情况；②统计需求商品物理化学特性；③统计各用户送货时间要求；④确定车辆调度计划。

实操后，提交至少7份车辆调度计划。

◎ 配送作业管理教学实践

本节主要介绍配送作业管理的教学设计。根据仓储与配送管理这门课程的要求和教学对象的特点（设定教学对象为中职学校学生），确定本章的教学设计，包括教学目标、教学任务分解、教学重难点、教学方法与教学手段、教学步骤与时间分配等环节。

一、教学目标

本章的教学目标是讲述仓库与配送中心配送作业环节，使学生达到了解、认知及触及使用的水平。

二、教学任务分解

本章的教学任务分解如表4-1所示。

表4-1　第四章教学任务分解

任务	任务分解	课时分配	形式
配送作业计划	（1）教师介绍制订配送作业计划的重要性； （2）教师介绍配送作业计划制订的主要依据，并进行举例说明； （3）通过案例，教师介绍配送作业计划的制订； （4）教师为学生布置作业进行不同类型仓库及配送中心调研	1课时	理论
配送作业合理化	（1）教师介绍影响配送作业的主要因素； （2）教师介绍配送作业的流程，并进行举例说明； （3）通过实例，教师介绍提高配送作业效率的常用做法	1课时	理论
实践训练	（1）配送作业计划制订实训； （2）配送中心车辆调度实训	1课时	实践

三、教学重难点

本章的教学重点是让学生掌握仓储与配送中心配送作业计划制订的依据和方法，掌握配送中心配送作业的流程，以了解、认知为主，实操为辅。

本章的教学难点是结合用户需求和配送中心车辆情况进行车辆调度。

四、教学方法与教学手段

针对配送作业中用户需求多样、配送中心可调配车辆情况复杂的特点，以及车辆调度理论不深，以了解、认知为主的定位，在课堂教学过程中，通常是以讲授法为主，同时辅以学生去活动、去体验的方法。

本章教学中会大量使用图片、视频、案例等进行辅助，帮助学生快速感性认知不同分拣方式和分拣信息的应用情况，在实践内容部分，辅助课后资料收集、实地调研及操作，了解配送中心配送作业计划的制订及车辆调度方法。

五、教学步骤与时间分配

本章的课堂教学以讲授为主，下面以合理制订配送作业计划节为例说明教学步骤及时间分配。

（1）引入新课（2~4 分钟）。手法与实例：采用"赋、比、兴"（赋，直接陈述；比，比喻；兴，先言其他）的手法，自然顺畅地引出新课的内容；根据学生认知规律和水平，从学生有感受的生活实例入手。

（2）讲授新课（30~35 分钟，根据内容，时间可分多段）。介绍制订配送作业计划的重要性，主要采用教师讲授与同学提问的方式，使学生认识到完全有必要开展配送作业计划工作。介绍各种配送作业计划制订的依据，拟采用启发式教学方法，使学生由抽象到系统的理解该项内容。介绍配送作业计划的主要内容，拟采用实例分析的方法，使学生理解制订配送作业计划所应明确的内容。

（3）总结归纳（3~5 分钟）。重温结构点题目，从具体实例上升到对知识结构化认识。

（4）课后作业（1~2 分钟）。

六、教学评价

本章的教学评价如表 4-2 所示。

表 4-2　第四章教学评价

评价类别	评价节	评价标准	评价依据	评价方式			权重
				学生自评	同学互评	教师评价	
				0.1	0.1	0.8	
过程评价	学习能力	学习态度，学习兴趣，学习习惯，沟通表达能力，团队合作精神	学生考勤，课后作业完成情况，课堂表现，收集和使用资料情况，合作学习情况				0.2

章名称：配送作业管理

评价类别	评价节	评价标准	评价依据	评价方式			权重
				学生自评	同学互评	教师评价	
				0.1	0.1	0.8	
过程评价	理论能力	准确制订仓储与配送作业计划，准确完成配送流程，准确完成业务组织过程，准确完成车辆调度工作	仓储与配送作业计划表，配送流程图，配送组织过程图，车辆调度计算结果等				0.2
	实践能力	企业仓储配送调研，准确完成实际车辆调度，结合实际建立配送流程	企业仓储配送调查问卷，问题设计，配送流程对企业的适用性，车辆调度的效果				0.1
	其他方面	配送流程是否有创新，调度方法是否有创新	积极参与研究性学习，有独到的见解，能提出多种解决问题的方法				0.1
结果评价	理论考核						0.2
	实操考核						0.2

本 章 小 结

　　本章主要介绍了配送作业计划的相关知识，着重介绍了配送作业的流程和提高配送效率的策略，对此要熟练掌握。在实际操作中，配送作业计划的制订需要考虑多种因素，情况复杂，因此在制订配送作业计划的时候要充分考虑实际情况以及影响因素，从而制订出完善的配送作业计划。

综合案例分析

银川同城社区配送：将"集中配送"进行到底

　　"在不断探索与试错中，选出我们的主营业务。"这是银川同城社区配送有限公司总经理刘光华的想法与做法。然而，刘光华的所有想法与做法都围绕在"最后一公里"物流领域，无论是整合各家快递公司的收发件，还是为物流公司与信息部做落地分拨，或是最近开始做的"集中式仓储配送中心"，以及未来想做的商超配送。

　　银川同城社区配送有限公司的定位就是"最后一公里"物流。

　　1. 快递的共同配送

　　目前，银川同城社区配送有限公司在银川的一个区加盟了四家快递，集中为这些公司收件与派件。

在银川的这个区域有很多家快递公司，快件的业务量不足以支撑各家快递公司的发展。看到每家快递公司都吃不饱，刘光华想为什么大家不整合起来集中配送呢？这个想法得到一帮做快递朋友的支持，就这样刘光华做了四家公司的加盟商，集中收件与派件。

作为四家公司的加盟商，派件肯定没问题，但怎么处理收件？客户要在四家中选择哪一家？银川同城社区配送有限公司的做法是，设一个呼叫中心，客户愿意发哪家就给客户填哪家的快递单。然而这样做也有一个问题，就是每家用的信息系统不同，对于银川同城社区配送有限公司来说不能在同一个系统中操作。如果这个问题解决了，那么快递的共同配送也会容易些。

除了为各家快递做集中配送，银川同城社区配送有限公司在"最后一公里"领域的尝试还有为物流公司与信息部做落地分拨，也就是落地配。

2. 货运的落地分拨

银川不仅是一个输入型城市，还是一个中转城市，同时在银川没有一家第三方落地配公司。所以，刘光华把目光放在了从银川向下的落地配。

我们都知道落地配的服务对象一般是各大电商和电视购物，任务就是把货送到客户手里，几乎没有回程货。和他们不同的是，同城社区配送主要为信息部和物流公司服务，同时有回程货。

落地配业务，刘光华用的仍然是"集中配送"的概念，只不过还增加了城市与城市之间的干线运输。

拿银川到永宁县举例，银川同城社区配送有限公司在银川和永宁县都设有网点和两边的信息部合作，同时开通定时定点的班车。银川信息部到永宁县的货不再交给个体司机而是交给银川同城社区配送有限公司，货物到达永宁县后由银川同城社区配送有限公司送到客户手里或信息部。反过来，永宁县到银川的货亦是如此。简单点来说，就是银川同城社区配送有限公司在两个地方之间开通了一辆定时定点的班车，然后在每个地方为信息部或物流企业做落地分拨。

这就是银川同城社区配送有限公司在货运方面的集中配送，除此之外，它最近开始做"集中式仓储配送"。

3. 集中式仓储配送

集中式仓储配送，是货运落地分拨的一个升级，就是不只提供配送服务，还提供仓储服务。目前有2家家电卖场、海尔、信息部在使用银川同城社区配送有限公司的仓库。

对于家电卖场，银川同城社区配送有限公司在提供仓储服务的同时，还为其把货送到客户家里。对于海尔，银川同城社区配送有限公司目前只是海尔银川仓库，负责把货配送到各经销商店里。

在银川同城社区配送有限公司成立的三年时间里，刘光华开通了三项业务，不仅都是围绕"最后一公里"物流，而且用的全是"集中配送"的概念。也许就像刘光华所说，他在不断探索、不断试错中，总会找到一条适合自己的路。

（资料来源：http://www.chinawuliu.com.cn/xsyj/201411/03/295158.shtml）

案 例 分 析

"最后一公里"物流是配送的最后一个环节。它的优势是可以实现"门到门"，按时按需的送货上门，但是随之而来的配送成本居高不下问题也日益明显。

目前导致"最后一公里"配送问题的主要原因在于以下几个方面。

（1）物流成本控制诉求和电商客户体验诉求的矛盾。

（2）城市化进程的加快和交通拥挤问题的加剧。

一方面，城乡一体化以及城市范围的不断扩大，使得城市配送区域不断加大，配送需求量的需求不断加大，需要投入更多的配送车辆来完成配送；另一方面，城市严重的交通拥堵问题，使配送效率大大降低，而配送企业为提高配送服务质量，满足配送要求，又需要投入配送车辆，配送车辆的投入又加剧了交通拥挤。

（3）供应链管理促使企业对"最后一公里"配送的重视程度提高。

由于"最后一公里"的配送直接面对客户，直接影响到产品服务与配送时间效率，也就直接关系到企业的市场发展和企业效益，所以重视程度得到很大提高。

（4）城市配送需求的多样化加大了城市配送组织的难度。城市配送由集中的城市配送需求（如超市配送）向集中与分散（如个人）共存的城市配送形式转变。

（5）城市配送涉及管理部门众多，协调管理难。

城市配送管理涉及城市交通警察、运管局（处）、城管、规划等部门以及众多的工商企业，城市配送管理涉及面广，协调管理难度较大。运管部门重视保护城市配送企业的利益，力图更好地满足配送需求与提升配送企业服务，希望减少城市交通限制，增加城市配送节点；而交警部门为了交通的顺畅，往往限制配送车辆的通行与停靠；土地、商贸、规划部门在规划道路、商业网点的过程中，没有充分考虑配送需求，没有为城市配送预留配送站点与通行通道，往往容易在配送过程中造成交通拥挤，所以城管、交警对配送活动进行一定的限制。

问题：

（1）如何结合企业实际有效开展"最后一公里"配送？

（2）从政策层面看，我国是如何解决"最后一公里"配送的？

练习题

一、单项选择题

（1）下列哪项不是按配送节点分类的配送形式（　　）。

　　A. 配送中心配送　B. 仓库配送　C. 商店配送　　　D. 定时配送

（2）下列哪项是按配送时间和数量分类的配送类型（　　）。

　　A. 仓库配送　　　B. 专业配送　C. 定时定量配送　D. 共同配送

（3）下列哪项是按经营形式分类的配送类型（　　）。

    A. 配送中心配送　B. 综合配送　C. 定时定量配送　D. 代存代供配送

（4）下列哪项不是配送的基本环节（　　）。

    A. 备货　　　　　B. 流通加工　C. 理货　　　　　D. 送货

（5）下列哪种配送形式有明显第三方配送的意味（　　）。

    A. 仓库配送　　　B. 专业配送　C. 代存代供配送　D. 共同配送

二、多项选择题

（1）按配送商品种类和数量分类，配送可分为（　　）。

    A. 多品种少批量　B. 少品种大批量　C. 配套成套配送

    D. 定时定量配送　E. 即时配送

（2）按配送时间和数量分类，配送可分为（　　）。

    A. 定时配送　　　B. 定量配送　　　C. 定时定量配送

    D. 即时配送　　　E. 定时定路线配送

（3）按经营形式不同分类，配送可分为（　　）。

    A. 销售配送　　　B. 供应配送　　　C. 销售—供应一体化配送

    D. 代存代供配送　E. 专业配送

三、简答题

（1）简述制订配送作业计划的依据。

（2）简述配送作业的一般流程。

第五章　仓储与配送设施设备

本章实施体系图如图 5-1 所示。

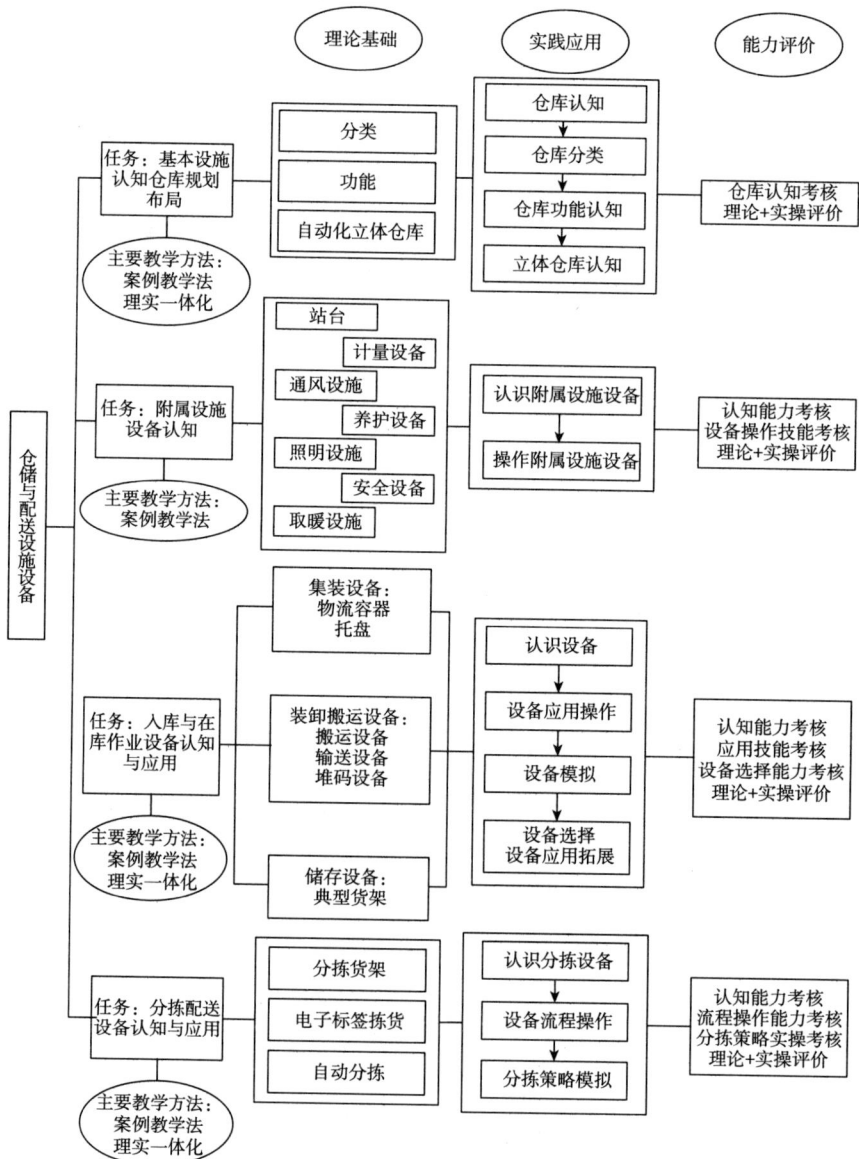

图 5-1　第五章实施体系图

◎学习目标

知识目标：了解仓储与配送的相关概念，掌握仓储与配送设备及其作用，了解电子标签拣货系统、自动分拣系统，了解仓储附属设施设备。

能力目标：能根据物流功能需求，确定合理使用的设施设备，在此基础上，能够运用恰当的方法，组织设备的配置、使用、管理活动。

素质目标：具有良好的物流人员从业道德、严谨的工作态度和良好的团队合作精神；具备良好的口头表达和人际沟通能力；具有一定的行业从业人员法律保护意识。

◎案例引导

物流机器人时代真的全面来临了吗？

近年来，机器人在仓储系统中得到越来越多的应用，不仅提升了物流作业效率，减轻了工作人员的劳动强度，还有助于优化资源、降低成本，具有良好的经济效益和广阔的发展前景。

目前来看，我国的物流机器人技术虽然取得长足进步，但与工业发达国家相比在技术成熟度方面还有着较大差距。如何打破技术瓶颈，改变机器人核心零部件依赖进口的局面，提高我国仓储机器人技术水平，成为业界要进一步思考的问题。

一、市场需求强烈

随着互联网、电子商务的迅猛发展，消费者的需求也在逐渐转变，更趋于多样化和个性化，企业的订单处理也呈现出多品种、小批量、多批次、高时效的特点。特别是"新零售"概念的推出，对仓储系统的智能化、柔性化提出了更高的要求。企业要想高效率、低成本地履行订单，一套自动化、智能化的仓储系统显得尤为重要，这就对物流机器人的应用提出强烈需求。另外，在《中国制造2025》战略的推动下，制造企业的生产方式开始向柔性、智能、精细转变，构建以智能制造为根本特征的新型制造体系迫在眉睫，越来越多的制造企业进行"机器换人"以实现转型升级。与此同时，近年来人工成本、土地成本和能耗成本陡增，技术水平落后，都成为制约物流业转型升级的瓶颈。一些物流企业为了应对以上挑战，并响应客户对物流效率提升的要求，开始加快构建自动化仓储系统，物流机器人成为关注的焦点。

二、物流系统集成商高度重视机器人

在智慧物流逐渐成为行业发展趋势的情况下，国内一些实力雄厚的物流系统集成商也纷纷投入仓储物流机器人领域，并在市场上取得了显著成果。国外企业如瑞仕格，与母公司KUKA共同开发了AutoPiQ机器人拆零拣选系统，将新一代的高效率轻载货物存储系统与智能化的机器人拣选相结合，既可以选择快速工作模式，提高绩效，也可以实现人机协同作业。未来，这种智能机器人还能与 AGV 结合，形成功能更加强大、移动性更强的新型智能机器人移动拣选系统。国内企业在探索仓储物流机器人方面同样不遗余力。例如，新松机器人自动化股份有限公司 2016 年推出的轻载、重载复合机器人就是创新的典范。这个国内首台具备柔性多关节机械臂及主动视觉导航系统的机器人，由车体和车载机械手两部分组成，通过将移动机器人、柔性多关节机器人、视觉识别等技术的完美融合，真正实现了机器人"手脚并用"的工业应用，可完成物料自动搬运、物品上下料、分拣等作业，满足工作现场灵活高效、低成本的导航布置。

三、机器人初创企业集中亮剑

目前，我国物流机器人市场还处于初级发展阶段，巨大的市场潜力吸引了大批企业投入该领域，加大新技术研发力度和新产品推广应用。其中在快速成长的类 Kiva 机器人领域，有代表性的企业是北京极智嘉科技有限公司（Geek+）和上海快仓智能科技有限公司。Geek+专注于提供以机器人为核心的智能仓储解决方案，已经成功地为多家大型知名电商、零售公司、医药企业、制造业工厂等提供智能仓储解决方案。

四、电商巨头争相入局

过去几年间，电商企业在一路高歌猛进的同时，也面临着海量订单快速处理带来的巨大压力。为了提高仓库运营效率，降低物流成本，电商巨头们纷纷发力物流机器人，企业仓储物流系统的升级优化成为白热化命题。阿里巴巴自主研发的"货至人"仓储机器人名字叫"曹操"，取自俗语"说曹操，曹操到"。该机器人可承重 50 千克，速度达到 2 米/秒，造价高达上百万元。"曹操"接到订单后，可以迅速定位出商品在仓库分布的位置，并且规划最优拣货路径，拣货完成后会自动把货物送到打包台。目前备受关注的京东"无人仓"的技术研发和应用，关键环节之一就是大量智能物流机器人协同作业。京东通过人工智能、深度学习、图像智能识别、大数据等诸多先进技术，为工业机器人赋予了智慧，让它们具备自主的判断和行为，适应不同的应用场景、商品形态，完成各种复杂的任务。

五、生产企业由"制造"向"智造"转型

为顺应《中国制造 2025》战略方向，一些生产企业努力由"制造"向"智造"转型，大力推动物流机器人在生产过程中的应用，为制造行业实现仓储物流的自动化、智能化做出了表率。比较典型的是美的收购 KUKA 机器人案例，通过"智能制造+工业机器人"的模式，全面整合提升公司智能制造水平，同时以工业机器人带动伺服电机等核心部件、系统集成业务的快速发展。美的已经投入超过 50 亿元用于自动化改造，在生产线上应用了超过 1 000 台工业机器人。美的计划未来每年在工业机器人和自动化领域投资 10 亿元。

六、瓶颈犹存亟待优化

虽然我国物流机器人产业发展火热，而且取得了一定的成绩，但这并不意味着智能物流机器人的时代已经全面到来。整体来看，我国物流机器人发展仍存在着一系列的瓶颈，主要体现在以下方面。

（1）机器人产业链关键环节缺失，零部件中高精度减速器、伺服电机和控制器等主要依赖进口。

（2）核心技术创新能力薄弱，高端产品质量可靠性低。

（3）机器人推广应用难，市场占有率亟待提高。

（4）企业"小、散、弱"问题突出，竞争力不强。

（5）机器人行业标准、检测认证等体系亟待健全等。

同时，我国的仓储物流机器人还有很多局限性。例如，灵巧性上，目前机器人只能在特定环境下运用；智能化程度还不够，有些柔性化处理场景反应能力不足；成本问题影响覆盖面，虽然与人相比整体性价比较高，但一次性投入太大，很多企业承担不起；使用者的认识尚未到位，没有经验可循；等等。功能方面，87.5%的产品未设计独立的启动、停止等开关按钮；50%的产品控制系统和上位机软件出现崩溃等现象；87.5%的产品存在障碍物安全检测盲区。性能方面，71.4%的产品带载运行稳定性差，在货架位置发生偏移或货物摆放位置不均的情况下出现无法举升货架或行驶轨迹偏移等严重问题。运营维护方面，AGV 市场还存在产品设计者专业术语不熟悉、未参考相关标准、产品未进行耐压试验等诸多问题，都亟待进一步优化。

实际上，针对我国仓储物流机器人当前存在的诸多问题，国家有关政策已指明了重点发展方向。2016年上半年，工业和信息化部、国家发展和改革委员会、财政部联合发布的《机器人产业发展规划（2016-2020 年）》指出，未来我国仓储物流机器人的发展，一要推进工业机器人向中高端迈进。面向《中国制造 2025》十大重点领域，聚焦智能生产、智能物流，攻克工业机器人关键技术，提升可操作性和可维护性，重点发展人机协作机器人、双臂机器人、重载 AGV 等六种标志性工业机器人产品。二是大力发展机器人关键零部件。针对 6 自由度及以上工业机器人用关键零部件性能、可靠性差，使用寿命短等问题，全面提升关键零部件的质量稳定性和批量生产能力，突破技术壁垒，打破长期依赖进口的局面。三是发展机器人共性关键技术，重点开展人工智能、机器人深度学习等基础前沿技术研究，突破机器人通用控制软件平台、人机共存、安全控制、高集成一体化关节、灵巧手等核心技术。

相信在国家有关政策的积极引导和全行业的共同努力下，我国的仓储物流机器人将迎来新的发展。

请思考：机器人会给仓储配送环节带来哪些变革？

（资料来源：http://www.sohu.com/a/160348487_224462）

◎知识与技能

第一节　仓储与配送基本设施

一、仓库

仓库是保管、储存物品的建筑物、场所的总称。仓库种类繁多，由于仓库所处的地位不同，所承担的储存任务也有所不同，仓库储存物资的品种规格繁多、性能各异。从现代物流系统的角度来看，仓库也是从事包装、分拣、流通加工等物流作业活动的物流节点设施。

（一）仓库的分类

仓库的种类繁多，分类方法也很多，这里介绍几种主要的分类方法，部分典型仓库图片如图 5-2 和图 5-3 所示。

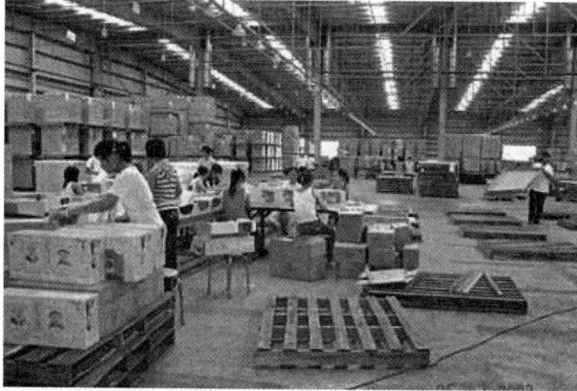

图 5-2　加工型仓库

图 5-3　高层货架仓库

1. 按仓库功能分类

（1）储备仓库。储备仓库是指专门长期存放各种储备物资，以保证完成各项储备任务的仓库。储备仓库的功能是较长时间储存保管货物，主要追求储存效益。

（2）周转仓库。周转仓库的主要功能是物资周转，主要用于暂时存放待加工、待销售、待运输的物资，包括生产仓库、流通仓库、中转仓库、集配仓库、加工仓库等。它的储存时间短，主要追求周转效益，为生产、流通或运输服务。

（3）生产仓库。生产仓库处在生产领域，主要暂时存放待生产加工的原材料和在制品、待销售的产成品，包括原材料仓库、在制品仓库和成品仓库。

（4）流通仓库。流通仓库处在流通领域之中，专门存放待销售的货物，包括批发仓库、零售仓库等。

（5）集配型仓库（配送中心）。集配型仓库是以组织物资集货配送为主要目的的仓库。这种仓库以物流手段筹集货物进行配送作为主要职能。

（6）中转分货型仓库。中转分货型仓库主要是在不同运输方式、不同运输方向的交接点，用于重新组配、分货、暂存待运货物的仓库。这类仓库通常设置在铁路货运站、卡车中转站及港口附近。

（7）加工型仓库。加工型仓库以流通加工为主要目的，集加工厂和仓库两种职能于一身，将商品的加工业务和仓储业务结合在一起。

2. 按仓库用途分类

仓库按在商品流通过程中所起的作用，可以分为以下几种。

（1）自用仓库：各生产或流通企业，为了本企业物流业务的需要而修建的附属仓库。

（2）营业仓库：仓库业者根据相关法律取得营业资格，保管他人物品的仓库。这种仓库是一种社会化的仓库，面向社会，以经营为手段，以盈利为目的，通常比自用仓库的使用效率要高。

（3）公共仓库：国家或公共团体为了公共利益而建立的仓库，即与公共事业配套服务的仓库，如铁路车站的货场仓库、港口的码头仓库、公路货场的货栈仓库等。

（4）保税仓库：经海关批准，在海关监管下，专供存放未办理关税手续而入关境或过境货物的场所。它是为了国际贸易的需要，设置在一国国土之上，但在海关关境以外的仓库。外国货物可以免税进出这些仓库而无须办理海关申报手续，并且经批准后，可在保税仓库内对货物进行加工、储存、包装和整理业务。

3. 按保管商品特性分类

（1）通用仓库。通用仓库一般用来保管没有特殊要求的商品，设备和构造都比较简单，使用范围广。这类仓库有一般性的保管场所和设施，按照通常的货物装卸和搬运方法进行作业。在物资流通行业的仓库中，这种通用仓库所占用的比重是最大的。

（2）专用仓库。专用仓库是专门用于存放某一类商品的仓库。由于某类商品的特殊性质，或易于对其他商品产生不良影响，所以要专库储存，以确保该类商品的质量安全，如粮食仓库、茶叶仓库等。

（3）特种仓库。特种仓库主要用于储存具有特殊性能、特别要求保管条件的商品，如化工产品、危险品、易腐蚀品、石油及药品等。特种仓库主要有冷藏仓库、保温仓库、危险品仓库、储罐等。

4. 按结构和构造分类

（1）平房仓库。平房仓库是指仓库建筑物是平房，结构简单，有效高度一般不超过5~6米的仓库。其建筑费用便宜，可以广泛采用。

（2）多层仓库。多层仓库为两层以上的建筑物，是用钢筋混凝土建造的仓库。多层仓库虽然有使货物上下移动进行作业的缺点，但在土地受到限制的港湾、都市等地，建造多层仓库可以扩大仓库实际使用面积。

（3）高层货架仓库。高层货架仓库是指以高层货架为主而组成的仓库，建筑本身是平房结构，内部货架层数较多。这类仓库一般配备拣选式巷道堆垛机等自动化设备，使用计算机控制，是一种发达国家普遍采用的先进仓库，可实现机械化和自动化操作。

（4）散装仓库。散装仓库是指专门保管散粒状或粉状物资的容器式仓库，如谷物、饲料、水泥等颗粒状、粉状货物的保管。散装货物的进出效率很高，可以配备空气输送等特殊装置。此类仓库大多是混凝土结构。

（5）罐式仓库。罐式仓库是指以各种罐体为储存库的大型容器型仓库。

5. 按照仓库选址分类

（1）内陆仓库。在内陆部分地区建造的仓库称为内陆仓库。

（2）港口仓库。港口仓库与内陆仓库相对应，是指为了保管进出口货物在海港、空港附近而建立的仓库。

（3）枢纽站仓库。为了发展现代化运输，把货运枢纽站和仓库集中在一起，在流通业务集散地建造的仓库称为枢纽站仓库。

（二）仓库的功能

仓库的一个最基本的功能就是存储物资，并对存储的物资实施保管和控制。但随着对仓库概念的深入理解，人们发现仓库还担负着物资处理、流通加工、物流管理和信息服务等功能，其含义远远超出了单一的储存功能。

以系统的观点来看待仓库，仓库应该具备以下几个功能。

（1）储存和保管。仓库用于储存物品，并根据储存物品的特性配备相应的设备，以保持储存物品的完好性。例如，储存精密仪器的仓库，需防潮、防尘、恒温，因此应设立空调等恒温设备；储存挥发性溶剂的仓库，必须设有通风设备，以防止空气中挥发性物质含量过高而引起爆炸。在仓库作业时，还有一个基本要求，那就是要防止搬运和堆放时碰坏、压坏物品，从而要求搬运机具和操作方法的不断改进和完善，使仓库真正起到储存和保管的作用。

（2）调节供需。创造物资的时间效用是物流的基本职能之一，它是由物流系统中的仓库来完成的。现代化大生产的形式多种多样，从生产和消费的连续性来看，每种产品都有不同的特点，有些产品的生产是均衡的，而消费是不均衡的，还有一些产品的生产是不均衡的，而消费却是均衡的。要使生产和消费协调起来，就需要仓库来起"蓄水池"的调节作用。

（3）调节货物运输能力。各种运输工具的运输能力是不一样的。船舶的运输能力很大，海运船一般是万吨级，内河船舶也有几百吨至几千吨的。火车的运输能力较小，每节车皮能装运 30~60 吨，一列火车的运量最多可达几千吨。汽车的运输能力很小，一般每辆车能装 4~10 吨。它们之间的运输衔接是很困难的，这种运输能力的差异，也是通过仓库进行调节和衔接的。

（4）流通配送加工。现代仓库的功能已处在由保管型向流通型转变的过程之中，即仓库从储存、保管货物的中心向流通、销售的中心转变。仓库不仅要有储存、保管货物的设备，而且要增加分拣、配套、捆装、流通加工、信息处理等设施。这样既扩大了仓库的经营范围，提高了物资的综合利用率，又方便了消费，提高了服务质量。

（5）信息传递。伴随着以上功能的改变，导致了仓库对信息传递的要求。在处理与仓储活动有关的各项事务时，需要依靠计算机和互联网，通过 EDI 和条形码等技术来提高仓储物品信息的传递速度，及时而又准确地了解仓储信息，如仓库利用水平、进出库的频率、仓库的运输情况、顾客的需求及仓库人员的配置等。

（6）产品生命周期的支持。根据美国物流管理协会 2002 年 1 月发布的定义：物流是在供应链运作中，以满足客户要求为目的，对货物、服务和相关信息在产出地和销售地之间实现高效率和低成本的正向和逆向的流动与储存而进行的计划执行和控制的过程。可见现代物流包括了产品从"生"到"死"的整个生产、流通和服务过程。因此，仓储系统能对产品生命周期提供支持。

随着强制性质量标准的贯彻和环保法规约束力度的加大，制造商和配送商要负责进行包装材料的回收，这必然导致退货和再循环回收等逆向物流的产生。逆向物流与传统供应链方向相反，是要将最终顾客持有的不合格产品、废旧物品回收到供应链中的各个节点。作为供应链中的重要一环，仓库在逆向物流中又承担了退货管理中心的职能，负责及时确定问题商品，通知所有相关方面，发现退回商品的潜在价值，为企业增加预算外或抢救性收入。

（三）自动化立体仓库

自动化仓库，是指由电子计算机进行管理和控制，不需要人工搬运作业，而实现收发自动化作业的仓库。立体仓库是指采用高层货架以货箱或托盘储存货物，用巷道堆垛机及其他机械进行作业的仓库，将上述两种仓库的作业结合的仓库称为自动化立体仓库（图 5-4）。自动化立体仓库是实现高效率物流和大容量储藏的关键系统，在现代化生产和商品流通中具有举足轻重的作用。

图 5-4　自动化立体仓库

　　立体仓库是第二次世界大战之后生产和技术发展的结果。20 世纪 50 年代初，美国出现了采用桥式堆垛机的立体仓库；20 世纪 50 年代末、60 年代初出现了司机操作的巷道式堆垛机立体仓库；1963 年美国率先在高架仓库中采用计算机控制技术，建立了第一座由计算机控制的立体仓库。此后，自动化立体仓库在美国和欧洲国家得到迅速发展，并形成了专门的学科。20 世纪 60 年代中期，日本开始兴建立体仓库，并且发展速度越来越快，成为当今世界上拥有自动化立体仓库最多的国家之一。我国对立体仓库及其物料搬运设备的研制并不晚，1963 年研制成第一台桥式堆垛机（机械部北京起重运输机械研究所），1973 年开始研制我国第一座由计算机控制的自动化立体仓库（高 15 米，机械部北京起重运输机械研究所负责），该库 1980 年投入运行。到目前为止，我国自动化立体仓库数量已超过 200 座。立体仓库由于具有很高的空间利用率、很强的入出库能力、采用计算机进行控制管理而有利于企业实施现代化管理等特点，已成为企业物流和生产管理不可缺少的仓储技术，越来越受到企业的重视。

　　自动化立体仓库应用范围很广，几乎遍布所有行业。在我国，自动化立体仓库应用的行业主要有机械、冶金、化工、航空航天、电子、医药、食品加工、烟草、印刷、配送中心、机场、港口等。

　　自动化立体仓库的优越性主要有以下几个方面。

1. 提高空间利用率

　　早期立体仓库的构想基本出发点就是提高空间利用率，充分节约有限且宝贵的土地。在西方有些发达国家，提高空间利用率的观点已有更广泛深刻的含义，节约土地，已与节约能源、环境保护等更多的方面联系起来，有些甚至把空间的利用率作为系统合理性和先进性考核的重要指标来对待。

　　立体仓库的空间利用率与其规划紧密相连。一般来说，自动化立体仓库的空间利用率为普通平房仓库的 2~5 倍。

2. 便于形成先进的物流系统，提高企业生产管理水平

　　传统仓库只是货物储存的场所，保存货物是其唯一的功能，是一种"静态储存"。自动化立体仓库采用先进的自动化物料搬运设备，不仅能使货物在仓库内按需要自动存取，而且可以与仓库以外的生产环节进行有机的连接，并通过计算机管理系统和自动化物料搬运设备使仓库成为企业生产物流中的一个重要环节。企业外购件和自制生产件进入自动化仓库储存是整个生产的一个环节，短时储存是为了在指定的时间自动输出到下一道工序进行生产，从而形成一个自动化的物流系统，这是一种"动态储存"，也是当今自动化仓库发展的一个明显的技术趋势。

　　以上所述的物流系统又是整个企业生产管理大系统（从订货、必要的设计和规划、计划编制和生产安排、制造、装配、试验、发运等）的一个子系统，建立物流系统与企业大系统间的实时连接，是自动化立体仓库发展的另一个明显的技术趋势。

二、配送中心

配送中心是一种多功能、集约化的物流据点，是一种新兴的经营管理形态。现代化的配送中心把订货、收货、验货、仓储、装卸搬运、拣选、分拣、流通加工、配送、结算、信息处理等作业有机地结合起来。通过发挥配送中心的各种功能，可以压缩企业的库存费用，提高企业的服务水平，以及降低整个系统的物流成本。

（一）配送中心的概念

配送中心是一种以组织配送性销售或供应，执行实物配送为主要职能的末端物流节点设施，通过有效地组织配货和送货，资源的终端配置得以完成。

《物流手册》将配送中心定义为："配送中心是从供应者手中接受多种大量的货物，进行包装、分类、保管、流通加工和信息处理等作业，然后按照众多需要者的订货要求备齐货物，以令人满意的服务水平进行配送的设施。"

知识连接：国家标准《物流术语》中关于物流中心与配送中心的定义

物流中心是从事物流活动的具有完善的信息网络的场所或组织，应基本符合下列要求：①主要面向社会提供公共物流服务；②物流功能健全；③辐射范围大；④存储、吞吐能力强，能为转运和多式联运提供物流支持；⑤对下游配送中心提供物流服务。

配送中心是从事配送业务具有完善的信息网络的场所或组织，应基本符合下列要求：①主要为特定的用户服务；②配送功能健全；③辐射范围小；④多品种、小批量、多批次、短周期；⑤主要为末端客户提供配送服务。

（二）配送中心的分类

配送中心是一种新兴的经营管理形态，具有满足少量多样的市场需求及降低流通成本的作用。但是，由于建造背景不同，配送中心的功能、构成和运营方式就有很大区别，因此在配送中心规划时应充分注意配送中心的类别及其特点。

1. 根据配送中心的主体分类

（1）制造商型配送中心。这是以制造商为主体的配送中心，货物全部由自己生产制造，用以降低流通费用、提高售后服务质量和及时地将预先配齐的成组元器件运送到规定的加工和装配工位。这种配送中心从货物开始制造到生产出来，条形码和包装的配合等多方面都较容易控制，所以按照现代化、自动化的配送中心设计比较容易，但不具备社会化的要求。

（2）批发商型配送中心。这是由批发商或代理商所成立的，以批发商为主体的配送中心。批发是货物从制造商到消费者手中的传统中间环节之一，一般是按部门或货物类别的不同，把各个制造商的货物集中起来，然后以单一品种或搭配向消费地的零售商配送。这种配送中心的货物来自各个制造商，其重要活动是对货物进行汇总和再销售，而它的全部进货和出货都是社会性配送，社会化程度高。

（3）零售商型配送中心。这是由零售商向上整合所成立的，以零售业为主体的配送中心。零售商发展到一定规模后，可建立自己的配送中心，为专业零售店、超级市场、百货商店、建筑商场等服务，其社会化程度介于前两者之间。

（4）专业物流配送中心。这是以第三方物流企业为主体的配送中心。它有很强的运输配送能力，地理位置优越，可迅速将到达的货物配送给用户。它为制造商或供应商提供物流服务，而配送中心的货物仍属于制造商或供应商所有，配送中心只是提供仓储管理和运输配送服务。这种配送中心的现代化程度往往较高。

2. 根据配送区域的范围分类

（1）城市配送中心。这是以城市为配送范围的配送中心，由于城市范围一般处于汽车运输的经济里程，这种配送中心可直接配送到最终用户，且采用汽车进行配送。城市配送中心往往和零售经营相结合，由于运距短，反应能力强，因而从事多品种、少批量、多用户的配送较有优势。我国已建的"北京食品配送中心"就属于这种类型。

（2）区域配送中心。这是以较强的辐射能力和库存准备，向省（自治州）际、全国乃至国际范围的用户配送的配送中心。这种配送中心配送规模较大，一般而言，用户也较多，配送批量也较大，往往是配送给下一级的城市配送中心，或者配送给营业所、商店、批发商和企业用户，虽然也从事零星的配送，但不是主体形式。这种类型的配送中心在国外十分普遍。

3. 根据配送中心的功能分类

（1）储存型配送中心。这是一类具有强大的储存功能的配送中心。其主要目的是满足以下三个方面的需要而建造的：一是企业在销售产品时，难免会出现生产滞后的现象，要满足买方市场的需求，客观上需要一定的产品储备；二是在生产过程中，生产企业也要储备一定数量的生产资料，以保证生产的连续性并应付急需；三是配送的范围愈大、距离愈远，或者满足即时配送的需要时，客观上也要求储存一定数量的商品。可见储存型配送中心是为了保障生产和流通得以正常进行而出现的。其特点是储存仓库规模大、库型多、存储量大。

（2）流通型配送中心。它包括通过型配送中心和转运型配送中心，基本上没有长期储存功能，是仅以暂存或随进随出方式进行配货、送货的配送中心。这种配送中心的典型方式是：大量货物整体购进并按一定批量送出，采用大型分货机，进货时直接进入分货机传送带，分送到各客户货位或直接分送到配送用的汽车上，货物在配送中心里仅作少许停留。

（3）加工型配送中心。这是以流通加工为主要业务的配送中心。从提高原材料利用率、提高运输效率、方便用户等多重目的出发，许多材料都需要配送中心的加工职能，如食品加工配送中心、生产资料加工配送中心等。

（三）配送中心的功能

1. 采购功能

配送中心采购所要供应配送的商品，才能及时准确无误地为其用户即生产企业或商业企业供应物资。配送中心应根据市场的供求变化情况，制订并及时调整统一的、周全的采购计划，并由专门的人员与部门组织实施。

2. 集货功能

配送中心必须按照客户需要，就客户所需货物的规模和数量进行备货，特别是多品种、小批量的配送。由于各客户的要求不同，配送中心必须提前做好相应的计划，并统一部署。

3. 储存功能

配送中心的服务对象是生产企业和商业网点，如连锁店和超市，其主要职能就是按照用户的要求及时将各种配装好的货物送交到用户手中，满足生产需要和消费需要。为了顺利有序地完成向用户配送货物的任务，更好地发挥保障生产和消费需要的作用，通常，配送中心都建有现代化的仓储设施，如仓库、堆场等，储存一定量的商品，形成对配送的资源保证。某些区域性大型配送中心和开展"代理交货"配送业务的配送中心，不但要在配送货物的过程中存储货物，而且它所存储的货物数量更大、品种更多。

4. 分拣功能

配送中心所面对的用户众多，用户对所需商品的品种、规格、数量及送达时间等方面的要求差异很大。为了能够满足用户多样化的需求，配送中心必须采取适当的方法，通过分拣作业从现有的存货中拣选出用户所需要的商品，完成用户所需商品的配货工作，为送货做好准备，以满足用户的不同需要。分拣功能体现了配送中心"配"的精髓，是配送中心高水平物流服务的体现，是配送中心与普通仓库的主要区别，也是配送中心的主要功能。

5. 流通加工功能

为了扩大经营范围和提高配送水平，许多配送中心都配备有各种加工设备，由此形成了一定的加工能力。按照用户的要求与合理配送的原则，将组织进来的货物加工成一定规格、尺寸和形状，既大大方便了客户，省却了客户不少烦琐的劳作，也有利于提高资源利用率和配送效率。

6. 送货功能

送货是配送中心最后实现的职能，配送中心需在其服务范围内，准时地把准确数量的商品送达客户，为了减少客户的库存或零库存，运送是多频次的。这就需要配备相应的运输设备及运输前后的装卸设备，这是良好快捷服务的重要保证之一。

7. 信息处理功能

配送中心连接物流干线和配送，直接面对着产品的供需双方，因此，配送中心还具备情报功能，以协调各个环节的作业，协调生产和消费。配送中心不仅连接实物，还进行信息的传递和处理，包括在配送中心的信息生成和交换等。为提高作业效率，减少作业失误，配送中心往往配置先进的信息设备，以提高信息处理能力。

第二节　仓储与配送集装设备

一、仓储与配送集装设备概述

在物流过程中，物品要经过包装、运输、装卸和储存等基本作业环节，需要通过货物单元化和标准化实现装卸作业的机械化、自动化，提高仓储的作业速度和物流质量与效益。通过把杂货、粮食、饮料、食盐、食糖、饲料等散装货物、外形不规则的货物组成标准的运输单元和仓储单元，实现集装化，从而将各项作业连贯起来，提高仓储作业的效率。

标准化是实现物流中各个环节的协调配合，减少物品损失损坏，提高物流效率的前提。进入仓库的货物大致可以分为零星货物、散装货物与集装货物三类。在这三类货物中，零星货物、散装货物都难以实现操作及处理的标准化。散装货物在物流过程中始终是一个集装化的基本单位，其形态在装卸、运输、保管过程的各个阶段基本上不会发生变化，经过专门的包装处理，可建立标准化体系。其标准化作业的难度要小于常见的零星货物。零星货物只有在特定条件下，如采用托盘、物流箱后才可以向标准化靠拢。

货物的集装单元化是实现物流标准化的有效方式。在仓储与配送过程中，通过集装单元化，提高货物与货架结构、仓库站台、装卸机具、装卸场所、保管设施、包装尺寸等的配合。

二、物流容器

物流容器或货箱是工厂、企业、商业等部门用来盛放小型物料，以供人工或机具搬运的常见器具。

物流容器的结构应便于互相堆码、折叠或相互套叠，以利于回空及堆码。其中折叠式的物流箱折叠后的体积只有原体积的1/4，具有重量轻、占地少、组合方便等优点。斜插式带盖物流箱在空箱的时候具有可互相插入堆放的特点，从而节约 57%的堆放空间，特别是在空箱摆放、运输过程中可大大减少空间，节约成本。图5-5展示了两种典型的物流容器。

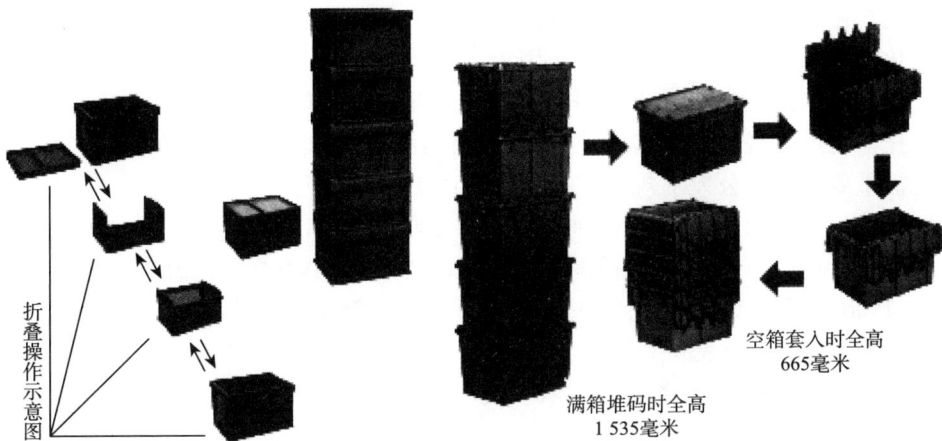

图 5-5　两种典型物流容器

物流容器按材质可分为木材、塑料、金属等容器，按容器的适用范围和有无存放结构可分为通用容器和专用容器两种。

通用容器是指各种尺寸均符合包装容器尺寸系列，容器内没有特殊存放结构的箱形容器。专用容器是指在容器内设有保证存放物定位、不磕碰的特殊存放结构（固定或可拆装）的容器。

专用容器又可按其存放结构方式分为：格板式，容器内部设有固定或拆装式格板，工件分格放置；架放式，容器内设有适应特定货物或工件搁放的支架；插放式，容器内设有特定孔板或插杆，以供工件插入定位；小车式，容器底部装有车轮，便于在台面或滑道上滚动。

三、托盘

托盘是一种便于机械化装卸、搬运和堆存货物的集装器具。

20 世纪 30 年代叉车出现在市场上以后，托盘首先在工业部门得到推广，成为叉车的一种附属装卸搬运器具，与叉车配套使用，以实现装卸搬运作业机械化。托盘是目前广泛采用的物流系统中最为重要的集装器具。

托盘作为仓储货物集装单元化的装载工具，可始终用机械装备如叉车等来装卸、搬运、保管货物。在这几个物流环节中，同一托盘连续使用，不需更换。如果托盘规格不统一，在各作业环节间不能通用与互换，势必会造成因更换托盘而增加人力、时间与资金投入，造成不必要的麻烦与浪费。因此要实行托盘化，必须做到托盘规格的统一。

1. 托盘的标准化

托盘标准化是实现托盘联运的前提，也是实现物流机械和设施标准化的基础及产品包装标准化的依据。托盘的规格尺寸与货架、运输车辆及集装箱的尺寸有制约关系。其主要技术参数有五个，即长度、宽度、总高度、叉孔高度和插口高度。

在确定物流系统各种设备的基本参数时，所选用的托盘规格是首先要考虑的因素。

其他设备的规格也要通过与托盘的规格匹配才能协调，从而提高物流系统的整体效率。托盘标准化在物流标准化中起到纽带作用。

由于世界各国使用托盘的历史不同，各国的托盘尺寸均有不同。为了达到国际联运的目的，托盘的尺寸规格应有国际统一标准，但目前还很难做到。根据 ISO6780《联运通用平托盘重要尺寸及公差》规定，托盘现有以下四个系列。

（1）1200 系列（1 200 毫米×800 毫米和 1 200 毫米×1 000 毫米）。1 200 毫米×800 毫米托盘也称欧洲托盘，它的应用范围最广；1 200 毫米×1 000 毫米托盘多用于化学工业。

（2）1100 系列（1 100 毫米×1 100 毫米）。这个尺寸系列是由发展较晚的国际集装箱最小内部宽度尺寸 2 330 毫米确定形成的。

（3）1140 系列（1 140 毫米×1 140 毫米）。这是对 1100 系列的改进，目的是充分利用集装箱内部空间。

（4）1219 系列（1 219 毫米×1 016 毫米或 48 英寸×40 英寸）。这是考虑北美国家习惯以英寸为单位制定的系列。

我国于 1982 年制定了联运平托盘外形尺寸系列的国家标准，将联运托盘即平托盘的平面尺寸定为 800 毫米×1 200 毫米、800 毫米×1 000 毫米和 1 000 毫米×1 200 毫米三种。

2. 托盘的种类

1）平托盘

（1）按台面分类。按承托货物台面分类，平托盘可分成单面型、单面使用型和双面使用型、翼型四种。

（2）按叉车叉入方式分类。按叉车叉入方式，平托盘可分为单向叉入型、双向叉入型、四向叉入型三种。若平托盘为四向叉入型，叉车可从四个方向进叉，因而叉车操作较为灵活。单向叉入型只能从一个方向叉入，因而在叉车操作时较为困难。

图 5-6 分别为不同台面和叉入方式的平托盘。

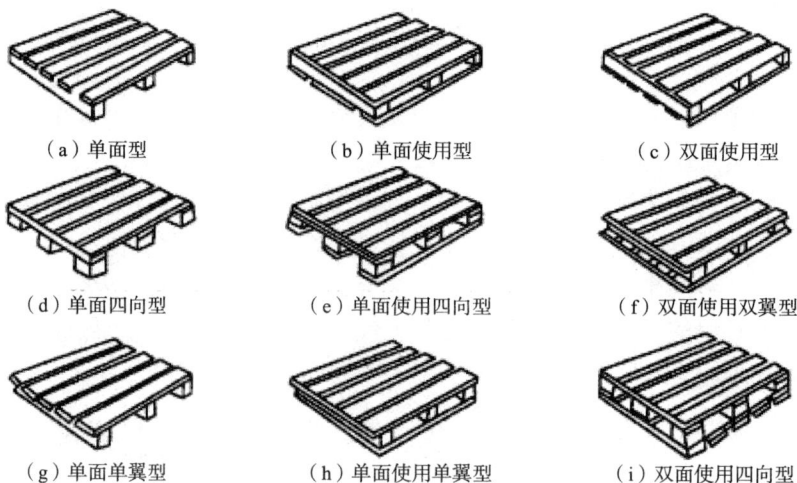

（a）单面型　　　　　　　（b）单面使用型　　　　　　　（c）双面使用型

（d）单面四向型　　　　　（e）单面使用四向型　　　　　（f）双面使用双翼型

（g）单面单翼型　　　　　（h）单面使用单翼型　　　　　（i）双面使用四向型

图 5-6　各种平托盘构造

（3）按材料分类，平托盘可分为木制平托盘、钢制平托盘、塑料制平托盘、胶板制平托盘。

木制平托盘制造方便，便于维修，本体也较轻，是使用广泛的平托盘。

钢制平托盘是用角钢等异型钢材焊接制成的平托盘，和木制平托盘一样，也有叉入型和单面、双面使用型等各种形式。钢制平托盘自身较重，比木制平托盘重，人力搬运较为困难。最近采用轻钢结构，最低重量可制成 35 千克的 1 100 毫米×1 100 毫米钢制平托盘，可使用人力搬移。钢制平托盘的最大特点是强度高，不易损坏和变形，维修工作量较小。钢制平托盘制成翼型平托盘有优势，这种托盘不但可使用叉车装卸，也可利用两翼套吊器具进行吊装作业。

塑料制平托盘，采用塑料模制平托盘，一般有双面使用型、双向叉入或四向叉入型三种形式，由于塑料强度有限，很少有翼型的塑料制平托盘。塑料制平托盘最主要的特点是本体重量轻，耐腐蚀性强，便于各种颜色分类区别。塑料制平托盘是整体结构，不存在被钉刺破货物的问题，但其承载能力不如钢制平托盘、木制平托盘。

胶板制平托盘是用胶合板钉制的平板型台面托盘，这种托盘质轻，但承重力及耐久性较差。

2）柱式托盘

柱式托盘的基本结构是托盘的四个角有固定式或可卸式的柱子，在此基础上，可将这种托盘从对角的柱子上端用横梁连接，使柱子构成门框型，如图 5-7 所示。柱式托盘的柱子部分可用钢材制成，按柱子固定与否分为柱式、可卸柱式、可套叠式、折叠式等。

图 5-7　柱式托盘

柱式托盘的主要作用有两个：一是防止托盘上所置货物在运输、装卸等过程中发生塌垛；二是利用柱子支撑重量，可以将托盘上部货物悬空载堆，而不用担心压坏下部托盘上的货物。

3）箱式托盘

箱式托盘的基本结构是由沿托盘四个边有板式、栅式、网式等栏板和下部平面组成的箱体，有些箱体有顶板，有些箱体上没有顶板，见图 5-8。箱板有固定式、折叠式和可卸式三种。

图 5-8　箱式托盘

由于四周栏板不同，箱式托盘又有各种叫法，如四周栏板为栅栏式的也称笼式托盘或集装笼。箱式托盘的主要特点有二：其一，防护能力强，可有效防止塌垛，防止货损；其二，由于四周的栏板，这种托盘装运范围较大，不但能装运可堆码的整齐形状包装货物，也可装运各种形状不规则的散件。

4）轮式托盘

轮式托盘的基本结构是在柱式、箱式托盘下部装有小型轮子，见图 5-9。这种托盘不但具有一般柱式、箱式托盘的优点，而且可利用轮子做短距离运动，可不需搬运机械实现搬运，可利用轮子做滚上滚下的装卸，有利于装放车内、舱内后，移动其位置，所以轮式托盘有很强的搬运性。此外，轮式托盘在生产物流系统中，还可以兼做作业车辆。

图 5-9　轮式托盘

5）特种专用托盘

上述四种托盘都带有一定通用性，适于装多种中件和小件杂、散、包装货物。由于托盘制作简单、造价低，所以对于某些运输数量较大的货物，可按其特殊要求制造出装载效率高、装运方便的专用托盘。

（1）航空托盘。航空托盘是指航空货运或行李托运用托盘，一般采用铝合金制造，为适应各种飞机货舱及舱门的限制，一般制成平托盘，托盘上所载物品以网罩固定。

（2）平板玻璃集装托盘。平板玻璃集装托盘又称平板玻璃集装架。这种托盘能支撑和固定平板玻璃，在装运时，将平板玻璃顺着运输方向放置，以保持托盘货载的稳定性。平板玻璃集装托盘有若干种，使用较多的是 L 形单面装放平板玻璃托盘、单面进叉式托盘、A 形双面装放平板玻璃托盘、双向进叉托盘、吊叉结合式托盘及框架式双向进叉式托盘。

（3）油桶专用托盘。油桶专用托盘是专门装运标准油桶的翼型平托盘，托盘为双面型，两个面皆有稳固油桶的波形表面或侧挡板，油桶卧放于托盘上面，由于波形槽或挡板的作用，不会发生滚动位移，还可几层盛垛，解决了桶形物难堆高码放的困难，也方便了储存。

（4）货架式托盘。其结构特点为：一种框架型托盘，框架正面尺寸比平托盘稍宽，以保证托盘能放入架内；架的深度比托盘宽度窄，以保证托盘能搭放在架上；架子下部有四个支脚，形成叉车进叉的空间。货架式托盘叠高组合，便成了托盘货架，可将托盘货载送入内放置。货架式托盘也是托盘货架的一种，是货架与托盘的一体物。

（5）长尺寸物托盘。这种托盘专门用于装放长尺寸材料（图 5-10），叠高码放后便形成了组装式长尺寸货架。

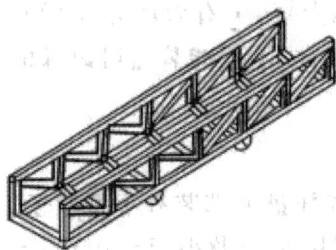

图 5-10　长尺寸物托盘

（6）轮胎专用托盘。轮胎本身有一定的耐水、耐蚀性，因而在物流过程中无须密闭，且本身很轻，装放于集装箱中不能充分发挥箱的载重能力。其主要问题是储运时怕压、挤，采用轮胎专用托盘是一种很好的选择。

3. 物流容器系列与托盘

物流容器一般集装在通用平托盘或柱式托盘上，用机械搬运；也可将物流容器集装于专用手推车上，或直接使用输送机等运输设备进行搬运。因此，物流容器尺寸应成系列，且与托盘尺寸有关。根据物流标准化的配合性原则，物流容器的长和宽应根据物流集装模数确定。图 5-11 表示了基于物流集装模数的托盘尺寸与物流容器尺寸系列的配合关系。

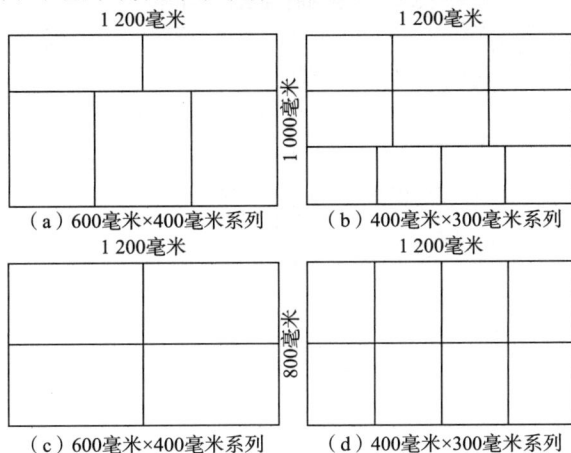

图 5-11　托盘与物流容器的组合

第三节　储存设备

一、货架概述

货架是专门用来存放成件物品的保管设备。货架在仓库中占有非常重要的地位，随着物流量的大幅度增加，为实现仓库的现代化管理，改善仓库的功能，不仅要求货架数量多，而且要求货架功能多，并能实现机械化和自动化。货架在现代物流活动中，起着相当重要的作用，仓库管理实现现代化，与货架的种类、功能有直接的关系。

1. 货架的定义

在仓库设备中，货架是指专门用于存放成件物品的保管设备。货架是由立柱片、横梁和斜撑等构件组成的，是用于存放货物的结构件。

2. 货架的作用与功能

货架具有以下作用和功能。

（1）货架是一种架式结构物，可充分利用仓库空间，提高库容利用率，扩大仓库储存能力。

（2）存入货架中的货物，互不挤压，物资损耗小，可完整保证物资本身的功能，减少货物的损失。

（3）货架中的货物，存取方便，便于清点及计量，可做到先进先出。

（4）保证货物的质量，可以采取防潮、防尘、防盗、防破坏等措施，以提高物资存储质量。

（5）很多新型货架的结构及功能有利于现代仓库的机械化及自动化管理。

货架储存的优势和不足见表5-1。

表5-1　货架储存的优势和不足

货架储存的优势	货架储存的不足
（1）充分利用库房高度，消灭或降低蜂窝率，提高仓容利用率 （2）每一货格都可以任意存取，货物品类的可选拣率达100% （3）货物不受上层堆叠的重压，特别适宜于怕压易碎商品 （4）便于机械化和自动化操作 （5）便于实行"定位储存"和计算机管理	（1）设备投资费用较高 （2）必须配备相应配套装卸搬运设施和托盘等集装单元器具 （3）货架设备相对固定，机动灵活性较差 （4）货架每排间必须留出走道，如使用叉车等装卸机具，走支道较大，有时反而降低仓容利用率

二、典型货架

1. 重力式货架

重力式货架是指物品从有坡度的高端存入，物品靠重力沿无动力辊杠滑道下滑，低端取货，如图 5-12 所示，可实现先进先出作业，达到提高工效的目的。由普通货架改为重力式货架后，仓库面积可节省近 50%。

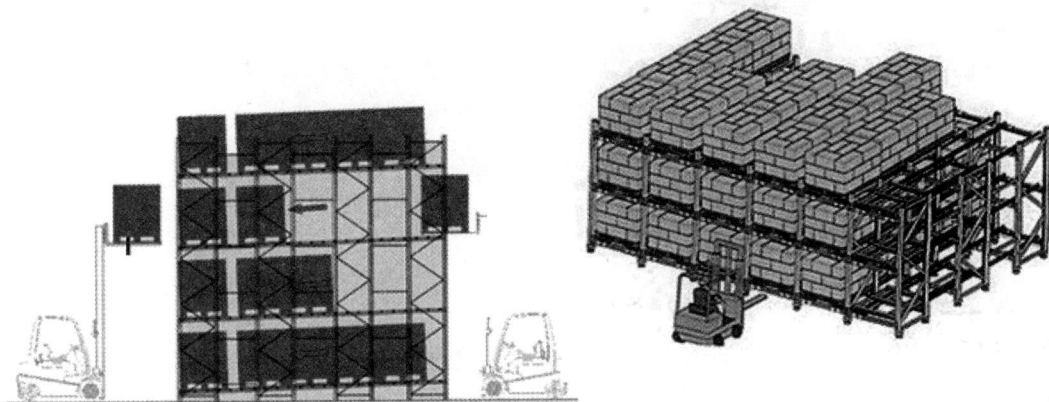

图 5-12 重力式货架示意图

重力式货架的特点是每一个货格就是一个具有一定坡度的滑道。由叉车或堆垛机装入滑道的货物单元能够在重力作用下，自动地由入库端向出库端滑动，直到滑道的出库端碰上滑道上的已有货物单元停住为止。位于滑道出库端的第一个货物单元取走之后，在它后面的各货物单元便在重力作用下依次向出库端移动一个货位。

重力式货架的滑道根据滑动原理和结构的不同，可分为滚道式、气囊式和气膜式三种。为防止货物单元滑到出库端时与端挡或与前面货物产生冲击和碰撞，在滚道式滑道上一般每隔一定距离要安装一个限速器，降低货物单元的滑行速度从而减少碰撞时所产生的冲击力。同时，为保证出货作业的顺利完成，在出货端都设有停止器。气囊式和气膜式滑道则是通过脉冲式充气和放气，完成货物单元在滑道上时动时停，从而保证货物以平稳的速度滑到出库端。

重力式货架的优点是能充分利用仓库的面积，但滑道越长货架下的"死角"也越大，从而造成仓库的库容不能充分利用。由于重力式货架的进货端和出货端分在不同区域，对货架进行补货时不会影响货物的出货，所以在配送仓库的分拣区及工厂装配车间中应用广泛。

2. 悬臂式货架

悬臂式货架如图 5-13 所示，又称树枝形货架，由中间立柱向单侧或双侧伸出悬臂而成。悬臂可以是固定的，也可以是可调节的，一般用于储存长货物、大件货物和不规则货物，如圆钢、型钢、木板和地毯等，其前伸的悬臂具有结构轻巧、载重能力好的特点。如果在其上增加隔板，特别适合空间小、高度低的库房，一般高度在6米以下为宜，空间利用率低，为 35%~50%。此种货架可采用起重机起吊作业，也可采用侧面叉车或长料堆垛机作业。

图 5-13　悬臂式货架

3. 贯通式货架

贯通式货架（图 5-14）具有在相同的空间内比通常的托盘货架几乎多一倍的储存能力，因为取消位于各排货架之间的巷道，将货架合并在一起，使同一层、同一列的货物互相贯通，托盘或货箱搁置于由货架立柱伸出的悬壁横梁上，叉车或起重机可直接进入货架每列存货道内。对于必须强调先入先出的货物，在通道一端由一台入库起重机将货物单元装入通道，而在另一端由出库起重机取货，依次取完为止，再入货。

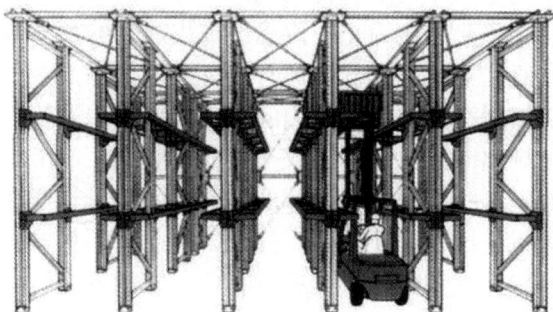

图 5-14　贯通式货架

4. 阁楼式货架

阁楼式货架是在场地有限的情况下，为了有效地利用空间，以货架为支撑，再搭一层阁楼增加储存面积，根据需要上层可树立货架或直接应用平台，利用叉车或垂直输送提升货物，阁楼上一般采用轻型搬运设备作业，存放储存期较长而且较轻的货物。

5. 旋转式货架

旋转式货架操作简单，存取作业迅速，适用于制造业中电子组件、精密机械等小批量、多品种、小物品的储存及管理。货架转动的速度很快，可以达到 30 米/分的速度。旋转式货架的存取效率很高，通过计算机控制实现自动存取和自动管理，其计算机快速检索功能可迅速寻找储位，快捷拣货，储存物可以是纸箱、包、小件物品，取料口高度符合人体工程学，适合操作人员长时间作业。由于旋转式货架可适用于各种空间配置，存取入出口固定，因此，空间利用率较高。

旋转式货架一般有水平旋转和垂直旋转两种形式，如图 5-15 所示。

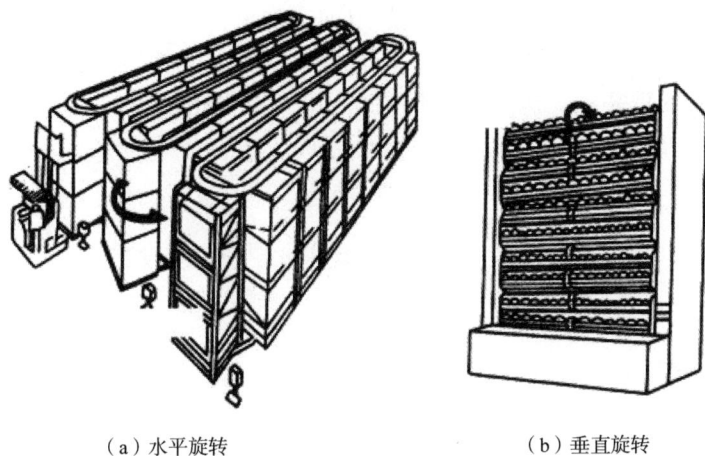

（a）水平旋转　　　　　　　　　　　　　（b）垂直旋转

图 5-15　旋转式货架

　　水平旋转式货架又分一台电动机驱动和多台电动机驱动两种形式。用一台电动机驱动的方式是把上下各层货物连在一起，实现水平方向旋转的自动旋转货架。另外一种水平方向旋转的自动旋转货架是各层均有一台电动机启动，可实现各层独立转动。

　　垂直旋转式货架的原理与水平旋转式货架大致相同，只是旋转方向垂直于水平面，充分利用了上部空间。

6. 移动式货架

　　移动式货架将货架本体放置在轨道上，在底部设有行走轮或驱动装置，靠动力或人力驱动使货架沿轨道横向移动，如图 5-16 所示。因一组货架只需一条通道，大大减少了货架间的巷道数，所以在相同的空间内，移动式货架的储货能力要比货格式货架高得多。在不进行出入库作业时，各货架之间没有通道相隔，紧密排列，全部封闭，并可全部锁住，可确保货物安全，同时又可防尘、防光；当进行存取货物时，可以使货架移动，使相应的货架开肩成为人员或存取设备的通道。

图 5-16　移动式货架

为了减小运行阻力，移动式货架一般采用钢轮支承，在钢轨上移动。对于载重较轻的或较矮的货架，可以采用人力驱动方式；对于载重较大的货架，必须采用动力驱动，并设置必要的安全保护装置。例如，在货架底部设缓冲停止器，一旦碰到障碍物，可以自动停止运动，避免挤伤滞留在通道内的分拣人员。

第四节　仓储与配送装卸搬运设备

一、搬运设备

搬运车辆作业的目的是改变货物的存放状态和空间位置。

1. 手推车

手推车是一种以人力驱动为主，一般为不带动力（不包括自行）在路面上水平运输货物的小型搬运车辆的总称。其搬运作业距离一般不大于25米，承载能力一般在500千克以下。其特点是轻巧灵活、易操作、转弯半径小，是短距离输送较小、较轻物品的一种方便而经济的运输工具。

由于输送货物的种类、性质、重量、形状、道路条件等的不同，手推车的构造形式是多种多样的，手推车的选择首先应考虑货物的形状及性质。当搬运多品种的货物时，应考虑采用具有通用性的手推车，对单一品种的货物，则应选用专用性的，以提高搬运效率。

2. 简易叉式搬运车

简易叉式搬运车是一种轻小型的利用人力提升货叉的装卸、搬运设备，用于搬运装载在托盘上的货物。其货叉可以和4只滚轮做成一体，也可与滚轮分开。工作时，货叉插入托盘，上下摇动手柄，使液压千斤顶提升货叉，托盘或物流容器随之离地，然后用手动或电力驱动使之走行，待货物运到目的地后，踩动踏板，货叉落下，放下托盘。这种搬运车多用于仓库收发站台的装卸或车间内各工序间不需堆码的场合。简易叉式搬运车的转弯半径较小，其值取决于手柄的转动。简易叉式搬运车的运行道路要求平整度较好，否则影响安全提升高度、搬运效率和操作性。

3. 牵引车

牵引车俗称拖头，其特点是没有承载货物的平台，只能作为牵引工具，用来牵引挂车，不能单独运输货物。牵引车只在牵引时才和挂车连在一起，当挂车被拖到指定地点进行装卸货物后，牵引车就可脱开和挂车的连接，再去牵引其他挂车，从而提高了设备的利用率。采用牵引车—挂车方式搬运货物，在一定条件下比采用平板搬运车能获得更好的经济效果。牵引车的主要性能参数是它的牵引力，一般的蓄电池驱动的牵引车的牵引力可达15吨，柴油发动机驱动的牵引车的牵引力可达75吨。

4. 电瓶搬运车

与牵引车不同，电瓶搬运车有一个固定的承载平台，可载重运输，也可用做牵引。电瓶搬运车车体小且轻，动作灵活，使用时清洁卫生，适宜室内工作。但由于它无防爆装置，故不宜在易燃、易爆的场所下工作。由于蓄电池不能经受强烈振动，故要求电瓶搬运车在平坦的路面上行驶，行驶速度一般为 10 千米/时。

5. 叉车

叉车主要以货叉作为拣取货物的装置，一般依靠液压起升机构升降货物，靠轮胎实现货物的水平搬运，主要用于成件货物的装卸搬运。

叉车按举高能力，可分为低提升叉车（举高为 100~200 毫米）和高提升叉车（可达13 米）；按人员操作姿势，可分为步行式和坐立式；按动力方式，可分为手动叉车、内燃机叉车和电瓶叉车；按结构特点，可分为平衡重式叉车、插腿式叉车、前移式叉车、伸缩臂式叉车、侧面式叉车、拣选叉车和高架叉车等。

二、输送设备

仓储系统中搬运作业的集装单元化搬运最为普遍。所以，所用的输送机也以单元负载式输送机为主。

1. 重力式输送机

它是利用货物本身的重量或人力的作用，在倾斜的输送机上由上而下运动。输送机倾斜的坡度大小与滚动体转动的摩擦力、货物和滚动体的惯性及滑行速度的控制，特别是与货物的重量、包装材料和包装物底面的平整度有关。

重力式输送机根据滚动体不同，可分为以下三种。

（1）重力式滚轮输送机。为了使输送货物平稳，任何时候都要求每件货物至少有分布在三根轴的五个滚轮支持，可以组成直线式、转弯式和分支式三种形式。重力式滚轮输送机适用于输送有一定刚性的平底货物，不适宜输送底部挖空的容器，如图 5-17 所示。

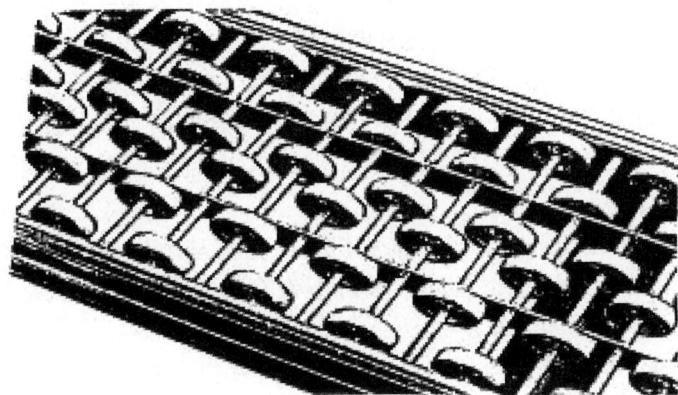

图 5-17　重力式滚轮输送机

（2）重力式滚珠输送机。重力式滚珠输送机是货物可自由地沿任意方向运动的输送机，适用于输送底部较硬的货物，使用时不需润滑，但不能在有灰尘的环境中使用。

（3）重力式滚筒输送机。重力式滚筒输送机的应用范围很广。一般不适合用重力式滚轮输送机输送的货物均可以采用重力式滚筒输送机，为保证输送货物的平稳，硬底货物至少需要三根滚筒支承，柔性物品至少需要四根以上滚筒支承。

2. 动力式输送机

（1）平带输送机。平带输送机既可以水平输送，又可以倾斜输送，倾斜的角度不大于15°，分为滑板式和滚筒式两种，适用于输送各种规则或不规则形状的货物，以及要求精确定位或者需要伸缩的场合。

（2）悬挂式输送机。这是一种空间封闭的运输系统，按照牵引车的驱动方式分为链条牵引式、螺杆驱动式、自行式和积放式四种。它能适应各种尺寸的对象，运送各种类型的物品，还可以采用如钩盘、斗、桶等各种附件。

（3）链条式输送机。这是以链条为传动组件及输送组件的输送机。输送机链条以导轨为依托，将货物以承托方式进行输送。

（4）辊子式输送机。它由一系列等间距排列的辊子组成，辊子转动呈主动状态，可严格控制物品的运行状态，按照规定的速度精确、平稳地输送物品，适用于有积储、分流、合流和分类等要求的场合。

三、堆码设备

1. 堆垛机的分类

堆垛机是专门用来堆码或者提升货物的机械，是立体仓库中最重要的起重运输设备，是代表立体仓库特征的标志。它的主要用途是在立体仓库的通道内运行，将位于巷道口的货物存入货格，或将货格中的货物取出，运送到巷道口。

堆垛机的分类方式很多，主要分类形式如下。

（1）按照有无导轨分类，堆垛机可分为有轨堆垛机和无轨堆垛机。有轨堆垛机是指堆垛机沿着巷道内的轨道运行；无轨堆垛机又称为高架叉车。在立体仓库中运用的主要作业设备有有轨巷道堆垛机、无轨巷道堆垛机与普通叉车。

（2）按照高度不同分类，堆垛机可分为低层型、中层型和高层型。低层型堆垛机一般起升高度在5米以下，主要用于分体式高层货架仓库以及简易立体仓库中；中层型堆垛机是指起升高度在5~15米；高层型堆垛机是指起升高度在15米以上，主要用于一体式的高层货架仓库中。

（3）按照自动化程度不同分类，堆垛机可分为手动、半自动和自动堆垛机。手动和半自动堆垛机上带有司机室，自动堆垛机不带有司机室，采用自动控制装置进行控制，可进行自动寻址、自动装卸货物。

（4）按照用途不同分类，堆垛机可分为桥式堆垛机和巷道式堆垛机。

2. 桥式堆垛机

桥式堆垛机具有起重机和叉车的双重结构特点，像起重机一样，具有桥架和回转小车。桥式堆垛机具有叉车的结构特点，即具有固定式或者可伸缩式的立柱，立柱上装有货叉或其他取物装置。

桥式堆垛机的货架和仓库顶棚之间需要有一定的空间，保证桥架的正常运行；立柱可回转，保证工作的灵活性。回转小车根据需要可以来回运行，因此桥式堆垛机可服务于多条巷道。桥式堆垛机主要适用于 12 米以下中等跨度的仓库，巷道的宽度较大，适于笨重和长大件物料的搬运和堆码。

3. 巷道式堆垛机

巷道式堆垛机主要由立柱、货叉、载货台、运行机构、升降机构和控制机构等组成。巷道式堆垛机沿货架仓库巷道内的轨道运行，使得作业高度提高。

巷道式堆垛机采用半自动和自动控制装置，运行速度和生产效率都较高；其只能在货架巷道内作业，因此要配备出入库装置。

巷道式堆垛机要求整机结构高且窄，金属结构要有足够的刚度和精度，还要求满足快速、平稳和准确三方面的要求。巷道式堆垛机须配备齐全的安全装置，并且在电气控制上采取一系列保护措施，对于自动控制的巷道式堆垛机尤其要这样。

4. 堆垛机器人

堆垛机器人在仓库中的主要作业是码盘、搬运、堆码和拣选，同时，在堆码过程中完成决策。货物被堆垛机器人运送到仓库中，通过人工或者机械化手段放到载货台上，放在载货台上的货物通过机器人将其分类，由于机器人具有智能系统，可根据货箱的位置和尺寸进行识别，将货物放到指定的输送系统上。堆垛机器人适合有污染、高温、低温等特殊环境和反复单调作业场合。

第五节　仓储分拣设备

一、分拣货架

以静止货架为基本元素构成的系统是一种常见的分拣系统，静止的分拣货架固定在地面上，货架可从上、下、左、右几个方向，将储存空间分开。分拣系统的补货可在备用货架范围内或重力式货架的进货处进行。

活动货架有流动货架和旋转货架两种，用在分拣系统中的活动货架多为旋转货架。利用计算机操纵控制旋转货架可将待选取的货位自动旋转到分拣人员的面前，使分拣人员完成拣货工作。为了提高分拣效率，减少分拣人员等待货物的时间，一般是将几个货架组成一个系统。

二、电子标签拣货系统

传统的人工分拣作业，分拣人员根据分拣单，逐项在货架区间来回穿梭寻找商品，以进行拣货。此种作业方式的效率与正确性往往有赖于分拣人员对于商品所在位置的熟悉度，以及对于分拣单上商品的品项与数量是否确切执行。近来由于信息技术突飞猛进，许多信息设备也被用来支援分拣作业，如条形码、无线通信系统、集成电路显示器等，其中电子标签拣货系统彻底改变了传统的分拣作业，亦称为无纸分拣作业。

电子标签拣货系统，如图5-18所示。其原理是在每一商品的储存架上安装有显示灯号，用以引导分拣人员至订单所需商品的所在位置。除了灯号外，在货架上还有数字显示器来显示该商品所需的数量。除商品数量显示器外，在每一个商品存放区中，还安装了显示器，用以确定该区应拣取的商品是否有遗漏；而店别显示器则用来显示当时作业订单所属的商店代号。

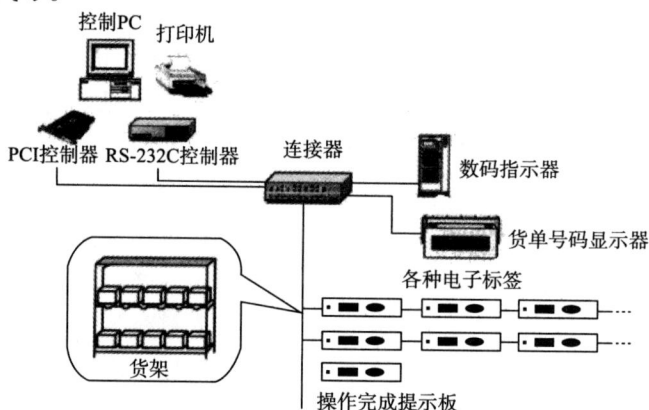

图 5-18　电子标签拣货系统

电子标签拣货系统的应用领域主要有：①连锁超市、百货商场的物流配送中心；②物流配送中心的冷冻仓库（－28℃）；③量贩式日配食品的配送分拣业务；④其他各类物流配送仓库；⑤制造业中多零部件产品的组装生产及零部件供应；⑥其他行业的类似业务处理作业。

利用显示器设备来引导作业人员进行分拣工作，能使分拣人员在最短的时间内，达到最高的拣货效率，使任何人不需特别的训练，即能立即免传票进行拣取。这样不仅能达到作业的单纯化、合理化，更可提高作业的效率与精确度。

三、自动分拣系统

自动分拣系统是第二次世界大战后在美国、日本的物流中心广泛采用的一种自动分拣系统，该系统目前已经成为发达国家大中型物流中心不可缺少的一部分，如图5-19所示。

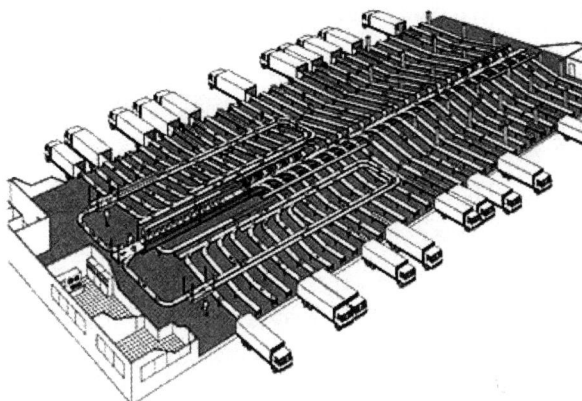

图 5-19　自动分拣系统

一般的物流中心每天要接收成百上千家供应商或货主通过各种运输工具送来的成千上万种商品，需在最短的时间内将这些商品卸下并按商品品种、货主、储位或发送地点进行快速准确的分类，并将这些商品运送到指定地点（如指定的货架、加工区域、出货站台等）。一旦当供应商或货主通知物流中心按配送指示发货，自动分拣系统要在最短的时间内从庞大的高层货架存储系统中准确找到要出库的商品所在位置，并按所需数量出库，将从不同储位上取出的数量各异的商品按配送地点的不同运送到各自的理货区域或配送站台集中，以便装车配送。这些工作都需自动分拣系统来完成。

1. 自动分拣系统的特点

（1）能连续、大批量地分拣货物。自动化分拣系统不受气候、时间、人的体力等限制，可以连续运行，因此自动分拣系统能力比人力具有无可比拟的优势。

（2）分拣误差率极低。自动分拣系统的分拣误差率大小主要取决于所输入分拣信息的准确性，而这又取决于分拣信息的输入机制。如果采用人工键盘或语音识别方式输入，则误差率在 1%以上；如果采用条形码扫描输入，除非条形码印刷本身错误，否则不会出错。目前，自动分拣系统主要采用条形码技术来识别货物。

（3）分拣作业基本实现无人化。建立自动分拣系统的目的之一是减少人员的使用，减轻员工的劳动强度，提高工作效率，因此自动分拣系统能最大限度地减少人员的使用，基本做到无人化。

2. 自动分拣系统的组成

一个完整的自动分拣系统由设定装置、识别控制装置、自动分拣装置、输送装置和分拣道口等几大部分组成。它们通过计算机网络连接，在计算机系统的控制下运作。

（1）设定装置。设定装置是在货品的外包装上贴上或打印上标签，标签上的代码表明货品的品种、规格、数量、货位、货主等信息。根据标签上的代码，在货品入库时，可以表明入库的货位，在输送货品的分叉处，可以正确引导货品的流向，堆垛机可以按照代码把货品存入指定的货位。当货品出库时，标签可以引导货品流向指定的输送机的分支上，以便集中发运。设定装置种类很多，在自动分拣机上可以使用条形码、光学字符码、无线电射频码、音频码等。其中，条形码是国际通用码，应用极为广泛。

（2）识别控制装置。识别控制装置的作用是接收、识别和处理分拣信号，根据分拣信号的要求指示自动分拣装置对货品进行分拣。分拣信号通过磁头识别、光电识别或激光识别等多种方式输入分拣控制系统中，分拣控制系统根据对这些分拣信号的判断，决定哪一种货品该进入哪一个分拣道口。

（3）自动分拣装置。自动分拣装置根据识别控制装置传来的指令，对货品进行分拣，在指定位置将货品推离主输送带，并输送到预定的输送机分支或倾斜滑道上去，完成货品的分拣输送。

（4）输送装置。输送装置的主要组成部分是输送带或传输机，其主要作用是使待分拣货品通过识别控制装置和自动分拣装置。在输送装置的两侧，一般要连接若干分拣道口，使分拣后的货品滑离主输送机，以便完成后续作业。

（5）分拣道口。分拣道口是已分拣货品脱离主输送机（或主传送带）进入集货区域的通道，一般由钢带、皮带、滚筒等组成滑道，使商品从主输送装置滑向集货站台，在那里工作人员将货品集中，或是入库储存，或是组配装车并进行配送作业。

3. 自动分拣系统工作过程

自动分拣系统的工作过程大致可分为汇流、分拣识别、分拣与分流、分运四个阶段。

（1）汇流。货品进入分拣系统，可用人工搬运方式或机械化、自动化搬运方式，也可以通过多条输送线送入分拣系统。经过汇流逐步将各条输送线上输入的货品合并于一条汇集输送机上；同时，对商品在输送机上的方位进行调整，以适应分拣识别和分拣操作的要求。汇集输送机具有自动停止和启动的功能，如果前端分拣识别装置偶然发生事故，或货品和货品之间联结在一起，或输送机上货品满载时，汇集输送机就会自动停止，恢复正常后又能够自动启动，这是一种缓冲保护功能。

（2）分拣识别。在分拣识别段，激光扫描器对货品上的条形码进行扫描，以获取货品分拣信息，并将其输入计算机。激光扫描器的扫描处理速度很快，但受输送机速度和分拣动作的限制，货品之间必须保持一个限定的最小的间距，即使是高速分拣机也是如此。当前计算机和程序控制器已经能将这个间距减少到只有几英寸。

（3）分拣与分流。货品离开分拣识别装置后在分拣输送机上移动时，计算机根据不同的货品分拣信号计算出移动时间，当货品行走到指定的分拣道口时，该处的分拣机构自行启动，将货品排离主输送机进入分流滑道排出。

（4）分运。分运是分拣出的货品离开主输送机，再经过滑道到达分拣系统的终端的过程。分运所经过的滑道一般是没有动力的，靠货品的自重从主输送机上滑下。在各滑道的终端，由作业人员将货品搬进物流容器或搬上车辆。

知识链接：分拣机器人

20 世纪 70 年代人们就用超声波检查挑拣变质的蔬菜和水果，但对外表不易觉察的烂土豆则无能为力。英国人曾研究了遥控机械系统，通过在电视屏幕上看土豆，只需用指示棒碰一下烂土豆图像，专门的装置便可以把烂土豆挑拣出来扔掉，但这种机器离开人就不能工作。后来专家发现，土豆良好部分和腐烂部分对红外线反射是不同的，于是发明用光学方法挑拣土豆。土豆是椭圆体，为了能够观察到土豆的各个部位，机器人具备了传感器、物镜和电子-光学系统。一个小时它就可以挑拣 3 吨土豆，可以代替 6 名挑拣工人的劳动，工作质量大大超过人工作业。

现在自动分拣机器人已得到广泛的应用。日本研制的西红柿分选机每小时可分选出成百上千个西红柿。日本研制的苹果自动分送机，每分钟可选 540 个苹果，根据颜色、光泽、大小分类，并送入不同容器内。日本研制的自动选蛋机，每小时可处理 6 000 个蛋。

第六节　仓库附属设施设备

一、仓库附属设施

仓库除以上设施外，还有一些辅助性设施，主要有通风设施、照明设施、取暖设施、提升设施（电梯等）、地磅（车辆衡、轨道衡）以及避雷设施等。这里主要介绍仓库站台、通风设施、照明设施及取暖设施。

1. 仓库站台

仓库站台是仓库衔接各种运输车辆的固定设施，是实现仓库高效运转的一个至关重要的环节。影响站台设计的因素有很多，主要包括运输车辆的外形尺寸、货物出入库的频率、装卸货物的方式方法、货物的安全性要求及对于环境的温控要求等。其高度一般为 1.2~1.4 米，其宽度要保证两人带货能相向通行，并保证库门打开时不碰到车辆，一般要求为 4 米。

2. 通风设施

通风设施是使库内空气清洁，防止高温和不良气体影响的设施。根据通风方式的不同，我们可以采用自然通风和人工通风两种。

自然通风靠库内外温湿度的差异来实现空气交换，人工通风利用专门设置的通风装置，强迫库内库外进行空气交换。

3. 照明设施

为便于库房内作业以及夜间作业，仓库应设置照明设施。仓库的照明设施可以分为天然照明和人工照明两种。

天然照明通过库门和库窗采光，来满足库内照明的需要。我国建筑规程规定，仓库内的天然照明一般取 30~36 烛光/米^2。

人工照明采用电气方式实现仓库的照明。为了提高作业的安全性和工作效率，仓库内人工照明应做到照度均匀，避免有阴影和炫目的影响。人工照明方式选择时，库内一般采用直射光灯。

4. 取暖设施

根据商品储存要求和当地气温条件，仓库内可设置取暖设施。取暖设施分为汽暖和水暖两种。蒸汽取暖会导致库内空气过分干燥，这对商品养护不利；热水取暖能保持一定的湿度要求，这对商品养护比较有利。

二、仓库附属设备

1. 计量设备

计量设备是利用机械原理或电测原理确定物质物理量大小的设备。在物流过程中使用的计量装置有多种，根据计量方法的不同可以分为：重量计量设备，包括各种磅秤、地重衡、轨道衡、电子秤；流体容积计量设备，包括液面液位计、流量计；长度计量设备，包括检尺器、长度计量仪；个数计量设备，包括自动计数器、自动计数显示装置。仓库中使用最广泛的是重量计量设备。

仓库中应用的各种计量设备，都必须具有稳定性、灵敏性、正确性和不变性的特点。稳定性是指计量设备的计量感应部分在受力后离开平衡位置，在所受力撤销以后能够回到原来位置。灵敏性即计量设备的灵敏度，是指计量设备能感应出的最小荷重变化。正确性是指计量设备每次对不同物品的计量结果应该在误差所允许的范围内。不变性是指对同一物体连续称重，每次计量的结果应该在误差所允许的范围内。

2. 仓库养护设备

影响库存物资储存的因素多种多样，而仓库温湿度条件是影响库存物资质量的两个重要因素，为了使库内温湿度条件符合物资养护条件标准，有时就需要排除库内多余的热量，对库内温湿度进行控制，改善库内的储存环境，这样就需要设置各种不同的通风设备、减湿设备等构成仓库养护系统。

3. 仓库安全设备

仓库是物资的集聚地，又是仓储作业的劳动场所，具有较多的机械和设备。因此，按照科学方法，采用相应的技术措施，加强仓储安全，防止事故，确保人员、设备和物资安全，对避免人民生命财产遭受损失，保证物资周转和供应工作的顺利进行，有十分重要的意义。仓库安全设备主要有火灾自动报警设备、火灾探测器、火灾报警控制器、自动喷水灭火系统、防盗报警设备等。

◎ 前沿扩展

一、快递物流机器人

随着智能物流时代的到来，各种高科技也是层出不穷，尤其是快递行业机器人的出现，大大提高了订单处理效率，保证整个运作过程流畅快速。下面是国内外最受欢迎的几款物流机器人。

1. Kiva

2012 年亚马逊以 6.78 亿美元买下自动化物流提供商 Kiva 的机器人仓储业务后，利用机器人来处理仓库的货物盘点以及配货等工作，如图 5-20 所示。目前亚马逊的几十个仓库里，有超过 15 000 个 Kiva 机器人在辛勤工作。亚马逊因此也被称为全球最高效的仓库。亚马逊将仓库工作分解成两部分：所有员工只需要在固定的位置进行盘点或配货，而 Kiva 机器人则负责将货物（连同货架）搬到员工面前。

图 5-20　亚马逊 Kiva 机器人

2. Fetch 和 Freight 机器人

Fetch 和 Freight 是硅谷机器人公司 Fetch Robotics 研发的仓储机器人，Fetch 机器人可以根据订单把货架上的商品拿下来，放到另一个叫 Freight 的机器人里运回打包，如图 5-21 所示。Fetch 相当于 Kiva 的升级版，Fetch 机器人具备自动导航功能，可以在货架间移动，可以识别产品将其取下货架并送到 Freight 自动驾车机器人里，Freight 的作用则与亚马逊的 Kiva 相当。机器人可以自助规划路线和充电，从而保证整个仓储系统的无缝运行。

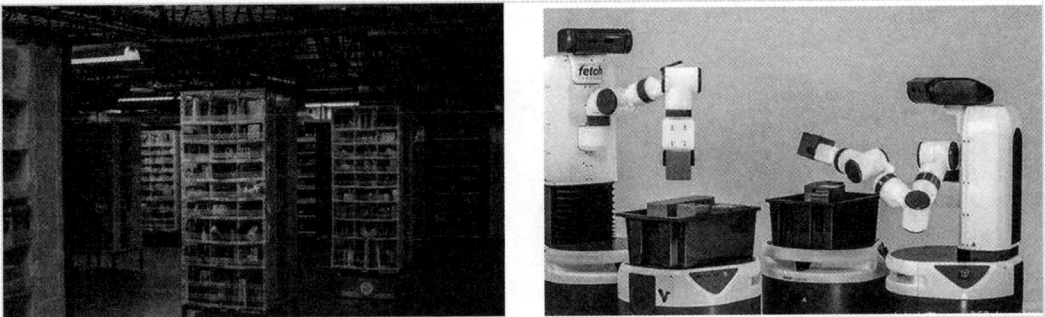

图 5-21　Fetch 和 Frehght 机器人

3. Transwheel 机器人

以色列申卡尔工程与设计学院的设计师设计出一款名为 Transwheel 的机器人，如图 5-22 所示。它采用自平衡系统，当机器人手臂载货时能脚踩单轮保持直立行驶，单个机器人可运送小包裹，而若干机器人组合协作可运送大包裹。此外该机器人可使用

GPS（global position system，即全球定位系统）进行导航，能通过面部识别软件确认接收者的身份；对于较大的物品，机器人也可以共同分担负载。同时它还具备智能取件的功能。它的设计者声称这种快递机器人甚至可以替代大型运输车辆，缓解交通拥堵。但也许更有用的是，采用这种机器人可避免在工作时间进行发货。

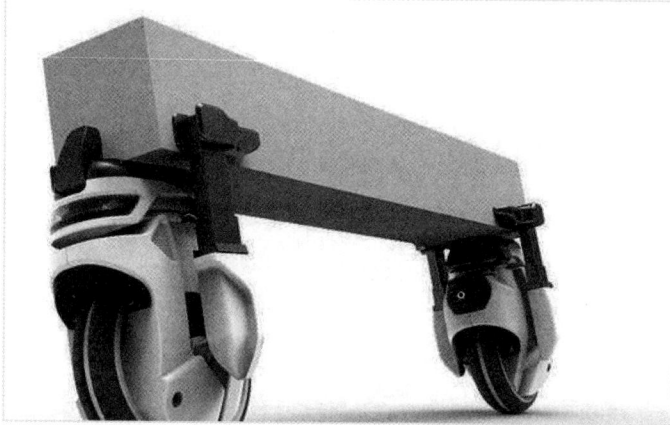

图 5-22　Transwheel 机器人

4. 盒子机器人

Skype 创始人 Heinla 与 Friis 旗下的 Starship 公司推出了一种专门用来小件货物配送的"盒子机器人"，如图 5-23 所示。之所以这么称呼，是因为它的外形像极了一个配有六个轮子的储物盒，它最重可承载 20 磅（约合 9 千克）的货物，最远可达到物流中心方圆 1 英里（约合 1.6 千米）多的范围。由于其硬件上配置了一系列摄像头和传感器，能够保障其安全行走在人行道上，在指定时间从物流中心出发，穿越大街小巷，来到顾客家门口完成快递任务。在配送过程中，所携带的包裹都是被严密封锁，接收者只有通过其智能手机才能打开。Starship 表示，这台联网机器人最多可运送两袋食杂货物，能够处理 95% 的包裹。它的成本比人力快递便宜 5~15 倍，目前的平均快递费为每趟 5~15 美元，Starship 称未来可以削减至 1 美元。

图 5-23　盒子机器人

5. "曹操"机器人

天猫超市的"曹操"是国内目前在物流仓库应用的分拣机器人之一，如图 5-24 所示。这个机器人是一部可承重 50 千克，速度达到 2 米/秒的智能机器人，造价高达上百万，所用的系统都是由阿里巴巴自主研发的。"曹操"接到订单后，可以迅速定位出商品在仓库分布的位置，并且规划最优拣货路径，拣完货后会自动把货物送到打包台，能一定程度上解放出一线工人的劳动力。在"曹操"和小伙伴们的共同努力下，天猫超市在北京地区已经可以实现当日达。

图 5-24　"曹操"机器人

二、智能快递柜

十年间，电商改变了人们的生活，物流则改变了电商的未来，智能快递柜（图 5-25）在短短数年疾速发展也成为物流奇迹之中的"奇迹"，以速递易快递柜为代表的快递柜细分领域的疾速发展让人们振奋不已，下面分析各家快递柜的主要特征。

图 5-25　典型智能快递柜

1. 速递易

速递易在原有 5.5 万个网点、5.6 万套设备保有量的基础上，整合中邮集团的约 2.1

万组（截至 2016 年 12 月 31 日）智能快递柜，速递易的柜体规模将增至约 7.7 万组，占智能快递柜行业总额的近乎一半。再加上速递易今年将发力逆向物流，新增 3 万套寄件边柜，铺设 10 万套小黄筒，全年各类终端设备保有量将达 17 万套。

速递易的智能快递柜，除了基础的快递收件功能外，还拥有很多独家的技术优势以保障用户的收件安全。例如，银行专用电子回单柜系统，除了本地的实物票据交换，还能够进行远程集中联网，通过网络，远程对每台电子回单柜的运行状态、抽屉的使用情况和装投单情况进行实时监控。安防监控系统，为保护客户的有效权益，速递易以三泰电子多年的银行安防监控系统技术为基础，针对产品安装了监控报警系统，是一套集光、电、机械于一体的无人值守的高科技系统，内含微波检测技术，震动报警技术，远程视频传输技术，视频编解码技术。

速递易智能快递柜还具有专业认证数字化扫描技术、数字化识别扫描技术、光学字符识别、标记识别和条形码识别等，这些专利技术保障了速递易的日常顺利运营，保障了用户的安全和隐私，也最大限度地为快递人员节约可投递时间，增加了快递行业总产能。

除了在智能快递柜行业首屈一指，速递易还针对快递揽件端开发了新产品——小黄筒和小黄柜。它们具备丰富的科技属性，包含：用户测距摄像头，在用户投件时进行正面取证；红外对管，检查包装袋获取格内部的口袋是否用完；超声波测距，可以检测箱内包裹快件的空满状态；还包含标准广告镜框、列版、快递袋获取箱格、投件门、电机（磁）锁、取件门、地脚等。

小黄筒是速递易将向市场推出的无固定桩设备，外形类似曾经的邮筒，采用非固定桩设计，适合摆放在硬化过的地面环境。其内部搭载了太阳能供电装置、GPS 跟踪定位装置、GPRS（general packet radio service，即通用分组无线业务）数据传输装置和超声波测距模块，安装在室外可利用太阳能自行充电，室内环境下可接入电源充电，满载状态下可承载 20 件鞋盒大小的快递。

速递易作为国内智能快递柜行业第一个"吃螃蟹"的企业，有着先发优势，经过 5 年的快速扩张，速递易的智能快递柜进入 79 个城市、5.5 万个小区，注册快递员超过 50 万人，积累用户超过 5 000 万人，日交付快递包裹量超过 150 万件。

2. 丰巢快递柜

丰巢经过几轮融资，从 2015 年起步到现在，发展速度十分惊人，在不足两年的时间里将网点数量扩张到 4 万多个，市场占有率为 24%。

丰巢智能快递柜，包括了标准柜，也包括拓展性的柜子，格口大小分为大、中、小三种格口。所以，无论是什么大小的物品，只要不是超大件，都可以放进去。它在取件的同时，也能够寄件，非常方便。

目前丰巢完成约 5 万台柜机的布局，日均承接超过 300 万件包裹的派送。2016 年营收 2 173.97 万元。目前丰巢主要依托顺丰强大的物流系统进行"最后 100 米"的收件服务。

3. E 邮柜

E 邮柜外形类似超市的临时寄存柜，柜子分为大、中、小三种规格，中间有一个类似 ATM 机的操作台，用于存取件，箱体旁边还安装了监控探头。

这是一种在社区、院校、写字楼等地设立，采取全自助、"人工+自助"和全人工等三种模式，提供包裹自取、二次投递及其他服务的便民设施。

全自助模式主要依托 E 邮柜智能快递箱；"人工+自助"模式分为人工作业和 E 邮柜自助两个服务区；全人工模式则全部为人工作业。

4. 海尔旗下日日顺乐家快递柜

日日顺乐家智能快递柜由海尔旗下日日顺乐家研发，于 2014 年 12 月，在全国 200 座城市同步启动入驻。日日顺乐家智能快递柜除了为用户提供快速投放、自助取件服务外，还将为用户提供家电、家政、家居等多种便民服务。

同时，日日顺会针对居民周边生活、消费信息进行开发。海尔集团将快递柜作为项目的流量入口能够争取大幅度提升用户黏性，而以此为基础，接下来 App 客户端的优化设计将继续延续服务理念，像缴纳水电费、话费充值、信用卡还款等实用项目都会包含在 App 中。

5. 近邻宝：依托高校资源平台，助力物流末端绿色循环发展

近邻宝是中科富创全力打造的智能快递柜品牌，主要服务于快递"最后 100 米"，为个人提供快递代收、代发及临时寄存服务，是服务于物业、电商、快递和个人的互联网平台，已入驻 1 000 多个社区和数百所高等院校。

近邻宝智能快递柜，具有格口类型多、空间利用率高、隐藏式格口编号设计等特点，与旧版相比，在占地面积不变的情况下，容件率提高了 40%；柜体采用 3 度倾角的防雨防水设计，配有双路高清摄像头，将传统的大屏显示更换成小屏并增设金属键盘输入，使得能耗降低、用户体验更好；在原有的微信、App、屏幕取件方式上，还增加了蓝牙定位、扫码取件等功能。

除智能快递柜外，近邻宝还自主研发了纸箱回收机，已在中国农业大学、北京林业大学投入使用。近邻宝纸箱回收机力争解决高校末端包裹污染等问题，为高校的绿色环保建设贡献一分力量。

近邻宝纸箱回收机的研发大大解决了包装浪费、环境污染等问题，推动物流业低排放、无污染、可循环发展。近邻宝纸箱回收机是一款用于快递、物流、包装等行业中，拆装后的专用纸箱回收设备，适用于单人操作。

近邻宝纸箱回收机整体结构包括其他废弃物收集结构、纸箱收集结构、拆包台、易拆装雨棚。拆包台用于放置快递包裹后使用便携拆包器进行拆除；拆包台平面略微向内倾斜，便于落在台面上的水滴向内流动，纸箱拆除压扁后，水平放入纸箱投入口并落下；内部的结构使投入纸箱的动作省力、不卡箱；设备与便携雨棚可以方便拆装，且雨棚上安装有照明灯。近邻宝纸箱回收机操作简单，使用方便。在科学技术飞速发展的今天，发展绿色快递业将会成为一个必然的趋势，近邻宝的纸箱回收机也因此被业内人士广泛看好。

通过评测各大快递柜，无论是市场份额遥遥领先的智能快递柜行业巨头速递易，还是依托强有力物流系统的丰巢，抑或是为海尔集团打造社区资源流量入口的日日顺，或

者是发力绿色物流重点培育校园资源的近邻宝，无论从用户的角度、物业的角度，以及快递员的角度来看，这些快递柜企业都为人们带来了切实的便利，提高了末端物流的效率。不仅如此，快递柜企业不单满足于为用户提供"最后 100 米"的收件服务，还在进行着更多关于智慧物流的尝试，希望为用户解决切实的痛点，提升快递公司的业务量和产能效率，从而实现最终的盈利。

三、先进电商分拣中心——以京东、菜鸟无人仓为例

2017 年 8 月，京东发布消息"全球首家全程无人分拣中心曝光，京东物流加速技术发展战略"；菜鸟随后也发布新闻"中国最大智能机器人仓库启用，天猫送货再提速上午下单下午到"。电商配送中心迎来机器人时代。

京东物流昆山无人分拣中心是目前全球首个正式落成并运营成功的全程无人分拣中心，如图 5-26 所示。京东物流配送中的分拣环节进入了全场无人化、智能化阶段。昆山无人分拣中心最大的特点是从供包到装车，全流程无人操作。在目前的物流行业内，整个仓配流程中，某个单一环节的"无人"模式已经逐渐成熟并投入使用，但像昆山无人分拣中心这种，整个分拣大环节的全流程无人操作，在全球也尚属首次。相比传统的自动分拣系统，昆山无人分拣中心智能化程度更高，场内自动化设备覆盖率达到 100%，以目前业内常见的交叉带自动分拣机为例，供包（将包裹放入自动分拣设备供包台上）环节仍然需要人工操作，但在昆山无人分拣中心，已经实现自动供包并对包裹进行六面扫描，保证面单信息被快速识别，由分拣系统获取使用，进而实现即时有效的分拣。昆山无人分拣中心的主系统是由京东集运研发部自主研发的定制化、智能化的设备管控系统——DCS（distributed control system，即分布式控制系统）智能管控系统，其中包含自动分拣机调控、AGV 调度，RFID（radio frequency identification devices，即射频识别）的信息处理等。全场所有任务指令均由 DCS 智能管控系统中枢管控。全场投入 25 台 AGV，通过AGV 调度系统，完成搬运、车辆安全、避让、优先任务执行等工作，实现了全国首例分拣前后端 AGV 自动装车、卸车作业的操作。在基础硬件的建设和软件系统的构建京东智慧物流都树立了行业新标杆。

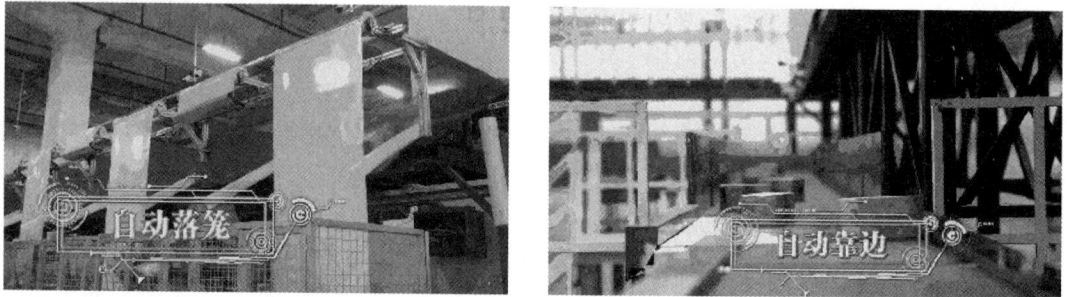

图 5-26　京东无人分拣中心

菜鸟打造的中国最大的机器人仓库，在广东惠阳投入使用。与以往一些智慧仓库只有几十台搬货机器人不同的是，这一仓库内有上百台机器人，它们既协同合作又要独立

运行，代表着中国机器人仓库的最高水平，助力天猫超市高效送达。

在菜鸟网络智慧仓内，单个 AGV 形同"扫地机器人"，如图 5-27 所示。在这里，超过百台这样的机器人，既相互协作执行同一个订单拣货任务，也能独自执行不同的拣货任务。虽然有超过百台机器人，但现场井然有序，机器人能相互识别，并根据任务优先级来相互礼让。菜鸟的机器人如何提高仓库内的运作效率？以消费者在天猫超市下单为例，下单之后，菜鸟网络惠阳智慧仓内的机器人便会接到指令。机器人会自动前往相应的货架，将货架拉到分拣人员的面前，由分拣人员将市民购买的物品放置在购物箱内，随后进行打包配送。目前，机器人与分拣人员搭配干活，一个分拣人员一小时的拣货数量比传统分拣人员多了三倍还不止。而在传统仓库内，消费者下单之后，分拣人员需要跑步到货架跟前，将货物拣出。由于一个市民的订单往往有几件、几十件货物，分拣人员需要在仓库内多次跑动，通常一个小时能拣货 100 多件。

图 5-27　菜鸟网络智慧仓

◎实践训练

一、认知实践

（1）搜集仓库与配送中心案例。通过教材、课件、文献、网络资源等方式获取不同类型仓库图片及特征描述，获取不同类型配送中心介绍资料。通过小组协作方式获取案例资料，开展小组讨论，加深对不同类型仓库与配送中心的理解。

（2）搜集不同类型物流容器及托盘图片、参数。

（3）搜集不同货架案例。

（4）搜集不同仓储与配送装卸搬运设备案例。

（5）搜集不同分拣系统如分拣货架、电子标签拣货系统、自动分拣系统案例。

（6）搜集不同仓库的附属设施及设备案例。

（7）仓库站台形式调研。对不同的仓库站台进行调研，调研站台的形式、站台的高度和宽度等尺寸信息、仓库的属性、仓库的运输车辆、仓库站台是否作为暂存区等信息，通过对比分析，整理出不同站台形式的特点与使用要求。调研后，提交参观调研报告。

利用 RaLC 软件构建仓储和物流中心，基于调研报告的内容，对不同类型的仓库站台形式进行仿真，支撑调研报告的结论。

（8）参观实际仓库与配送中心。对典型仓库或配送中心进行实地参观调研，了解仓库及配送中心的基本布局、设施设备情况等。参观后，提交参观调研报告。

（9）参观货架生产企业。对典型的货架生产企业进行实地参观调研，了解不同货架的组成、结构、组装或拆装。参观后，提交参观调研报告。

（10）参观生产企业。对典型的生产企业进行实地参观调研，了解生产仓储过程中不同仓储与配送装卸搬运设备的使用，了解搬运设备、输送设备、堆码设备的使用。参观自动化立体仓库，了解自动堆码设备的使用。参观后，提交参观调研报告。

（11）大型配送中心参观。对典型的大型配送中心进行实地参观调研，了解配送中心不同类型分拣系统的使用，了解不同分拣系统的组合使用。参观后，提交参观调研报告。

二、实操训练

1. 配送中心仿真

通过阅读下面的资料，利用 RaLC 软件自己构建一个产品配送中心，实现产品的仓储，仓库的运行，满足供货要求，并使该配送中心能够长时间保持稳定运转。

某公司有 3 条生产线，生产 3 种不同的产品（模型中用 3 种不同的颜色表示），3 条生产线下来的产品直接进入公司的配送中心，配送中心要向 3 家超市供货。3 条生产线生产产品的速度都是服从每箱 2~5 秒的随机分布，即每箱产品到达配送中心入口的时间都服从 2~5 秒的随机分布。配送中心 3 个出口的出货速率要求为 5 秒/箱。请利用仿真软件自己构建一个饮料配送中心，实现可乐的仓储及分拣功能，不能出现货物在传送过程中排队拥堵现象；配送中心不能出现仓储能力不足或仓储能力过剩现象（货位空置率要低于 50%）；配送中心里的任何设施不能出现长时间的等待现象；能够将 3 种产品进行分拣并装车供货。

参考仿真步骤如下。

（1）模型建立：包括利用直线传送带作为生产线→加入传送带进入自动化仓库→设计自动立体仓库→设计机器人和托盘供给器→设计出库流线，实现拣选功能；然后是对设备进行连接。

（2）参数设置：生产线的生成器设定为随机间隔生成，最小时间间隔为 2 秒，最大时间间隔为 5 秒；设置传送带速度、入库机器人往返时间；设置自动化仓库各类速度、出库传送带速度。

（3）优化仿真：运行模型，发现问题，优化模型，直至得到满意结果。

2. 物流容器及托盘的参数测量

进入实际仓库与配送中心（有条件的，也可在实验室进行），对于不同种类物流容器及托盘的参数进行如下实验。

（1）测量不同类型物流容器参数，比较两种典型物流容器（斜插式和折叠式）的空间需求变化。

（2）测量不同类型托盘典型参数，包括长、宽、高等。观察不同类型的托盘，比较特点，说明应用区别。

（3）用虚拟货物进行装箱作业，了解货物尺寸与物流箱尺寸间的关系，感知商品与物流箱关系。

（4）用虚拟货物及物流箱进行装托盘作业，了解不同物流箱尺寸间的匹配关系，了解物流箱与托盘间的承载关系。

实操后，提交相应的实验报告。

3. 仓储和物流中心仿真

通过阅读下面的资料，利用 RaLC 软件构建仓储和物流中心，了解不同货架的使用特性。

某个电脑零备件仓储公司和某图书物流中心。不同种类的物资在两个仓储环境下需要不同的存储管理设备。备件仓储需要相对大型的高层立体式货架和针对小型零部件比较容易细分的常规分拣货架。立体式货架的操作基本依赖机械堆垛机，进行整箱物资的堆放；小件散装的零件需要分别装载常规散货货架，手工拣选。图书仓储则需要相对快速的分拣型流利式货架和紧凑型便于识别的移动式货架。流利式货架可以帮助快速分拣不同类型的小型货物，移动式货架有利于更高效地利用存储空间。

仿真软件建立的仓储和物流中心模型示意图如图 5-28 所示。

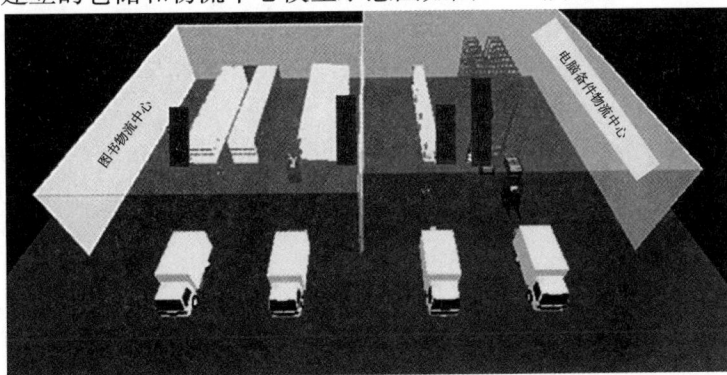

图 5-28　仓储和物流中心模型示意图

4. 叉车操作训练

进入实际仓库与配送中心（有条件的，也可在实验室进行），叉车操作训练以了解叉车结构，进行简单的操作与维护保养为主，不进行深入大难度操作，主要操作内容如下。

（1）熟悉叉车的总体构造：介绍叉车的总体构造、演示叉车作业的形式与过程及认识各个仪表和操作机构与手柄位置，知道其用处和作用。

（2）叉车的维护及保养：介绍叉车的维护及保养内容、演示叉车保养作业的形式与过程及对叉车进行日常维护保养作业，包括清洗叉车外部污垢，检查是否漏水、漏油、漏液、漏气、漏电，添加滑油和滑脂，按指定润滑点加注规定型号滑脂，检查燃油、液压油油面并及时添加。

（3）叉车基本操作：叉车的发动机起动与熄火操作、叉车货架的升降、门架的前后倾操作、叉车装卸搬运操作、将托盘从一个货架移到另一个货架（线路不限定，货架层次不限）。

5. 输送设备仿真对比

利用 RaLC 软件构建仓储和物流中心，了解不同形式输送设备的使用特性；利用传送带（直线、分流、弯曲）的不同形式构建不同类型配送中心。实操后，提交相应的实验报告。

6. 分拣货架及电子标签拣货系统仿真

进入实际仓库与配送中心（有条件的，也可在实验室进行），利用分拣货架及电子标签拣货系统进行如下实验。

（1）熟悉分拣货架及电子标签拣货系统的使用方法。

（2）用虚拟货物进行货架填充，虚拟分拣单，按照一定的分拣规则进行分拣。

（3）用同样的虚拟货物分别填充分拣货架及电子标签货架，按照同样的分拣规则进行分拣，比较两种分拣系统的分拣效率。

实操后，提交相应的实验报告。

7. 仓库计量设备实操训练

进入实际仓库与配送中心（有条件的，也可在实验室进行），计量设备的训练以了解、认知，掌握计量设备的基本使用方法为主，不进行深入大难度操作，主要操作内容如下。

（1）磅秤及电子秤：了解磅秤及电子秤的结构及功能，了解磅秤及电子秤的日常维护及保养，了解磅秤及电子秤的使用过程，了解磅秤及电子秤的使用注意事项。

（2）流量计：了解流量计的结构及功能，了解流量计的日常维护及保养，了解流量计的使用过程，了解流量计的使用注意事项。

（3）自动计数器：了解自动计数器的结构及功能，了解自动计数器的日常维护及保养，了解自动计数器的使用过程，了解自动计数器的使用注意事项。

实操后，提交相应的实验报告。

◎ 仓储与配送设施设备教学实践

本节主要介绍仓储与配送设施设备的教学设计。根据仓储与配送管理这门课程的要求和教学对象的特点（设定教学对象为中职学校学生），确定本章的教学设计，包括教学目标、教学任务分解、教学重难点、教学方法与教学手段、教学步骤与时间分配等环节。

一、教学目标

本章的教学目标是讲述仓库与配送中心不同类型及功能的设施设备，使学生达到了解、认知及触及使用的水平。

二、教学任务分解

本章的教学任务分解如表 5-2 所示。

表 5-2　第五章教学任务分解

任务	任务分解	课时分配	形式
仓储与配送基本设施	（1）教师利用不同仓库的实例介绍仓库的分类及功能； （2）介绍自动化立体仓库； （3）通过案例，教师介绍配送中心的功能与分类； （4）教师为学生布置作业进行不同类型仓库及配送中心调研	1.5 课时	理论
仓储与配送集装设备	（1）教师介绍仓储与配送集装设备； （2）教师介绍物流容器，使学生了解物流容器的功能、特点及使用方法； （3）教师介绍托盘，使学生了解托盘的特点、分类、集装方法及使用； （4）教师演示各种物流容器及托盘，并指导学生实践	1 课时	理论与实践
储存设备	教师通过图片、视频等方式介绍典型货架	0.5 课时	理论与实践
仓储与配送装卸搬运设备	（1）教师通过图片、视频等方式介绍典型搬运设备，重点介绍叉车的特点及使用； （2）教师通过图片、视频等方式介绍典型输送设备，重点介绍不同输送设备的使用对象条件等； （3）教师通过图片、视频等方式介绍典型堆码设备，重点介绍不同堆码设备的使用条件； （4）教师指导学生操作典型叉车，观察不同输送设备的使用	1 课时	理论与实践
仓储分拣设备	（1）教师通过图片、视频等方式展示分拣货架，介绍分拣货架的特点； （2）教师通过图片、视频等方式展示电子标签拣货系统，介绍其构成及操作过程； （3）教师通过图片、视频等方式展示自动分拣系统的组成及运作	0.5 课时	理论与实践
仓库附属设施设备	（1）介绍仓库附属设施； （2）介绍仓库附属设备	0.5 课时	理论
实践训练	（1）对于不同种类物流容器及托盘进行实验； （2）运用 RaLC 软件进行仓库布局实践	2 课时	实践

三、教学重难点

本章的教学重点是让学生了解仓储与配送中心中使用的不同设施设备，以了解、认知为主，实操为辅。本章各节的教学重点不一，建议将每一节的重点准确、清晰书写。

设置每一节的教学难点要根据教学的环境，学生的认知能力、理解能力、接受能力精心设计。教学难点应该是学生在本节中难以理解和接受的地方。不同节应有不同的教学难点，教学难点也不是与教学重点的类同。以储存设备节为例，该节主要介绍不同的货架形式，难点在于让学生理解不同类型货架的特点。

四、教学方法与教学手段

针对本章设施设备类型多样，功能多样的特点，以及设施设备理论不深，以了解、认知为主的定位，在课堂教学过程中，通常是以讲授法为主，同时辅以学生去活动、去体验的方法。

本章教学中会大量使用图片、视频进行辅助，帮助学生快速感性认知不同设施设备，在实践内容部分，辅助课后资料收集、实地调研及借助 RaLC 软件的仿真，了解不同设施设备的特征。

五、教学步骤与时间分配

本章的课堂教学以讲授为主，下面以储存设备节为例说明教学步骤及时间分配。

（1）引入新课（2~4 分钟）。手法与实例：采用"赋、比、兴"（赋，直接陈述；比，比喻；兴，先言其他）的手法，自然顺畅地引出新课的内容；根据学生认知规律和水平，从学生有感受的生活实例入手。

（2）讲授新课（30~35 分钟，根据内容，时间可分多段）。分别介绍不同类型的货架，每种货架按照图片展示、货架定义、货架特点、货架使用的顺序进行讲述。将重点类型货架介绍完毕后，对不同类型货架的特点进行对比。

（3）总结归纳（3~5 分钟）。重温结构点题目，从具体实例上升到对知识结构化认识。

（4）课后作业（1~2 分钟）。

六、教学评价

本章的教学评价如表 5-3 所示。

表 5-3　第五章教学评价

章名称：仓储与配送设施设备

评价类别	评价节	评价标准	评价依据	评价方式			权重
				学生自评	同学互评	教师评价	
				0.1	0.1	0.8	
过程评价	学习能力	学习状态，学习主动性，学习习惯，沟通表达能力，团队合作精神	学生考勤，课后作业完成情况，课堂表现，收集和使用资料情况，合作学习情况				0.2
	理论能力	正确选择配送的设备，准确设计设施规划，准确叙述设备名称及用途，准确建立仿真模型并完成仿真	设备的掌握情况，设施规划的结果，设备的认知情况，模型的建立情况及其仿真结果				0.2

续表

				评价方式			
			章名称：仓储与配送设施设备				
评价类别	评价节	评价标准	评价依据	学生自评	同学互评	教师评价	权重
				0.1	0.1	0.8	
过程评价	实践能力	正确使用配送设备，针对实际问题建立仿真模型	设备的使用情况，实际问题的解决情况				0.1
	其他方面	探究、创新能力	积极参与研究性学习，有独到的见解，能提出多种解决问题的方法				0.1
结果评价	理论考核						0.2
	实操考核						0.2

本 章 小 结

　　本章主要介绍了仓储与配送设施设备，介绍了仓库、配送中心的概念及分类，并且介绍了常见的集装设备、储存设备、搬运设备、分拣设备，旨在让学生了解当前仓储与配送的基本设施设备，进而提升学生的实际操作能力。

综合案例分析

　　京东上海"亚洲一号"2014年10月正式投入使用，是国内最大、最先进的电商物流中心之一。硬件方面，上海"亚洲一号"拥有自动化立体仓库、自动分拣机等先进设备；软件方面，仓库管理、控制、分拣和配送信息系统等均由京东公司开发并拥有自主知识产权，整个系统均由京东公司总集成，目前90%以上操作已实现自动化。自建物流是京东的核心竞争力之一，上海"亚洲一号"更是京东的旗舰工程和"秘密武器"。

　　沃尔玛公司是美国最大的私人雇主和世界上最大的连锁零售企业。目前，沃尔玛在全球开设了 6 600 多家商场，员工总数 180 多万人，分布在全球 14 个国家。沃尔玛的每个配送中心面积约为 10 万平方米，相当于 23 个足球场，占地约 60 平方千米。每个配送中心有 200 辆车头、400 节车厢、13 条长约 13.7 千米的激光控制的配送输送带、170 个接货口、600~800 名员工。配送中心的一端是装货月台，可供 30 辆卡车同时装货；另一端是卸货月台，有 135 个车位。配送中心每天有 160 辆货车开进来卸货，150 辆车装好货物开出，24 小时连续作业，每天处理约 20 万箱的货物配送。商品在配送中心停留的时间总计不超过 48 小时。配送中心每年处理数亿次商品，99% 的订单正确无误。沃尔玛的配送中心一般设在 100 多家零售店的中心位置，且都位于一楼。配送中心之所以都在一楼，是因为沃尔玛希望产品能够滚动，希望产品能够从一个门进另一个门出。如果有电梯或其他物体，就会阻碍流动过程。因此，沃尔玛都是以一个非常巨大的地面建筑作为配送中心。配送中心的运输半径为 320 公里，品种为 4 万多个，主要为食品和日用品。其区域可分为收货区、拣货区、发货区。沃尔玛所有的系统都是基于 Unix 的配送系统，采用传输带、非常大的开放平台、产品代码，以及自动补货系统和激光识别系统。这些加在一起为沃尔玛节约了很大的成本。

案 例 分 析

　　电商发展日趋成熟，对传统商业模式带来了剧烈的冲击。竞争愈加激烈，用户体验的重要性日渐突出，物流能力不仅成为各电商竞争的下一个焦点，也成为实体经营的掣肘。京东自建物流在提升用户体验，特别是节假日、大促等订单急升情况下，具有无可比拟的优势。沃尔玛计划把商店、现有分销中心及新的设施结合起来，组成所谓"新一代物流服务网络"，其全球超过 1 万家的门店变成潜在物流分配中心。

　　问题：电商物流中心与传统商业模式下物流配送中心设施规划及设备配置的区别有哪些？

🖐 **练习题**

一、单项选择题

（1）仓库按在商品流通过程中所起的作用，可以分为（　　）。

①自用仓库　②营业仓库　③公共仓库　④保税仓库　⑤罐式仓库

A. ①②③⑤　B. ②③④⑤　C. ①②③④　D. ②③④⑤

（2）配送中心是从（　　）手中接收多种大量的货物，进行包装、分类、保管、流通加工和信息处理等作业，然后按照众多需要者的订货要求备齐货物，以令人满意的服务水平进行配送的设施。

A. 供应者　　B. 消费者　　　C. 生产者　　D. 分销商

（3）（　　）是指各种尺寸均符合包装容器尺寸系列，容器内没有特殊存放结构的箱形容器。

A. 标准容器　B. 特殊容器　　C. 专用容器　D. 通用容器

（4）堆垛机是专门用来堆码或者提升货物的机械，是立体仓库中最重要的（　　）设备。

A. 起重　　　B. 搬运　　　　C. 仓储　　　　D. 配送

（5）不属于仓库网点规划原则的是（　　）。

A. 经济性　　B. 一致性　　　C. 服务性　　　D. 便捷性

二、多项选择题

（1）按保管商品特性分类，仓库可以分为（　　）。

A. 通用仓库　B. 专用仓库　　C. 特种仓库　　D. 周转仓库　E. 生产仓库

（2）根据配送中心的功能分类，配送中心可以分为（　　）。

A. 储存型配送中心　B. 生产型配送中心　　C. 加工型配送中心

D. 流通型配送中心　　E. 分销型配送中心

（3）自动分拣系统的组成（　　）。

A. 设定装置　　　　B. 识别控制装置　　C. 自动分拣装置

D. 输送装置　　　　　E. 分拣道口

（4）加工型仓库以流通加工为主要目的，将（　　）结合在一起。

A. 仓储　　B. 加工　　C. 流通　　D. 配送　　E. 生产

（5）重力式货架的滑道根据其滑动原理和结构的不同，可分为（　　）。

A. 滚道式　B. 滑道式　C. 气垫式　D. 气囊式　E. 气膜式

三、简答题

（1）配送中心的功能。

（2）自动分拣系统的特点。

（3）仓库选址策略。

第六章 仓储与配送技术

本章实施体系图如图 6-1 所示。

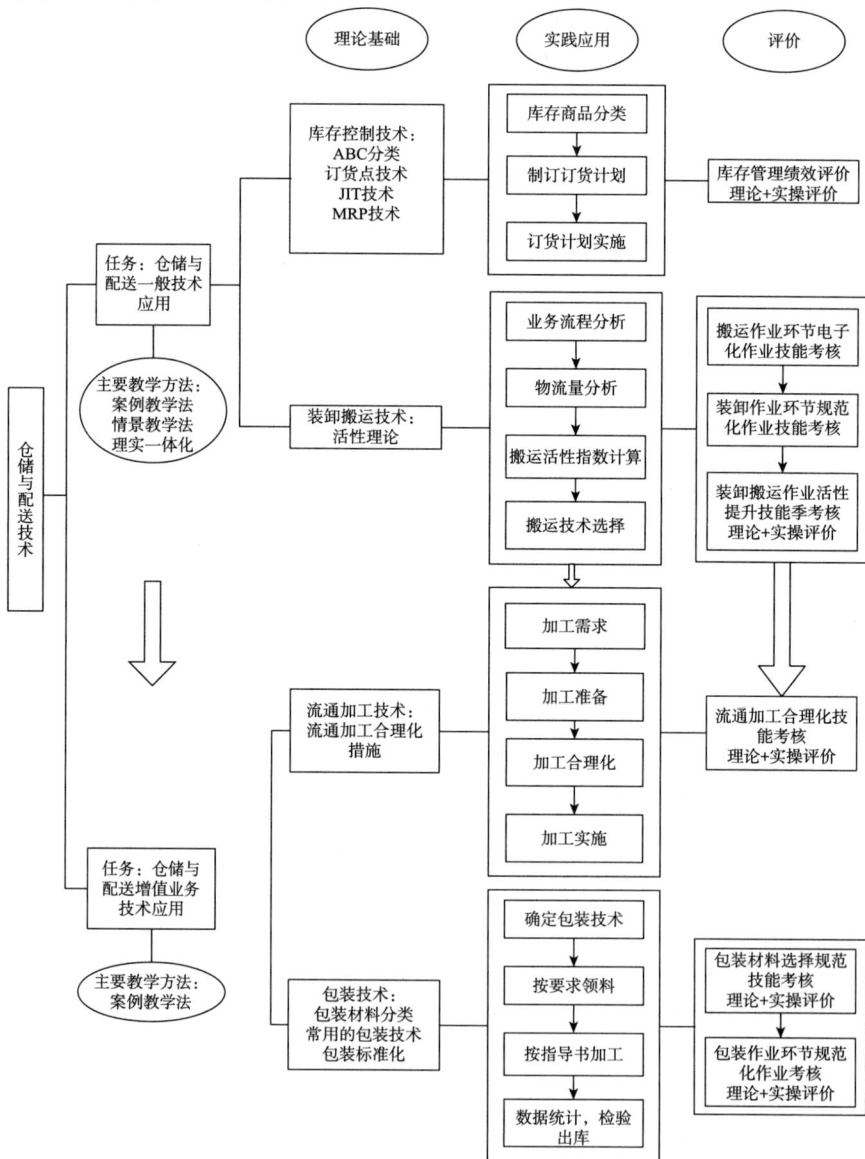

图 6-1 第六章实施体系图

◎学习目标

知识目标：本章主要讲述仓储与配送过程中相关技术的基本理论、基本知识、基本技能。通过本章的学习，学生应主要掌握库存控制、流通加工、装卸搬运及包装等技术知识。

能力目标：通过本章的学习，学生应掌握仓储与配送技术的概念及发展背景，具有掌握常用仓储与配送技术基本能力。

素质目标：通过本章的学习，学生应获得解决实际仓储与配送问题的创新思维和实践能力等基本素质。

◎案例引导

月山啤酒集团仓储改革建设

月山啤酒集团在几年前就借鉴国内外物流公司的先进经验，结合自身的优势，制订了自己的仓储物流改革方案。首先，成立了仓储调度中心，对全国市场区域的仓储活动进行重新规划，对产品的仓储、转库实行统一管理和控制。由提供单一的仓储服务，到对产成品的市场区域分布、流通时间等全面的调整、平衡和控制，仓储调度成为销售过程中降低成本、增加效益的重要一环。其次，以原运输公司为基础，月山啤酒集团注册成立具有独立法人资格的物流有限公司，引进现代物流理念和技术，并完全按照市场机制运作。作为提供运输服务的"卖方"，该物流有限公司能够确保按规定要求，以最短的时间、最少的投入和最经济的运送方式，将产品送至目的地。最后，筹建了月山啤酒集团技术中心。月山啤酒集团应用建立在互联网信息传输基础上的ERP系统，筹建了月山啤酒集团技术中心，将物流、信息流、资金流全面统一在计算机网络的智能化管理之下，建立起各分公司与总公司之间的快速信息通道，及时掌握各地最新的市场库存、货物和资金流动情况，为制定市场策略提供准确的依据，并且简化了业务运行程序，提高了销售系统工作效率，增强了企业的应变能力。

通过这一系列的改革，月山啤酒集团获得了很大的直接和间接经济效益。首先，集团的仓库面积由7万多平方米下降到不足3万平方米，产成品平均库存量由12 000吨降到6 000吨。其次，这个产品物流体实现了环环相扣，销售部门根据各地销售网络的要货计划和市场预测，制订销售计划，仓储部门根据销售计划和库存及时向生产企业传递要货信息；生产厂有针对性地组织生产，物流公司则及时地调度运力，确保交货质量和交货期。最后，销售代理商在有了稳定的货源供应后，可以从人、财、物等方面进一步降低销售成本，增加效益，经过一年多的运转，月山啤酒物流网取得了阶段性成果。实践证明，现代物流管理体系的建立，使月山啤酒集团的整体营销水平和市场竞争能力大大提高。

请结合案例思考月山啤酒集团的仓储管理对我们有哪些启示？

◎知识与技能

第一节 常用库存控制技术

一、库存控制概述

（一）库存控制的概念

库存控制，是对制造业或服务业生产、经营全过程的各种物品、产成品以及其他资源进行管理和控制，使其储备保持在经济、合理的水平上。库存控制是使用、控制库存的方法，得到更高的盈利的商业手段。

（二）库存控制的内容

1. 订购点

订购点是指存量降至某一数量时，应立刻订购补充库存的临界点。订购点若定得过低，则将造成缺货现象，导致客户流失，影响信誉；反之，则使库存增加，相对增加了货物的库存成本。因而，订购点的制定是否合理十分重要。

2. 订购量

订购量是当库存量下降到订购点时，决定订购补充的数量。若订购量过多，则货物的库存成本增加；若订购量太少，则可能出现供应间断的情况，且订购次数必然增加，增加了订购成本。在不同的库存控制策略下，订购量与订购点各有不同的确定方法。

3. 库存水平

库存水平可以用最低库存量与最高库存量来衡量。

（1）最低库存量。最低库存量是指货物库存数量的最低界限，通常根据货物本身特性、需求的情况而确定。最低库存量又可分为理想最低库存量和实际最低库存量两种。

（2）最高库存量。最高库存量是指各种货物可能的库存量上限，为防止存货过多浪费资金而设定，用以作为内部警戒的一个指标。

4. 保质期

在配送中心的商品库存管理作业中，特别是食品，保质期管理尤为重要。例如，连锁超市的配送中心，在接收供货商送货时，把商品的生产日期检查作为重要的内容之一。如果送来的商品从生产之日算起已达到保质期的 1/3，则配送中心拒绝入库。当商品出货时，如果发现商品自生产之日起已达到保质期的 2/3，则配送中心便对此商品封仓，门店已点不到此商品，同时计算机会通知采购业务人员与供货商联系，设法处理此库存商品。

（三）库存控制的作用

库存控制是仓储管理的一个重要组成部分。它是在满足顾客服务要求的前提下通过对企业的库存水平进行控制，力求尽可能降低库存水平、提高物流系统的效率，以提高企业的市场竞争力。库存控制要考虑销量、到货周期、采购周期、特殊季节特殊需求等几个方面的问题。合理的库存控制可以在保证企业生产、经营需求的前提下，使库存量经常保持在合理的水平上；掌握库存量动态，减少库存空间占用，降低库存总费用；适时、适量提出订货，避免超储或缺货；控制库存资金占用，加速资金周转。

（四）库存控制的方法

1. 定量订货管理制度

在定量订货管理制度下，每次订货的批量大小是固定的，而两次订货之间的时间是可以变化的，随需求增加、订货延期等条件的改变而改变。这种制度要求库存管理工作经常控制库存水平，当库存量降至订货点时，按 EOQ（economy order quantity，即经济订购量）补充订货。专家分析和实践证明，计算机在库存管理上的应用，便于物流企业经常管理库存，所以定量订货管理制度被更广泛采用。库存定额水平都储存在计算机内，并随时为用户提供现有库存状况，方便库存管理者补充订货。定量订货管理制度用于配送中心各种商品的反复采购。

2. 定期订货管理制度

在定期订货管理制度下，企业要建立安全库存制度，但不使用 EOQ 来确定每次订货量，而是按固定的订货间隔期订货，如隔一周订一次货。在定量订货管理制度下订货周期可变，而订货批量只按 EOQ 执行，在定期订货管理制度下，情况与定量订货管理制度相反。定期订货管理制度适用于未建立自动化的库存盘点制度的配送中心，或卖方能给予配送中心大笔折扣时。

3. 及时制和看板管理制度

日本企业有效使用了这一管理概念，它越来越受到重视。在及时制和看板管理制度下，客户按一定日程表向配送中心订货，配送中心按期（如按天或小时）准时向客户送货。配送中心同样可以按一定计划向厂商订货。

二、ABC 管理

1. ABC 分类法的基本思想

ABC 分类法又称帕累托分析法，它是根据事物在技术或经济方面的主要特征，进行分类排队，分清重点和一般，从而有区别地确定管理方式的一种分析方法。由于它把被分析的对象分成 A、B、C 三类，故称为 ABC 分类法。

2. ABC 分类法的一般步骤

在库存管理中应用 ABC 分类法，如果对库存货物进行年成本分析，则需按以下步骤进行。

（1）收集各个品目货物的年销售量、货物单价等数据。

（2）对原始数据进行整理并按要求进行计算，如计算成本、品目数、累计品目数、累计品目百分数、累计成本、累计成本百分数等。

（3）以累计品目百分数为横坐标，累计成本百分数为纵坐标，根据相关数据，绘制 ABC 分析图。

（4）根据 ABC 分析的结果，对 ABC 三类货物采取不同的管理策略（表 6-1）。

表 6-1　ABC 三类货物的管理策略

库存类型	特点（按货币量占用）	管理方法
A	品种数约占库存总数的 15%，成本占 70%~80%	进行重点管理。现场管理要更加严格，应放在更安全的地方，为了保持库存记录的准确要经常进行检查和盘点，预测时要更加仔细
B	品种数约占库存总数的 30%，成本占 15%~25%	进行次重点管理。现场管理不必投入比 A 类更多的精力，库存检查和盘点的周期可以比 A 类要长一些
C	成本也许只占成本的 5%，但品种数量或许是库存总数的 55%	只进行一般管理。现场管理可以更粗放一些，但是由于品种多，差错出现的可能性也比较大，因此也必须定期进行库存检查和盘点，周期可以比 B 类长一些

三、订货点技术

库存控制所关注的重点是对库存量的控制，订货点技术是一种传统的库存控制方法，它是从影响实际库存量的两个方面［一是销售（消耗）的数量和时间；二是进货的数量和时间］入手来确定商品订购的数量和时间，进而达到控制库存量的目的。因此，订货点技术的关键就在于把握订货的时机，具体包括定量订货法和定期订货法两种方法。

（一）定量订货法

定量订货法也称连续检查控制方式。其工作原理是：连续不断地监视库存余量的变化，当库存量下降到预定的最低库存量（订货点）时，按预先规定的数量（一般以 EOQ 为标准）进行订货补充。当库存量下降到订货点时，即按预先确定的订购量 Q 发出订货单，经过提前期 LT，库存量继续下降，到达安全库存量时，收到订货 Q，库存水平上升。采用定量订货法必须预先确定订货点 R 和订货量 Q。

1. 订货点

在需求是固定均匀，订货、到货间隔时间不变的情况下（理想状态），不需要设安全库存量 SS，这时订货点由下式确定：

$$R = LT \times D/365$$

其中，R 为订货点的库存量；LT 是提前期；D 是该货品每年的需求量，$D/365$ 表示每天的需求量。

在实际工作中，常常会遇到各种波动的情况，如需要量发生变化、提前期因某种原因而延长等，必须要设置安全库存 SS，这时订货点由下式确定：

$$R = LT \times D/365 + SS$$

2. 订货量

订货量 Q 一般依据 EOQ 的方法来确定，即年总库存成本最小时的每次订货数量。为描述 EOQ 模型，先做如下假设：需求率均匀且为常量；订货提前期已知，且为常量；不允许缺货；一次订货无最大、最小限制；补充率为无限大，全部订货一次交付；采购、运输均无价格折扣；订货费与订货批量无关；持有成本是库存量的线性函数。

此时，年总库存成本的计算公式如下：

年总库存成本=年购置成本+年订货成本+年保管成本

假设产品单价为 P，每次订货成本为 S，每件产品的年存储成本为 H，由此可得年总库存成本 TC 为

$$TC(Q) = P \cdot D + S \cdot D/Q + H \cdot Q/2$$

上式为 Q 的函数，现在求 TC 最小值，可对其求导数并令其为零，得到

$$Q = \sqrt{2S \cdot D/H}$$

其中，Q 为 EOQ。

上述模型得到的 EOQ 是一种理论值，实际应用时，可能需要考虑其他因素进行调整，如理论计算结果不是整数、订货量必须为最小包装的整数倍等。

3. 批量折扣定量库存控制法

供应商为了吸引顾客一次购买更多的货品，往往会采用批量折扣购货的方法，即对于一次购买数量达到或超过某一数量标准的顾客给予价格上的优惠。

在多重折扣点的情况下，如表 6-2 所示，先依据确定条件下的 EOQ 模型，计算最佳订购批量（Q^*），然后分析并找出多重折扣点条件下的 EOQ，具体计算的步骤如下。

表 6-2　折扣点与折扣价格的对应关系

折扣点	Q_0	Q_1	…	Q_t	…	Q_n
折扣价格	P_0	P_1	…	P_t	…	P_n

第一步，用确定条件下的 EOQ 模型，计算出最佳订购批量（Q^*）。若 $Q^* \geq Q_n$，

则本问题最终的最佳订购批量还是 Q^*。若 $Q^* < Q_n$，则转入下一步骤。

第二步，假设 $Q_t \leqslant Q^* < Q_{t+1}$，此时分别计算 EOQ 为 Q^*、Q_{t+1}、Q_{t+2}、…、Q_n 时对应的总库存成本 TC（Q^*）、TC（Q_{t+1}）、TC（Q_{t+2}）、…、TC（Q_n），并选择最小成本值所对应的批量，该批量是本问题的最佳订购批量。

（二）定期订货法

定期订货法是基于时间的订货控制方法，它设定订货周期和最高库存量，从而达到控制库存量的目的。只要订货周期和最高库存量控制合理，就可能既保障需求合理存货，又可以节省库存费用。

定期订货法中订货量的确定公式为

订货量=最高库存量- 现有库存量- 订货未到量+顾客延迟购买量

定期订货法的优点是：订货周期确定后，多种货品可以同时采购，这样既可以降低订单处理成本，还可以降低运输成本。这种方法需要经常地检查库存和盘点，这样便能及时了解库存情况。

（三）订货点技术的评价

1. 订货点技术的基本特点

（1）不能预先确切知道客户未来的需求。究竟客户将来需要什么？要多少？什么时候要？这些预先都不能确切知道。在这种情况下，只能根据客户以前和现在的情况以及将来发展变化的趋势进行预测，求出客户将来大概需要什么？需要多少？何时需要？

（2）库存水平很难满足实际需求。由于预测出来的需求不是客户确切的实际需求，所以不一定在将来实际发生，加之在制定订货策略时，考虑预防偶然需求的发生和订货过程中因随机因素造成时间上的延误，设立了一定的安全库存作为储备，而且客户服务水平订得越高，安全库存也就越高，所以整个订货点技术所设置的库存都比较高。如果客户需求能按预期实现，则达到预定的客户满足水平没有问题，但如果客户需求不能按期实现，则就造成库存长期积压，甚至成为"死库存"，使供应者蒙受较大损失。

2. 订货点技术的优点

订货点技术是至今能够应用于独立需求物资进行物资资源配置的唯一方法，主要适合于未来需求不确定的情况，当然如果未来需求确定则更好。

订货点技术在应用于未来需求不确定的独立需求物资的情况下，可以做到最经济有效地配置资源，既可以按一定的客户需求满意水平来满足客户需求，又能保证供应者的总费用最低。订货点和订货策略一旦确定，只要随时检查库存，当库存下降到订货点时就发出订货。

订货点技术特别适合于客户未来需求连续且稳定的情况。在这种情况下，它不但可以做到 100%保证客户需要，而且可以实现最低库存。它能使客户的满意水平达到最高，同时操作最简单、运行成本最低。

3. 订货点技术的缺点

订货点技术最大的缺点是使库存量过高，库存费用过大，库存浪费的风险也大，这主要是由于需求的不确定性或不均匀性造成的。一方面，需求的不确定性可能导致预测的需求不能如期发生，从而造成超期积压浪费；另一方面，需求不确定性不但可能造成积压浪费，还可能造成缺货。

它不适合相关需求，即在满足某个客户的需求时不考虑它和别的需求的相关关系。因此，企业内各生产环节、各工序间的物料的配置供应，一般不能直接用订货点技术完整地实现。

四、JIT 技术

JIT（just in time，即准时生产或准时生产制）技术是在日本丰田汽车公司生产方式的基础上发展起来的一种先进的管理模式。随着这一管理模式的不断完善，JIT 不仅是一种组织生产的新方式，而且是一种旨在消除无效劳动与浪费，实现企业资源优化配置，全面提高企业经济效益的物质资源配置技术。

（一）JIT 基本原理

JIT 主要用于生产企业对生产过程各工序各环节的物资需求资源的配置，其原理如图 6-2 所示。

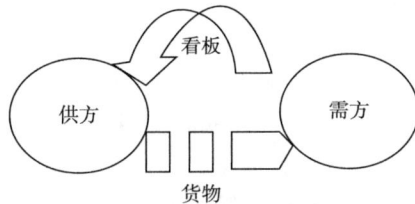

图 6-2　JIT 原理图

企业的生产线，是由一系列工序构成的。这些工序依次组成了相互衔接的供应和需求的链条状结构，由一系列的"供需节点"组成。在通常的工艺中，货物一般是根据既定的计划由供方到需方逐个地流动的，需方是根据供应的产品数量、到达时间进行的加工。可以想象，这时的需方是一种被动式的接受方式。供方来多少，就要接受多少。不管需方是否马上需要，都要接受下来，如果不马上需要，就只有送仓库储存起来。这样必然导致库存量增加、费用增多。

JIT 技术就是要改变这种做法，改变由供方向需方的推进式计划为由需方向供方的拉动式计划，即需方居主动地位。需方需要什么品种、需要多少、什么时候要、在什么地点要，完全由需方向供方发出指令。供方根据需方的指令，将需方所需的品种按需求的数量，在所需的时间运送到指定的地点，不多送也不少送，不早送也不晚送，运送的品种要保证质量，不能有废品。这种思想，是以需定供的。这种物资的配置技术在物资资源配置上体现了以下几个要点。

（1）在品种配置上，保证了品种的有效性，拒绝不需要的品种。

（2）在数量的配置上，保证了数量的准确性，拒绝了多余的数量。

（3）在时间的配置上，保证了所需的时间，拒绝了不按时的供应。

（4）在供应的产品**质量**方面，保证了产品质量，拒绝了次品或废品的供应。

这种供应方式的**优点**表现为：①可以实现线边零库存。生产线需要多少，就供应多少，生产线运行结束时**线边**没有多余的库存品。②可以实现最大的节约。生产不需要的或多生产的物资就是一种浪费，不但浪费材料和工时，还要花费装卸、搬运以及库存费用去保管。③可以最大限度地消除废品损失，提高工作效率。JIT 能最大限度地限制废品的流动造成的损失；废品只停留在供方，不可能进入生产线继续流动而影响下面各个工序。因为每一个需方都只接收合格产品，拒绝废品。

（二）JIT 的目标

（1）零废品。传统的生产管理中，一般企业只提出可允许的不合格品的百分数和可接受的质量水平。其基本假设是：不合格品达到一定数量是不可避免的。而 JIT 的目标是消除各种引起不合格品质因素，在加工过程中，每一工序都力求达到最好水平。

（2）零库存。传统的生产系统中，在制品库存和产成品库存被视为资产，表明生产系统中已累积的增值。在期末时，期末库存与期初库存之差，代表这一周期增值的部分，用以指示该部门效益的提高。当由不确定的供应者供应原材料和外购件时，原材料和外购件的库存可视为缓冲器，即作为供应商不按期供货或顾客订货量增加时的缓冲。而 JIT 则表明，任何库存都是浪费，库存是生产系统设计不合理、生产过程不协调、生产操作不规范的产物，必须予以清除。

（3）准结时间最少。准结时间长短与批量选择相关。如果准结时间接近于零，就意味着批量生产的优越性不复存在。确定 EOQ 的目的是使库存总费用最小，而库存总费用是由仓库保管费与准结（订货）费所决定的，批量大意味着库存量高，仓库保管费高，而批量小则库存量低，仓库保管费也低。但批量小必然增多准结次数，在一般情况下，准结费用也随之增加。如果准结时间趋于零，则准结成本也趋于零，就有可能采用极小批量，此时，选择批量为 1 是最经济的。

（三）JIT 的主要方法

针对 JIT 提出的大量极具特色的管理方法中看板管理方法在众多的 JIT 当中，影响最为深刻、作用也最大。

1. 看板管理

1）看板管理的概念

按照市场的需求来安排生产，生产的产品能马上销售掉，强调准时，达到即产即销，这就是看板管理的概念。反之，如果需求是不确定的，生产就不要进行。通常的做法是，不管后工序需要与否，前工序都按照计划生产。看板管理的方法把后工序看成了用户，只有需求被后工序提出，前工序才能够被允许生产，看板充当了传递指令的角色。看板管理能够控制 JIT 的生产进度，能够实现随时对作业计划做出微调。

2）看板的形式

看板是记载着生产信息的一种卡片，主要有"取货看板"和"生产看板"两种看板。它们分别具有不同的用途："取货看板"有取货指令的作用，一旦接到"取货看板"，应根据看板上的数量立即发货；"生产看板"有生产指令的作用，前工序应该生产的数量被标记在上面，后工序会向前工序发来"生产看板"，前工序就应按照指令立即生产看板上规定数量的零件。

3）看板的使用

在实际生产过程中，不同的看板发送方式会被采用在不同场合，有单板方式和双板方式两种。它们的流程也不尽相同。若一条生产线上通常需要生产各种产品，则不同的看板就要被设计给不同的产品。在生产时，某种产品的看板根据需求发出，具体方式可以是多种多样的，但实行的原则必须相一致。

（1）不见看板不发料，按照看板规定的数量发料，看板发料要以零件为标准。

（2）按照看板规定数量生产，当生产的品种多样化时，必须按照看板送来的次序生产。

（3）后工序不准接收不合格的产品。

（4）看板使用的张数要随着时间的推移逐步地减少。

2. 平准化生产

这个新名词是丰田汽车公司创造的，它的含义是指同一条生产线上制造各种产品但必须均匀混合。因为按照 JIT 的要求，市场需要什么产品，什么产品就被生产出来。市场不可能今天只需要 A 产品，而不需要其他的产品，明天只需要 B 产品，而不需要 A 产品，后天又仅仅需要 C 产品。市场每天对产品的需求肯定不是单一的，所以生产也不可能是单一的。一般来说，实现 JIT 的必要条件就是平准化生产。它也是减少库存量的一项重要的举措。

JIT 要采用对象专业化的生产组织方式，使用高效专用的设备。为了对混合生产实行平准化，设备应具有通用性。

实现平准化生产必须要由生产计划予以保证。一般可采用两阶段的月生产计划：第一步，要制订初步的产品品种和数量计划，这要提前两个月就进行；详细地修订生产计划，这要提前一个月进行。这两份计划资料要及时地传送给各制作厂。第二步，进入开始执行计划的阶段，根据月计划制订日生产计划（如 A 型车的月计划是 5 000 辆，而月工作日是 20 天，那么，A 型车的日生产计划是 250 辆，其他的车型也是如此的平均分配）。投产顺序排程必须在投产前 2 个工作日制定，并且立即按投产顺序下达给主要部件厂商和总装配线。执行平准化的计划应采用看板方式。

3. 零库存管理

库存在生产中的作用是十分重要的，为了保证过程能够连续下去，通常有许多在制品被库存起来。前文已在库存控制和进度控制中讨论过库存问题。对库存的理解与管理，JIT 方式可能是最精辟的。在财务报表上，库存作为企业财产的一部分被列示。如果认为它是财产，库存多些并非是件坏事；而如果从债务的角度来看，它占用了流动资金，也可被认为是企业债务的一部分，就应当减少库存。库存被 JIT 看成是债务，所以必须尽可能降低库存。

4. 少人化管理

降低成本的重要手段之一便是少人化。在丰田汽车公司看来，如果一项改进仅仅是提高工作效率，人员不减少，那么是很不可取的。他们认为，应该提高生产率，也必须要达到减少人员的目的。少人化管理主要有两个含义：一是生产工人的数量随生产而变动。严格按照需求生产是 JIT 所要求的，不提前，不过量。只要需求发生了波动，产量就会有高低，生产人数应该做相应的调整。产量大，应该多配备一些员工；相反，员工的数量就应被减少。二是改进作业使作业人数不断得到减少，达到提高效率降低成本的目的。为达到这个目的，下面两条重要措施通常被采用。

（1）培养多面手。培养多面手就能够达到便于随时随地调整生产线上的作业，可以灵活自如地安排工人任务的目的。工人掌握技能的多少与生产线作业的灵活性呈同方向的变化。

（2）小组工作。企业生产以小组为单位进行组织。小组功能被强化，小组内的工人除了承担生产任务外，也参与管理。小组要承担参与物耗控制、对质量负责、设备调整的任务，负责设备保养以及简单修理，还要对现场的工作进行改进完善。小组工作是劳动组织上的一项改变和革新，它也是实现精益生产的核心思想——杜绝一切浪费的组织保证。

5. 缩短生产周期

生产周期主要是指从零件投料到成品产出所需要的时间。一件产品所有的加工作业同步进行就是生产同步化。它要求装配线和机械加工几乎平行作业。很明显，这样可以缩短生产的周期，但达到同步是非常困难的，完全的同步化是不可能做到的。看板管理将要装配的计划从总装配线经看板传递到各条零件生产线，从而使零件生产线保证在总装线生产需要的时刻，得到需要的零部件。

（1）一物一流生产：库存不在工序之间设立，前工序加工完毕，立即就进入下一工序。事实上，这是指工序间采用平行传送的方式，生产周期可以达到最短。

（2）小批生产：铸造、锻造和压制等都必须成批的生产。为了使生产周期缩短，应当使生产批量减少。而要减少批量，就应采取措施使设备调整时间减少，随着设备调整时间的缩短，批量也成比例地减少。

（3）快速更换工装：工装就是生产过程中使用的各种工具的总称，如夹具、刀具、模具、量具等。当转换产品时，往往工装也需要更换，更换工装所消耗的时间不能产生任何价值，如果时间很长，则是一种极大的浪费。所以，多换工装的办法一般是不被企业所采取的，企业宁可加大批量。但出于 JIT 的目的，必须要减少批量，频频转换产品，要解决这种矛盾只有通过快换工装的办法。事实证明，快换工装是可以做到的。

五、MRP 技术

MRP 是企业依据市场需求预测和顾客订单编制生产计划，然后基于这个计划组成产品的物料结构表和库存状况，通过计算机计算出所需物料的数量和时间，从而确定物料加工进度和订货日程的一种管理技术。它是一种以计算机为基础的生产计划和库存控制系统，它能保证在需要的时间供应所需的物料，并同时使库存保持在最低水平，因此编制 MRP 具有非常重要的价值。

（一）MRP 原理

MRP 的目标是围绕物料转换组织制造资源，实现按需准时生产。它是按反工艺顺序来确定零部件、毛坯直至原材料的需要数量和时间的。MRP 的基本原理是，由主生产进度计划（master production schedule，MPS）、主产品结构清单文件（bill of material，BOM）和产品库存状态文件（product inventory file）逐个地求出主产品所有零部件的生产时间和生产数量。MRP 的逻辑原理如图 6-3 所示。

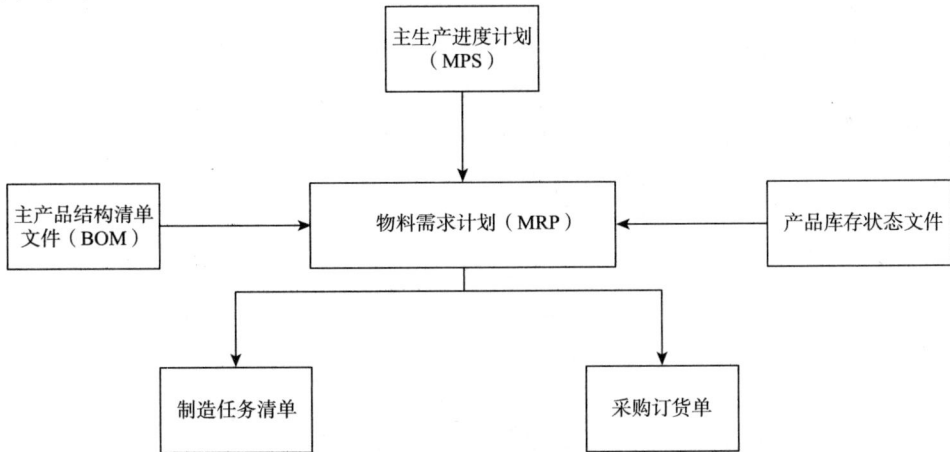

图 6-3　MRP 逻辑原理图

从图 6-3 中可以看到，MRP 的基础文件如下。

（1）主产品结构清单文件：主要反映主产品的层次结构、所有零部件的结构关系和数量组成。根据这个文件，可以确定主产品及其各个零部件的需要数量、需要时间和它们互相间的装配关系。

（2）主生产进度计划：主要描述主产品及其结构清单文件决定的零部件的生产进度，表现为各时间段内的生产量、生产时间、生产数量或装配时间、装配数量。

（3）产品库存状态文件：包括主产品和其他所有的零部件的库存量，已订未到量和已分配还没有提走的数量。

MRP 技术在库存管理中的应用主要是通过 MRP 处理生成的采购任务清单来实现控制库存的。

（二）MRP 系统在库存管理中的应用

1. MRP 的输入

MRP 的输入有以下三个文件。

1）主生产进度计划

主生产进度计划是 MRP 系统最主要的输入信息，也是 MRP 系统的主要依据。该计划来自企业的年度计划，在 MRP 中用 52 周来表示。其基本原则是：主生产进度计划覆盖的时间长度要不少于主产品组成零部件具有的最长的生产周期。否则，主生产进度计划不能进行 MRP 系统的运行，因此是无效的。例如，产品 A 的出产进展表，如表 6-3 所示。

表 6-3　产品 A 的出产进度表

时期/周	1	2	3	4	5	6	7	8
产量/（件/周）	30	20	25		60		20	

2）主产品结构清单文件

主产品结构一般用树形结构表示，最上层是 0 级，即主产品级，然后是 1 级，对应主产品的一级零部件，如此逐级往下分解，最后一级为 n 级，一般是最初级的原材料或者外购零配件。每一层有三个参数，即零部件的名称、组成、数量。

例如，A 产品的树形结构如图 6-4 所示。

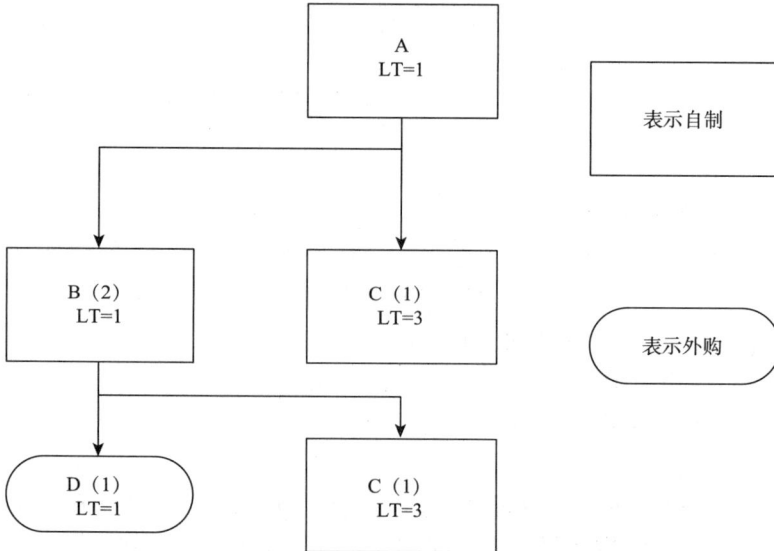

图 6-4　A 产品树形结构图

A 产品由 2 个部件 B 和 1 个零件 C 装配组成，而部件 B 又由 1 个外购件 D 和 1 个零件 C 装配组成。A、B、C、D 的提前期分别为 1 周、1 周、3 周、1 周，即装配 1 个 A 要 1 周时间，装配 1 个 B 要提前 1 周下达任务单，生产 C 要提前 3 周下达任务单，而采购 1 个 D 要提前 1 周发出订购单。

3）产品库存状态文件

该文件包含各种产品在系统运行提前期库存量的静态资料，但它主要提供并记录 MRP 运行过程中的实际库存量的动态变化过程，主要参数如下。

（1）总需求量，是指主产品及其零部件在每一周的需要量。

（2）计划到货量，是指根据正在执行中的采购订单或生产订单在未来的某一个时段将要入库或将要完成的数量。

（3）库存量，是指每个周周末库存物品的数量。其计算公式为

$$库存量=本周初库存量+本周到货量-本周供应量$$
$$=上周末库存量+本周到货量-本周供应量$$

MRP 输入完毕后，系统会自动计算出各周的库存量、净需求量、计划接受订货量和计划发出订货量，如表 6-4 所示。

表 6-4　MRP 输入后的数据（单位：件）

节：A（0 级）提前期：1 周	周次							
	1	2	3	4	5	6	7	8
总需求量	30	20	25		60		20	
计划到货量	15		20		40		60	
库存量（20）	5	−15	−20	−20	−40	−40	0	0
净需求量	0	15	5	0	20	0	0	0
计划接受订货量		15	5		20			
计划发出订货量	15	5		20				

上述三个文件即 MRP 的主要输入文件。除此之外，为运行 MRP 还需要一些基础性的输入，其中包括物料编码、提前期、安全库存量等。

2. MRP 的输出

MRP 的输出，包括了主产品及其零部件在各周的净需求量、计划接受订货量和计划发出订货量三个文件。

1）净需求量

净需求量是指系统需要外界在给定的时间提供的给定的物料数量，即生产系统需要什么物品，需要多少，什么时候需要。不是所有零部件每一周都有净需求量的，只有发生缺货周才发生净需求量。某个产品某个时间的净需求量就是这个产品在这一个时间的缺货量。所谓"缺货"，就是上一周的期末库存量加上本期的计划到货量小于本期总需要量，即

$$本周净需求量=本周总需求量-本周计划量-本周初库存量$$

MRP 在实际运行中，不是所有的负库存都有净需求量。净需求量的计算可以这

样确定：在库存量一栏中第一个出现的负库存量的周，其净需求量就等于其负库存量的绝对值。在其后连续出现的负库存量各周中，各周的净需求量等于其本周的负库存量减去前一周的负库存量的差的绝对值。

2）计划接受订货量

它是为满足净需求量的需求，应该计划从外界接受订货的数量和时间。

3）计划发出订货量

它是指发出采购订货单进行采购或发出生产任务单进行生产的数量和时间。它在数量上等于计划接受订货量，时间上比计划接受订货量提前一个提前期。

3. MRP 输出实现

由于 MRP 输出的参数是直接由 MRP 输入的产品库存状态文件参数计算出来的，因此为直观起见，常常把 MRP 输出与 MRP 的产品库存状态文件连接在一起，边计算边输出结果。其运行程序如下。

第一步，根据 MRP 输入的产品库存状态文件计算出 A 产品各周的库存量。本周库存量=上周库存量+本周计划到货量−本周总需求量。本周库存量是指周末库存量，可为正数、负数或零。

第二步，MRP 系统接着计算和输出各周的净需求量。只有库存量为负数的周才有净需求量。其计算方法是：第一次出现的负库存量的周（第二周）的净需求量等于其负库存量的绝对值，其紧接在后面的负库存量的周（第三周）的净需求量就等于本周的负库存量减去上一周的负库存量所得结果的绝对值。如此可计算出第二周、第三周、第五周的净需求量分别为 15、5、20，第四周、第六周、第七周、第八周的净需求量为零。

第三步，MRP 系统计算和输出计划接受订货量，它在数量和时间上都与净需求量相同。如表 6-4 所示，第二周计划接受订货量为 15，第三周计划接受订货量为 5。计划接受订货量满足净需求量，而计划到货量满足部分总需求量。二者相加，即可满足总需求量。

第四步，MRP 系统计算和输出计划发出订货量，它是把计划接受订货量（或净需求量）在时间上提前一个提前期（此处为一周），订货数量不变而形成的。如表 6-4 所示，第一周计划发出订货量为 15，第二周计划发出订货量为 5，这就是 MRP 最后处理的结果。MRP 系统最后给出的是发出的一系列订货量和订货计划表。

第二节　仓储与配送装卸搬运技术

一、仓储与配送装卸搬运概述

1. 装卸搬运的概念

装卸搬运是物品装卸和物品搬运两项作业的统称。装卸是指物品在指定地点进行的以垂直移动为主的物流作业。搬运是指物品在同一场所内进行的以水平移动为主的物流作业。综上所述，装卸搬运是指在某一物流节点范围内进行的，以改变物品的存放状态和空间位置为主要内容和目的的活动。例如，对物料、产品、零部件或其他物品进行搬上、卸下、移动的活动，装卸、移动、分类、堆码、理货和取货等作业都属于物品装卸搬运活动。

2. 装卸搬运的作用

装卸搬运是物流系统的构成要素之一，虽然它不直接创造价值，但它却是影响物流效率、决定物流成本的重要环节，因为物流中的装车、卸车、装船、卸船，以及入库、堆码、出库过程等都离不开装卸搬运活动，它是随运输和保管等活动而产生的必要活动。

在物流过程中，装卸搬运活动是不断出现和反复进行的，它出现的频率高于其他各项物流活动，装卸搬运活动花费时间很长，所消耗的人力也很多，因此装卸费用在物流成本中所占的比重也较高，是降低物流费用的重要环节。

装卸搬运是物流各环节（如运输、保管）之间相互转换的桥梁。它不仅把物资运动的各个阶段连接成为连续的"流"，而且把各种运输方式连接起来，形成各种运输网络，极大地发挥其功能。

3. 装卸搬运的特点

（1）装卸搬运是附属性、伴生性的活动。装卸搬运是物流每一项活动开始及结束时必然发生的活动，因而有时常被人忽视，有时被看作其他操作不可缺少的组成部分。例如，一般而言的汽车运输，就实际包含了相随的装卸搬运，仓库中泛指的保管活动，也含有装卸搬运活动。

（2）装卸搬运是支持、保障性的活动。装卸搬运的附属性不能理解成被动的，实际上，装卸搬运对其他物流活动有一定决定性。装卸搬运会影响其他物流活动的质量和速度。例如，装车不当，会引起运输过程中的损失；卸放不当，会引起货物转换及下一步运输的困难。许多物流活动在有效的装卸搬运支持下，才能实现高水平运转。

（3）装卸搬运是衔接性的活动。在任何其他物流活动互相过渡时，都是以装卸搬运来衔接的，因而，装卸搬运往往成为整个物流的"瓶颈"，是物流各功能之间能否形成有机联系和紧密衔接的关键，而这又是一个系统的关键。能否建立一个有效的物流系统，关键看这一衔接是否有效。比较先进的系统物流方式——联合运输方式，就充分体现着这种衔接的有效性。

4. 装卸搬运的分类

1）按装卸搬运的机械及机械作业方式分类

装卸搬运以此可分成使用吊车的"吊上吊下"方式、使用叉车的"叉上叉下"方式、使用半挂车或拖车的"滚上滚下"方式、"移上移下"方式及散装散卸方式等。

（1）吊上吊下方式。吊上吊下方式是指采用各种起重机械从货物上部起吊，依靠起吊装置的垂直移动实现装卸，并在吊车运行的范围内或回转的范围内实现搬运或依靠搬运车辆实现小搬运。由于吊起及放下属于垂直运动，所以这种装卸方式属于垂直装卸方式。

（2）叉上叉下方式。叉上叉下方式是指采用叉车从货物底部托起货物，并依靠叉车的运动进行货物位移，搬运完全靠叉车本身，货物可不经中途落地直接放置到目的处。这种方式的垂直运动不大而主要是水平运动，属于水平装卸方式。

（3）滚上滚下方式。滚上滚下方式主要是指在港口对船舶货物进行水平装卸搬运的一种作业方式。例如，在装货港，用拖车将半挂车或平车拖上船舶，完成装货作业；在卸货港，再用拖车将半挂车或平车拖下船舶，完成卸货作业。

（4）移上移下方式。移上移下方式是在两车之间（如火车及汽车）进行靠接，然后利用各种方式，不使货物垂直运动，而靠水平移动从一种车辆上推移到另一种车辆上。移上移下方式需要使两种车辆水平靠接，对站台或车辆货台需进行改变，并配合移动工具实现这种装卸。

（5）散装散卸方式。散装散卸方式是指对散状货物不加包装而直接进行装卸搬运的作业方式。

2）按装卸搬运的作业特点分类

根据作业特点的不同，装卸搬运可分为连续装卸搬运和间歇装卸搬运两大类。

（1）连续装卸搬运。连续装卸搬运是指采用皮带机、链斗装车机等连续作业机械，对大批量的同种散状货物或小型件杂货进行不间断输送（中间无停顿、货间无间隔）的作业方式。连续装卸搬运适用于批量较大、作业对象无固定形状或难以形成大包装的情形。

（2）间歇装卸搬运。间歇装卸搬运是指作业过程包括重程和空程两个部分的作业方式。该方式有较强的机动性，广泛适用于批量不大的各类货物，尤其适合大件或包装货物。间歇装卸搬运主要使用起重机械、工业车辆、专用机械进行作业。

二、装卸搬运活性理论

1. 装卸搬运作业

装卸搬运作业有悠久的历史，而对装卸搬运作业的管理进行研究则是一门新的学科。在装卸搬运作业中，装货、移动、卸货这三种作业在多数情况下是以一个整体出现的，由此看出，装和卸次数之和与移动次数是 2∶1 的关系。往往装卸的劳动强度大，花费的时间也多，因此在改善装卸搬运系统的过程中，应更重次数多、劳动强度大、耗时多的装卸环节。重视装卸是现代装卸搬运管理的基本论点，如使用叉车、机器人就是要减轻装卸的劳动强度。所谓"良好的搬运状态"，首先应是装卸花费时间少的状态，"良好的搬运"就是装卸次数少的搬运。

2. 装卸搬运的活性指数

装卸搬运的活性指数是用来表示各种状态下的物品的装卸搬运活性的。在装卸搬运整个过程中，往往需要进行几次物品的搬运，下一步比前一步的活性指数高，因而下一步比前一步更便于作业，被称为"活化"。而装卸搬运的工序、工步应设计得使物料或货物的活性指数逐步提高，至少不降低，就叫作步步活化。图 6-5 是装卸搬运活性指数的组成关系图。

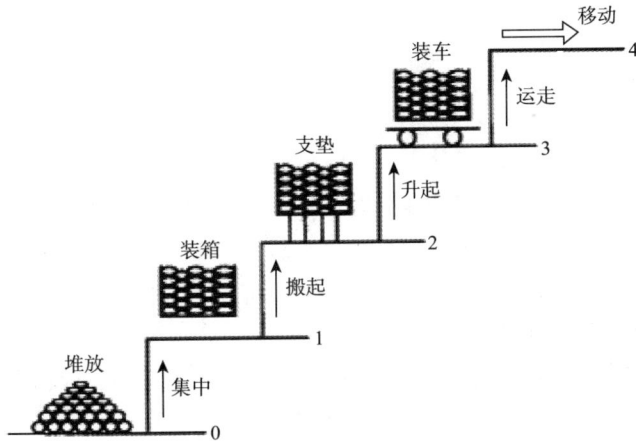

图中：装车、移动 4、运走、3、支垫、升起、2、装箱、搬起、1、堆放、集中、0

图 6-5 装卸搬运活性指数的组成关系图

从图 6-5 中可以看出，散放在地的物品要运走，需要经过集中、搬起、升起、运走 4 次作业，作业次数最多，最不方便，也就是说它的活性水平最低；而集装在箱中的物品，只要进行后面3次作业就可以运走，物料搬起作业较为方便，活性水平就高一等级；运动着的物品，不需要再进行其他作业就可以运走，活性水平最高。

下面运用活性指数的概念来分析与表示搬运活性水平的高低。例如，散放在地的物品，要经过集中（装箱）—搬起（支垫）—升起（装车）—运走（移动）4 次作业才能运走，集中活性指数最低，定为 0，然后，对此状态每增加一次必要的操作后，就会使物料装卸方便一些，其搬运活性指数就加上 1，而处于运行状态的物品，因为不需要再进行其他作业就能运走，其活性指数最高，定为 4。

3. 装卸搬运活性理论的应用

在设计装卸搬运方案时，主要是根据物料的分类、布置和移动的路线，选择合适的搬运设备、设备之间的组合方式及使用方法。应用装卸搬运的活性理论能改善装卸搬运作业，使方案设计、设备选择有定量的依据，还形成了一种检查比较方案的有效方法。其步骤大致如下。

（1）测定平均装卸搬运活性指数，了解整个系统的特点，根据分析、评价确定整体改进方案。

（2）确定需改进的局部区域。

（3）选定用于局部区域的装卸搬运设备。

（4）对设备和搬运方式进行经济性评价。

（5）对初步方案进行细致审查，改进不合理部分，也可以同时提出几个方案进行比较研究。

总之，应用活性理论，可以改善装卸搬运作业，合理选择搬运设备，合理设计工步和工序，以达到作业合理化、节省劳力、降低能耗，提高搬运效率的目的。

三、装卸搬运合理化

1. 防止无效装卸

无效装卸的含义是消耗在有用货物必要劳动之外的多余装卸劳动，具体反映在以下几个方面。

（1）过多的装卸次数。从发生的费用来看，一次装卸的费用相当于几十千米的运输费用，因此，每增加一次装卸，费用就会有较大比例的增加。此外，装卸会大大阻缓整个物流的速度。采用集装方式进行多式联运，能够有效地避免对单件货物的反复装卸搬运处理，是防止无效装卸的办法。

（2）过大的包装装卸。包装过大过重，在装卸时实际上反复在包装上消耗较大的劳动，这一消耗不是必需的，因而形成无效劳动。

（3）无效物质的装卸。进入物流过程的货物，有时混杂着没有使用价值或对用户来讲没有使用价值的各种掺杂物，如煤炭中的矸石、矿石中的水分、石灰中的未烧熟石灰及过烧石灰等，在反复装卸时，实际对这些无效物质反复消耗劳动，因而形成无效装卸。

2. 进行少消耗的装卸

在装卸时考虑重力因素，可以利用货物本身的重量，进行有一定落差的装卸，以减少或根本不消耗装卸的动力，这是合理化装卸的重要方式。例如，从卡车、火车、货车卸物时，利用卡车与地面或小搬运车之间的高度差，使用溜槽、溜板之类的简单工具，可以依靠货物本身重量，从高处自动滑到低处，这就无须消耗动力。如果采用吊车、叉车将货物从高处卸到低处其动力消耗虽比从低处装到高处小，但是仍需消耗动力，两者比较，利用重力进行无动力消耗的装卸显然是合理的。

在人力装卸时，一装一卸是爆发力，而搬运一段距离，这种负重行走，要持续抵抗重力的影响，同时还要行进，因而体力消耗很大，是出现疲劳的环节。所以，人力装卸时如果能配合简单的机具，做到"持物不步行"，则可以大大减轻劳动量，做到合理化。

3. 充分利用机械，实现规模装卸

规模效益早已为大家所接受，在装卸时也存在规模效益问题，主要表现在一次装卸量或连续装卸量要达到充分发挥机械最优效率的水准。为了降低单位装卸工作量的成本，对装卸机械来讲，也有规模问题，装卸机械的能力达到一定规模，才会有最优效果。追求规模效益的方法，主要是各种集装实现间歇装卸时一次操作的最合理装卸量，从而使单位装卸成本降低，也通过散装实现连续装卸的规模效益。

4. 提高物料的装卸搬运活性

在物流系统的物资搬运中，散装货物和杂件货物的活性指数为 0，装卸和搬运最不方便。采用集装技术，物料经过托盘、组合包装以及其他集装器具后，具有较高的活性。此时，物料活性指数提高，随时都处于准备搬运的机动状态，装卸方便，加速了物

资的周转。

5. 提高物料的运输活性

装卸搬运操作有时是直接为运输服务，下一步直接转入运输状态，因而只有进行合理的装卸操作，将货物预置成容易转入运输的状态，装卸搬运才称得上合理。对这种活性的质量用货物的运输活性指数表示。很明显，运输活性越高，货物越容易进入运输状态，可能带来直接缩短运输时间的效果。

6. 选择最好搬运方式或节省体力消耗

在物流领域，即使是现代化水平已经很高了，也仍然避免不了要有人力搬运的配合，因此，人力搬运合理化问题也是很重要的。

根据科学研究的结论，采用不同搬运方式和不同移动重物方式，其使用体力的效果不同。科学地选择一次搬运重量和科学地确定包装重量也可促进人力装卸的合理化。

7. 把商品整理为一定单位

把商品汇集成一定单位数量，再进行装卸，既可避免损坏、消耗、丢失，又容易查点数量，而且最大的优点在于使装卸搬运的单位加大，使机械装卸成为可能，以及使装卸、搬运的灵活性好，等等。这种方式是把商品装在托盘、集装箱和搬运器具中原封不动地装卸搬运，进行输送、保管。

8. 从物流整体的角度去考虑

在整个物流过程中，要从运输、储存、保管、包装与装卸的关系来考虑，装卸要适合运输、储存保管的规模，即装卸要起着支持并提高运输、储存保管能力和效率的作用，而不是起阻碍的作用。对于商品的包装来说也是一样的，过去是以装卸为前提进行的包装，要运进许多不必要的包装材料，现在采用集合包装，不仅可以减少包装材料，同时也省去了许多无效的运输。

第三节　流通加工技术

一、流通加工的概念

根据中华人民共和国国家标准《物流术语》中的定义，流通加工是物品在生产地到使用地的过程中，根据需要施加包装、分割、计量、分拣、刷标志、拴标签、组装等简单作业的总称。

流通加工是为了提高物流速度和物品的利用率，在物品进入流通领域后，按客户的要求进行的加工活动，即在物品从生产者向消费者流动的过程中，为了促进销售、维护商品质量和提高物流效率，对物品进行一定程度的加工。流通加工通过改变或完善流通对象的形态来实现桥梁和纽带的作用，因此流通加工是流通中的一种特殊形式。

二、流通加工的作用

1. 增加收益

在流通过程中,对产品的某些功能进行简单加工,就可促进产品销售,为企业带来更多的经济效益。这是流通加工的一个重要功能,使物品更好地满足用户的需求,激发消费者的购买欲望。例如,一些制成品,如时装、洋娃娃玩具、轻工纺织产品、工艺美术品等,在深圳地区进行简单装潢加工,改变产品的外观,使产品售价提高20%以上。可见,流通加工可以成为提高产品附加价值的活动。

2. 方便用户

用量小或临时需要的用户,缺乏进行高效率初级加工的能力,依靠流通加工可使用户省去进行初级加工的投资、设备及人力,从而激活供应,方便了用户。目前发展较快的初级加工有将水泥加工成生混凝土,将原木或板方材加工成门窗,冷拉钢筋及冲制异型零件,钢板预处理、整形、打孔等。

3. 降低成本

流通加工不但方便了用户购买和使用产品,还可以使用量小或有临时需要的用户省去进行初级加工的机器设备投资及人力消耗,从而降低了用户成本。对于生产企业来说,采用流通加工可以进行标准化、整包装生产,从而节省了包装费用和运输费用,降低了成本,提高了效益。

4. 提高物资利用率

流通加工可实现废物再生,物资充分利用、综合利用,使物资利用率大大提高。例如,集中下料可以合理套裁、优材优用、小材大用,明显地提高了原材料的利用率。又如,北京、济南等城市曾对平板玻璃进行集中裁制,实施开片供应,玻璃利用率从60%左右提高到 85%~95%。可见,流通加工在物资利用率提高中的作用是巨大的。此外,木屑压制成木板、边角废料改制等流通加工还可以实现废物再生利用,从另外一个角度提高物资的利用率。

5. 提高设备利用率

建立集中加工点实施流通加工,可以采用效率高、技术先进、加工量大的专用机具和设备,既提高了设备利用率,又提高了加工质量,其最终结果是降低了加工费用及原材料成本。例如,一般的使用部门在对钢板下料时,通常采用气割法,需留出较大的加工余量。这样做不但出材率低,且由于热加工容易改变钢的组织结构,加工质量也不好。在集中加工的条件下,可采用高效率的剪切设备,在一定程度上弥补了上述缺陷。

6. 发挥输送最高效率

流通加工环节将实物的流通分为两个阶段:第一个阶段是从生产企业到流通加工,这一阶段输送距离长,可以采用船舶、火车等大运量输送手段;第二个阶段是从流通加工到消费环节，这一阶段距离短，主要利用汽车、摩托车等小型车辆来配送经过流通加工后的小批量、多规格、多用户的产品。这样，加快了输送速度，节省了运力运费，充分发挥了各种输送手段的最高效率。

三、流通加工的类型

根据不同的目的，流通加工具有不同的类型，主要包括以下几个方面。

1. 为保护产品的流通加工

为保护产品所进行的流通加工是指为了防止产品在运输、储存、装卸搬运、包装等过程中遭受损失，保护产品的使用价值，延长产品在生产和使用期间的寿命，采取稳固、改装、保鲜、冷冻、涂油等方式进行的加工。例如，水产品、蛋产品、肉产品的保鲜、保质的冷冻加工和防腐加工，丝、麻、棉织品的防虫、防霉加工，木材的防腐朽、防干裂加工，煤炭的防高温自燃加工，水泥的防潮、防湿加工，金属材料的喷漆、涂防锈油等防锈蚀加工，等等。

2. 为满足多样化需求的流通加工

生产部门为了实现生产的规模效益，其产品往往不能完全满足顾客的需求。因此，为了满足顾客对产品多样化的需要，同时又要保证生产企业生产的高效率，可将生产出来的单一化、标准化的产品进行多样化的改制加工，即属于为适应多样化需要的流通加工。例如，对钢材卷板的舒展、剪切加工，平板玻璃按需要规格的开片加工，木材改制成枕木、方材、板材加工等。

3. 为方便消费、省力的流通加工

为方便消费、省力的流通加工主要是从顾客的角度出发，使顾客在使用商品时可以更为省力而进行的流通加工。例如，可以根据顾客需要将木材制成可直接投入使用的各种型材；将钢材定尺、定型，按要求下料；将水泥制成混凝土拌和料，使用时只需稍加搅拌即可使用等。流通加工也可以起到促进销售的作用。例如，将以保护商品为主的运输包装改换成以促进销售为主的销售包装，以起到吸引顾客、促进销售的作用，如将蔬菜、肉类洗净切块以满足顾客要求等。目前，绝大多数的超市都有净菜加工这一加工区域，顾客购买后省去了自己洗切的步骤，省时省力。

4. 为实现配送进行的流通加工

为实现配送进行的流通加工形式是配送中心为了实现配送活动，更好地满足顾客的需要而对物资进行的加工。例如，混凝土搅拌车可根据客户的要求，把沙子、水泥、石子、水等各种不同材料按比例要求装入可旋转的罐中。在配送路途中，汽车边行驶边搅拌，到达施工现场后，混凝土已经均匀搅拌好，可直接投入使用。

5. 为提高物流效率、降低物流损失的流通加工

由于某些商品本身的形态比较特殊，在运输、装卸搬运过程中极易受损，并且可能

会给运输、储存过程带来不便，因此需要进行适当的流通加工加以弥补，从而使物流各环节易于操作，提高物流效率，降低物流损失。例如，自行车在消费地区（如超市）的装配加工可以防止整车运输的低效率和高损失；造纸用木材磨成木屑的流通加工，可以极大地提高运输工具的装载效率；集中煅烧熟料、分散磨制水泥的流通加工，可以有效地防止水泥的运输损失，减少包装费用，也可以提高运输效率；石油气的液化加工，使很难输送的气态物转变为容易输送的液态物，从而提高物流效率。

6. 为衔接不同的运输方式，使物流更加合理的流通加工

为了衔接不同的运输方式，有时需要在干线运输和支线运输的节点处设置流通加工环节，以此有效地解决干线运输大批量、低成本、长距离与末端运输多品种、少批量、多批次之间的衔接问题。以流通加工点为核心，在生产点与流通加工点之间可以形成大批量、定点运输的渠道，组织对多个用户的配送，也可以在流通加工点将大的运输包装转换为小的销售包装，从而有效地衔接不同目的的运输。例如，为小规模散装水泥的流通加工，就衔接了水泥厂大批量运输和工地小批量装运的需要之间的差异性问题，能最大化地发挥两种运输的效率。

7. 为提高产品利用率的流通加工

为提高产品利用率的流通加工主要是体现了流通加工的综合利用、充分利用物资的作用。例如，钢材的集中下料可以合理下料、搭配套裁、减少边角余料，从而达到加工效率高、加工费用低的目的，并有效地节约了物资；猪肉和牛肉等在食品中心进行加工，将肉、骨分离，其中肉只占 65% 左右，这样向零售店输送时就能大大提高输送效率，而骨头则送往饲料加工厂，制成骨粉加以利用。

8. 为弥补生产加工不足的流通加工

许多产品由于受到各种因素的限制，其在生产领域的加工只能进行到一定程度，而不能完全实现能够最终满足消费的加工结果。例如，木材如果在产地完成成材加工或制成木制品的话，就会给运输带来极大的困难，所以在生产领域只能加工到圆木、板材、方材这个程度，进一步的下料、切裁、处理等加工则由流通加工过程完成。

9. 为提高加工效率的流通加工

许多生产企业的初级加工由于数量有限，加工效率不高，而流通加工以集中加工的形式，解决了单个企业加工效率不高的问题。一家流通加工企业的集中加工代替了若干家生产企业的初级加工，促使行业的生产能力和水平有一定的提高。

10. 生产—流通一体化的流通加工

通过生产企业和流通企业的联合，或者生产企业涉足流通，或者流通企业涉足生产，形成的对生产与流通加工进行合理分工、合理规划、合理组织，统筹进行生产与流通加工的安排，这就是生产—流通一体化的流通加工形式。这种形式可以促成产品结构及产业结构的调整，充分发挥企业集团的经济技术优势，是目前流通加工领域的新形式。

四、典型的流通加工形式

1. 钢卷剪切流通加工

汽车、冰箱、冰柜、洗衣机等生产制造企业每天需要大量的钢板，除了大型汽车制造企业外，一般规模的生产企业若自己单独剪切，难以解决因用料高峰和低谷的差异引起的设备忙闲不均和人员浪费问题。如果委托专业钢板剪切加工企业，就可以解决这个矛盾。专业钢板剪切加工企业能够利用专业剪切设备，按照用户设计的规格尺寸和形状进行套裁加工，精度高、速度快、废料少、成本低。专业钢板剪切加工企业在国外数量很多，大部分由流通企业经营。这种流通加工企业不仅提供剪切加工服务，还出售加工原材料和加工后的成品以及配送服务。采用委托加工方式，可使用户省心、省力、省钱。

2. 木材流通加工

木材的流通加工一般有两种情况，一种是树木被砍伐后，先在原处去掉树杈和树枝，将原木运走，剩下的树杈、树枝、碎木、碎屑，掺入其他材料，在当地木材加工厂进行流通加工，做成复合木板，也有将树木在产地磨成木屑，采取压缩方法加大容重后运往外地造纸厂造纸；另一种情况是在消费地建木材加工厂，将原木加工成板材，或按用户需要加工成各种材料，供给家具厂、木器厂。木材进行集中流通加工、综合利用，出材率可提高到72%，原木利用率达到95%，经济效益相当可观。

3. 水泥流通加工

在水泥流通服务中心将水泥、沙石、水及添加剂按比例进行初步搅拌，然后装进水泥搅拌车，事先计算好时间，卡车一边行走，一边搅拌，到达工地后，搅拌均匀的混凝土即可直接进行浇注。

4. 煤炭流通加工

煤炭的流通加工例子很多，如将煤炭在产地磨成煤粉，再用水调成浆，便可采用管道运输；把采掘出来的杂煤除去矸石，能增强煤炭的纯度；把混在煤炭里的垃圾、木片等杂物彻底拣除，可避免商业索赔的发生；将煤粉加工成取暖用的蜂窝煤供应居民，也是一种流通加工方式。

5. 玻璃流通加工

平板玻璃的运输货损率较高，玻璃运输的难度比较大。在消费比较集中的地区建玻璃流通加工中心，按照用户的需要对平板玻璃进行套裁和开片，可使玻璃的利用率从62%~65%提高到90%以上。

6. 自行车、助力车流通加工

自行车和助力车整车运输、保管和包装，费用多、难度大、装载率低，但这类产品装配简单，不必进行精密调试和检测，所以可以将同类部件装箱，批量运输和存放，在商店出售前再组装。这样做可大大提高运载率，有效地衔接批量生产和分散消费。这是一种只改变商品状态不改变商品功能和性质的流通加工形式。

7. 服装、书籍流通加工

这里的服装流通加工，主要指的不是材料的套裁和批量缝制，而是在批发商的仓库或配送中心进行缝商标、拴价签、改换包装等简单的加工作业。近年来，因消费者要求提高，退货大量增加，从商场退回的衣服，一般在仓库或配送中心重新分类、整理、改换价签和包装。国外书籍的流通加工作业主要有简单的装帧、套书壳、拴书签，以及退书的重新整理、复原等。

8. 牛奶、蔬菜、水果等食品的流通加工

牛奶的消费者是千家万户，牛奶的运输和配送十分复杂。为了提高效率，一般做法是把各个养牛场的牛奶集中到牛奶厂，牛奶厂用大型奶罐批量地将牛奶分送到各地牛奶分厂。在那里进行检疫、灭菌和均质化，装袋后配送给各商店或家庭。冬季和夏季对牛奶的需求有一定差别，可是牛奶的产量一年四季基本不变，所以可将鲜奶做成奶粉和奶酪、奶油保存。此外，为了减少运费，牛奶也可进行浓缩加工（即将牛奶提纯，体积减小 1/3），这也是一种很有成效的加工方法。

9. 酒类、化妆品的流通加工

啤酒、葡萄酒等酒类，香水等化妆品都是液体，从产地批量地将原液运至消费地配制、装瓶、贴商标、包装后出售，既节约运费，又安全保险，以较低的成本，卖出较高的价格，附加值大幅度增加。

10. 海产品、肉类流通加工

深海打渔船出海，有时一个月回来一次，这期间从海中打捞上来的鱼、虾等海产品，在船上开膛、去尾、剔骨，然后冷冻保存，不仅节省轮船舱容，又能保鲜存放；牛肉、猪肉、鸡肉等肉类食品，在屠宰厂进行分割、去骨，冷冻运输和保管。随着人们生活水平的提高，水产品、肉蛋类，乃至蔬菜都趋向从产地到消费地的一贯制冷冻、冷藏状态的包装、运输和保管，因此流通加工必不可少，流通加工的作用也越来越大。

五、流通加工合理化

流通加工合理化是指实现流通加工的最优配置，不仅做到避免各种不合理，使流通加工有存在的价值，而且达到最优的选择。

1. 不合理流通加工的表现形式

流通加工是在流通领域中进行的对生产的辅助性加工，从某种意义上来讲它不仅是生产过程的延续，而且实际上是生产本身或生产工艺在流通领域的延续。这个延续可能有正反两方面的作用，即一方面可能有效地起到补充完善的作用，另一方面可能是对整

个过程的负效应。各种不合理的流通加工都会产生抵消效益的负效应。几种不合理流通加工形式如下。

1）流通加工地点设置不合理

流通加工地点设置即布局状况是使整个流通加工有效的重要因素。一般而言，为衔接单品种大批量生产与多样化需求的流通加工，加工地设置在需求地区，才能实现大批量的干线运输与多品种末端配送的物流优势。

如果将流通加工地设置在生产地区，其不合理之处如下。

（1）多样化需求的产品多品种、小批量由产地向需求地的长距离运输会出现不合理。

（2）在生产地增加了一个加工环节，同时增加了近距离运输、装卸、储存等一系列物流活动。

所以，在这种情况下，不如由原生产单位完成这种加工而无须设置专门的流通加工环节。一般而言，为方便物流的流通加工环节，流通加工地点应设在产出地，设置在进入社会物流之前。如果将其设置在物流之后，即设置在消费地，则不但不能解决物流问题，还会在流通中增加一个中转环节，因而也是不合理的。

2）流通加工方式选择不当

流通加工方式包括流通加工对象、流通加工技术、流通加工程度等。流通加工方式的确定实际上是与生产加工的合理分工相关联的。流通加工不是对生产加工的代替，而是一种补充和完善。分工不合理，本来应由生产加工完成的，却错误地由流通加工完成，本来应由流通加工完成的，却错误地由生产过程去完成，都会造成不合理。

一般来说，如果工艺复杂，技术装备要求较高，或加工可以由生产过程延续或可轻易解决，那么都不宜再设置流通加工点，尤其不宜与生产过程争夺技术要求较高、效益较高的最终生产环节，更不宜利用一个时期市场的压力使生产者变成初级加工或前期加工者。如果流通加工方式选择不当，就会出现与生产夺利的后果。

3）流通加工作用不大，形成多余的环节

如前所述，流通加工的主要作用就是为了形成方便，但是有时流通加工过于简单，或对生产及消费者作用都不大，甚至有时流通加工过于盲目，同样不能解决品种、规格、质量、包装等方面的问题，那么就等于实际增加了环节，这也是流通加工不合理的重要形式。

4）流通加工成本过高，效益不好

流通加工之所以有很强的生命力，重要优势之一是有较大的产出投入比，因而对商品的生产加工起着补充完善的作用。

2. 流通加工合理化的措施

如前所述，流通加工合理化的含义是指实现流通加工的最优配置，不仅要做到避免各种不合理，使流通加工有存在的价值，而且要做出最优的选择。

为避免各种不合理现象，对是否设置流通加工环节，在什么地点设置，选择什么类型的加工，采用什么样的技术装备等，需要做出正确选择。实现流通加工合理化主要考虑以下几方面。

1）加工和配送结合

加工和配送结合是将流通加工设置在配送点中，一方面按配送的需要进行加工，另一方面加工又是配送业务流程中分货、拣货、配货中的一环，加工后的产品直接投入配货作业，这就无须单独在配送点之外设置一个加工的中间环节，使流通加工有别于独立的生产，而使流通加工与中转流通巧妙地结合在一起。同时，由于配送之前有加工，可以使配送服务水平大大提高，这是对流通加工做合理选择的重要形式，这在生活资料领域已经被广泛地采用，在煤炭、水泥等产品的流通中也表现出较大的优势。

2）加工和配套结合

在对配套要求较高的流通中，配套的主体来自各个生产单位。但是，完全配套有时无法全部依靠现有的生产单位，进行适当流通加工，可以有效地促成配套，更有效地发挥流通的桥梁与纽带的作用。

3）加工和合理运输结合

流通加工能有效地衔接干线运输与支线运输，促进两种运输形式的合理化。利用流通加工，在支线运输转干线运输或干线运输转支线运输这本来就必须停顿的环节，不进行一般的支转干或干转支，而是按干线或支线运输合理的要求进行适当加工，从而大大提高运输及运输转载水平。

4）加工和合理商流相结合

加工有效促进销售，使商流合理化，也是流通加工合理化的考虑方向之一。加工和配送结合，通过加工，提高了配送水平，强化了销售，是加工与合理商流相结合的一个成功的例证。此外，通过简单地改变包装加工，形成方便的购买，通过组装加工解除用户使用前进行组装、调试的难处，都是有效促进商流的例子。

5）加工和节约相结合

节约能源、节约设备、节约人力、节约耗费也是流通加工合理化的重要考虑因素。对于流通加工合理化的最终判断，是看其是否能实现社会效益和企业效益，且是否取得了最优效益。流通加工企业与一般生产企业有一个重要的不同点，那就是流通加工企业更应树立社会效益第一的观念。如果只追求企业的微观效益，盲目加工，与生产企业争利，甚至是破坏环境，这都有违流通加工的宗旨。

6）流通加工绿色化

流通加工具有较强的生产性，也是流通部门在环境保护方面可以大有作为的领域。绿色流通加工的途径主要有两个方面：一方面变消费者分散加工为专业集中加工，以规模作业方式提高资源利用效率，可以减少环境污染，如餐饮服务业对食品的集中加工，从而减少家庭分散烹调所造成的能源浪费和空气污染；另一方面是集中处理消费品加工中产生的边角废料，以减少消费者分散加工所造成的废弃物污染，如流通部门对蔬菜的集中加工，可以减少居民分散垃圾丢放及相应的环境治理问题。

知识链接：绿色流通加工

中华人民共和国 2001 年出版的《物流术语》（GB/T18354—2001）中："绿色物流是指在物流过程中抑制物流对环境造成危害的同时，实现对物流环境的净化，使物流资源得到充分利用。"根据绿色物流的定义要求，将绿色流通加工定义为以减少流通加工活动造成的环境污染和降低资源消耗为目标，利用先进加工技术，规划和实施包装、分割、计量、分拣、刷标志、拴标签、组装等简单作业活动。

绿色流通加工的最终目标是为了实现可持续发展、保护人类的生存环境和节约资源，不仅使经济效益最大化，还应该使经济效益和社会效益、环境效益相统一，协调发展。绿色流通加工的行为主体包括专业的物流企业、供应链的上下游企业（制造企业和分销企业）以及各级政府部门和物流行政管理部门等。从绿色流通加工基本作业活动来看，其包括流通加工作业各个环节的绿色化和流通加工管理全过程的绿色化。

绿色流通加工的途径主要分两个方面。

一方面变消费者分散加工为专业集中加工，以规模作业方式提高资源利用效率，以减少环境污染（如餐饮服务业对食品的集中加工），减少家庭分散烹调所造成的能源浪费和空气污染。

另一方面是集中处理消费品加工中产生的边角废料，以减少消费者分散加工所造成的废弃物污染，如流通部门对蔬菜的集中加工减少了居民分散垃圾丢放及相应的环境治理问题。

第四节　包 装 技 术

一、包装概述

（一）包装的定义

根据国家标准《包装通用术语》中的定义，包装是指"为在流通过程中保护产品、方便储运、促进销售，按一定技术方法而采用的容器、材料及辅助物等的总体名称"；也指"为了达到上述目的而采用容器、材料和辅助物的过程中施加一定技术方法等的操作活动"。在这里，包装有两重含义：一是指盛装产品的容器及其他包装用品，即"包装物"；二是把产品盛装或包扎的活动。

（二）包装的功能

包装在货物流通中发挥着重要的作用，具体而言，包装具有保护货物、方便流通与消费及促进销售的功能。

1. 保护货物

货物包装的一个重要功能就是保护包装内的货物不受损伤，它体现了包装的主要目的。

（1）防止物品的破损变形。这就是要求包装能承受在运输、储存、装卸搬运等过程中的各种冲击、震动、颠簸、挤压、摩擦等外力的作用。

（2）防止物品发生化学变化。即防止物品受潮、发霉、变质、生锈等，这就要求包装能在一定程度上起到隔离水分、潮气、光线以及其中各种有害气体的作用，避免外界不良因素的影响。

（3）防止有害生物的作用。鼠、虫及其他有害生物对物品有很大的破坏性，包装封闭不严，会给细菌、虫类造成入侵之机，导致物品变质、腐败，特别是对食品危害性更大。

（4）防止异物流入、污物污染、丢失、散失等。

2. 方便物流与消费

物品包装具有便利流通、方便消费的功能，主要体现在以下几个方面。

（1）便利运输。包装的规格、形状、重量与运输关系密切。包装与运输工具（车辆、船舶、飞机等）、运输工具箱、仓容积的吻合性，方便了运输，提高了运输效率。

（2）便利储存。在货物的储存过程中，包装为仓库内的搬运、装卸作业提供了方便；包装物的各种标志便于识别，易于存取、盘点，有特殊保管要求的易引起注意；易于拆包、便于重新打包的包装方式为验收提供了方便。合理的包装在储存过程中对节约验收时间、加快验收速度也起着重要的作用。

（3）便利装卸搬运。货物从生产到销售可能经历很多次的装卸搬运。不合理的包装设计可能不利于装卸搬运，会使工作效率大大降低。包装规格尺寸的标准化为集合包装提供了条件，从而大大提高了装卸搬运效率。

（4）便利顾客消费。货物包装可以提供货物自身的信息，包括货物的名称、生产厂家和货物的规格等，可以帮助顾客区分不同的货物。同时，货物包装设计应该适于顾客的使用，要便于顾客的搬运和储存等操作。这样货物才能更好满足顾客的需求，企业才能获得更好、更长远的发展。

3. 促进销售

在销售过程中，包装不仅起到使消费者识别货物和方便使用的目的，而且许多货物的推销往往要借助包装本身的吸引力和包装的质感、形象感，以达到促进销售的作用。一般来说，在设计货物外包装时主要考虑货物运输的各种要求，即更注重包装的实用性。对于货物的内包装，因为它与货物直接接触并直接面对顾客，所以必须要注意它外表的美观大方，要有一定的吸引力。

（三）包装的种类

1. 按照包装在物流中发挥的不同作用划分

1）商业包装

商业包装也称销售包装或内包装，这种包装是直接接触货物并随货物进入零售网点，和消费者或客户直接见面的包装。其主要目的是美化货物、宣传货物、促进销售。这种包装的特点是造型美观大方，拥有必要的修饰，包装上有对货物的详细说明，包装的单位适合于顾客的购买以及商家柜台摆设的要求。在流通过程中，货物越接近顾客，越要求包装有促进销售的效果。

2）运输包装

运输包装也称工业包装或外包装，是以满足运输储藏要求为主要目的的包装。运输包装在货物运输、储存和装卸过程中起保护货物的作用。因此运输包装主要考虑的是抵御储运过程中温度、湿度等自然条件因素对货物的侵害；减缓压力、震动、冲击、摩擦力等外力对货物的作用；防止货物散漏、挥发等造成污染；便利流通过程中的运输、装卸、保管等各项作业；缩短各种作业时间和提高作业效率。

运输包装的方式主要有两种，即单件运输包装和集合运输包装。

（1）单件运输包装。单件运输包装是根据货物的形态或特性将一件或数件货物装入一个较小容器内的包装方式。制作单件运输包装时，要注意选择适当的材料，并要求结构造型科学合理，同时还应考虑不同国家和地区的气温、湿度、港口设施和不同货物的性能、特点、形状等因素。单件运输包装的种类很多，按照包装外形来分，习惯上常用的有包、箱、桶、袋等；按照包装的质地来分，有软包装、半硬性包装和硬性包装；按照制作包装所采用的材料来分，一般常用的有纸质包装，金属包装，木制品包装，塑料包装，棉麻制品包装，竹、柳、草制品包装，玻璃制品包装和陶瓷包装。

（2）集合运输包装。集合运输包装是将一定数量的单件货物组合成一大件的包装或装入一个大的包装容器内。集合运输包装包括集装箱、集装包、袋及托盘。

2. 按照包装材料的不同划分

（1）容器材料，用于制作箱子、瓶子、罐子，可以是纸制品、塑料、木材、玻璃、陶瓷、各类金属等。

（2）内包装材料，用于隔断物品和防震，有纸制品、泡沫塑料、防震用毛等。

（3）包装用的辅助材料，如各类黏合剂、捆绑用的细绳等。

3. 按照货物包装形态的不同划分

1）单个包装

单个包装是指物品按个进行的包装，目的是提高货物的价值或保护货物。它也称为小包装，是物品送到使用者手中的最小单位。用袋或其他容器将物体的一部分或全部包裹起来，并且印有货物或货物说明等信息资料。这种包装一般属于商业包装，注重美观，能起到促进销售的作用。

2）内包装

内包装是指包装货物的内部包装，目的是防止水、湿气、光热和冲击碰撞对物品造成的破坏。它是将物品或单个包装，或两个以上的较大货物归整包装，或置于中间容器中，为了对物品及整个包装起保护作用，在容器里放入其他材料时应采取一定的措施。

3）外包装

外包装是指货物的外部包装，即将物品放入箱、袋、罐等容器中或直接捆扎，并做上标记、印记等。其目的是便于物品的运输、装卸和保管，以保护物品。从运输作业的角度考虑，要起到保护作用并且考虑输送、搬运作业方便，货物一般置于箱、袋之中，根据需要对容器有缓冲防震、固定、防潮和防水的技术措施要求。一般外包装有密封、增强功能，并且有相应的标识说明。

4. 按照货物包装的使用广泛性划分

（1）专用包装。专用包装是根据被包装物的特点进行专门设计、专门制造，只适用于某种专用货物的包装。

（2）通用包装。通用包装是指不进行专门设计、制造，而根据标准系列尺寸制造的包装，用于包装各种标准尺寸的货物。

5. 按照货物包装的容器划分

包装按容器形状可分为包装袋、包装箱、包装盒、包装瓶和包装罐（筒）五类。

6. 按照容器抗变形能力划分

包装按容器抗变形能力可分为硬包装和软包装。硬包装也叫刚性包装，即有固定的形状与一定强度；软包装也叫软性包装，有一定程度柔软性、弹性。

7. 按照容器结构形式划分

包装按容器结构形式可分为固定式包装和拆卸折叠式包装。固定式包装的尺寸、外形是固定不变的；拆卸折叠式包装可以拆卸折叠，在不需要包装时通过缩减包装容积以利于管理及返运。

8. 按照保护技术划分

包装按保护技术可分为防潮、防锈、防虫、防腐、防震包装及危险品包装。

二、包装材料、容器

（一）包装材料

常用的包装材料有纸、塑料、木材、金属、玻璃等，使用最为广泛的是纸及各种纸制品，其次是塑料材料、木材。

1. 包装用纸和纸制品

纸和纸板具有很多优良性能，如适宜的坚牢度、耐冲击性、耐摩擦性、易于消毒、易于成型、经济、重量轻、便于加工等。

1）常用的包装用纸

（1）普通纸张：牛皮纸、纸袋纸、中性包装纸、玻璃纸、羊皮纸。

（2）特种纸张：高级伸缩纸、湿强纸、保光泽纸、防油脂纸、袋泡茶滤纸。

（3）装潢用纸：胶版纸、铜版纸、压花纸、表面涂层纸。

（4）二次加工纸：石蜡纸、沥青纸、防锈纸、真空镀铝纸。

2）常用的包装用纸板

（1）普通纸板：箱纸板、黄板纸、白板纸。

（2）二次加工纸板：瓦楞原纸、瓦楞纸板。

2. 塑料

塑料具有机械性能好、阻隔性好、化学稳定性好、加工成型简单、透明性好等优良性能。常用的塑料包装材料有以下几种。

1）聚乙烯塑料（PE）

按其密度分高、中、低三种。聚乙烯塑料已被广泛用来制造各种瓶、软管、壶、薄膜和黏合剂等。若加入发泡剂，还可以制成聚乙烯泡沫塑料。

2）聚氯乙烯塑料（PVC）

聚氯乙烯是由单体氯乙烯加聚而成的高分子聚合物。聚氯乙烯的可塑性强，具有良好的装饰和印刷性能。聚氯乙烯是用途非常广泛的通用热塑性材料，不仅可以制作软的、硬的包装容器，而且可以制作聚氯乙烯薄膜，更适合制作各种薄膜包装制品。

3）聚丙烯塑料（PP）

聚丙烯是以丙烯为单体聚合而成的高分子化合物。聚丙烯和聚乙烯一样，属韧性塑料。聚丙烯塑料可用于吹塑和真空成型制造瓶子、器皿、包装薄膜以及打包带与纺织袋等。双向拉伸聚丙烯薄膜可用来代替玻璃纸，包装糖果和食品，成本低于玻璃纸。

4）聚苯乙烯塑料（PS）

聚苯乙烯由乙烯加聚而成。在常温下，聚苯乙烯高聚物为无定形的玻璃态物质。聚苯乙烯可用做盛食品或盛装酸、碱的容器。聚苯乙烯泡沫塑料常用做仪器、仪表、电视机和高级电器产品的缓冲包装材料。

5）聚酯（PET）

聚酯是一种无色透明又有光泽的薄膜，与其他薄膜比较，有着较好的韧性与弹性。聚酯薄膜的主要缺点是不耐碱，热封性和防止紫外线透过性较差。聚酯包装用薄膜，一般不使用单层薄膜，而是与聚乙烯、聚丙烯等热合性能较好的树脂，或涂层复合薄膜共聚，以便用于制作冷冻食品及需加热杀菌包装的材料。

3. 木材及木制品

木材是一种优良的包装材料，长期用于制作运输包装，虽存在被取代的趋势，但仍在一定范围内使用，木材的种类繁多，其用途也各不相同，包装用木材一般分为天然木材和人造板材两大类。人造板材又有胶合板、纤维板等。木材常用于那些批量小，或体积小、重量大，或体积大、重量大的产品，制作小批量、强度高的包装。

4. 金属材料

包装所用的金属材料主要有钢材和铝材，其形态为薄板和金属箔，前者为刚性材料，后者为软性材料。金属材料具有较强的塑性与韧性，光滑，延伸率均匀，有良好的机械强度和抗冲击力，不易破损。金属材料具有导电性和导热性，价格较高。

钢材中常用的有薄钢板（俗称黑铁皮）和镀锡低碳薄钢板（俗称马口铁）。薄钢板主要用于制作桶状容器。镀锡低碳薄钢板是在薄钢板的两面镀上耐腐蚀的锡层，基本无毒、无害，主要用于食品包装。

铝材有纯铝板、合金铝板和铝箔。纯铝板用作制桶，具有重量轻、耐腐蚀性强的特点，一般用于盛装酒类。合金铝板做包装材料时要求其表面不能有粗糙、斑瘢、粗细划痕、裂缝、气泡和凹陷等质量缺陷。铝箔多用于复合软包装、硬包装及包装衬里等，也常用于食品、卷烟、药品、化妆品与化学品的包装，特别是广泛用于现代方便食品的包装。铝箔还可与上胶层复合（纸与铝箔胶黏），可用做包装标签、包裹或包装。铝箔最大的缺点是不耐酸、不耐强碱、撕裂强度较低。

5. 玻璃

玻璃材料可用于运输包装和销售包装。玻璃材料用做运输包装时，主要是存装化工产品如强酸类，其次是玻璃纤维复合袋，存装化工产品和矿物粉料。玻璃材料用做销售包装时，主要是玻璃瓶和玻璃罐，用来存装酒、饮料、其他食品、药品、化学试剂、化妆品和文化用品等。

6. 复合材料

复合材料是指将几种材料复合在一起，使其兼具不同材料的优良性能，正在被广泛地采用。现在使用较多的是薄膜复合材料。复合材料主要有纸基复合材料、塑料基复合材料、金属基复合材料等。

（二）包装容器

包装容器是为了方便储存、运输、销售而使用的任何容纳、限制或封闭物品（或内包装件）的器具，如袋、盒、瓶、罐、箱等。其中，用金属、木材、玻璃、硬质塑料等刚性材料制成的容器，装填或取出物品后，其形状和尺寸不发生变化的称为刚性容器。用软质塑料、瓦楞纸板等制成的容器，受到一定外来压力会变形，压力取消后就恢复或基本恢复成原样的称为半刚性容器。另外，用纸、塑料薄膜、铝箔或布等挠性材料构成的容器，具有柔软性，装填或取出物品后，其形状和尺寸发生变化的称为挠性容器。

1. 包装袋

包装袋是用挠性材料制成的管状结构的容器，包装袋可用任何一种挠性材料（如纸、塑料薄膜等）制成，可以是单层材料，也可以是多层同种材料或者不同的挠性材料复合而成。包装袋所使用的挠性材料，一般具有较高的韧性、抗拉强度和耐磨性。包装袋一般是筒管状结构，一端预先封死，在包装结束后再封装另一端，包装操作一般采用充填操作。包装袋广泛适用于运输包装、销售包装、内包装、外包装。一般分为以下三种类型。

（1）集装袋。这是一种大容积的运输包装袋，盛装重量在 1 吨以上。集装袋的顶部一般装有金属吊架或吊环等，便于铲车或起重机的吊装、搬运。在袋口灌装时简便易行，卸货时可打开袋底的卸货孔，即行卸货，非常方便，适于装运颗粒状、粉状的货物。集装袋一般多用聚乙烯、聚丙烯等聚酯纤维纺织而成。由于集装袋装卸货物、搬运都很方便，装卸效率较高，近年来发展很快。

（2）一般运输包装袋。这类包装袋的盛装重量是 5~100 千克，大部分是由植物纤维或合成树脂纤维纺织而成的织物袋，或由几层挠性材料构成的多层材料包装袋，如麻袋、草袋、水泥袋等，主要包装颗粒状、粉状和个体小的货物。

（3）小型包装袋（或称普通包装袋）。这类包装袋盛装重量较少，通常由单层材料或双层材料制成，某些具有特殊要求的包装袋也有用多层不同材料复合而成。小型包装袋一般是以塑料薄膜、牛皮纸、玻璃纸、蜡纸等材料制成的。这种包装袋应用范围较广，液状、粉状、块状和异型物等都可以采用这种包装。

2. 包装盒

包装盒是一种刚性或半刚性容器，呈规则几何状，一般多为长方体，但也有制成尖角形或其他外形的。其容量较小，一般在10升（或千克）以下，有关闭装置。

包装盒通常是用纸板、金属、硬质塑料以及纸板与塑料、铝箔等的复合材料制成的，不易变形，有较高的抗压强度，刚性高于袋装材料。包装盒的外观可以运用多种印刷技术，使之有效地进行装饰美化，促进商品销售。包装盒一般可以分为以下两种类型。

（1）固定包装盒。这种包装盒外形固定，在使用过程中不能折叠变形，它通常由盒体、盒盖两个主要部分组成，但有时也包括其他附件，如隔板、内衬盒等。固定包装盒的特点是易于开启和关闭，适宜在货架上布置陈列，一般装潢美观，但制作成本较高，体积较大。

（2）折叠式包装盒。折叠式包装盒的盒体在未盛装物品时，可以折叠变形。它一般是由纸板或以纸板为基材的复合材料制成的。折叠式包装盒的外形以长方体为最普遍，使用最广，用量最大。折叠式包装盒一般由生产企业进行裁剪及划压褶痕后，以折叠压平形式送交包装使用单位，所占空间较小，既方便运输又节省费用。

3. 包装箱

包装箱是一种刚性或半刚性容器，有较高的强度且不易变形，包装结构与包装盒相同，只是容积、外形都大于包装盒，一般以10千克为界。其包装操作主要为码放，然后将开闭装置闭合或将一端固定封死。包装箱整体强度较高，抗变形能力强，包装量也较大，适合做运输包装、外包装，包装范围较广，主要用于固体杂货包装。包装箱有以下几种。

（1）瓦楞纸箱。这是用瓦楞纸板制成的箱形容器，瓦楞纸箱是纸制容器中应用最广泛的一种包装容器，具有轻便、牢固、便于机械化生产的特点，可以回收利用，有利于环境保护，也有利于装卸运输等。它既可以用于运输包装，也可以用于销售包装。瓦楞纸箱按其外形结构分类有折叠式瓦楞纸箱、固定式瓦楞纸箱和异形瓦楞纸箱三种。

（2）木箱。这是流通领域中常用的一种包装容器，其用量仅次于瓦楞纸箱。木箱主要有木板箱、框板箱和框架箱三种。

木板箱一般用作小型运输包装容器，能装载多种性质不同的物品。木板箱作为运输包装容器具有很多优点，如有抗碰裂、溃散、戳穿的性能，有较大的耐压强度，能承受较大负荷，制作方便，等等。但木板箱的箱体较重，体积也较大，其本身没有防水性。

框板箱是先由条木与人造板材制成箱框板，再经钉合装配而成。框板箱具有以下特点：①对于具有相同容量的包装箱箱体，框板箱比木板箱轻，但箱体的外径尺寸比木板箱大。②由于框板箱有条木加固，因此具有良好的耐压强度。③框板箱箱体均由整块板材制成，因此具有一定的密封能力，但是框板箱耐戳穿强度较小。

框架箱是由一定截面的条木构成箱体的骨架，根据需要也可在骨架外面加木板覆盖。这类框架箱有两种形式，无木板覆盖的称为敞开式框架箱，有木板覆盖的称为覆盖式框架箱。框架箱由于有坚固的骨架结构，因此具有较好的抗震和抗扭力，有较大的耐压能力，它的装载量较大。

（3）塑料箱。其一般用作小型运输包装容器，优点是自重轻，耐腐蚀性好，可装载多种商品，整体性强，强度和耐用性能满足反复使用的要求，可制成多种色彩以对装载物分类，手工搬运方便，没有木刺，不易伤手。

4. 包装瓶

包装瓶多是小型容器，瓶颈尺寸有多种规格，是刚性包装中的一种，包装材料有较高的抗变形能力，刚性、韧性要求一般也较高。个别包装瓶介于刚性与柔性材料之间，瓶的形状在受外力作用时，虽可发生一定程度的变形，但外力一旦撤除，仍可恢复为原来形状。包装瓶结构是瓶颈口径远小于瓶身，且在瓶颈顶部开口；包装操作是填灌操作，然后将瓶口用瓶盖封闭。包装瓶的包装量一般不大，适合美化装潢，主要作商业包装、内包装使用，主要包装液体、粉状物体。包装瓶按外形可分圆瓶、方瓶、高瓶、矮瓶、异形瓶等若干种。瓶口与瓶盖的封盖方式有螺纹式、凸耳式、齿冠式、包封式。

5. 包装罐（筒）

包装罐是罐身各处横截面形状大致相同，罐颈短，罐颈内径比罐身内径稍小或无罐颈的一种包装容器。包装罐是刚性包装的一种，包装材料强度高，罐体抗变形能力强。其包装操作是装填操作，然后将罐口封闭，可作运输包装、外包装，也可以用作商业包装、内包装。包装罐主要有以下三种。

（1）小型包装罐。这是典型的罐体，可用金属材料或非金属材料制造，容量不大，一般是作销售包装、内包装，罐体可采用各种方式装潢美化。

（2）中型包装罐。其外形也是典型的罐体，容量较大，一般作化工原材料、土特产的外包装，起运输包装的作用。

（3）集装罐。这是一种大型罐体，外形有圆柱形、圆球形、椭球形等，卧式、立式都有。集装罐往往是罐体大而罐颈小，采取灌填式作业，灌进作业和排出作业往往不在同一罐口进行，另设卸货出口。集装罐是典型的运输包装，适合包装液状、粉状及颗粒状货物。

三、包装技术

1. 防震包装技术

防震包装技术在包装中占重要的地位，货物从生产出来到最后送达顾客手中要经历一系列的运输、储存、装卸搬运等程序，在多数情况下不可避免要受到外力作用。防震包装可以减缓内装物受到冲击和震动，保护其免受损害。

1）常用的防震包装材料

防震材料是防震包装的关键，防震材料种类很多，有天然的、合成的、定型的、无定型的等。常用的防震包装材料是泡沫塑料。

2）主要防震包装技术

防震包装主要有以下四种技术。

（1）全面防震技术。此技术是指内装物和外包装之间全部用防震材料填满进行防震的包装方法，主要有压缩包装法、浮动包装法、裹包包装法、横盒包装法、就地发泡包装法。

（2）部分防震包装技术。此技术适用于大批量物品的包装。部分防震包装应根据内装物特点，使用较少的防震材料，在最适合的部位进行衬垫，力求以较低的包装成本获得好的防震效果，所用包装材料主要有泡沫塑料防震垫、充气型塑料薄膜和橡胶弹簧等。目前其广泛应用于电视机、收录机、洗衣机、仪器仪表等的包装。

（3）悬浮式防震包装技术。对于某些高价值易损的物品，为了有效保证在流通中不被损坏，外包装容器比较坚固，然后用绳、带、弹簧等将被装物悬挂在包装容器内，在物流过程中，内装物都稳定悬挂而不与容器发生碰撞，从而避免损坏。

（4）联合技术。有时防震包装采用两种或两种以上的防震方法配合使用，以使货物得到充分保护。

2. 缓冲包装技术

缓冲包装技术具有较好的防破损能力，主要有以下几种技术。

（1）捆扎及裹紧技术。捆扎及裹紧技术使杂货、散货形成一个牢固整体，以增加整体性，便于处理以及防止散堆，以减少破损。

（2）集装技术。集装技术利用集装，减少与外界接触，从而防止破损。

（3）使用高强度保护材料。通过外包装材料的高强度来防止内装物受到外力作用而破损。

3. 防锈包装技术

防锈包装技术是通过在包装本身或包装容器内加入防锈物质，以保护被包装的金属制品不被锈蚀的包装技术，具有操作简单、立即起效、成本低、防锈效果好等特点。其主要方法有以下几种。

（1）防锈油防锈包装技术。该技术用防锈油封装金属制品，要求油层有一定厚度，油层的连续性好，涂层完整均匀。不同类型的防锈油要采用不同的方法进行涂覆。

（2）气相防锈包装技术。该技术的作用是抑制大气对金属的锈蚀。目前气相防锈已成为防锈包装技术的主流。

（3）可剥性塑料。防锈塑料模具有可剥性。它是以塑料为基体的一种防锈包装材料。其作用是保证货物表面不会产生锈蚀及氧化层。

（4）封套防锈封存包装。该技术的作用是避免物品因长期露天储存或物品包装不完善所造成的锈蚀、损坏与零件不正常损耗。

4. 防潮包装技术

防潮包装技术的目的主要有两个：一是阻隔外界水分的侵入；二是减少、避免由于外界温度、湿度的变化，而引起包装内部产生反潮、结露和霉变现象。防潮包装主要根据内装物的性质、储运期限和储运过程的温湿度气候环境条件来设计和选用。防潮包装主要材料构成是外壁材料、内衬材料、密封材料与防水涂料。

（1）外壁材料。外壁材料必须有一定的机械强度，以保护内装物的质量。外壁材料应既能承受内装物的质量，又能承受搬运、装卸和运输各环节中所遇到的各种机械外力的作用，包括物流系统各种作业中所发生的动应力和堆码中的静应力，特别是在外部浸水受潮的条件下，要仍能保持其刚性不变。常用的外壁材料主要有木材板、金属板、瓦楞纸板等。

（2）内衬材料。内衬材料必须具有防潮、防水保护性能。常用的内衬材料主要有纸张、薄膜塑料、金属和复合材料等。

（3）密封材料与防水涂料。密封材料与防水涂料主要用于包装箱外的覆盖材料，要求耐水、耐老化、耐高低温、耐日晒，有一定的强度。常用的密封材料有防水胶黏带、防水胶黏剂、密封用橡胶皮。常用的防水涂料是石蜡和沥青。

5. 防霉包装技术

防霉包装技术就是指在物品包装时，采用一定的技术措施使其处在能够抑制霉菌微生物滋长的特定条件下，防止内装物霉变，保护货物质量完好，从而延长货物保质期的包装技术。该技术主要适用于水果、食品、粮食等的保鲜。

防霉包装技术的运用可根据货物和包装的性能、要求的不同，而采用不同的防霉途径和措施，可以从使用的材料和包装两个方面着手加以解决。

1）防霉包装材料

防霉包装材料的选择要根据国家包装标准 GB/T4768—1995 对防霉内装物及其包装的质量、材料和环境条件提出的具体要求采用有效措施。

在进行防霉包装的过程中，应保护内装物和包装容器的整洁，要避免手上汗渍和其他污染物的污染。同时还应当注意，操作防霉包装的环境要保持整洁、干燥、无积水和无有害介质。

2）主要防霉包装技术

防霉包装技术主要有以下几种方法。

（1）化学药剂防霉包装技术。化学药剂防霉包装技术主要是使用防霉防腐化学药剂将待包装物品、包装材料进行适当处理的包装技术。使用防霉防腐剂应选择具有高效、低毒、使用简便、价廉、易购等特点的防霉防腐剂。同时还要求该防霉防腐剂不影响物品的性能和质量。

（2）气相防霉包装技术。气相防霉包装技术是使用具有挥发性的防霉防腐剂，利用其挥发产生的气体直接与霉腐微生物接触，杀死这些微生物或抑制其生长，以达到物品防腐的作用。这种技术要求包装材料和包装容器具有密封性能好的特点。

（3）气调防霉包装技术。气调防霉是生态防霉腐的形式之一。霉腐微生物与生物性货物的呼吸代谢都离不开空气、水分、温度这三个因素，只要有效地控制其中一个因素，就能达到防止货物发生霉腐的目的。气调防霉包装技术的关键是密封和降氧，包装容器的密封是保证气调防霉腐的关键，降氧是气调防霉腐的重要环节。

（4）低温冷藏防霉包装技术。低温冷藏防霉包装技术是控制货物本身的温度，使其低于霉腐微生物生长繁殖的最低界限，控制酶的活性。它一方面抑制了生物性货物的呼吸氧化过程，使其自身分解受阻；另一方面抑制霉腐微生物的代谢与生长繁殖，从而达到防霉腐的目的。

（5）干燥防霉包装技术。干燥防霉包装技术是降低密封包装内的水分与物品本身的含水量，使霉腐微生物得不到生长繁殖所需水分来达到防霉的目的。

（6）真空包装技术。真空包装技术也称减压包装技术或排气包装技术。这种包装可阻挡外界的水汽进入包装容器内，也可防止在密封着的防霉包装内部存有潮湿空气，在气温下降时结露。采用真空包装技术，要注意避免过高的真空度，以防损伤包装材料。

此外，还有电离辐射防霉包装技术，紫外线、微波、远红外线和高频电场包装防霉变质的措施。

6. 防虫包装技术

防虫包装技术常用的是驱虫剂，即在包装中放入有一定毒性和臭味的药物，利用药物在包装中挥发的气体来杀灭和驱除各种害虫。常用的驱虫剂有萘、对二氯甲苯、樟脑精等。也可采用真空包装、充气包装、脱氧包装等技术，使害虫无生存环境，从而防虫防害。

7. 危险品包装技术

危险品包装就是根据危险品的特点，按照有关法令、标准和规定专门设计的包装。在危险品包装上，尤其是运输包装上必须标明不同类别和性质的危险货物标志。危险品有上千种，按其危险性质、交通运输及公安消防部门规定分为十大类，即爆炸性物品、氧化剂、压缩气体和液化气体、自燃物品、遇水燃耗物品、易燃液体、易燃固体、毒害品、腐蚀性物品、放射性物品。有些物品同时具有两种以上危险性能。

（1）毒害品的包装技术。对于有毒物品，包装必须明显标明有毒的标志。防毒包装的主要措施是包装严密不漏气、不透气。

（2）腐蚀性物品的包装技术。对于腐蚀性物品的包装，要注意货物和包装容器的材质是否发生化学变化。金属类的包装容器，要在容器内壁涂上防腐涂料，防止腐蚀性物品对容器的腐蚀。对一些易挥发出腐蚀性气体的货物，应装入良好的耐腐蚀的瓷瓶坛、玻璃瓶或塑料桶中，严密封口，再装入坚固的木箱或金属桶中。

（3）易燃、易爆物品包装技术。对于易燃、易爆货物，如有强烈氧化性的，遇有微量不纯物或受热即急剧分解引起爆炸的货物，有效的防爆炸包装方法是采用塑料桶包装，然后将塑料桶装入铁箱或木箱中，每件净重不超过 50 千克，并应有自动放气的安全阀，当桶内达到一定气体压力时，能自动放气。

8. 特种包装技术

特种包装技术是随着物流与现代包装技术水平的发展，而产生的为满足人们不断提高的物质和精神需求而产生的新的包装技术。

1）充气包装

充气包装是采用二氧化碳气体或氮气等不活泼气体置换包装容器中空气的一种包装技术方法，因此也称为气体置换包装。这种包装方法是根据好氧性微生物需氧代谢的特性，在密封的包装容器中改变气体的组成成分，降低氧气的浓度，抑制微生物的生理活动、酶的活性和鲜活货物的呼吸强度，达到防霉、防腐和保鲜的目的。

2）真空包装

真空包装是将物品装入气密性容器后，在容器封口之前抽真空，使密封后的容器内基本没有空气的一种包装方法。

一般的肉类货物、谷物加工货物以及某些容易氧化变质的货物都可以采用真空包装。真空包装不但可以避免或减少脂肪氧化，而且抑制了某些霉菌和细菌的生长。同时在对其进行加热杀菌时，由于容器内部气体已排除，因此加速了热量的传导，提高了高温杀菌效率，也避免了加热杀菌时，由于气体的膨胀而使包装容器破裂。

3）收缩包装

收缩包装就是用收缩薄膜裹包物品（或内包装件），然后对薄膜进行适当加热处理，使薄膜收缩而紧贴于物品（或内包装件）的包装技术方法。

收缩薄膜是一种经过特殊拉伸和冷却处理的聚乙烯薄膜，由于薄膜在定向拉伸时产生残余收缩应力，这种应力受到一定热量后便会消除，从而使其横向和纵向均发生急剧收缩，同时使薄膜的厚度增加，收缩率通常为 30%~70%，收缩力在冷却阶段达到最大值，并能长期保持。

4）拉伸包装

拉伸包装是 20 世纪 70 年代开始采用的一种新包装技术，它是由收缩包装发展而来的。拉伸包装是依靠机械装置在常温下将弹性薄膜围绕被包装件进行拉伸、紧裹，并在其末端进行封合的一种包装方法。由于拉伸包装不需进行加热，所以消耗的能源只有收缩包装的 1/20。拉伸包装可以捆包单件物品，也可用于托盘包装之类的集合包装。

5）脱氧包装

脱氧包装是继真空包装和充气包装之后出现的一种新型除氧包装方法。脱氧包装是在密封的包装容器中，使用能与氧气起化学作用的脱氧剂与之反应，从而除去包装容器中的氧气，以达到保护内装物的目的。脱氧包装方法适用于某些对氧气特别敏感的物品，适用于那些即使有微量氧气也会促使品质变坏的食品包装中。

9. 防伪包装技术

目前，有许多技术应用于货物的防伪包装，常用的有条形码技术、激光光刻技术、激光全息图像技术、油墨技术、印刷技术和破坏性防伪技术等。

（1）条形码技术。条形码是通过国际或国家编码中心注册登记编发的原始条形码胶片，印刷在货物包装上的标志，只有通过原始胶片才能复制。对于伪造的条形码，尽管外形相似，当经高检激光检测时，计算机会拒绝工作，其失误率达百万分之一到亿万分之一，防伪效果非常好，受企业和用户欢迎。

（2）激光光刻技术。激光光刻是利用高能量的激光在被印物表面聚焦将其烧灼刻印而成的，刻印的结果是被刻印的基材表面用激光刻出一个个凹下去的预定字符和图形等。

（3）激光全息图像技术。激光全息图像技术在防伪包装上的应用主要是印刷防伪商标。防伪商标除了具有一般的防伪作用外，另一个突出的优点是装饰效果好，因而很多企业都乐于使用激光全息图像防伪技术。激光全息图像防伪商标有不干胶型、防揭型和烫印型三种。

（4）油墨技术。油墨技术是印刷技术在防伪包装上应用的一个重要方向。它通过改变油墨的配方，或者在普通的油墨中添加一些特殊的敏感材料，如光敏材料、热敏材料、磁性材料等实现的。用特种油墨印制的商标有一些独特的特点，消费者根据不同的特点可以分辨出货物的真伪，商标本身也不易被仿制，因而有防伪的效果。

（5）破坏性防伪技术。破坏性防伪技术即一次性防伪技术，它是靠确保包装物的一次性使用来进行防伪的，包装物在完成一次包装功能后就被损坏，不能重复使用。假冒者要想假冒该货物，就必须购买或生产该种包装，由于需要付出较大的代价，所以可以抑制假冒伪劣货物的生产。

四、包装标准化

1. 包装标准化的概念

根据国际标准化组织（International Standardization Organization，ISO）的定义，标准化是指对科学、技术与经济领域内重复应用的问题给出解决办法，其目的在于获得最佳秩序。包装标准化是指对包装类型、规格、容量、使用材料、包装容器的结构造型、印刷标志、产品的盛放、衬垫、封装方法、名词术语、检验要求等制定统一的政策和技术规定。

知识链接：绿色包装

绿色包装（green package）又可以称为无公害包装和环境之友包装（environmental friendly package），是指对生态环境和人类健康无害，能重复使用和再生，符合可持续发展的包装。它的理念有两个方面的含义：一个是保护环境，另一个就是节约资源。这两者相辅相成，不可分割。其中保护环境是核心，节约资源与保护环境又密切相关，因为节约资源可减少废弃物，其实也就是从源头上对环境的保护。

从技术角度讲，绿色包装是指以天然植物和有关矿物质为原料研制成对生态环境和人类健康无害，有利于回收利用，易于降解、可持续发展的一种环保型包装。也就是说，包装产品从原料选择、产品的制造到使用和废弃的整个生命周期，均应符合生态环境保护的要求，应从绿色包装材料、包装设计和大力发展绿色包装产业三方面入手实现绿色包装。

具体言之，绿色包装应具有以下的含义。

（1）实行包装减量化（reduce）。绿色包装在满足保护、方便、销售等功能的条件下，应是用量最少的适度包装。欧美等国将包装减量化列为发展绿色包装的首选措施。

（2）包装应易于重复利用（reuse）或易于回收再生（recycle）。通过多次重复使用，或通过回收废弃物，生产再生制品、焚烧利用热能、堆肥化改善土壤等措施，达到再利用的目的，既不污染环境，又可充分利用资源。

（3）包装废弃物可以降解腐化（degradable）。为了不形成永久的垃圾，不可回收利用的包装废弃物要能分解腐化，进而达到改善土壤的目的。世界各工业国家均重视发展利用生物或光降解的包装材料。reduce、reuse、recycle 和 degradable 是现今 21 世纪世界公认的发展绿色包装的 3R 和 1D 原则。

（4）包装材料对人体和生物应无毒无害。包装材料中不应含有有毒物质，或有毒物质的含量应控制在有关标准以下。

（5）在包装产品的整个生命周期中，均不应对环境产生污染或造成公害。包装制品从原材料采集、材料加工、制造产品、产品使用、废弃物回收再生，直至最终处理的生命全过程均不应对人体及环境造成公害。

以上绿色包装的含义中，前四点应是绿色包装必须具备的要求，最后一点是依据生命周期评价，用系统工程的观点，对绿色包装提出的理想的、最高的要求。从以上的分析中，绿色包装可定义为能够循环复用、再生利用或降解腐化，而且在产品的整个生命周期中对人体及环境不造成公害的适度包装。

2. 包装标准化的意义

（1）包装标准化是包装质量的保证。标准的本质特征是合理、科学、有效地对重复性事物和概念所做的统一规定。任何一种标准和规范都是从长期的实践过程和科学研究中总结归纳出来的，代表着一定的先进水平。实行包装的标准化是保证包装质量的有效手段。

（2）包装标准化有利于加速货物流通，提高物流效率。产品包装尺寸实现标准化后，可方便地将其集合组装成运输单元整体，使原来依赖人力装卸的各种尺寸的包装件，变得可直接由机械作业，从而使装卸的效率得到提高，运输的车、船在站、港停留的时间有所缩短，加速货物的流通过程，使运输效率获得大幅度的提高。包装标准化也方便了堆码排列，使得车、船等各种运载工具的容积得到合理、充分的利用，使装载量相应提高，从而提高货运效率，降低货运成本。

（3）包装标准化有利于促进国际贸易的发展。包装标准化还有利于物资流通范围的扩大和国际贸易的发展。若产品不按国际标准进行包装，产品的国际集装袋、集装箱运输就会受到影响，最终影响产品出口，阻碍产品走向国际市场。

◎ 前沿扩展

一、基于物联网技术的库存控制

有效的库存管理与控制是提高运营效率的重要手段。利用物联网技术，结合常用的 MRP、OPT（optimized production technology，即最优生产技术）、JIT 等生产控制方法，可以构建基于物联网技术的综合库存控制系统，通过物流与信息流在企业运营各个层次的紧密结合，实现有效的库存管理，库存可以做到满足生产服务的需求，在需要的时候有物料可用，不会占用过多的资金，实现高效生产与资金的有效平衡，其结构如图 6-6 所示。

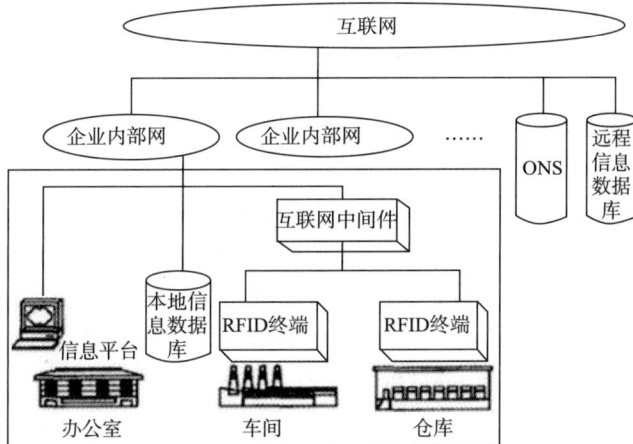

图 6-6　基于物联网技术的企业流程

2010 年 9 月，在葡萄牙里斯本一家高层次的鞋子和配饰商店 FlyLondon 里，正式开始充分利用物联网 RFID 系统，以一种更有效更快速的方式管理商店。商店的管理者不仅能在任何特定的时间了解到有哪些存货，商店里正在销售哪些商品，以及根据 RFID 数据显示出的已售出的商品来了解商店需要再订购哪些商品，还能为顾客带来哪些更有趣的购物体验。

这家商店出售的鞋子是由 Kyaia 公司经营的一家葡萄牙工厂制造的，所有鞋子在制造出来后，都被附上了标签，标签里包含艾利丹尼森公司的 EPCGen2 无源超高频（ultra high frequency，UHF）RFID 嵌体，其唯一的 ID 号在 Creative System 软件平台（CS.Retail）里与商品的库存量单位（stock keeping unit，SKU）、样式和大小的信息相连。

商品从制造商运往 FlyLondon 商店后，商店员工使用手持 ATIDRFID 读写器来获取鞋子标签的唯一 ID 号（可直接通过封闭的鞋盒来进行）。这些手持设备使用 Wi-Fi 连接把 ID 号转发给 CS.Retail 软件，表明接收到什么商品，从而维持一个商店存货的库存记录。该软件集成了 FlyLondon 商店的 ERP 系统，可管理库存和跟踪订单。当一双鞋子被放到卖场时，安装在天花板上的固定读写器会自动读取其 RFID 标签的 ID 号并发送给 CS.Retail 软件，从而使商店的工作人员在任何时间都能知道哪些商品正在出售中。工作人员也可进入 CS.Retail 软件看到哪些贴标的商品已被购买。

近几年，国内一些鞋服企业也纷纷试水物联网，将物联网技术引入生产、物流管理中。劲霸已实现在服装标签中加入电子芯片，这些标签上储存有服装的款式、颜色、尺寸以及发往何地等信息。这种电子芯片能够帮助企业在专卖店、公司和生产商之间组建一条快速运转的流水线，第一时间将专卖店的销售信息和库存情况有效集中起来，企业总部就能够根据收集到的数据调配产品和安排生产。同时，通过电子标签，清货时间从 2 个小时缩短为 15 分钟，员工将更多时间用在服务客户上，从而带动了销量的增长。

在美特斯·邦威旗舰店中，因产品吊牌中内置 RFID 芯片，顾客可从店内的试衣镜里看到 360 度虚拟衣着效果，甚至多件套搭配的综合效果；在试衣间内，顾客还可以通过点击互动液晶屏，了解推荐搭配，选择增添或更换服装。这种有趣的购物体验，能大大提升成交率。此外，七匹狼、匹克、特步、柒牌等企业，也均从不同方面开始了物联网相关技术的探索。

二、智能包装技术

随着工业 4.0 概念的到来，食品包装也逐渐走向高端化，智能包装开始走进人们的视野中。智能包装是指人们通过创新思维，在包装中加入了更多的新技术成分，其既具有通用的包装基本功能，又具有一些特殊的性能。这些包装的特殊性能恰好可满足商品的特殊要求和特殊的环境条件，目前主要是指采用了机械、电气、电子和化学性能的包装技术。智能包装能检测食品的质量，或者是鉴别真伪，最大限度地保障消费者的权益，实现产品可追溯功能。

美国知名市场调研机构 Freedonia 曾发表一篇名为"活性及智能化包装"的研究报告称，随着人口老龄化进程的不断推进，美国包装市场智能化的趋势正在日益扩大，其预计 2017 年美国智能化包装市值将达 35 亿美元。未来 3 年，其复合年增长率为 8%。报告指出，2012 年食品和饮料领域是智能包装行业的两大终端市场。

智能包装在发达国家已经获得了足够的重视和发展，而在国内，智能包装的研发和在各个领域的应用还处于起步阶段。从另一个角度来看，虽然我国智能包装的应用还落后于发达国家，但是我国的智能包装市场有广阔的利润空间等待挖掘。

一般国外仅将温度—时间历史记录标识，被包装食品内微生物滋生指示标识，光致变色指示标识，受到物理冲击标识，渗漏、微生物污染标识，RFID，DNA（脱氧核糖核酸）标签等定义为智能包装。

在功能包装方面，国内的气调包装、芳香味的释放包装还比较成熟；气体吸附类型包装（吸湿、吸乙烯、吸氧）一般采用香袋的形式，技术含量不高，而国外开发出的气体吸附包装，已可将无毒的吸附剂共混到薄膜树脂内部；其他的功能包装和很多的智能包装在我国还几乎处于空白。

此外，在这些智能包装中，RFID 电子标签是国内民众较为熟知的一个领域，在物流、包装、零售、制造等行业有较多应用。智能识别技术在一些领域（如药品、高档食品）会得到应用，但我国暂时还不会成为 RFID 电子标签的消费大国，因为根据广大人民群众的消费水平，智能识别技术尚未进入百姓的日常消费市场。

三、菜鸟网络电商服务运营中心

菜鸟联盟首个自动化仓库位于菜鸟增城物流园区，专门为天猫超市提供仓储和分拣服务，与别的仓库最大不同是自动化程度高，从收到订单到包裹出库，除了条形码复核等环节均实现了自动化。

用户在天猫超市下单之后，仓库会收到订单并生成唯一条形码，纸箱被机器贴上条形码之后，将会被传送带运送到不同商品品类的货架，货架电子屏会显示需要装入的商品和数量，分拣人员据此将商品放入纸箱，纸箱接着再进入下一站。所有商品装好之后纸箱到达"收银台"人工复核和封装出库，再由物流服务运送给消费者。通过自动化技术，从收到订单到包裹出库，平均只要 10 分钟，时间远远短于传统仓库。其自动化体现在如下几处。

1. 自动识别包裹实现货找人

传送带上每隔一段距离就有传感器，其可识别纸箱上的条形码，再决定纸箱下一步去哪，支持路线合并和分流，一个订单对应的包裹会被传送到不同货架装入商品，传统仓库则需要分拣人员拿着纸箱去不同货架前找商品。自动化方案大幅降低了分拣人员劳动强度，提高了包裹生产的时效性（10 分钟出库）和准确率（100%），时效性是菜鸟网络当日达次日达服务的基础，准确率意味着更好的用户体验以及更低的纠错成本。

2. 自动封箱机等自动机器人

菜鸟自动化仓库通过自动封箱机实现了纸箱打开、贴码、封装等步骤的自动化，节省了大量人力，缩短了商品打包时间。

3. 大数据智能选择适合的纸箱

一个订单对应的商品数量和种类不同，意味着它需要不同大小的纸箱，一般仓库是由人根据经验来选择，效率低且很可能会浪费大纸箱。菜鸟自动化仓库在不同商品入库之前就知道其尺寸和特性，基于此自动为一个订单分配最适合的纸箱，节省包装成本、更环保。

4. 大数据智能调度商品存储

结合大数据，菜鸟自动化仓库可预测哪些商品即将畅销和不再畅销，进而对其存放的仓库和货架进行智能调度，最大化减少商品物流节点、缩短商品传送路径，提升仓储和物流效率。

菜鸟自动化仓库的亮点分别对应到当前最流行的一些技术：传送带自动识别包裹路径是物联网技术，自动封箱机是工业机器人技术，智能选择纸箱和调度商品则是大数据技术。这正好代表了未来仓储以及物流的三大关键技术，即物联网、机器人和大数据。人工智能将促进物联网、机器人和大数据三大技术的进步，而通过这三大技术，仓库最终可实现无人化。还有，这三大技术不只是会影响仓储环节，在包裹出库之后进入用户手中之前，同样有很大的应用空间。无人机、无人车和机器人送货已在测试之中，物流公司也在通过这些技术优化各个环节，缩短物流时间、减少人工环节、降低出错概率和节省物流成本。

◎ 实践训练

一、认知实践

（1）搜集常用库存控制技术案例。通过教材、课件、文献、网络资源等方式获取不同类型仓储图片及特征描述，获取不同类型常用库存控制技术介绍资料。

（2）搜集不同的仓储与配送装卸搬运技术案例。

（3）搜集典型的流通加工形式。

（4）搜集典型的包装材料、容器。

（5）搜集典型的包装技术应用。

（6）参观实际仓储与配送中心。对典型的仓储与配送中心进行实地参观调研，了解仓储与配送中心的基本布局、库存控制及其所采用的包装技术情况等。参观后，提交参观调研报告。

二、实操训练

1. ABC 分类法实验

某公司仓库的库存商品共有 26 种，现要对库存商品进行 ABC 分类法管理，具体操作如下。

（1）收集 26 种库存商品的名称、单价、平均库存量等资料。

（2）计算 26 种库存商品的平均资金占用额。

（3）绘制 26 种库存商品 ABC 分类表，如表 6-5 所示。

表 6-5　库存商品 ABC 分类表

商品名	品目累计/件	品目累计百分数	商品单价/（百元/件）	平均库存量/件	商品平均资金占用额/百元	平均资金占用额累计/百元	平均资金占用累计百分数	分类结果
①	②	③	④	⑤	⑥=④×⑤	⑦	⑧	⑨
	1	3.85%	48.0	380	18 240.0	18 240.0	48.02%	A
	2	7.69%	25.0	258	6 450.0	24 690.0	64.99%	A

续表

商品名	品目累计/件	品目累计百分数	商品单价/（百元/件）	平均库存量/件	商品平均资金占用额/百元	平均资金占用额累计/百元	平均资金占用累计百分数	分类结果
①	②	③	④	⑤	⑥=④×⑤	⑦	⑧	⑨
	3	11.54%	5.0	592	2 960.0	27 650.0	72.79%	A
	4	15.38%	4.5	520	2 340.0	29 990.0	78.95%	B
	5	19.23%	3.0	350	1 050.0	31 040.0	81.71%	B
	6	23.08%	4.6	200	920.0	31 960.0	84.13%	B
	7	26.92%	1.5	580	870.0	32 830.0	86.42%	B
	8	30.77%	1.4	560	784.0	33 614.0	88.49%	B
	9	34.62%	1.1	660	726.0	34 340.0	90.40%	B
	10	38.46%	0.8	840	672.0	35 012.0	92.17%	B
	11	42.31%	2.1	250	525.0	35 537.0	93.55%	B
	12	46.15%	2.5	156	390.0	35 927.0	94.58%	C
	13	50.00%	0.6	552	331.2	36 258.2	94.45%	C
	14	53.85%	0.3	920	276.0	36 534.2	96.17%	C
	15	57.69%	0.1	2 620	262.0	26 796.2	96.86%	C
	16	61.54%	0.4	530	212.0	37 008.2	97.42%	C
	17	65.38%	1.0	200	200.0	37 208.2	97.65%	C
	18	69.23%	0.3	550	165.0	37 373.2	98.38%	C
	19	93.08%	0.7	215	150.5	37 523.2	98.78%	C
	20	76.92%	0.6	180	108.0	37 823.7	99.06%	C
	21	80.77%	0.8	120	96.0	37 727.7	99.32%	C
	22	84.62%	0.5	150	75.0	37 802.7	99.52%	C
	23	88.46%	0.9	80	72.0	37 874.7	99.70%	C
	24	92.31%	0.3	210	63.0	37 937.7	99.87%	C
	25	96.15%	0.2	150	30.0	37 967.7	99.95%	C
	26	100.00%	0.1	200	20.0	37 987.7	100.00%	C

表6-5按库存商品平均资金占用额的大小，由高到低依次排表，再在第①栏中填入对应商品名称，在第④栏中填入商品单价，在第⑤栏中填入平均库存量，在第②栏中填入库存商品的编号（即品目累计数），在第③栏中填入品目累计百分数（如 1÷26≈ 3.85%），在第⑦栏中填入平均资金占用额累计数。最后，计算并在第⑧栏中填入平均资金占用累计百分数（如 18 240÷37 987.7=48.02%，24 690÷37 987.7=64.99%，…）。

（4）根据库存商品 ABC 分类表中品目累计百分数和平均资金占用累计百分数，参考 A 类、B 类、C 类商品的分类原则、比例及商品在生产、销售中的重要性，对 26 种库存商品进行分类，分类结果如表 6-5 中第⑨栏所示。

（5）绘制 ABC 分类管理表，如表 6-6 所示。

表 6-6　ABC 分类管理表

考核标准	评价等级	提交成果
（1）数据处理合理 （2）分类标准目的明确 （3）绘制分类图	优秀、良好、中等、及格、不及格	库存管理方案（以小组形式）

2. 包装技术实验

（1）参观企业实际包装过程，观察企业在包装过程所采用技术，并进行简单操作。

（2）掌握针对不同货物采用不同的包装材料。

（3）掌握在仓储时的包装拆分、重组流程及包装技术。

（4）实验后，提交相应的实验报告。

3. 基于 RFID 技术的库存控制

（1）参观企业实际库存管理软件，观察企业所采用的管理技术。

（2）在实训室，了解 RFID 原理，熟悉 RFID 设备，并将 RFID 标签贴在模拟货物上。

（3）结合上位机仿真库存管理软件，利用 RFID 技术模拟货物出库、入库，并进行快速货物盘点。

（4）通过仿真软件统计货物的库存信息，每天进货量、出货量等信息，结合库存控制技术，给出货物库存分析报告。

（5）实验后，提交相应的实验报告。

4. 订货点技术应用实验

（1）参观企业实际库存管理软件，了解企业目前的库存与订货信息。

（2）拿到合作企业半年来的各类产品具体的库存数据、订货数据、销售情况。

（3）详细统计分析目前企业的库存费用，如订货费、保管费、缺货费、补货费、进货费与购买费。

（4）根据所得到的数据，结合所学知识，针对该企业具体的经营模式，考虑其具体情况及约束条件，求出使得经营总费用最省的订货参数方案，主要考虑的问题如下：①需求者的需求类型分析；②供应特性（时间、量、价格）；③经营者的经营方式分析。综上选用合适的控制方法，提交具有详细分析过程的改进的订货参数方案的报告。

◎ 仓储与配送技术教学实践

本节主要介绍仓储与配送技术的教学设计。根据仓储与配送管理这门课程的要求和教学对象的特点（设定教学对象为中职学校学生），确定本章的教学设计，包括教学目标、教学任务分解、教学重难点、教学方法与教学手段、教学步骤与时间分配等环节。

一、教学目标

本章的教学目标是讲述仓库与配送过程中所需技术的基本理论与实践应用，使学生达到了解、认知及初级使用的水平。

二、教学任务分解

本章的教学任务分解如表 6-7 所示。

表 6-7　第六章教学任务分解

任务	任务分解	课时分配	形式
常用库存控制技术	（1）教师利用不同实例介绍库存控制所涉及的具体内容； （2）利用案例引入，教师介绍库存控制方法的分类； （3）教师介绍 ABC 分类法的基本原理及步骤，并利用实际算例加以说明； （4）教师介绍订货点技术的基本原理，并结合实例说明订货点、订货量的计算过程； （5）通过案例，教师介绍 JIT 技术的基本原理、目标及分类； （6）教师通过案例说明 MRP 技术在库存管理中的应用	2 课时	理论
仓储与配送装卸搬运技术	（1）教师通过图片、视频等方式介绍仓储与配送装卸搬运技术的概念、作用及特点； （2）教师结合实例，使学生了解装卸搬运活性理论的应用； （3）结合具体案例，教师介绍装卸搬运合理化技术的实现	1 课时	理论与实践
流通加工技术	（1）教师通过图片、视频等方式介绍流通加工的作用及分类，重点介绍流通加工的类型； （2）教师通过图片、视频等方式介绍典型流通加工过程，重点介绍不同输送设备的使用对象条件等； （3）教师结合实例介绍流通加工合理化的实现，并组织学生讨论不合理的流通加工形式	1 课时	理论与实践
包装技术	（1）教师通过图片等方式展示包装，介绍包装的功能和种类； （2）教师通过图片、视频等方式展示不同包装材料及容器，介绍其特点及针对的包装对象； （3）教师通过案例介绍包装技术的实际应用，并进一步讨论包装标准化的意义	1 课时	理论与实践
实践训练	（1）对于不同种类库存产品进行数据处理； （2）运用 ABC 库存管理方法对商品进行管理实践	2 课时	实践

三、教学重难点

1. 教学重点

本章的教学重点是让学生了解仓储与配送过程中需要的各种技术，掌握其基本原理，理解各种技术的操作过程，配合实操加深理解。

（1）库存控制技术：掌握与库存管理有关的订货成本、购置成本、缺货成本的概念，掌握 ABC 管理法的步骤及管理措施。

（2）装卸搬运技术：现代装卸搬运的基本概念、作业方式、作业准则。

（3）流通加工技术：流通加工的概念，流通加工在物流中的地位和作用，流通加工合理化的措施。

（4）包装技术：包装技术的功能和分类。

2. 教学难点

每一节课的教学难点要根据教学环境，学生的认知能力、理解能力、接受能力精心设计。本章的教学难点，应该是学生在本章中难以理解和接受的地方。不同章应有不同的教学难点，教学难点也不是教学重点的类同。

（1）库存控制：对库存管理的决策内容和影响因素的理解，如何根据订货定量法的基本原理确定订货点及订货量。

（2）装卸搬运技术：装卸搬运方式的选择。

（3）流通加工技术：流通加工和生产加工的区别、典型的流通加工作业形式。

（4）包装技术：包装材料的分类和典型包装技术过程。

四、教学方法与教学手段

1. 教学方法

（1）图示法。利用几组关于仓储与配送技术的图片给予学生对于此课题直观的认识，让学生对课题有更深刻的了解。

（2）活动体验式教学。以做活动的形式，将学生分为若干个组，要求学生按照任务书的要求，设计出具有创意的作品，并对作品进行展示和讲解。

（3）大脑风暴法。让学生思考并讨论如何掌握团队协作，如何让自己的优势渗透到团队，使之发挥巨大的作用，达到目标。

（4）运用现代化教学方法和教学手段开展教学活动，推动教学方法和手段的创新。课程组制作了多媒体课件，设立教学模型室，按教学计划开放实验室，开设了课程习题训练库。学生可以充分利用资源，进行自主学习，展开讨论，教师发布问题，答疑解惑。

2. 教学手段

（1）为了提高教学效率，改善教学效果，课程组教师制作了多媒体教学课件，对各节的作业流程专门制作了动画演示，把所有涉及仓储与配送的物流设备设施制作成实物图片，链接了物流企业实际运作的录像资料，使物流企业复杂的运作过程得以形象的表现，更直观，更具体，加深了学生的感性认识，极大地提高了学生的学习兴趣。

（2）邀请行业、企业的专家，定期举行物流知识讲座，使学生及时了解和掌握国内外物流行业宏观发展动态和物流企业一线经营管理的新方法、新工艺。

（3）加强实践环节，提高学生的职业技能。在专业教师和外聘教师的共同指导下，学生进行认识实习、软件实训、模拟实训及顶岗实训，直接参与到物流生产活动的各个环节中去，加强学生的动手能力培养，提高学生的职业技能，进而全面提高学生的综合素质和能力。

五、教学步骤与时间分配

本章的课堂教学以讲授为主，下面以包装技术一节为例说明教学步骤及时间分配。

（1）课前准备（2~4 分钟）。全班进行分组，确定分组人数和各小组长。准备设计包装容器的材料，并发挥创意，将包装容器设计出来。

（2）新课导入（10~20 分钟，根据内容，时间可分多段）。利用多媒体播放几组关于月饼包装的图片，让学生对普通的包装和特殊的包装有稍微的了解，并且让学生对包装的功能和包装的技术在直观上有感性的认识。将重点类型包装材料介绍完毕后，对不同类型包装技术进行对比分析。

（3）讲授新课（20~25 分钟）。利用图片辅助讲解多种包装技术的作用及主要应用。其中包括防震包装技术、防破损包装技术、危险品包装技术等主要包装技术的应用。

（4）课后作业（1~2 分钟）。

六、教学评价

本章的教学评价如表 6-8 所示。

表 6-8 第六章教学评价

				评价方式			权重
章名称：仓储与配送技术							
评价类别	评价方面	评价标准	评价依据	学生自评	同学互评	教师评价	权重
				0.1	0.1	0.8	
过程评价	学习能力	学习态度，学习兴趣，学习自觉性，沟通表达能力，团队合作精神	学生考勤，课后作业完成情况，课堂表现，收集和使用资料情况，合作学习情况				0.2
	理论能力	准确掌握库存控制技术、装卸搬运技术、流通加工技术、包装技术	库存控制计算结果，装卸搬运设备及流程，流通加工的类型，包装技术的特点及应用				0.2
	实践能力	准确解决实际问题中的库存控制、装卸搬运、流通加工、包装问题	库存控制的效果，装卸搬运设计方案，流通加工以及包装的设计方案				0.1
	其他方面	探究、创新能力	积极参与研究性学习，有独到的见解，能提出多种库存控制的方法				0.1
结果评价	理论考核						0.2
	实操考核						0.2

本 章 小 结

　　本章主要介绍了仓储与配送技术，介绍了库存控制技术、装卸搬运技术、流通加工技术、包装技术等，旨在让学生了解仓储与配送的技术，提升学生对仓储及配送过程的控制能力。

综合案例分析

美国布鲁克林酿酒厂的物流成本管理

　　布鲁克林酿酒厂在美国分销布鲁克林拉格和布郎淡色啤酒，并且已经经营了 3 年。虽然它在美国还没有成为国家名牌，但在日本市场已创建了一个每年 200 亿美元的市面。

　　Taiyo 资源有限公司是 Taiyo 石油公司的一家国际附属企业。在这个公司的 Keiji Miyamoto 访问布鲁克林酿酒厂之前，该酿酒厂还没有立即将其啤酒出口到日本的计划。Miyamoto 认为，日本消费者会喜欢这种啤酒，并表明 Hiroyo 贸易公司与布鲁克林酿酒厂全面合作的意愿，讨论在日本的营销业务。Hiroyo 贸易公司建议布鲁克林酿酒厂将啤酒航运到日本，并通过广告宣传其进口啤酒具有独一无二的新鲜度。这是一个营销战略，也是一种物流作业，因为高成本使得目前还没有其他酿酒厂通过航空将啤酒出口到日本。

　　物流成本管理

　　（1）布鲁克林酿酒厂运输成本的控制。布鲁克林酿酒厂于 1987 年 11 月装运了它的第一箱布鲁克林拉格到达日本，并在最初的几个月里使用了各种航空承运人。最后，日本金刚砂航空公司（Emery Worldwide-lapan）被选为布鲁克林酿酒厂唯一的航空承运人。金刚砂航空公司之所以被选中，是因为它向布鲁克林酿酒厂提供了增值服务。金刚砂航空公司在其 J.F.K.国际机场的终点站交付啤酒，并在飞往东京的商航班上安排运输，金刚砂航空公司通过其日本报关行办理清关手续。这些服务有助于保证产品完全符合新鲜要求。

　　（2）布鲁克林酿酒厂物流时间与价格的控制。啤酒之所以能达到新鲜要求，是因为这样的物流作业可以在啤酒酿造后的 1 周内将啤酒从酿酒厂直接运达顾客手中，而海外装运啤酒的平均订货周期为 40 天。新鲜度的啤酒能够超过一般价值定价，高于海运装运的啤酒价格的 5 倍。虽然布鲁克林拉格在美国是一种平均价位的啤酒，但在日本，它是一种溢价产品，获得了极高的利润。

　　（3）布鲁克林酿酒厂包装成本控制。布鲁克林酿酒厂将改变包装，通过装运小桶装啤酒而不是瓶装啤酒来降低运输成本。虽然小桶重量与瓶装啤酒相等，但减少了玻璃破碎而使啤酒损毁的机会。此外，小桶啤酒对保护性包装的要求也比较低，这将进一步降低装运成本。

布鲁克林拉格的高价并没有阻碍其在日本的销售。1988年，即其进入日本市场的第1年，布鲁克林酿酒厂取得了50万美元的销售额，1989年销售额增加到100万美元，而1990年则为130万美元，其出口总量占布鲁克林酿酒厂总销售额的10%。

案 例 分 析

布鲁克林酿酒厂成本管理主要特点如下：①物流成本管理目标明确。该企业为了将啤酒销往日本进行总成本管理，在物流成本方面形成明确的目标，在保证啤酒新鲜度的前提下，实现物流总成本的优化，从而提升企业产品在日本市场的竞争力。②进行物流成本的分类控制。对于企业来说，物流成本可能是由多个方面的成本构成的。要有效地降低物流成本，就需要认真分析物流成本的构成状况，并针对不同情况采取不同的控制方法。该企业把物流总成本分解为运输成本、时间成本和包装成本等，分别采取控制方法，实现了预期目标。③把物流成本管理与企业营销管理和市场拓展战略有机地结合起来，建立和完善一个物流成本管理的标准系统和控制体系。

此例在认识上提醒我们，任何企业都可以把物流成本管理问题纳入企业生产经营过程进行战略性思考。企业的市场竞争力就是包含了对物流成本的重新确认和有效控制。此例在方法上也告诉我们，物流成本管理需要有明确的目标、分类控制的方法，并能从供应链体系进行整合。同时，也应认识到，物流成本的管理必须进行创新和发展。

问题：

（1）分析物流成本的构成。

（2）分析美国布鲁克林酿酒厂的物流成本管理现状及降低物流成本的对策。

（3）结合案例，分析降低物流成本的重要性。

练习题

一、单项选择题

（1）装卸是指物品在指定地点进行的以（　　）移动为主的物流作业。

  A. 垂直　B. 水平　C. 向上　　D. 向下

（2）ABC分类法中，品种数占库存总数最少的是（　　）。

  A. B类　B. A类　C. D类　　D. C类

（3）装载在托盘上的货物，其搬运活性指数为（　　）。

  A. 1　　B. 2　　C. 3　　D. 4

（4）库存控制管理的定量订货法中，关键的决策变量是（　　）。

  A. 需求速率　　B. 订货提前期　C. 订货周期　　　D. 订货点和订货量

（5）现代库存控制的任务是（　　）。

  A. 最低的成本　B. 不缺货　　　C. 最小的储备量　D. 保证供应

二、多项选择题

（1）库存控制的内容包括（　　）。

A. 订货点　B. 订货提前期　C. 订货量　D. 库存水平　E. 有效期

（2）MRP 的基础文件包括（　　）。

A. 主产品结构清单文件　B. 产品库存状况文件　C. 净需求量

D. 计划接受订货量　　　E. 主生产进度计划

（3）包装按容器形状可分为（　　）。

A. 包装袋　B. 包装箱　　C. 包装盒　D. 包装瓶　　E. 包装罐（筒）

（4）木箱主要有（　　）。

A. 花格箱　B. 木板箱　　C. 框板箱　D. 框架箱　　E. 胶合板箱

（5）常用的订货点技术有（　　）。

A. VMI 订货法　B. 定期订货法　C. JIT 订货法　D. 定量订货法　E. ABC 法

三、简答题

（1）什么是装卸搬运合理化？

（2）包装的功能是什么？

（3）流通加工的作用是什么？

四、计算题

（1）某公司以单价 10 元每年购入 8 000 单位的某种物资，订购成本为每次 30 元，每单位每年储存成本为 3 元。若订货提前期为 2 周，则经济订货批量、年总成本、年订购次数和订货点各为多少？

（2）某企业年需求量是 14 400 件，该物资的单价为 0.40 元，存储费率为 25%，每次的订货成本为 20 元，一年工作 52 周，订货提前期为一周。试求：

①经济订货批量为多少？

②一年应订几次货？

③全年的库存总成本为多少？

④订货点的库存储备量为多少？

（3）某公司要用的 12 种物料的有关资料如表 6-9 所示，请对这些物料进行 ABC 分类。

表 6-9　各种物料的有关数据资料

编号	年用量/种	单价/元	年耗用金额/元
4837	6 580	1.20	8 220.00
9261	371	8.60	3 190.60
4395	12 92	13.18	17 028.56
3521	62	91.80	5 691.60
5223	12 667	6.40	81 132.80
5294	9 625	10.18	97 982.50
61	7 010	1.27	8 902.70
4321	5 100	0.88	4 488.00
86	258	62.25	16 060.50

编号	年用量/种	单价/元	年耗用金额/元
9555	862	18.10	15 602.20
2926	1 940	0.38	737.20
1293	967	2.20	2 127.40
合计			261 163.46

五、案例分析题

云南双鹤医药的装卸搬运成本案例

　　云南双鹤医药的装卸搬运成本案例表明，装卸搬运活动是衔接物流各环节活动正常进行的关键，从云南双鹤医药的装卸搬运成本案例不难看出，装卸搬运应减少操作次数，提高装卸搬运活性指数，实现装卸作业的省力化等。

　　云南双鹤医药有限公司是北京双鹤这艘医药航母部署在西南战区的一艘战舰，是一个以市场为核心、现代医药科技为先导、金融支持为框架的新型公司，是西南地区经营药品品种较多、较全的医药专业公司。

　　虽然云南双鹤医药已形成规模化的产品生产和网络化的市场销售，但其流通过程中物流管理严重滞后，造成物流成本居高不下，不能形成价格优势。这严重阻碍了物流服务的开拓与发展，成为公司业务发展的"瓶颈"。

　　装卸搬运活动是衔接物流各环节活动正常进行的关键，而云南双鹤医药恰好忽视了这一点，由于搬运设备的现代化程度低，只有几个小型货架和手推车，大多数作业仍处于人工作业为主的原始状态，工作效率低，且易损坏物品。另外，仓库设计得不合理，造成长距离的搬运。并且库内作业流程混乱，形成重复搬运，大约有70%的无效搬运，这种过多的搬运次数，损坏了商品，也浪费了时间。

　　建议和方法：

　　如果说物流硬件设备犹如人的身体，那么物流软件解决方案则构成了人的智慧与灵魂，灵与肉的结合才是完整的人。同理，要想构筑先进的物流系统，提高物流管理水平，单靠物流设备是不够的。

　　（1）减少装卸搬运环节。改善装卸作业，即要设法提高装卸作业的机械化程度，还必须尽可能地实现作业的连续化，从而提高装卸效率，缩短装卸时间，降低物流成本。

　　（2）防止和消除无效作业。尽量减少装卸次数，努力提高被装卸物品的纯度，选择最短的作业路线等都可以防止和消除无效作业。

　　（3）提高物品的装卸搬运活性指数。企业在堆码物品时事先应考虑装卸搬运作业的方便性，把分类好的物品集中放在托盘上，以托盘为单元进行存放，既方便装卸搬运，又能妥善保管好物品。

　　（4）积极而慎重地利用重力原则，实现装卸作业的省力化。装卸搬运使物品发生垂直和水平位移，必须通过做功才能完成。由于我国目前装卸机械化水平还不高，许多尚需人工作业，劳动强度大，因此必须在有条件的情况下利用重力进行装卸，将设有动力的小型运输带（板）斜放在货车、卡车上进行装卸，使物品在倾斜的输送带（板）上移动，这样就能减轻劳动强度和能量的消耗。

（5）进行正确的设施布置。采用"L"形和"U"形布局，以保证物品单一的流向，既避免了物品的迂回和倒流，又减少了搬运环节。

问题：

（1）结合案例分析说明云南双鹤医药业务发展的"瓶颈"。

（2）面对云南双鹤医药的现状，你能提出哪些改进措施？

第七章　仓储与配送信息技术

本章实施体系图如图 7-1 所示。

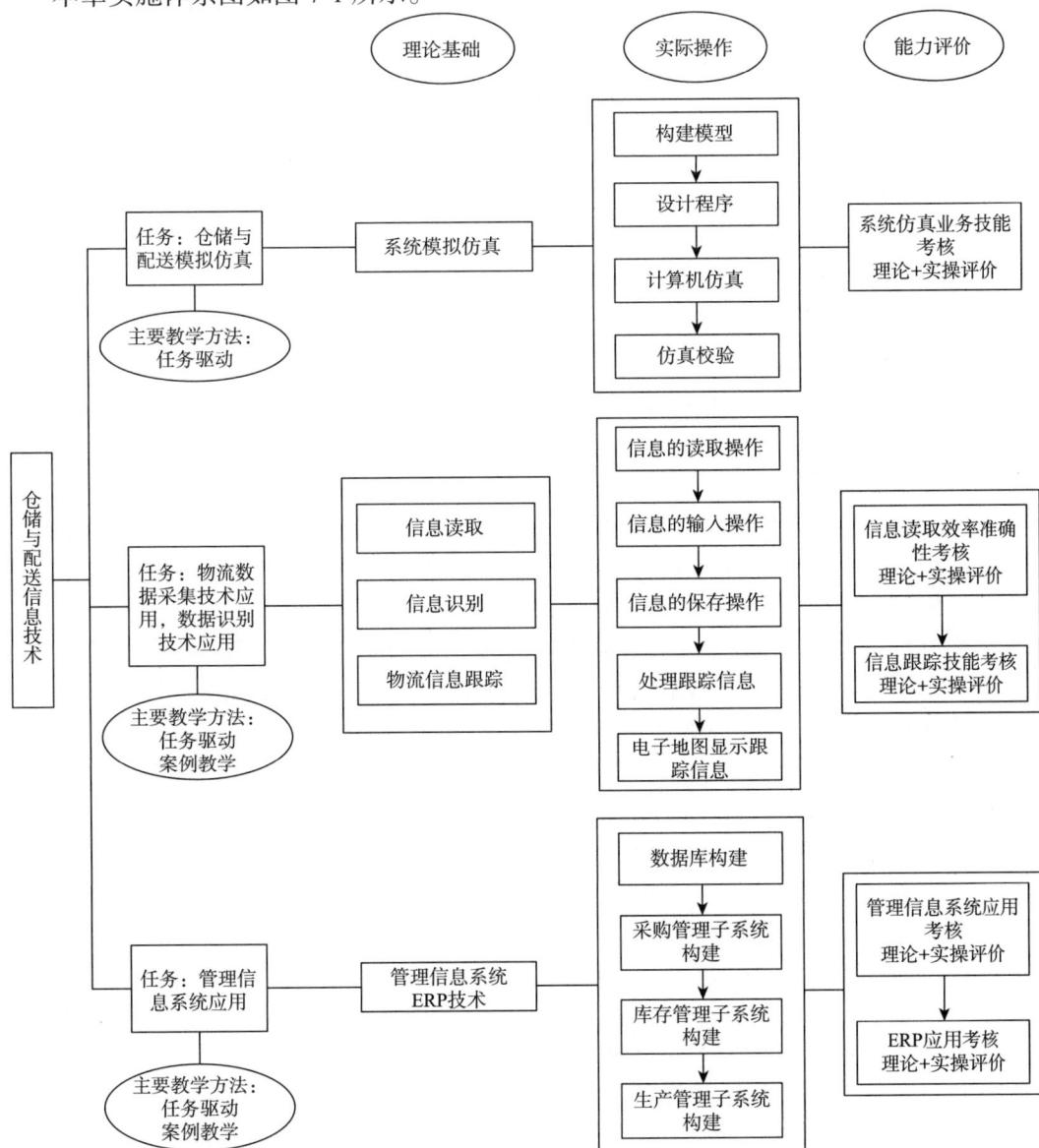

图 7-1　第七章实施体系图

◎学习目标

知识目标：掌握信息技术的基本概念、功能，了解仓储与配送信息化的发展趋势，理解自动识别技术的相关内容，掌握多种仿真软件的使用，掌握 ERP 技术的相关知识。

能力目标：能根据节要求，使用信息技术来运作仓储与配送，在此基础上，能够运用恰当的方法，完善、优化已有的信息系统。

素质目标：具有良好的物流人员从业道德、严谨的工作态度和良好的团队合作精神；具备良好的口头表达和人际沟通能力；具有一定的行业从业人员法律保护意识。

◎案例引导

联华超市配送中心条码解决方案

联华超市股份有限公司（以下简称联华超市）是当前国内连锁零售业的领军企业，总部设在上海，连锁门店已经扩张到全国各个区域。联华超市现有便利店、标准门店、大卖场三种业态的门店 1 000 多家，多种资产结构（自营、加盟、合资合作）并存，建有 2 个常温配送中心和 1 个生鲜配送中心。

联华超市结合国际的先进实施经验，利用现有的建筑物改建物流中心，采用仓储管理系统实现整个配送中心的全计算机控制和管理，而在具体操作中实现半自动化，以货架形式来保管，以上海先达条码技术有限公司提供的无线数据终端进行实时物流操作，以自动化流水线来输送，以数字拣选系统（digital picking system）来拣选。另外，在设备的选择方面也采取进口货与国产货合理搭配。这个方案既导入了先进的物流理念，提升了物流管理水平，又兼顾了联华超市便利店配送商品价值低、物流中心投资额有限的实际情况。在整个方案设计里，不求一步到位，不求设备的先进性，而是力求使合理的投入得到较高的回报。

联华超市充分运用信息化技术在上海建成了第一个大型智能化物流配送中心，第一个现代化生鲜加工配送中心，一上就是两个，总面积达 56 713 平方米，条形码、扫描仪、铲车、计算机房、门店的计算机组成了现代化信息物流系统，在具体的实际运作中收到了良好的经济效益和社会效益。例如，百货类配送，从门店发出要货指令到配货作业完毕，以前要 4 小时以上，现在只要 40 分钟。生鲜类配送更加讲究效率，门店从网上发出要货指令后，配送中心会根据每个门店的要货时间和地点远近，自动安排生产次序，自动加工，自动包装。以一盒肉糜为例，从原料投入到包装完毕，整个过程不超过 20 分钟。

联华超市便利配送中心建成后，以其高效率、低差错率和人性化设计受到各界的好评。物流中心所有操作均由计算机中心的 WMS 管理，将库存信息与公司 ERP 系统连接，使采购、发货有据可依。新物流中心库存商品可达 10 万箱，每天拆零商品可达 3 万箱，商品周转期从原来的 14 天缩短到 3.5 天，库存积压资金大大降低；采用 DPS 方式取代人工拣选，使差错率减少到万分之一，配送时间从 4 分钟/店压缩到 1.5 分钟/店，每天可配送 400 多家门店，配送准确率、门店满意度等有了大幅提升，同时降低了物流成本在整个销售额中所占的比例，从而为公司的便利店业态的良好稳定发展奠定了坚实的基础。

思考：请结合案例中内容，体会信息技术对仓储配送的重要性。可用于仓储与配送系统的信息技术有哪些？

（资料来源：http://www.56products.com/）

◎知识与技能

第一节　仓储与配送信息化

一、信息技术

1. 信息技术的基本含义

人们对信息技术的定义，因其使用的目的、范围、层次不同而有不同的表述，比较通用的概念为：信息技术是指在计算机和通信技术支持下用以获取、加工、存储、变换、显示和传输文字、数值、图像以及声音信息，包括提供设备和提供信息服务两大方面的方法与设备的总称。

信息技术的应用包括计算机硬件和软件、网络和通信技术、应用软件开发工具等。计算机和互联网普及以来，人们日益普遍地使用计算机来生产、处理、交换和传播各种形式的信息（如书籍、商业文件、报刊、唱片、电影、电视节目、语音、图形、影像等）。信息技术体系结构是一个为达成战略目标而采用和发展信息技术的综合结构。它包括管理和技术的成分。其管理成分包括使命、职能与信息需求、系统配置和信息流程；技术成分包括用于实现管理体系结构的信息技术标准、规则等。物联网和云计算作为信息技术新的高度和形态被提出、发展。根据中国物联网校企联盟的定义，物联网为当下几乎所有技术与计算机互联网技术的结合，让信息更快更准地收集、传递、处理并执行，是科技的最新呈现形式与应用。

2. 信息技术的主要特征

有人将计算机与网络技术的特征——数字化、网络化、多媒体化、智能化、虚拟化，当作信息技术的特征。我们认为，信息技术的特征应从如下两方面来理解：①信息技术具有技术的一般特征——技术性，具体表现为方法的科学性、工具设备的先进性、技能的熟练性、经验的丰富性、作用过程的快捷性、功能的高效性等。②信息技术具有区别于其他技术的特征——信息性，具体表现为信息技术的服务主体是信息，核心功能是提高信息处理与利用的效率、效益。由信息的秉性决定信息技术还具有普遍性、客观性、相对性、动态性、共享性、可变换性等特性。

二、信息技术对仓储配送的影响

随着我国经济持续高速发展和流通体制改革不断深化，对外交往的日益扩大，要求物流产业要有一个高速发展，尤其仓储配送更要有一个快速发展，以适应这一新形势的需要。我国的仓储配送将在建设与需求同步增长的和谐氛围中发展壮大，而网络化、信息化和先进的信息技术将成为其发展的有效途径。如何加大科技含量，提高信息技术在仓储配送中的作用是加快实现仓储配送社会化、现代化的关键，注重信息技术对仓储配送的影响，进行有力的改进。

（1）重视对原有仓库的技术改造，加快实现仓储配送现代化。现代化要求高度机械化、自动化、标准化。由于我国长期重生产轻流通，重商流轻物流，造成今天的仓储配送落后局面。但是，加快发展我国的仓储配送绝不意味着要国家现在拨出大笔资金去大量建新仓库，更不是都去建现代化的立体仓库，而主要在调查研究的基础上，根据一个地区、一个城市的实际需要，有计划有步骤地逐步对原有的仓库进行信息技术改造，因地制宜地改造成适合需要的普通的或专用的商品加工配送中心。在此基础上，根据实际需要，引进国外先进的仓储管理经验与现代化的物流技术，有效地提高仓库的储存、加工、配送效率和服务质量。

（2）提高仓储配送的信息化水平。鼓励建设公共网络信息平台，支持仓储配送企业采用互联网等先进技术，实现资源共享、数据共用和信息互通。推广应用智能化仓储配送体系，加快构筑全国和国际性信息平台，优化供应链管理。通过信息平台，供应链中的仓储企业和用户更清楚地了解仓库、储存的静态和动态状况，及时掌握仓储市场信息，提高仓储的利用率，加快实现我国仓储配送的社会化、现代化进程，以促进实现各生产企业的零库存，降低产品成本，提高企业的经济效益。

（3）加快完善仓库功能多元化。加快实现仓库功能多元化是市场经济发展的客观要求，也是仓库增强服务功能、提高服务水平、增强竞争力的重要途径。在市场经济条件下，仓库不应该再仅仅是储存商品的场所，而应该成为既是商品的储存场地，更要承担商品分类、挑选、整理、加工、包装、代理销售等职能，还应成为集商流、物流、信息流于一身的商品配送中心、流通中心。现在美国、日本等发达国家，基本上也完全可以走这条道路把原来的仓库都改造成商品的流通加工配送中心。

三、仓储配送信息化的现状及发展趋势

我国物流信息化发展较快，但是不得不承认，与国际先进水平相比，整体水平尚处

于较低层次，特别是中小物流企业的信息化水平很低。一方面，先进的信息技术应用较少，应用范围有限。调查显示，在国外物流企业得到广泛实用的条形码技术、RFID、GPS/GIS（geographic information system，即地理信息系统）和EDI技术在中国物流企业的应用不够理想。同时，立体仓库、条码自动识别系统、自动导向车系统、货物自动跟踪系统等物流自动化设施应用不多。另一方面，信息化对企业运营生产环节的渗入层次较低。经过调查发现，在信息化水平较高的大中型物流企业，其企业网站的功能仍然以企业形象宣传等基础应用为主，作为电子商务平台的比例相对较少，大约占16.67%。同时，已建信息化系统的功能主要集中在仓储管理、财务管理、运输管理和订单管理，而关系到物流企业生存发展的有关客户关系管理（customer relationship management，CRM）的应用所占比例却很小，大约是23.33%。

　　事实上，目前较低的信息化应用水平已经成为制约我国现代物流发展的重要因素，我国物流业迫切需要提高信息化水平，以提升国际竞争力。据了解，一辆丰田轿车的零件有3万个之多，但是丰田汽车公司却是零库存企业，"以信息替代库存"可谓丰田汽车公司制胜的法宝之一。可见，中国物流业要想提升竞争力，仅依靠提升"运力"是不够的，必须大力应用和发展现代信息技术，而信息技术未来的发展也必将依靠多节点多主体的信息共享产生。

四、现代信息技术在我国物流行业的应用

　　21世纪，企业管理的核心必然是围绕着信息管理来进行的。一些常用的IT工具，如多媒体、互联网、WWW（world wide web，即万维网）等，都被集成到物流中的各个职能领域发挥其作用。尤其是互联网，它为物流业在减少成本与提高服务方面提供了十分有利的机遇。在物流业中，对互联网用得最广泛的是在运输管理领域，其次为订单处理、客户服务等方面。在每一个管理环节中，对互联网的应用全部是基于需要进行有效处理的实时信息需求。随着科技技术的发展，互联网在客户服务和库存管理方面的应用将会变得更为普遍。

1. 运输管理

　　互联网在物流业中应用得最普遍的职能管理环节是运输管理。采用互联网对地区分配中心中的发货进行监视，对货物运至地区仓库进行跟踪，提供给核心企业有关使用的运载工具的可靠性数据。这就使得运输管理者能够确保他们所使用的运载工具能够满足原来所承诺的到达时间，同时，也可以提供给运输管理者另外信息如发生运货延迟。

2. 订单处理

　　在订单处理过程中，采用互联网处理订单的好处主要有：①可以大大地减少订单成本；②处理订单的速度得到很大提高，订单的循环周期得到缩短；③减少订单处理的出错概率，而且更容易发现错误并能很快改正；④核心企业在订单设定之前，可通过互联网查询供应商的在线价格。

3. 客户服务

物流企业的客户可以通过互联网非常方便地联络有关服务问题，物流企业通过互联网接受客户的投诉，向客户提供技术服务，互发紧急通知和管理服务外包等。客户可以通过互联网，随时联系企业的服务部门，通知任何可能发生的服务问题。

总之，互联网提高了物流企业的核心竞争力，也增加了商业环境的复杂性。只有合理使用互联网，物流企业才能在顾客满意度方面和利润方面取得巨大竞争优势。

第二节　自动识别与数据采集技术

一、自动识别与数据采集技术概论

（一）自动识别与数据采集技术的概念

信息网络是现代物流的核心，当各项仓储物流设备由机械化/人工化进入自动化阶段时，如何处理设备与系统的连接及实物与信息的对应成了软件系统需要解决的问题。因此，采用自动识别与数据采集（auto identification and data collection，AIDC）技术变得尤为必要。

自动识别与数据采集是一项通用的技术手段，它不通过键盘而把数据直接录入计算机系统，包括条形码扫描、RFID、声音识别及其他技术。其主要解决的问题是实物与信息之间的匹配关系，使实物的运输、仓储过程可以即时地反映到信息网络环境中，使操作者能够迅速了解物流的全部过程，尤其是在途的情况，提高物流过程的作业效率及货物数量的准确性。在物流作业中主要使用自动识别与数据采集技术中的几个部分，即条形码打印、条形码识别技术、无线数据传输和无线标签技术。由于条形码技术使用成本较低，目前大量使用的是条形码。随着 RFID 技术的发展，不断降低 RFID 成本，使用 RFID 技术的厂家越来越多，RFID 成为自动识别与数据采集领域最热门的技术。射频技术是利用无线电波对记录媒体进行读写。RFID 的距离可达几十厘米至几米，且根据读写方式可输入数千字节信息，同时还具有极高的保密性。RFID 技术适用的领域：物料跟踪、运载工具和货架识别等要求非接触数据采集和交换的场合，尤为适用要求频繁改变数据内容的场合。

（二）自动识别技术的种类

自动识别技术指的是不用键盘直接将数据输入计算机系统、可编程逻辑的控制器或者其他微处理器中，包括条形码、射频标识与射频数据通信、磁条、语音与视觉系统、光学字符识别、生物识别等。

自动识别技术的种类包括以下几种。

1. 条形码

条形码是最早也是最著名和最成功的自动识别技术。在超市购买的各种商品上都有条形码，常用条形码有 UPC/EANl28 码、code39 码、code93 码以及交叉二五码，其标准由 ISO 来制定。线性的条形码可用于将数字或者数字字母作为数据库关键字的许多领域。

2. 二维条形码

二维条形码是新型条形码，可在很小的地方存储大量的数据。二维条形码通常有三种类型，即堆叠式符号、矩阵式符号和层式符号。二维条形码缺点是需要特殊的扫描器，堆叠式符号可以用栅格激光扫描器进行识别，而矩阵式符号则需要用图形扫描器来阅读。

3. 磁卡

磁卡的主要问题是储存的信息量有限以及数据的安全性较低，目前许多厂商都提供了各种解决方案。磁卡是非常理想的技术，成本非常低且有多种用途。随着新的安全技术的出现，磁卡技术还会得到更广泛的应用。磁卡技术的国际标准已由 ISO 制定。

4. 智能卡

智能卡提供了安全、廉价的离线确认的机制，由于欧洲进行交易的在线确认通信成本很高，这种技术在欧洲被迅速地接受。智能卡有两类：一种是仅有记忆功能的"哑卡"，仅用于储存信息，如零售和售货机使用的储值卡；另一种是真正的"智能卡"，嵌入的微处理器可以处理所储存的数据，如智能钱包、多用卡。

5. 光卡

光卡的技术与音乐 CD 和 CD ROM 相似，卡上镀有的金色光感材料用来储存信息。激光在其上烧出小孔，阅读时低能激光便可探测出这些小孔，有无小孔分别表示 1 或 0。光卡是一次写入多次读出的介质，数据可永久的保存。光卡主要缺点在于：由于其二次写入的技术特点，写入新的数据会用尽可用的储存空间。

6. RFID

RFID 是目前最热门的技术。RFID 提供了不直接接触而采集物品信息的手段，读写距离范围在几毫米到几米之间，标签也有着各种形式，可以是信用卡大小的卡片、极小注射到跟踪动物体内的异频雷达收发器，或是火车集装箱上的砖型标签。RFID 技术的实际应用取决于制造商和应用环境，所用频率范围大致在 12.5 万赫兹~5.8 吉赫兹。RFID 最大的优点在于非接触性能，阅读距离可达几十米。

二、条形码技术

（一）条形码技术概述

1. 条形码的概念

条形码是指由一组规则排列的条、空及其对应字符组成的标记，用以表示一定的信息。其中"条"指对光线反射率较低的部分，"空"指对光线反射率较高的部分。具体来说条形码是一种可印制的机器语言，它采用二进制数的概念，用1和0的特定组合来表示某种字符，"1"就是条，"0"就是空，从而不同的1和0组合形成对应的数据编码。条形码技术主要包括条形码编码原理及规则标准、条形码译码技术、光电技术、印刷技术、扫描技术、通信技术、计算机技术等。

2. 条形码的基本术语

根据中华人民共和国国家标准 GB/T12905—2000，列出条形码的常用基本术语，如表 7-1 所示。

表 7-1　条形码的常用基本术语

术语	英文	定义
条形码	bar code	有一组规则排列的条、空及其对应字符组成的标记，用以表示一定的信息
条形码系统	bar code system	由条形码符号设计、制作及扫描识读组成的系统
反射率	reflectance	反射光强度与入射光强度的比值
条	bar	条形码中反射率较低的部分
空	space	条形码中反射率较高的部分
起始符	start character	位于条形码起始位置的若干条与空
终止符	stop character	位于条形码终止位置的若干条与空
空白区	clear area	条形码起始符、终止符两端外侧与空的反射率相同的限定区域
条形码符号	bar code symbol	包括空白区的条形码
字符集	character set	条形码符号可以表示的字母、数字和符号的集合
中间分隔符	central separating character	位于条形码中间位置，用来分隔数据段的若干条与空
分隔字符	separator	编码字符集中的一种起分隔作用的特殊字符
条形码字符	bar code character	表示一个字符或符号的若干条与空
条形码字符集	bar code character set	某种条形码所能表示的条形码字符的集合
条形码数据符	bar code data character	表示特定信息的条形码字符
条形码校验符	bar code check character	表示校验码的条形码字符
条形码填充符	bar code filler character	不表示特定信息的条形码字符
单元	element	构成条形码字符的条或空
条高	bar height	垂直于单元宽度方向的条的高度尺寸
条宽	bar width	条形码字符中条的宽度尺寸
空宽	space width	条形码字符中空的宽度尺寸
条宽比	bar width ratio	条形码中最宽条与最窄条的宽度比
空宽比	space width ratio	条形码中最宽空与最窄空的宽度比
条形码长度	bar code length	条形码起始符前缘到终止符后缘的长度
条形码符号的长度	bar code symbol length	包括空白区的条形码长度
特征比	aspect ratio	条形码长度与条高的比
条形码密度	bar code density	单位长度条形码所表示的条形码字符个数

3. 条形码的特点

条形码技术是当前应用的最广的一种自动识别技术，具有以下特点。

（1）数据采集快，且信息量大。条形码技术采集数据比传统的如键盘输入数据要快得多，对于大量数据，利用条形码技术则更有优势，可以在尽可能短的时间内采集到大量数据。

（2）经济便宜且制作简单。条形码是目前最便宜的自动识别工具，利用条形码技术实现数据采集所需要的费用相对要少得多，条形码识别工具应用起来也比较简单和方便。

（3）灵活实用。条形码技术不仅可以作为单独的一种识别工具，而且可以与别的自动识别工具或其他工具结合起来实现系统的数据采集工作。

（4）应用领域比较广，但仍有限制。条形码作为接触式的识别技术对于不方便接触的领域难以使用。同时，条形码本身在经常接触之后会有些损坏，从而影响条形码识别的准确性。

（二）常见的一维条形码

（1）EAN 码。EAN 码是国际物品编码协会制定的一种商品用条形码，通用于全世界。EAN 码符号有标准版（EAN-13）和缩短版（EAN-8）两种。

（2）UPC 码。UPC 码是美国统一代码委员会制定的一种商品用条形码，主要用于美国和加拿大地区。

（3）39 码。39 码是一种表示数字、字母等信息的条形码，它的每一个字符由九个单元组成（五个条单元和四个空单元），其中有三个宽单元。39 码主要用于工业、图书及票证的自动化管理，目前使用极为广泛。

（4）Code93 码。Code93 码与 39 码具有相同的字符集，但它的密度要比 39 码高，所以在面积不足的情况下可用 Code93 码代替 39 码。

（5）库德巴码。库德巴码也可表示数字和字母信息，它的每一个字符由七个单元组成，其中两个或三个是宽单元，其余是窄单元。库德巴码主要用于医疗卫生、图书情报、物资等领域的自动识别。

（6）Code128 码。Code128 码可用 ASCII 码 0~127 共 128 个字符来表示。物流信息标识和条形码表示（EAN/UCC）统一标准制定的物流代码——UCC/EAN-128 条形码就是使用的 Code128 码。

（7）交叉 25 码。交叉 25 码是一种条和空都表示信息的条形码，交叉 25 码有两种单元宽度，每一个条形码字符由五个单元组成，条形码字符从左到右，奇数位置字符用条表示，偶数位字符用空表示。交叉 25 码的字符集包括数字 0~9。

（8）Industrial25 码。Industrial25 码只能表示数字，有两种单元宽度，每个条形码字符由五个条组成，其中两个宽条，其余为窄条。

（9）Matrix25 码。Matrix25 码只能表示数字 0~9，当采用 Matrix25 码的编码规范，而采用 ITF25 码的起始符和终止符时，生成的条形码就是中国邮政码。

（10）ITF14 码。ITF14 码的条形码字符集、条形码字符的组成与交叉 25 码相同。它由矩形保护框、左侧空白区、条形码字符、右侧空白区组成。

（三）二维条形码

二维条形码是指在二维方向上标识信息的条形码符号。它利用与二进制对应的几何图形规律分布于二维方向上，形成黑白相间的图形来表示信息。二维条形码的主要特点为密度高、编码范围广、安全性好、纠错能力强、制作简单、成本低。

（1）PDF417 码。PDF417 码是一种堆积式二维条形码，目前应用最为广泛。组成条形码的每一个条形码字符为四个条和四个空，将组成条形码的最窄条或空称为一个章，共由 17 个章构成，故称为 417 码或 PDF417 码。一个 PDF417 码最多可容纳 1 850 个字符或 1 108 个字节的二进制数据，如果只表示数字则可容纳 2 710 个数字。PDF417 码的纠错能力分为九级，级别越高，纠正能力越强。由于这种纠错功能，污损的 PDF417 码也可以正确读出。

（2）QR Code 码。QR Code 码是由日本 Denso 公司于 1994 年 9 月研制的一种矩阵式二维条形码符号，可用来表示包括数字、字母、八位字节型数据、日文汉字和中国汉字字符等内容。

（3）龙贝码。龙贝码属于二维矩阵码。龙贝码信息密度更高、加密功能更强，可以对所有汉字进行编码，适用于各种类型的识度器，最多支持达 32 种语言系统，具有多向编/译码功能、极强的抗畸变性能，可对任意大小及长宽比的二维条形码进行编码和译码。

（四）EAN·UCC 系统

EAN·UCC 系统，由国际物品编码协会和美国统一代码委员会共同开发、管理和维护的全球统一和通用的商业语言，为贸易产品与服务（即贸易节）、物流单元、资产、位置以及特殊应用领域等提供全球唯一的标识。

（1）EAN·UCC 系统在世界范围内为标识商品、服务、资产和位置提供准确的编码。这些编码能够以条形码符号或 RFID 标签来表示，以便进行电子识读。该系统克服了厂商、组织使用自身的编码系统或部分特殊编码系统的局限性，提高了贸易的效率和对客户的反应能力。

（2）EAN·UCC 系统通过具有一定编码结构的代码实现对相关产品及其数据的标识，该结构保证了在相关应用领域中代码在世界范围内的唯一性。在提供唯一的标识代码的同时，EAN·UCC 系统也提供附加信息的标识，如有效期、系列号和比号，这些都可以用条形码或 RFID 标签来表示。

（3）EAN·UCC 系统具有良好的兼容性和扩展性。EAN·UCC 的编码系统包括六个部分，即全球贸易产品与服务代码（Global Trade Item Number，GTIN）、系列货运包装箱代码（Serial Shipping Container Code，SSCC）、全球参与方及位置码（Global Location Number，GLN）、全球可回收资产标识代码（Global Returnable Asset Identifier，GRAI）、全球单个资产标识代码（Global Individual Asset Identifier，GIAI）和全球服务关系代码（Global Service Relation Number，GSRN），主要包括三种条形码

符号，即 EAN/UPC 条形码符号、ITF-14 条形码符号、UCC/EAN-128 条形码符号。

（4）EAN·UCC 系统是一个完整的系统，其技术内容包括系统的基本知识、应用领域（贸易单元的编码和符号表示、物流单元的编码和符号表示、资产的编码和符号表示、非常小的医疗保健品节编码与符号表示）、单元数据串的定义、组成有效信息的单元数据串的联系、数据载体、EAN/UPC 符号规范、ITF-14 符号规范、UCC/EAN-128 符号规范、缩减空间码 RSS 和 EAN·UCC 复合码符号规范、条形码制作与符号评价、条形码符号放置指南、系统在电子数据处理（electronic data processing，EDP）中的应用、术语等内容，可以满足社会各行各业的商业需求。

（五）条形码识读的原理和设备

1. 条形码识读原理

条形码的阅读与识别的简单工作原理是：光源发出的光线经过光学系统照射到条形码符号上面，被反射回来的光再经过光学系统成像在光电转换器上，使之产生了电信号，信号经过电路的放大之后产生一模拟电压，它与照射到条形码符号上被反射回来的光成正比，再经过滤波和整形，形成与模拟信号相对应的方波信号，经过译码器解释为计算机可以直接接受的数字信号。普通的条形码阅读器往往采用光笔、CCD 和激光三种技术，它们都有各自的特点。常用条形码识读设备如图 7-2 所示。

图 7-2　条形码识读设备

2. 常用条形码扫描器工作方式以及性能分析

（1）光笔条形码扫描器。光笔条形码扫描器是一种轻便的条形码读入装置，在光笔内部有扫描光束发生器以及反射光接收器。

（2）手持式条形码扫描器。手持式条形码扫描器内通常都装有控制扫描光束的自动扫描装置，阅读条形码时不需与条形码符号相接触，对条形码的标签没有损伤。

（3）台式条形码自动扫描器。台式条形码自动扫描器主要适合于不便使用手持式条形码扫描方式阅读条形码信息的场合，也可以安装在生产流水线传送带旁的某一固定的位置，对自动化生产流水线进行控制。

（4）激光自动扫描器。激光自动扫描器的扫描光照较强、扫描的距离较远、扫描

速度较高，这种扫描器的内部光学系统可以单束光转变成十字光或者米字光，从而保证
被测条形码能从各个不同角度进入扫描范围时都可以被识读。

（5）卡式条形码阅读器。这种阅读器能够用于身份验证、考勤和生产管理等领
域。其内部的机械结构能够保证标有条形码的卡式证件或者文件在插入滑槽之后自动沿
轨道做直线的运动，在卡片前进过程当中，扫描光点将条形码信息读入。

（6）便携式条形码阅读器。它本身具有对条形码信号的译解和存储的能力，带有
显示屏、键盘和条形码识别结果声响指示以及用户编程功能。这种设备特别适用于流动
性数据采集环境，如仓库的盘点作业。

（六）条形码技术在仓储配送领域的应用

对于大量的物品流动场合，用传统手工记录的方式记录物品的流动状况既费时费
力，准确度又低。在一些特殊的场合，手工记录是很不现实的，况且这些手工记录的数
据在统计和查询的过程中应用效率也是相当低的。应用条形码技术可以实现快速、准确
地记录每一件物品采集到的种种数据并实时地由计算机系统进行处理，使得各种统计的
数据能够很准确及时地反映物品的状态，如图 7-3 所示。

图 7-3　条形码技术在仓储配送中的应用

三、射频识别技术

（一）RFID 概述

1. RFID 含义

RFID 是运用无线电技术远距离识别动态或者静态对象的技术。RFID 是一种较新的
自动识别技术，由于其非接触阅读和远距离的跟踪移动对象的性能，可以在制造业不宜
使用条形码标签的环境下来使用。RFID 主要是接收或者发射无线电波的电子标签来存
储信息，标签与识读器之间利用静电耦合、感应耦合或者微波能量进行非接触的双向通
信实现存储信息的识别和数据的交换。其中，静电耦合系统，识读距离应在 2 毫米以
内，常用于固定货物的巡检等；感应耦合系统识读器天线发射的磁场的无方向性，可以
不考虑货物上射频标签的位置和方向，通常用于移动物品的识别和分拣；微波射频识别

系统的识读微波方向性很强，通常用于高速移动的物体，如运输车辆的识别等。

2. RFID 原理

RFID 技术的基本原理是电磁理论，它是利用发射的设备接收无线电射频信号，对物体进行近距离的无接触的方式探测和跟踪的一种技术，其具有环境适应性强、免接触、抗干扰能力强和可以穿透非金属物体进行识别等特点。RFID 系统通常由阅读器和电子标签组成。阅读器用以产生无线电射频信号并且接收由电子标签反射回的无线电射频信号，经过处理之后获得标签的数据信息。电子标签用以储存数字的字母编码，当受到无线电射频信号的照射时，能反射回携带有数字字母编码的无线电射频信号，来供阅读器处理识别。在低频系统当中电子标签通常是无源的，也就是标签内不安装电池，当阅读器向电子标签发射信号时，能量转换成供电子标签集成电路工作的直流电源，使它产生另一个带有标签储存信息的射频信号，并发射回来。

3. RFID 分类

RFID 技术根据其采用的频率不同，可分为低频系统和高频系统两大类；根据电子标签内是否装有电池为其供电，可将其分为有源系统和无源系统两类；根据电子标签内保存的信息注入方式，可将其分为集成电路固化式、现场有线改写式以及现场无线改写式三类；根据读取电子标签数据的技术实现手段，可将其分为广播发射式射频识别技术、倍频式射频识别技术和发射调制式射频识别技术三类。

（1）低频系统通常是指其工作频率小于 30 兆赫兹，这些频点应用的 RFID 系统一般都有相应的国际标准给予支持。其基本的特点是电子标签的成本较低、标签内保存的数据量较少、阅读距离较短、电子标签外形多样、阅读天线方向不强等。

（2）高频系统一般主要是指其工作频率大于 400 兆赫兹，其基本特点是电子标签以及阅读器成本均较高、标签内保存的数据量较大、阅读距离较远等，适应高速运动、性能较好、外形一般为卡状、阅读天线以及电子标签天线均有较强的方向性物体。

（3）有源电子标签内装有电池，通常具有较远的阅读距离，不足之处就是电池的寿命有限（3~10 年）；无源电子标签内无电池，它接收到阅读器发出的微波信号之后，将部分的微波能量转化为直流电供自己工作，一般可做到免维护。

（4）集成电路固化式电子标签内的信息通常在集成电路生产时就将信息以 ROM 工艺的模式注入，其保存的信息是一成不变的；现场有线改写式电子标签通常将电子标签保存的信息写入其内部的存储区当中，改写时需要专用的编程器或者写入器，改写的过程中必须为其供电；现场无线改写式电子标签往往适用于有源电子标签，具有特定的改写指令，电子标签内的保存信息也位于其中的 E2 存储区内。

（5）广播发射式射频识别系统实现起来最为简单，电子标签必须采用有源的方式工作，并且实时将其储存的标识信息向外广播，而阅读器相当于一个只收不发的接收机。这种系统的缺点主要是系统不具备安全保密性。倍频式射频识别系统的实现也有一定的难度，通常情况下，阅读器发出的射频查询信号，电子标签返回的信号载频为阅读器发出的射频的倍频。这种工作的模式对阅读器发来的射频能量转换为倍频回波载频时，其能量转换效率较低，提高转换效率需要较高的微波技巧，这也就意味着更高的电子标签成本。

（6）反射调制式射频识别系统实现起来要解决同频收发的问题。在系统工作时，阅读器发出微波查询信号，电子标签收到微波查询信号后将其一部分整流为直流电源以供电子标签内的电路工作，另一部分微波查询信号被电子标签内保存的数据信息调制之后反射回阅读器。阅读器接收反射回的幅度调制信号，从中提取出电子标签中保存的标识性的数据信息。

（二）RFID 具有的优势

RFID 系统最重要的优点就是非接触识别，它能穿透雪、雾、冰、涂料、尘垢和条形码无法使用的恶劣环境阅读标签，并且阅读的速度极快，大多数的情况下不到 100 毫秒。有源式射频识别系统的优点是速写能力强，可用于流程跟踪和维修跟踪等交互式业务。

信息的准确性和及时性是物流以及供应链管理的关键因素，对此 RFID 技术能够提供充分的保证。RFID 系统能够使供应链的透明度大大地提高，物品能在供应链的任何地方被实时地追踪，同时消除了以往各个环节上的人工错误。安装在工厂、配送中心、仓库以及商场货架上的阅读器能够自动记录物品在整个供应链的流动——从生产线直到最终的消费者。

（三）RFID 在仓储配送中的应用

1. 货物的实时定位系统

RFID 贴附于存货单元的充电标签通过天线，这些天线在厂房和库房之内以每 50~1 000 米的距离安装一个，以有规律的时间间隔（如每隔几秒至每隔几小时间隔）传送信号，识别者接收有用的信号，辨认 RFID 作用范围内的存货位置，并且将该信息输入中心数据库，从而管理者可识别特定时间内的所有存货的位置，实时制订仓储作业计划，减少存货的搬运时间和距离。

2. 智能托盘系统

为高效地解决用户生产原材料在仓库中的装卸、处理和跟踪的问题，使用的以RFID技术为核心的智能托盘系统，解决了原材料流通相关信息的管理。这种RFID系统组成中的射频识读器，安装在托盘进出仓库必经的通道口的上方，每个托盘上都安装有射频标签，当叉车装载着托盘货物通过之时，识读器使计算机了解哪个托盘货物已经通过。当托盘装满货物的时候，自动称重系统自动比较装载货物的总重量与存储在计算机中的单个托盘重量相比较，并且获取差异，了解货物的实时信息。

3. 通道控制系统

在汽车制造业的仓库中，某公司创造性地使用了 RFID 技术"红、绿信号"系统，控制 3 500 个仓库进出的包装箱（包括板条箱、柳条箱可重复使用的包装箱），这些包装箱上固定着 RFID 标签，在包装箱经过的进出口处安装了射频识读器，识读器天线固定在其上方。当包装箱通过天线所在之处，标签装载的标识信息与主数据库信息相比较，正确时绿色信号亮，包装箱则可通过，如果不正确，则激活红色信号，同时将时间和日期记录在数据库之中。

4. 配送过程贵重物品的保护

保税仓库存储着价值昂贵的货物，为了防止货物被盗，也为防止装着这些货物的托盘放错位置而导致交货的延迟，这种仓库采用 RFID 技术，保证叉车能够按正确设置的路线移动托盘，降低在非监控的道路货物被盗的可能。公司建造了一个悬浮在上方的识读器，叉车装备了射频标签，沿途经过的详细资料会通过射频联结从中央数据库下载到叉车，这些信息包括正确的装货位置，并沿途安装的识读器将提供经由路径。如果标签发现错误，叉车就会被停止，有管理者重新设置新的交通路径，同时自动称重也实时提供监控信息的作用。

四、物流信息跟踪技术

（一）GPS 技术——全球定位系统

1. GPS 的概念

GPS 是结合卫星及无线技术的导航系统，具备全天候、全球覆盖、高精度的特征，能够实时的、全天候为全球范围内的陆地、海上、空中的各类目标提供持续实时的三维定位、三维速度及精确时间的信息。

2. GPS 组成

GPS 是在子午仪卫星导航系统的基础上发展起来的，采纳了子午仪系统成功的经验。GPS 由空间部分、地面监控部分和客户接收机三大部分组成。

地面监控部分包括四个监控站与一个主控站。地面监控站部分设有 GPS 客户接收机、原子钟、收集当地气象数据的传感器与进行数据初步处理的计算机。地图监控站部分的主要任务是取得卫星观测数据并将这些数据传送到主控站。主控站设在范登堡空军基地。它对地面监控部实行全面控制。主控站的主要任务是收集各监控站对 GPS 卫星的全部观测数据，利用这些数据计算每颗 GPS 卫星的轨道与卫星钟改正值。

3. 利用 GPS 技术实现货物跟踪管理

货物跟踪是物流运输企业利用现代信息技术及时获取有关货物运输状态的信息，如货物品种、数量、货物在途的情况、交货期间、发货地和到达地、货物的货主、送货责任车辆和人员等，提高了物流运输服务的方法。具体说就是物流运输企业的工作人员在进行物流作业时，利用了扫描仪自动读取货物包装或者货物发票上的物流条形码等货物信息，通过计算机通信网络把货物的信息传送至总部的中心计算机进行汇总整理，这样所有被运送货物的物流全过程的各种信息都集中在中心计算机，可以随时查询货物的位置及状态。

货物跟踪的工作过程：货物装车发出后，运输车辆上装载的 GPS 接收机在接收到 GPS 卫星定位数据后，自动计算出自身所处的地理位置坐标，由 GPS 传输设备将计算出来的位置坐标数据经全球移动通信系统（global system for mobile communication，GSM）发送至

GSM 公用数字移动通信网，移动通信网再将数据传送到基地的指挥中心，基地指挥中心将收到的坐标数据及其他数据还原后，与 GIS 的电子地图相匹配，并在电子地图上直观显示车辆实时坐标的准确位置，在电子地图上清楚而直观地掌握车辆的动态的信息（位置、状态、行驶速度等）。同时还可以在车辆遇险或出意外事故时经行种种的必要遥控操作。

4. GPS 的物流功能

（1）实时监控功能。任意时刻通过发出指令查询运输工具所在的地理位置（经度、纬度、速度等信息），并在电子地图上直观显示出来。

（2）双向通信功能。GPS 的客户可以使用 GSM 的话音功能与司机进行通话或使用本系统安装在运输工具上的移动设备的汉字液晶显示终端进行汉字的消息收发对话。

驾驶员通过按下相应的服务、动作键，将该信息反馈到网络 GPS，质量监督员可以在网络 GPS 工作站的显示屏上确认其工作的正确性，了解并且控制整个运输作业的准确性（发车时间、到货时间、卸货时间、返回时间等）。

（3）动态调度功能。调度人员可以在任意时刻通过调度中心发出文字调度指令，并得到确认信息。可进行运输工具的待命计划管理，操作人员通过在途信息的反馈，运输工具未返回车队前即做好待命计划，可以提前下达运输任务，减少等待时间，加快运输工具周转的速度。

（4）数据存储、分析功能实现路线规划及路线优化，事先规划车辆运行的路线、运行区域，何时应该到达什么地方等，并且将该信息记录在数据库中，以备以后查询、分析使用。

（二）GIS 技术——地理信息系统

GIS 将各种信息通过地理位置和有关的视图结合，融合地理学、几何学、计算机科学及各种应用对象、CAD（computer aided design，即计算机辅助设计）技术、遥感技术、GPS 技术、互联网、多媒体技术以及虚拟现实技术等。它利用计算机图形与数据库技术采集、存储、编辑、显示、转换、分析和输出地理图形及其属性数据，并且根据用户需要将这些信息图文并茂地输送给用户，便于分析及决策使用。

1. 信息

关于信息有各种不同的定义，广义的信息论认为：信息是主体和外部客体之间相互联系的一种形式，是主体和客体之间的一切有用的消息和知识，是表征事物特征的一种普遍的形式。狭义的信息论指的是人们获得信息前后对事物认识的差别。

2. 地理信息

地理信息是指空间地理分布的有关信息，它表示地表物体和环境固有的数量、质量、分布特征、联系以及规律的数字、文字、图形、图像等的总称。

3. 信息系统

所谓信息系统，是指具有采集、处理、管理和分析功能的系统。它能为企业部门或组织的决策过程提供有用的信息。我们日常所说的信息系统大部分都由计算机系统支持，但信息系统不只是单纯计算机系统而是辅助企业决策管理的人机系统。

4. GIS

GIS 这个术语是由 Roger F. Tomlinson 在 1963 年提出的，20 世纪 80 年代开始走向成熟，有的人认为 GIS 是以计算机为工具，具有地理图形和空间定位功能的空间型数据管理系统。有的人认为 GIS 是在计算机硬件和软件的支持下，运用系统工程和信息科学理论，科学管理和综合分析具有空间内涵的地理数据，以提供对规划、管理、决策和研究所需的信息的空间信息系统。中国地质大学的吴信才教授认为，GIS 是指处理地理数据的输入、输出、管理、查询、分析和辅助决策的计算机系统。虽然这些定义表述的不同，但分析其中内容，可得出以下几个相同的地方。

（1）GIS 使用的工具：计算机软、硬件系统。

（2）GIS 研究的对象：空间物体的地理分布数据及属性。

（3）GIS 数据建立的过程：采集、存储、管理、处理、检索、分析和显示。

GIS 主要的特征是存储、管理、分析与位置有关的信息。因此，我们可以定义：GIS 就是以地理空间数据为基础，采用地理模型分析方法，适时地提供出来多种空间的和动态的地理信息，是一种为地理研究和地理决策服务的计算机技术系统。GIS 主要作用是将表格型数据（可以来自数据库、电子表格文件或直接输入）转换成为地理图形显示，然后对显示结果进行浏览、操作和分析等。其显示范围可以从洲际地图到非详细街区的地图，显示对象包括人口、销售情况、运输线路以及其他的内容。

五、传感器技术

传感器是数据采集与智能控制的灵魂，广义地说，传感器是一种能把物理量或化学量转变成便于利用的电信号的器件。国际电工技术委员会（International Electrotechnical Commission，IEC）的定义为："传感器是测量系统中的一种前置部件，它将输入变量转换成可供测量的信号。"按照 GoPEl 等的说法，"传感器是包括承载体和电路连接的敏感元件"，而"传感器系统是组合有某种信息处理（模拟或数字）能力的传感器"。传感器是传感器系统的一个组成部分，它是被测量信号输入的第一道关口。传感器是接收信号或刺激并反应的器件，能将待测物理量或化学量转换成另一对应输出的装置，用于自动化控制、安防设备等，如图 7-4 所示。

图 7-4　传感器

（一）传感器分类

传感器按技术可分为超声波传感器、温度传感器、湿度传感器、气体传感器、气体报警器、压力传感器、加速度传感器、紫外线传感器、磁敏传感器、磁阻传感器、图像传感器、电量传感器、位移传感器。

传感器按应用可分为压力传感器、温湿度传感器、温度传感器、流量传感器、液位传感器、超声波传感器、浸水传感器、照度传感器、差压变送器、加速度传感器、位移传感器、称重传感器。

（二）传感器作用及功能

1. 传感器作用

人们为了从外界获取信息，必须借助于感觉器官，而单靠人们自身的感觉器官，在研究自然现象、规律以及生产活动中它们的功能就远远不够了。为适应这种情况，就需要传感器。因此可以说，传感器是人类五官的延长，又称之为电五官。传感器是获取自然和生产领域中信息的主要途径与手段。

在现代工业生产尤其是自动化生产过程中，要用各种传感器来监视和控制生产过程中的各个参数，使设备工作在正常状态或最佳状态，并使产品达到最好的质量。因此可以说，没有众多的优良的传感器，现代化生产也就失去了基础。

传感器早已渗透到如工业生产、宇宙开发、海洋探测、环境保护、资源调查、医学诊断、生物工程、文物保护等极其广泛的领域。可以毫不夸张地说，从茫茫的太空，到浩瀚的海洋，以至各种复杂的工程系统，几乎每一个现代化环节，都离不开各种各样的传感器。

由此可见，传感器技术在发展经济、推动社会进步方面的重要作用，是十分明显的，世界各国都十分重视这一领域的发展。相信不久的将来，传感器技术将会出现一个飞跃，达到与其重要地位相称的新水平。

2. 传感器功能

（1）通常将传感器的功能与人类 5 大感觉器官相比拟，如光敏传感器——视觉，声敏传感器——听觉，气敏传感器——嗅觉，化学传感器——味觉，压敏、温敏、流体传感器——触觉。

（2）敏感元件的分类。物理类，基于力、热、光、电、磁和声等物理效应；化学类，基于化学反应的原理；生物类，基于酶、抗体、激素等分子识别功能。

敏感元件根据基本感知功能可分为热敏元件、光敏元件、气敏元件、力敏元件、磁敏元件、湿敏元件、声敏元件、放射线敏感元件、色敏元件和味敏元件等十大类（还有人曾将敏感元件分为 46 类）。

（三）传感器特点

传感器的特点包括微型化、数字化、智能化、多功能化、系统化、网络化，它不仅促进了传统产业的改造和更新换代，而且可能建立新型工业，从而成为 21 世纪新的经济增长点。微型化是建立在微电子机械系统（micro-electromechanical systems，MEMS）技术基础上的，已成功应用在硅器件上做成硅压力传感器。

（四）传感器组成

传感器一般由敏感元件、转换元件、变换电路和辅助电源四部分组成。敏感元件直接感受被测量，并输出与被测量有确定关系的物理量信号；转换元件将敏感元件输出的物理量信号转换为电信号；变换电路负责对转换元件输出的电信号进行放大调制；转换元件和变换电路一般还需要辅助电源供电。

第三节　仓储与配送系统模拟仿真技术

一、计算机仿真技术概述

（一）仿真的含义

仿真是对现实系统的某一层次抽象属性的模仿。人们利用这样的模型进行试验，从中得到所需的信息，然后帮助人们对现实世界的某一层次的问题做出决策。仿真是一个相对概念，任何逼真的仿真都只能是对真实系统某些属性的逼近。仿真是有层次的，既要针对所欲处理的客观系统的问题，又要针对提出处理者的需求层次，否则很难评价一个仿真系统的优劣。

（二）计算机仿真技术

计算机仿真技术利用计算机科学和技术的成果建立被仿真的系统的模型，并在某些实验条件下对模型进行动态实验的一门综合性技术。它具有高效、安全、受环境条件的约束较少、可改变时间比例尺等优点，已成为分析、设计、运行、评价、培训系统（尤其是复杂系统）的重要工具。

（三）传统的仿真方法

传统的仿真方法是一个迭代过程，即针对实际系统某一层次的特性（过程），抽象出一个模型，然后假设态势（输入），进行试验，由试验者判读输出结果和验证模型，根据判断的情况来修改模型和有关的参数。如此迭代地进行，直到认为这个模型已满足试验者对客观系统的某一层次的仿真目的为止。

模型是对系统某一层次特性的抽象描述，包括：系统的组成；各组成部分之间的静态、动态、逻辑关系；在某些输入条件下系统的输出响应；等等。根据系统模型状态变量变化的特征，又可把系统模型分为：连续系统模型——状态变量是连续变化的；离散（事件）系统模型——状态变化在离散时间点（一般是不确定的）上发生变化；混合型——上述两种模型的混合。

计算机仿真技术和用于仿真的计算机（简称仿真机）都应充分反映上述的仿真特点

及满足仿真工作者的需求。

二、物流仿真方法与软件介绍

（一）概论

物流仿真使用的建模方法有排队理论、Petri 网、线性规划等。一些专业的物流仿真软件平台，提供基本的功能元素，使仿真的编程工作大大简化，常见的有 Witness、em-Plant、Flexsim 等。由于物流系统的专业化和规模化，物流仿真已经逐步成为物流行业规划与建设的必备环节。

（二）方法举例

1. 连续型仿真方法

连续系统是指系统的状态在时间上是平滑变化的。为了反映连续系统的特征，仿真模型建立一组由状态变量组成的状态方程，可以是代数方程、微分方程、函数方程、差分方程等。这些方程描述了各状态变量与主要变量——仿真时间的关系。在此基础上，按一定的规则将仿真时间一步一步向前推移，对方程的求解与评价，计算和记录各个状态变量在各个时间点的具体数值，通过连续系统的仿真模型，对系统状态在整个时间序列中的连续性变化进行动态的描述。

2. 离散型仿真方法

离散系统是指系统状态在某些随机时间点上发生离散变化的系统。这种引起状态变化的行为称为"事件"，因而这类系统是由事件驱动的。事件发生是随机的，因而离散系统一般都具有随机特征。系统的状态变量往往是离散变化的。离散型仿真方法主要分为以事件为基础、以活动为基础和以过程为基础的仿真方法。以事件为基础的仿真方法模型是通过定义系统在事件发生时间的变化来实现的；以活动为基础的仿真模型是通过描述系统的实体所进行的活动，以及预先设置导致活动开始或结束的条件，这种仿真模型适用于活动延续时间不定，并且由满足一定条件的系统状态而决定的情况。以过程为基础的仿真模型综合了以事件为基础的仿真和以活动为基础的仿真两者的特点，描述了作为仿真对象的实体在仿真时间内经历的过程。仓储配关系仿真如图 7-5 所示。

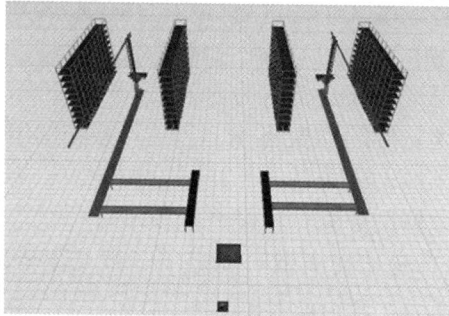

图 7-5　仓储配送系统仿真

第四节　企业资源计划技术

一、ERP 概述

（一）ERP 的概念

ERP 利用计算机技术，把企业的物流、人流、资金流、信息流统一起来进行管理，把客户需要和企业内部的生产经营活动以及供应商的资源整合在一起，为企业决策层提供解决企业产品成本问题、提高作业效率及资金的运营情况一系列动作问题，使之成为能完全按用户需求进行经营管理的一种全新的行之有效的管理方法。

它是一个以管理会计为核心的信息系统，识别和规划企业资源，从而获取客户订单，完成加工和交付，最后得到客户付款，是综合客户机和服务体系系统、关系数据库结构、面向对象技术、图形用户界面、第四代语言、网络通信等信息产业成果，以 ERP 为管理思想的软件产品。

（二）ERP 理念

（1）对整个供应链资料进行有效管理的思想。该思想实现了对整个企业供应链上的人财物等所有资源及其流程的管理。

（2）精益生产、同步工程和敏捷制造的思想。面对激烈的竞争，企业需要运用同步工程组织生产和敏捷制造，保持产品高质量、多样化、灵活性，实现精益生产。

（3）事先计划与事中控制的思想。ERP 系统中的计划体系主要包括生产计划、物料需求计划、能力需求计划等。

（4）业务流程管理的思想。为提高企业供应链的竞争优势，必然带来企业业务流程的改革，而系统应用程序的使用也必须随业务流程的变化而相应调整。

（三）ERP 的主要功能章

（1）财务管理章。财务管理的功能主要是基于会计核算的数据，再加以分析，从而进行相应的预测、管理和控制活动。它侧重于财务计划、控制、分析和预测。

（2）生产控制管理章。该章是 ERP 系统的核心所在，它将企业的整个生产过程有机地结合起来，使得企业能够有效地降低库存，提高效率。

（3）物流管理章。该章包括分销管理章、采购管理章和批次跟踪管理章。

（4）人力资源管理章。该章包括人力资源规划的辅助决策、招聘管理、工资核算、工时管理、差旅核算等章。

二、ERP 系统在物流中的应用

（一）ERP 系统在采购管理中的应用

完善的企业材料采购管理可以帮助企业的采购人员控制并完成材料采购的全过程，并合理的控制材料采购的成本。

（1）应用过程控制思想，控制材料采购全过程。采购管理将控制论中的过程控制思想应用到材料采购过程中，从采购计划制订、采购申请、采购订单形成，直到材料接收以及检验合格入库的全过程形成连续的控制，确保每一个环节都有有效的监督控制制度，并要坚持成本最低的原则。过程控制思想同时要求采购管理要与物流管理的其他功能子章相互协调配合，如采购计划要根据生产管理中的实际材料需求而制订，只有实现整个物流管理大的过程控制，才能充分发挥 ERP 系统的优势，促进企业管理水平的不断提高。

（2）发挥管理论的监督和奖惩体制作用，消除"关系"采购现象。ERP 系统本质上是应用信息化优势的现代管理体系，因此针对企业的"关系"采购现象，要充分发挥管理论的监督和奖惩体制。一方面对企业的采购过程进行严格的监督，对材料采购申请进行严格的审批，对入库前的材料进行严格的检验，在严格的监督体制下保证材料采购各个环节的合规性；另一方面要对企业材料采购员进行奖惩管理，对利用"关系"采购谋取私利的采购员进行严厉的处罚直至解雇，以增加"关系"采购的机会成本，对在材料采购中成本控制、质量控制突出的采购员进行奖励，以提高其积极性。

（二）ERP 系统在库存管理中的应用

对作为物流管理中主要部分的库存管理要充分的重视，ERP 系统的设计和应用既要完善整体的管理体系，又要着重对存货管理进行强化。针对库存管理中存在的问题，要在最优库存量和企业盘存制度设计两个方面不断加强完善。

（1）确定最优库存量，保证企业正常运营。最优库存量的设计涉及生产、销售、采购等环节，要在 ERP 系统的物流管理系统中统筹规划，根据销售需求、生产状况以及材料市场状况确定最优库存量，并同时设计企业的采购时间和单次采购量，实现企业成本控制和正常生产经营的平衡。

（2）在系统中体现存货的盘存制度，保证会计信息的真实性。为了保证企业的盘存制度不至于形同虚设，要在 ERP 系统中体现对盘存制度的控制和监督，对企业定期和不定期的存活盘存要严格监督其执行状况，建立完善的存货盘存预警机制，对于超过一定日期仍未进行全面的存货盘存的情况进行预警，以督促企业有关部门及时地进行存活的盘存，对盘盈或盘亏的存货及时进行处置，以保证企业会计信息的真实性。

（三）ERP 系统在生产管理中的应用

ERP 系统在企业生产管理中的应用主要涉及生产需求计划制订、生产过程中的在产品管理两个主要方面。一方面要与采购管理相结合，建立完善的生产需求计划体系，根据生产产品的材料需求量和材料标准要求制定材料需求申请，企业以此为基础确定材料采购计划；另一方面，要利用 ERP 系统在控制和管理方面的先进思想和经验，对企业生产过程中的在产品进行有效管理，在产品的每一次入库和出库都要有详细的记录，对于残次品要进行及时的处置，在产品在经过各道生产工序变为产成品时要按规定进行相关成本的结转。

◎ 前沿扩展

一、云制造

云计算和云制造正处于起飞阶段，在第十二届全国人民代表大会第四次会议中，李克强总理指出要加快我国产业结构优化升级，指出新的一轮科技革命正在爆发，加快云计算技术的发展时不待我。李伯虎院士于 2010 年提出"云制造"的理念，为云制造的发展提供了重要依据。

云制造模式是一种新型的制造模式，它借助云计算的思想，以云计算技术和云服务平台为支撑，通过网络和信息技术实现制造资源高度共享的制造新模式，实现制造模式由单纯的制造型转变为服务型模式的转变，这种模式的转变必将成为当前制造业的发展新趋势。随着外界经济环境和市场的变化，传统环境下往往会出现订单无法及时交货或由于订单不足出现的制造资源和工人闲置的情况，以及交货期内库存不足或库存过量导致成本过高，由此可见传统的制造模式已经不能满足日益变化的需求。云制造环境下的企业通过加入云服务平台获取所需信息并进行交易，企业可以根据市场行情或自身状况进入或退出云服务平台，使得云服务平台可以整合更多的制造资源，提供更广泛的制造服务，实现多种耦合方式的协作。云服务平台的管理者如何根据登录云平台的企业的不同生产制造能力分配订单及各企业应如何进行库存及订货决策等问题，成为需要解决的重要问题。

二、智能物流跟踪技术

智能物流跟踪技术是指货物在运输过程中利用现代信息技术及时获取有关货物运输状态的信息（如货物的品种、数量、在途情况、到货时间、发货地和到达地、货主、送货责任和人员、车辆等），提高运输服务水平的方法。具体说就是物流或运输企业的工作人员在向货主取货时、在物流中心重新集装运输时、在向顾客配送交货时，利用 RFID 阅读器自动读取货物包装上的物流电子标签等货物信息，通过公共通信网络、专用通信线路或卫星通信线路把货物的信息传送到总部的中心计算机进行汇总整理，这样所有被运送的货物的信息都集中在中心计算机里。智能物流跟踪系统提高了物流和运输企业的服务水平，可以随时查询货物的位置和状态。

随着我国现代商业的发展，传统的货物运输已经逐步向着物流配送方向发展。在各大中城市均将逐渐形成大型的物流园区，并且拥有大型的物流公司。大型物流中心和物流企业的发展，对物流效率的高要求变得迫在眉睫。物流系统是一个复杂的大系统，它包括运输、储存保管、包装、装卸搬运、流通加工、配送及物流信息等子系统，货物配送是物流中的重要组成部分。

在货物的配送过程中，物流企业需要了解货物的实时状态和位置，客户也想知道自己的货物被配送的状态和位置。特别针对一些贵重货物、大批集装箱货物、危险品、保鲜货物等时间要求紧的货物，人们更需要知道这些货物的实时位置。智能物流跟踪系统的发展也是为满足人们对个性化物流配送服务要求，同时，也能提高物流企业、运输企业在货物运输过程中的技术含量，有效地提高竞争力和服务水平。

建立智能物流跟踪系统需要较大的投资，如购买设备、标准化工作、系统运行费用等，因此只有具备一定实力的大型物流运输企业才能够建立和应用智能物流跟踪系统。但是随着信息产品和通信费用的低价格化以及互联网的普及，许多中小物流运输企业也开始应用智能物流跟踪系统。在信息技术广泛普及的美国，物流运输企业建立本企业的网页，顾客通过互联网与物流运输企业进行信息的传输和查询。

同时，随着 ITS（intelligent transportation system，即智能交通系统）应用的日益广泛和深入，将 ITS 技术用于公路货物运输智能跟踪管理必然会对其产生革命性的影响。

智能物流跟踪系统的发展趋势是物流配送利用计算机及通信技术来提高配送效率。虽然目前这套系统还没有被大范围的推广和应用，但是不久的将来，无论物流配送还是重要货物运输、危险货物运输都将依赖该系统。该系统的发展趋势如下。

1. 区域集中货物跟踪

区域集中货物跟踪就是某一个地区或者某一个物流园区把该区域的所有车辆和货物进行集中跟踪。区域内的物流公司、运输公司采用租用服务器的方式，把自己的车辆数据、货物数据等存放在集中监控中心的服务器上，让监控中心负责对该地区的所有车辆和货物进行实时跟踪。当本公司需要某一个车辆或货物的位置信息时只要直接通过 DDN（digital data network，即数字数据网）专线访问监控中心的服务器就可实现。同时外部的用户可以通过互联网访问监控中心服务器。这样一方面可以减少中小物流企业的重复性的昂贵投资，另一方面可以形成货物跟踪规模化服务，有利于降低成本。

2. 货物监控和物流管理软件的结合

在物流公司或者运输公司里对车辆的实时动态跟踪是提高运输服务的一个重要组成部分。同时，管理信息系统也相当重要，管理信息系统和货物实时动态跟踪系统结合在一起，一方面可以随时监控在途的货物，另一方面可以通过管理信息系统加强公司内管理，物流的管理更具体、方便、简单和实用。这样能够更大的提高物流的信息化和自动化水平，提高效率。

3. 电子地图租用

电子地图租用是在线电子地图应用业务，通过在线租用的方式，选择需要的电子地图区域或者选择需要的地图服务，这样可以方便快捷地拥有自己公司的 GIS，为自己的用户群提供基于 GIS 的位置特色服务，而且不用为地图的更新和管理而付出代价。

4. 与互联网的结合

货物动态跟踪会与互联网相结合成 Web Browser，无论客户身在何处，只要有一台与互联网连接的电脑就可以随时在网上查询自己货物的位置和状态。运输公司或者物流企业通过货物数据服务器和电子地图服务器向客户提供网上货物跟踪服务。

◎实践训练

一、认知实践

（1）搜集仓库与配送信息系统案例。通过教材、课件、文献、网络资源等方式获取不同类型仓库与配送信息系统，获取不同信息系统的介绍资料。通过小组协作方式获取案例资料，开展小组讨论，加深对不同类型仓库与配送信息系统理解。

（2）搜集不同类型传感器及相关性能参数介绍。

（3）搜集不同条形码应用案例。

（4）搜集不同仓储与配送装卸搬运仿真案例。

（5）搜集不同 ERP 管理案例。

（6）企业 ERP 管理调研。对不同的企业进行调研，调研 ERP 的管理形式、效果等信息，通过对比分析，整理出不同企业运用 ERP 的特点与使用要求。调研后，提交参观调研报告。利用 Flexsim 软件构建仓储和物流中心，基于调研报告的内容，对不同类型的仓库管理进行仿真，支撑调研报告的结论。

（7）参观企业中基于传感器的库存管理。对典型仓库进行实地参观调研，了解现代化设备对于仓库管理的优势以及使用方式等。参观后，提交参观调研报告。

二、实操训练

1. 大型分拣系统的空间布局

实验要求如下。

（1）3 种货物 A，B，C 以正态分布函数 normal（10，2）s 到达高层的传送带入口端。

（2）3 种不同的货物沿一条传送带传送，根据品种的不同由分拣装置将其推入 3 个不同的分拣通道，经各自的分拣通道到达操作台。

（3）每个检验包装操作台需操作工1名，货物经检验合格后打包，被取走。

（4）每检验1件货物占用时间为uniform（60，20）s。

（5）每种货物都可能有不合格产品。检验合格的产品放入箱笼；不合格的通过地面传送带送往检修处进行修复。A的合格率为80%；B的合格率为85%；C的合格率为90%。

（6）如果该系统中合格的货物被操作工放置在箱笼中，每累计20个打包送走。

实验布局：逐步添加离散实体4个发生器（1个用于生产产品；3个用于生产托盘）、1个暂存区、4条传送带（1条进货，3条出货）、1条分拣传送带、3个处理器、3个合成器、1个吸收器、3个操作员，如图7-6所示。

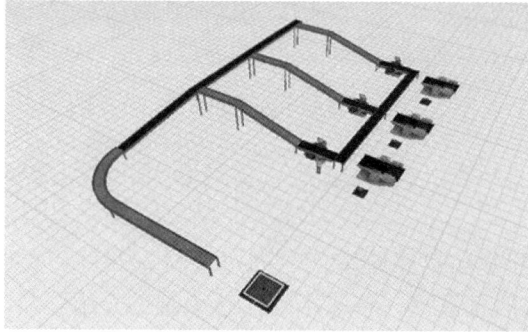

图7-6　实验布局

离散实体连接：按照不同的逻辑关系，采用A连接和S连接，逐一对模型内的实体进行连接，应注意各个端口的连接顺序（输入端口，输出端口，中间端口）。

方案布局优化：为了使模型整体运行流畅，更加形象逼真，在实验要求的基础上适当添加部分实体，添加5条传送带、1个合成器、3个货架、3个机器人、1个起重机，如图7-7所示。

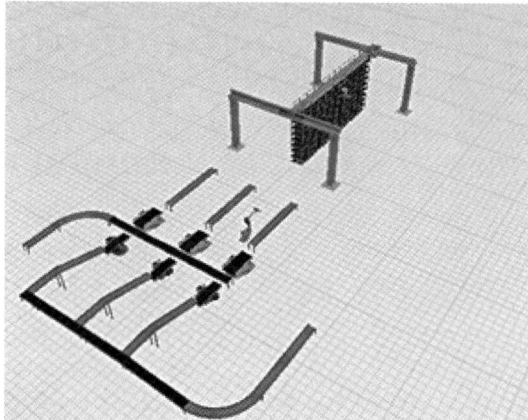

图7-7　布局优化

参数设置。发生器4参数设置（图7-8）：临时实体种类设置为Box；物品类型设置为3.000；到达时间间隔设置为"统计分布：normal（10，2）"；其余为默认值。分拣传送带 2 参数设置（图 7-9）：发送条件选择"按端口"发送；等分出 3 个出货口；其余为默认值。处理器参数设置：加工时间设置为"统计分布：uniform（60，20）"（图 7-10）；勾选加工时使用操作员；在临时实体流选项卡中，输出发送至端口选择按百分比（输入）（图 7-11），处理器 1 参数设置为（80，20），处理器 2 参数设置为（85，15），处理器 3 参数设置为（90，10）；其余为默认值。

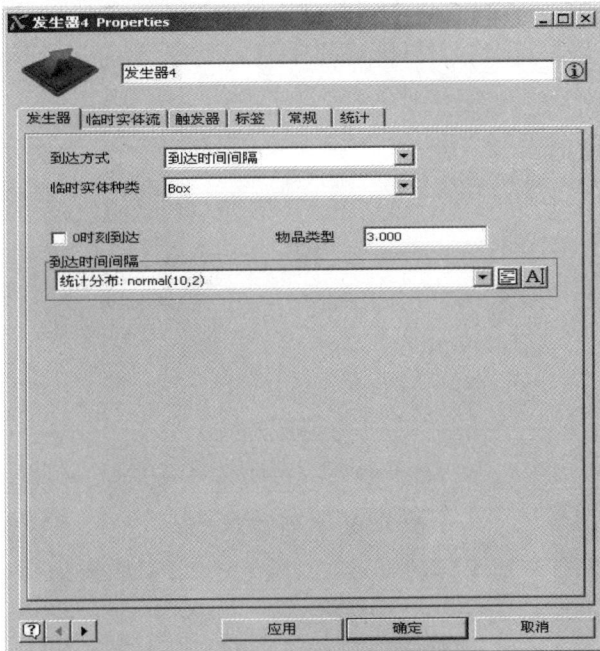

图 7-8　发生器 4 设置

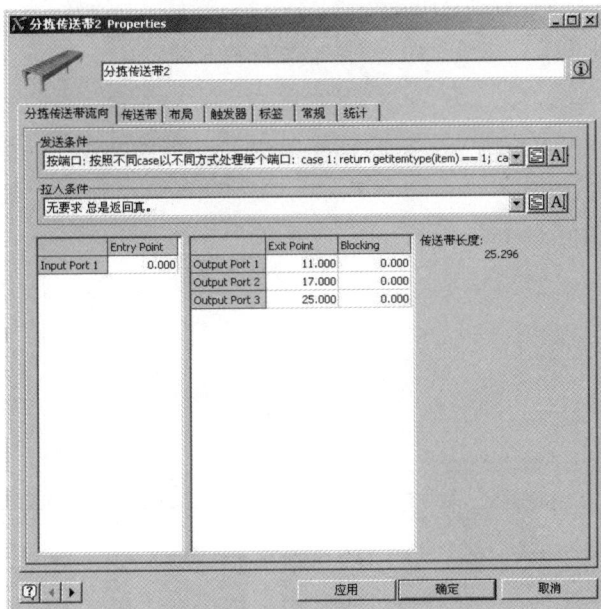

图 7-9　分拣传送带 2 设置

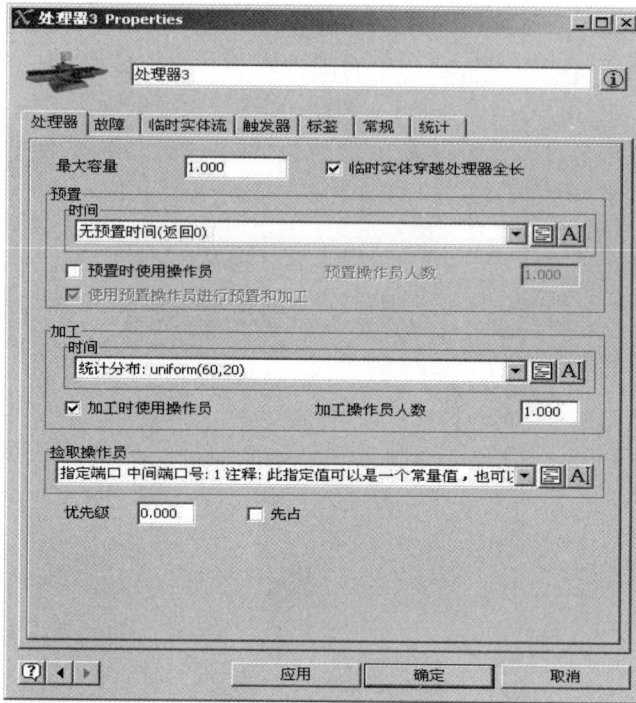

图 7-10　处理器 3 设置

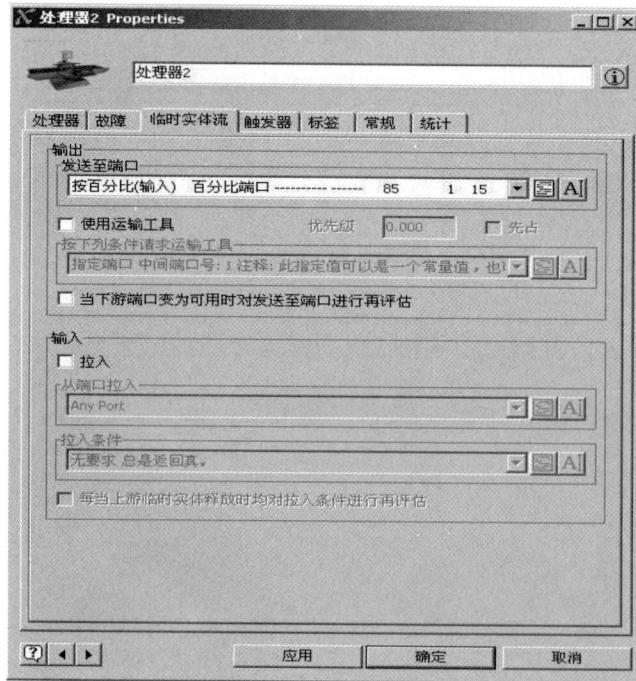

图 7-11　处理器 2 设置

此处为满足实验要求，连接 3 个处理器与分拣传送带和 3 个合成器时，应注意端口顺序：处理器的输出端口 1 分别和 3 个合成器连接；处理器的输出端口 2 分别与分拣传送带连接（图 7-12）。这样，合格的产品就会各自进入合成器进行打包，不合格的产品通过分拣传送带送往检修处进行修复。合成器 3 参数设置（图 7-13）：合成模式设置为 Pack；组成清单选项卡中 Target Quantity 设置为 20.000；其余为默认值。发生器 1、2、3 参数设置（图 7-14）：发生器 1、2、3 的任务是生产托盘，将临时实体种类设置为 Pallet；物品类型设置为 1.000；其余为默认值。

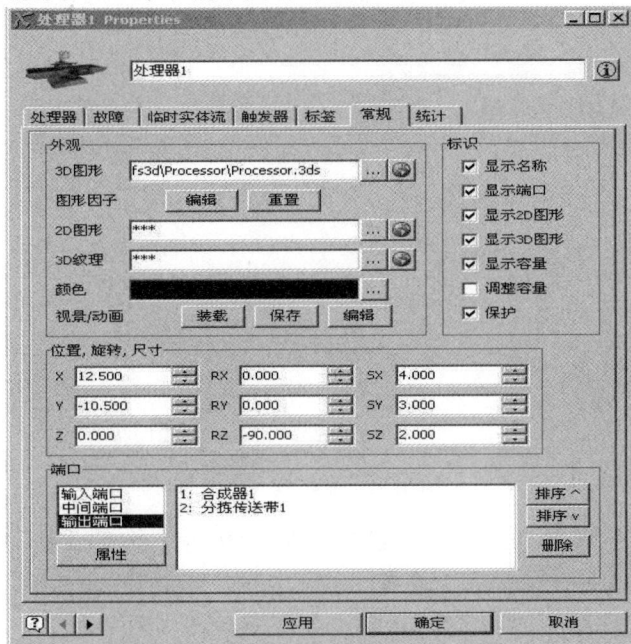

图 7-12　处理器 1 设置

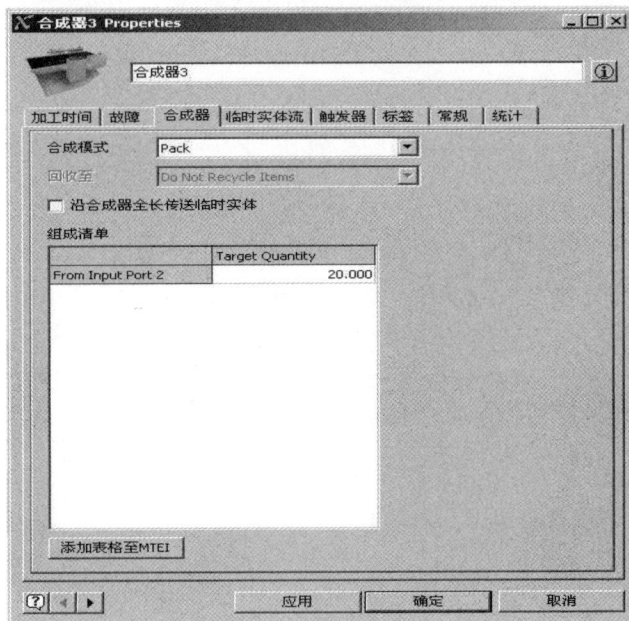

图 7-13　合成器 3 设置

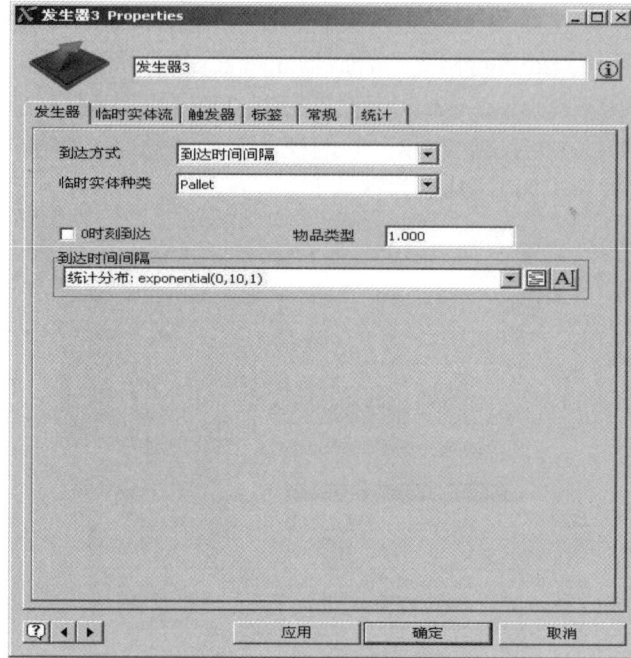

图 7-14 发生器 3 设置

　　为了优化实验模型，添加仓库、机器人、起重机等。模型的运行状态改变为：当合格的货物被操作工放置在箱笼中，每累计 20 个打包送走时，由机器人将托盘放置在进货传送带上，再由起重机提取并入库。货架 1 参数设置（图 7-15）：在尺寸表格选项卡中，设置列数为 5，列宽为 2.000，层数为 5，层高为 2.000；其余为默认值。

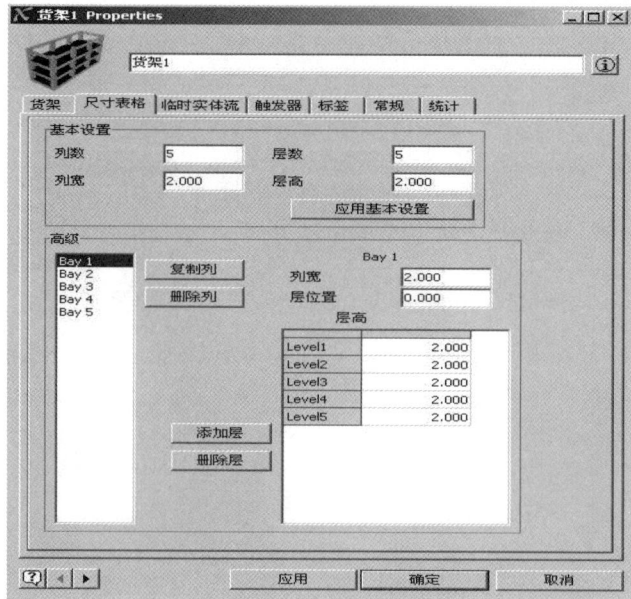

图 7-15 货架 1 设置

模型运行及调整，模型调整后效果图如图 7-16 所示。

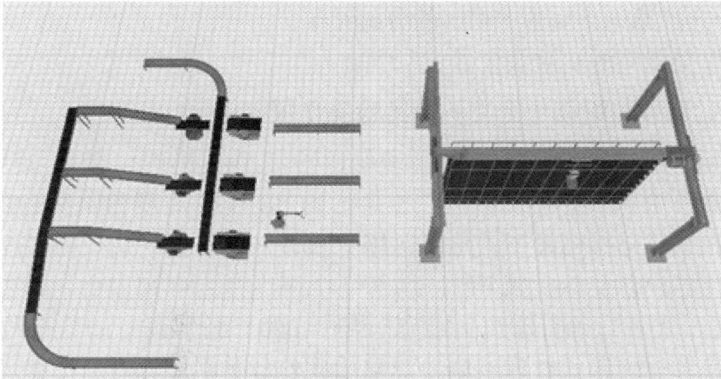

图 7-16　模型调整

结合图 7-16 可知，模型正常运行时，其他部位运行流畅，3 条出货传送带上出现拥堵现象，初步分析是由于 3 个处理器的检验速度过慢。此处采用的调整方案为分别提高处理器 1、2、3 的检验速度，问题基本得到解决，3 个处理器工作速度合理，最终效果图如图 7-17 所示。

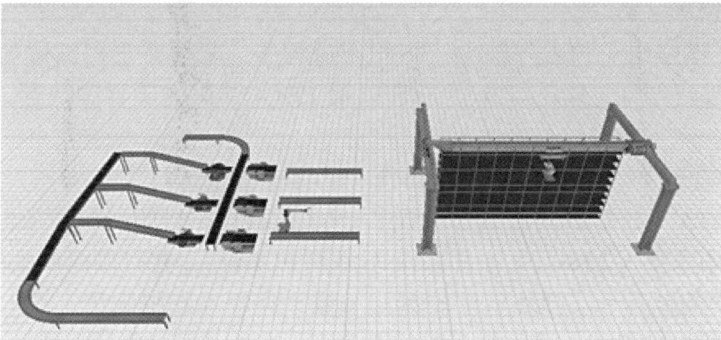

图 7-17　最终效果图

在最终模型中，20%的不合格产品 A、15%的不合格产品 B、10%的不合格 C 各自进入底层分拣传送带，由其送往打包区，进行简单码放后送往检修处进行修复。

实操后，提交相应的实验报告。

2. 传感器实验

进入实际仓库与配送中心（有条件的，也可在实验室进行），对于温度传感器或湿度传感器进行如下实验。

（1）测量不同类型仓库温湿度，比较两种典型仓库的温湿度变化。

（2）在电脑终端设计相应的温湿度显示结果。

实操后，提交相应的实验报告。

3. RFID 实验

进入实际仓库与配送中心（有条件的，也可在实验室进行），利用 RFID 对分拣系统进行如下实验。

（1）熟悉 RFID 的使用方法。

（2）设计分拣原则，获取 RFID 的分拣结果。

实操后，提交相应的实验报告。

4. 条形码的制作与识读（上交一份实验操作报告）

通过本实验，进一步熟悉和掌握一维条形码 EAN-13 码、交叉 25 码和贸易单元 EAN-128 码的制作方法；熟悉和掌握二维条形码 PDF417 原理和软件生成方法；认识条形码打印设备和条形码扫描设备，熟练运用一维、二维手持终端扫描识读条形码。

实验主要仪器设备及耗材如下。

（1）热转印式条形码打印机：北洋 BTP-1000。条形码打印机俗称打码机，主要有热敏式打印机和热转印式打印机两种。热敏式打印和热转印式打印是两种互为补充的技术，现在市场上绝大多数条形码打印机都兼容热敏和热转印两种工作方式。两者的工作原理基本相似，都是通过加热方式进行打印。

（2）条形码制作耗材：标签、碳带与背胶。

（3）北洋标签设计打印系统 V2.38 软件。

实验方案与技术路线::请自行设计编码方案与实验技术路线，并写在实验报告中。

实验步骤如下。

（1）条形码编码（预习环节）。在预习过程中，复习条形码编码的相关知识，注意 EAN-13 的编码结构、EAN-128 的原理以及 PDF417 码的码容等特点，并预先设计好条形码的内容。

（2）制作条形码（实验环节）。操作"北洋标签设计打印系统 V2.38 版"制作一维条形码EAN-13、交叉 25 码和贸易单元 EAN-128 码，并打印所制的条形码；操作"北洋标签设计打印系统 V2.38 版"制作二维条形码 PDF417，并打印所制的条形码。

（3）识读条形码（实验环节）。利用一维手持终端扫描识读上述一维条形码；利用二维手持终端扫描识读上述一维、二维条形码。

深入思考实验过程中遇到的现象和问题，完成实验报告的其他内容（报告环节）。

◎ 仓储与配送信息技术教学实践

本节主要介绍仓储与配送信息技术的教学设计。根据仓储与配送管理这门课程的要求和教学对象的特点（设定教学对象为中职学校学生），确定本章的教学设计，包括教学目标、教学任务分解、教学重难点、教学方法与教学手段、教学步骤与时间分配等环节。

一、教学目标

本章的教学目标是讲述仓库与配送中心的相关信息技术，使学生达到了解、认知及触及使用的水平。

二、教学任务分解

本章的教学任务分解如表 7-2 所示。

表 7-2 第七章教学任务分解

任务	任务分解	课时分配	形式
仓储与配送信息化	（1）教师利用不同仓库信息技术实例介绍信息技术的应用情况及发展； （2）教师利用案例引入，介绍信息化的特点； （3）教师介绍信息化对仓储的影响，并进行举例说明； （4）教师为学生布置作业进行不同类型仓库及配送中心信息化的调研	1 课时	理论
自动识别技术与数据采集	（1）教师介绍仓储与配送的数据采集设备； （2）教师介绍一维条形码、二维条形码以及条形码的读取设备； （3）教师介绍 RFID 技术及其特点、原理、优势、在仓储中的应用； （4）教师介绍 GPS 技术、GIS 技术在物流中的应用； （5）教师演示各种传感器在仓储中的应用，并指导学生实践（利用视频形式）	1 课时	理论与实践
仓储与配送系统模拟仿真	（1）教师通过图片、视频等方式介绍仓储与配送的仿真实例； （2）教师通过图片、视频等方式介绍离散系统与连续系统的计算机仿真技术	1 课时	理论与实验
ERP 技术	（1）教师通过讲解的方式介绍 ERP 的理念及基本管理方式； （2）教师通过实例等方式展示 ERP 在管理中能先进信息技术	1 课时	理论与实践
实践训练	运用 Felxsim 软件进行仓库仿真实践	1 课时	实践

三、教学重难点

本章的教学重点是让学生了解仓储与配送中心中使用的先进信息技术，尤其是计算机仿真技术，以了解认知为主，实操为辅。

本章的教学难点主要集中在数据采集与自动识别技术、仓储与配送系统模拟仿真中，要求学生熟练使用计算机仿真软件，并且掌握本章中介绍的相关数据采集设备以及自动识别技术。

四、教学方法与教学手段

本章教学过程中使用的教学方法有讲授法、案例教学法、讨论法。

（1）讲授法：对本章中重要的理论知识的教学采用讲授的教学方法，直接、快速、精炼的让学生掌握，为学生在实践中能更游刃有余的应用打好坚实的理论基础。

（2）案例教学法：在教师的指导下，由学生对选定的具有代表性的典型案例，进行有针对性的分析、审理和讨论，做出自己的判断和评价。例如，利用传感器技术对仓库温度控制实验等。

（3）讨论法：在本章的学习过程中，留给学生互相讨论的时间，调动学生的主动性。例如，在仿真过程中，同学之间可以互相讨论根据不同学生设置的不同参数，对仿真结果的影响问题。

本章中使用的教学手段主要有：大量使用图片、视频进行辅助，帮助学生快速感性认知不同设施设备，在实践内容部分，辅助课后资料收集、实地调研及借助 Flexsim 软件的仿真，对仓库进行规划设计。

五、教学步骤与时间分配

本章的课堂教学以讲授为主，下面以传感器技术内容为例说明教学步骤及时间分配。

（1）引入新课（2~4 分钟）。手法与实例：采用提出问题的方式引出新课；根据学生认知规律和水平，从学生有感受的图片、问题入手，并向学生展示温度传感器。

（2）讲授新课（30~35 分钟，根据内容，时间可分多段）。分别介绍不同类型的传感器，并对不同传感器配套图片展示进行讲述（10分钟）。对传感器介绍完毕后，向学生展示如何使用传感器检测仓库的温度（10分钟）。引导学生互相讨论，如何在电脑终端显示温度变化曲线（15分钟）。

（3）总结归纳（3~5 分钟）。重温结构点题目，从具体实例操作中上升到对知识结构化认识。

（4）课后作业（1~2 分钟）。

六、教学评价

本章的教学评价如表 7-3 所示。

表 7-3　第七章教学评价

评价类别	评价节	评价标准	评价依据	评价方式			权重
				学生自评	同学互评	教师评价	
				0.1	0.1	0.8	
过程评价	学习能力	学习态度，学习兴趣，学习习惯，沟通表达能力，团队合作精神	学生考勤，课后作业完成情况，课堂表现，收集和使用资料情况，合作学习情况				0.2
	理论能力	准确理解仓储与配送信息化原理，准确使用仿真技术，准确适用现代化管理方法，准确认知自动采集设备，准确理解自动识别技术	叙述信息化原理情况，现代化管理方法的掌握情况，自动采集设备的认知情况，仿真结果，自动识别技术的掌握情况				0.2
	实践能力	正确使用传感器技术，正确使用仿真技术	传感器认知及使用的情况，仿真结果分析				0.1

章名称：仓储与配送信息技术

章名称：仓储与配送信息技术

评价类别	评价节	评价标准	评价依据	评价方式			权重
				学生自评	同学互评	教师评价	
				0.1	0.1	0.8	
	其他方面	探究、创新能力	积极参与研究性学习，有独到的见解，查阅新技术的情况，能提出多种信息技术的管理方法				0.1
结果评价	理论考核						0.2
	实操考核						0.2

本 章 小 结

本章主要介绍了仓储与配送信息化技术，介绍了信息化技术对物流的影响、未来的发展趋势，常见的信息采集设备与自动识别技术，旨在让学生了解当前仓储配送的基本信息技术，进而提升学生的实际操作能力。

综合案例分析

高效的供应链管理——信息流带动下的物流系统

在中国 IT 业，联想是当之无愧的龙头企业。自 1996 年以来，联想电脑一直位居国内市场销量第一。2000 年，联想电脑整体销量达到 260 万台，销售额为 284 亿元。IT 行业特点及联想的快速发展，促使联想加强与完善信息系统建设，以信息流带动物流。高效的物流系统不仅为联想带来实际效益，更成为同类企业学习效仿的典范。

提起联想物流的整体架构，联想集团高级副总裁乔松借助联想供应链管理系统框图，向我们做了详细介绍。联想的客户，包括代理商、分销商、专卖店、大客户及散户，通过电子商务网站下订单，联想将订单交由综合计划系统处理。该系统首先把整机拆散成零件，计算出完成此订单所需的零件总数，然后再到 ERP 系统中去查找数据，看使用库存零件能否生产出客户需要的产品。如果能，综合计划系统就向制造系统下单生产，并把交货日期反馈给客户；如果找不到生产所需要的全部原材料，综合计划系统就会生成采购订单，通过采购协同网站向联想的供应商要货。采购协同网站根据供应商反馈回来的送货时间，算出交货时间（可能会比希望交货时间有所延长），并将该时间通过综合计划系统反馈到电子商务网站。供应商按订单备好货后直接将货送到工厂，此前综合计划系统会向工厂发出通知，哪个供应商将在什么时间送来什么货。工厂接货后，按排单生产出产品，再交由运输供应商完成运输配送任务。运输供应商也有网站与联想的电子商务网站连通，给哪个客户发了什么货、装在哪辆车上、何时出发、何时送达等信息，客户都可以在电子商务网站上查到。客户接到货后，这笔订单业务才算完成。从上述介绍中可以了解到，在原材料采购生产制造、产品配送的整个物流过程中，信息流贯穿始终，带动物流运作，物流系统构建在信息系统之上，物流的每个环节都在信息系统的掌控之下。信息流与物流紧密结合是联想物流系统的最大特点，也是物流系统高效运作的前提条件。

经过多年努力，联想企业信息化建设不断趋于完善，目前已用信息技术手段实现了全面企业管理。联想率先实现了办公自动化，之后成功实施了 ERP 系统，使整个公司所有不同地点的产、供、销的财务信息在同一个数据平台上统一和集成。2013 年 5 月，联想开始实施供应链管理系统，并与 ERP 系统进行集成。从企业信息化系统结构图中可以看出，基础网络设施将联想所有的办事处，包括海外的发货仓库、配送中心等，都连接在一起，物流系统就构建在这一网络之上。与物流相关的是 ERP 与供应链管理这两部分，而 ERP 与供应链管理系统又与后端的研发系统和前端的 CRM 系统连通。例如，研发的每种产品都会生成物料需求清单，物料需求清单是供应链管理与 CRM 系统运行的前提之一：客户订单来了，ERP 系统根据物料需求清单进行拆分备货，供应链管理系统同时将信息传递给 CRM 系统，告诉它哪个订户何时订了什么货、数量多少、按什么折扣交货、交货是早了还是晚了等。系统集成运作的核心是，用科学的手段把企业内部各方面资源和流程集中起来，让其发挥出最高效率。这是联想信息化建设的成功之处。

（资料来源：http://www.chinawuliu.com.cn/）

案 例 分 析

借助联想的 ERP 系统与高效率的供应链管理系统，利用自动化仓储设备、柔性自动化生产线等设施，联想在采购、生产、成品配送等环节实现了物流与信息流实时互动，无缝对接。联想北京生产厂自动化立体仓库电脑零部件自动入库系统。供应商按联想综合计划系统提出的要货计划备好货后，送到联想生产厂自动化立体仓库，立体仓库自动收货、入库、上架。联想集团北京生产厂生产线管理控制室的控制系统对联想电脑生产线的流程进行控制，并根据生产情况及时向供货商或生产厂的自动化立体仓库发布 MRP。联想集团北京生产厂自动化立体仓库物料出货区，自动化立体仓库控制系统与联想电脑生产线系统集成并共享信息，当自动化立体仓库接收到生产计划要货指令后，即发布出货分拣作业指令，立体仓库按照要求进行分拣出货作业。按照 MRP 从立体仓库或储存区供应给生产线，生产线按排产计划运转。生产线装配工人正在组装电脑，并根据组装的情况，监测、控制上方电脑显示屏的"拉动看板"，及时将组装信息及物料需求信息反馈到企业生产控制系统中。上述流程说明，联想集团通过高效率的信息管理系统与自动化的仓储设施，实现了在信息流带动下的高效率的物流作业。

过去，企业先要做计划，再按计划生产，这是典型的推动型生产模式。现在，按订单生产的拉动型模式已为许多企业所采用。联想的所有代理商的订单都是通过网络传递到联想的。只有接到订单后，联想才会上线生产，在 2~3 天内生产出产品，交给代理商。与其他企业不同的是，联想在向拉动型模式转化的过程中，并没有 100%采用拉动型，而是对之加以改造，形成"快速反应库存模式"下的拉动型生产。

联想的快速反应库存模式成功与否，关键在于库存预测是否准确。常年经验积累，摸索出一套行之有效的预测方法，使联想的预测与实际需求往往非常接近；而且每当出现偏差，联想都要及时进行经验总结，避免同样的问题重复出现。

众所周知，电子产品的价格下降速度非常快，一个月前采购的价格与一周前的价格有很大差别。如何使供应商的供货及时而价格合理呢？联想采用严格的供应商考评法，除了产品质量、价格、交货弹性等指标外，供应商对技术趋势、产品趋势和价格变化是否能够及时、准确地通报给联想，也是极其重要的考评节。联想定期给供应商打分，该得分轻则决定其供货比例，重则影响到供应商的"死活"。但是，联想对产品价格下降是否正常有自己的分析。联想追求的是系统最优，即成本与风险平衡。联想从系统最优的角度控制采购，不会因为图一时之便宜而导致供不上货。联想认为，市场占有率与产品销售带来的利润价值远远大于在原材料供应上的节省。

销售商总是希望尽量缩短订货周期，恨不能一下单厂商马上送货上门。为了及时准确地向所有网点供货，联想倾心研究最适合本公司特点的配送体系。联想在北京、上海、惠阳建设了大型生产基地，使其分别覆盖国内北、中、南三大区域市场。每家生产厂同时也是辐射周边省份的配送中心，另外在距离工厂远且销量大的中心城市如南京、西安等地再建配送中心，使配送能力布局更为合理。联想生产出的产品先集中运到各配送中心，再从配送中心向附近的县市分发。

联想并没有自己的物流公司，大量的运输配送业务交给社会第三方来完成。公司成立运输部，专门负责对运输公司进行筛选、考核、管理。经过多年发展，联想拥有了自己的配送系统，并使之成本最低、效率最高，满足了向星罗棋布在全国几千个销售网点快速供货的需求。2001 年，联想又率先在国内实施 CRM 系统，并以 CRM 为核心梳理市场系统的业务流程。借助 CRM 系统，联想对客户信息进行积累和分析，了解客户的全面需求和使用习惯，实现了客户信息的实时共享，从而更有效地为客户创造价值，提高客户满意度。

问题：
（1）仓储作业如何实现信息化？
（2）对于电子产品的快速淘汰性给库存控制带来哪些困难？如何有效解决？

练习题

一、单项选择题
（1）下列中是商品条形码的为（　　）。
　　A. 39 码　B. 库德巴码　C. ITF 码　D. EAN 码
（2）以下哪一项不是贸易节 4 种编码结构的 GTIN（　　）。
　　A. EAN/UCC-8　B. UCC-12　C. CODE39　D. EAN-13 及 EAN/UCC14

（3）根据射频标签工作方式分为三种类型，包括被动式、半被动式和（　　）。

    A. 主动式　B. 只读式　C. 一次性编程只读式　D. 可重复编程只读式

（4）GIS 是一门综合性的技术，也是一种对（　　）进行采集、存储、更新、分析、输出等处理的工具。

    A. 时间数据　B. 物流数据　C. 图像数据　D. 空间数据

二、多项选择题

（1）RFID 系统通常由下列哪几部分组成（　　）。

    A. 射频标签　B. 识读器　C. 计算机　D. 空间数据　E. 条形码

（2）通用商品条形码 EAN-13 码由 13 位数字组成，这些数字分别代表（　　）。

    A. 前缀码　B. 安全码　C. 厂商识别代码　D. 商品节代码　E. 校验码

（3）GIS 是一具综合的系统，它主要由下列哪些部分组成（　　）。

    A. 硬件　B. 软件　C. 人员　D. 数据　E. 方法

（4）构成 EDI 系统的要素是（　　）。

    A. EDI 软件和硬件　B. 数据标准　C. 条形码

    D. 通信网络数据　E. 识读器

（5）条形码作为一种图形识别技术与其他识别技术相比具有的特点是（　　）。

    A. 简单　B. 信息采集速度快数据标准　C. 采集信息量大条形码

    D. 可靠性高通信网络数据　E. 灵活、实用

三、简答题

（1）简述二维条形码与一维条形码的特点。

（2）简述 RFID 系统的工作原理。

（3）简述条形码监测的常用设备。

四、案例分析题

RFID 在冷链物流上的应用

1. 实施背景

物流运输由卸装、包装、保管一直到输送都必须有实时可视化的温度控制，才能维持原来的价值，让用户吃得放心、用得舒心。冷链物流中完整记录物资所处环境的温度，对于其保鲜以及问题原因的调查有着积极的作用。BisWin 自主研制，结合 RFID 和现代传感技术的温度标签，能够在物资身份识别的同时又能对其所处环境温度进行测量和记录，实时地判断物品在储运过程中环境温度是否超出允许范围，实现品质全过程可追溯。

2. 应用场景

（1）温箱存放。温箱是冷链和热链中最常见和单品数量最庞大的应用环境，BisWin 提供的温箱智能标签的探头通过孔放进温箱内对箱内温度进行实时监控，适合用于热链餐饮配送、海鲜食品、血包配送等。经过长期实验室验证老化测试和节使用的丰富经验，温度标签适用于 100℃的高温消毒，系统的安装简便，只需将标签探头放入温箱，标签外壳紧贴于温箱外，外引 RF 天线入车厢，便能完成温度数据的采集。

（2）冷库存放。为整合冷链一体化智能管理，节省系统成本，BisWin 提供冷库温

度监控系统，温度传感器的 GPRS+温度探头放入冷库内固定，通过固定在冷库外的 GPRS、GSM 章进行温度数据的传输。针对不正常的升温或降温，通过后台监控报警后，工作人员迅速采取降温或升温措施，从而降低或避免损失。

（3）冷车存放。温度标签直接放置在冷车车厢内对运输物品进行温度监控。把读写器放在驾驶室，RF 天线引入冷厢内，温度标签直接放入冷厢内，寻找合适的位置固定。通过读写器，将冷车内的温度变化实时传输给温控中心。控制中心负责与智能车载终端的信息交换，各种短信息的分类、记录和转发，与其他相关职能部门的网络互连，以及这些部门之间业务信息的流动，同时对整个网络状况进行监控管理。冷车适合用于血液、疫苗、生鲜食品、雪糕、冻肉等配送。

问题：

（1）简述 RFID 系统的组成系统。

（2）试分析 RFID 技术对冷链物流的作用。

综合实践一：仓储配送中心系统规划与运作仿真

实验名称：仓储配送中心系统规划与运作仿真实验
实验学时：3 学时
授课对象：物流管理专业及相关专业学生

一、实验目的及基本要求

【实验目的】
（1）熟悉仓储与配送作业流程。
（2）熟悉仓储与配送的主要设施设备。
（3）熟悉物流虚拟仿真软件的入库作业、装卸搬运作业、堆码作业、储存作业、分拣作业、出库作业等基本模块的组成。
（4）掌握物流虚拟仿真软件的功能和操作。
【基本要求】
学习利用 RaLC 模拟仿真软件的部件生成器、传送带（直线、分流、弯曲）、部件消灭器、作业员、笼车、自动立体仓库、装货中转站、卸货中转站、传送带（直角、合流）、机器人、托盘供给器等设备来构筑设计仓储型物流中心仿真模型，以及关于这些设备的设定方法。

二、实验操作步骤

（一）基本知识复习

一个完整的仓储配送中心内的作业活动从订单处理开始，经过入库作业、在库储存、分拣处理到出库配送，一共经历了五个主要作业环节。这些环节所涉及仓储配送岗位包括物流信息管理员、质检员、库管员、拣货员、装卸搬运员等，需要用到的设施设备包括物流信息系统的载体——计算机，货物传输的工具——传送带，单元化储存工具——托盘，各种类型的货架、配送装载工具——笼车以及装卸搬运的主要工具——叉车，等等。

（二）仿真工具——乐龙软件的功能介绍

乐龙物流系统仿真软件运用三维动画系统仿真模块，对物流仓储配送中心系统进行系统仿真规划设计、分析和验证，通过对物流设备、控制系统、作业人员和业务信息数据进行系统仿真，为物流生产管理以及物流工程规划和设计提供经过仿真验证的科学数据，为物流中心及工厂获取各种最佳解决方案提供快速实用的三维动画仿真形象化展示、可视化信息分析和讨论、一体化人员沟通和业务交流、数字化系统仿真和方案验证平台。乐龙软件的界面如图 1 所示。

图 1　乐龙软件界面

（三）实验模型描述

某配送中心主要针对城市中主要商场、超市和便利店提供商品仓储与配送服务。现在由 A、B、C 三家供应商供应的同类商品同时到达配送中心，需要经过短期储存后，将 A 供应商商品单独配送，B 供应商和 C 供应商的商品进行组合配送。要求通过物流仿真软件对该仓储与配送过程进行模拟。

（四）软件操作步骤

1. 新建文件

（1）点击电脑桌面乐龙软件的图标"ais"。

（2）新建文件".emu"。

（3）点击第二行工具栏的"网格"键，添加网格，如图 2 所示。

2. 建立进货入库区

（1）在软件第一行工具栏中选择"设备"下拉菜单，点击"卡车"，将"卡车"点击右键进行 180 度旋转。

（2）利用"Ctrl+C"和"Ctrl+V"对卡车进行复制、粘贴，再建立 2 个卡车，将建好的 3 个卡车放置于网格中，每个卡车之间相距 2 个网格以上的距离。

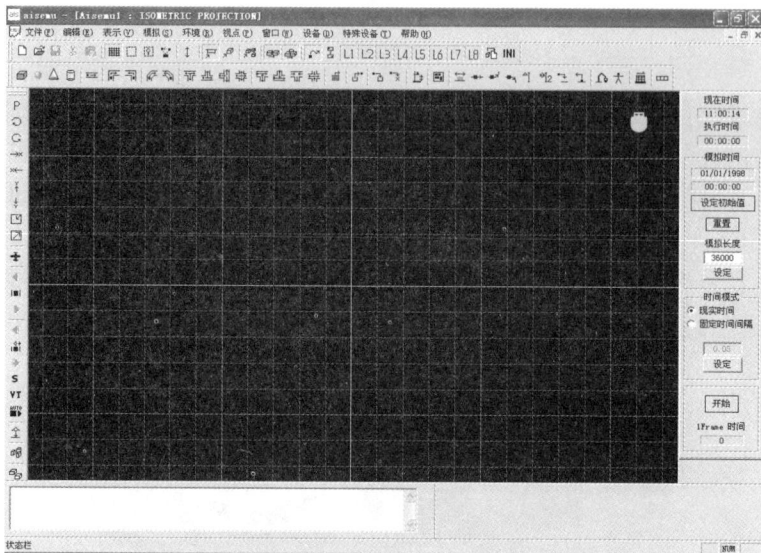

图 2　新建文件界面

（3）点击软件第三行工具栏中的"部件生成器"，在软件界面的网格中设置为从卡车上卸下的商品，"Ctrl+C"和"Ctrl+V"再复制2个，对3个商品分别利用右键属性中"色\形"功能进行颜色设置，利用右键属性中的"概要"进行条形码设置。其中颜色设置为区分度较大的红色、黄色和绿色，条形码设置为"001"、"002"和"003"。进货区布局图如图3所示。

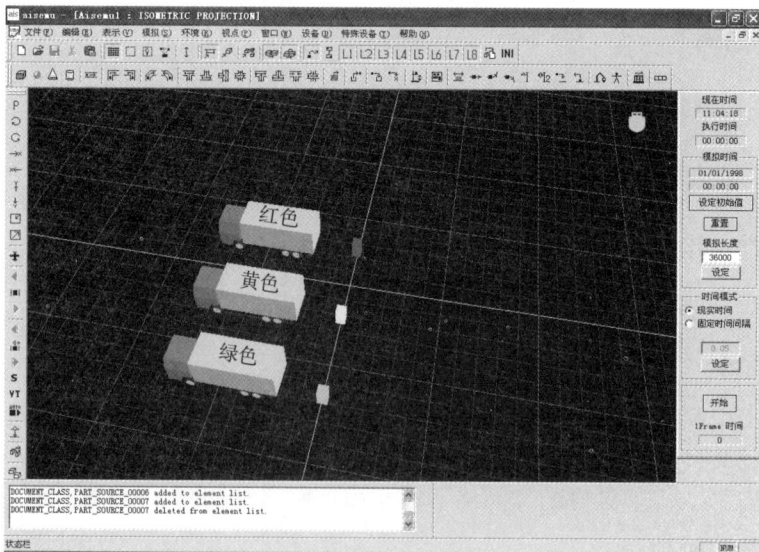

图 3　进货区布局图

（4）进行商品标牌设置。点击第一行工具栏中"特殊设备"下拉菜单，选择"3D文字"，放置于红色商品一侧，右键点击"输入文字"后出现白色图框并填写上"A 商品"，代表A供应商的商品，同样操作，对黄色商品和绿色商品旁分别放置标牌"B 商品"和"C商品"。

（5）点击第三行工具栏中"传送带"下拉菜单，选择"左合流传送带"设置于网格中绿色商品右侧，并在右键"属性"的"尺寸"工具栏中，将传送带的各条支线长度调整为2 000毫米。

（6）选择"右合流传送带"，放置于黄色商品旁。设置好后，利用右键属性将"右合流传送带"的各支线长度也调整为"2000mm"，并与刚才的"左合流传送带"自动连接。

（7）选择"右转传送带"放置于红色商品右侧，将其"尺寸"中各部分长度也调整为"2000mm"，并按照箭头方向与"右合流传送带"自动连接。

（8）最后选择一条"直线传送带"，将"尺寸"调整为"2000mm"后与最下方的"左合流传送带"相连接，完成A、B、C商品的合流结构。

（9）点击第三行工具栏中的"智能人"，放置在"直线传送带"右侧，并进行180度旋转。进货入库区布局图如图4所示。

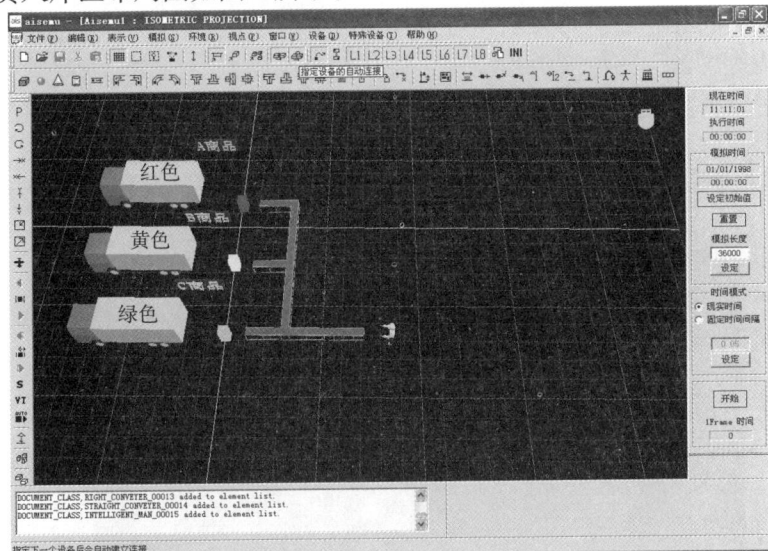

图4　进货入库区布局图

（10）完成设施设备之间的连接工作。对"红色商品"左键双击两下，用红线由"红色商品"向"右转传送带"连接。对"黄色商品"左键双击两下，用红线由"黄色商品"向"右合流传送带"连接。对"绿色商品"左键双击两下，用红线由"绿色商品"向"左合流传送带"连接。对"直线传送带"左键双击两下，用红线由"直线传送带"向"智能人"连接。

3. 建立储存区

1）建立自动立体仓库货架

在第三行工具栏中选择"自动立体仓库"，放置于"智能人"右侧三个网格以外的区域。并利用右键属性中"添加IO部件"为"自动立体仓库"设置入库平台和出库平台。点击"添加IO部件（In Mode）"，自动立体仓库右侧出现向内箭头指向的平台，点击"添加 IO 部件（Out Mode）"，自动立体仓库右侧出现向外箭头指向的平台，由于仓库一般设置为左进右出，所以我们需要交换两个平台的位置。点击第二行工具栏中的"可移动子类设备"功能键之后，左键点击入库平台和出库平台，拽动平台交换位置。

因为自动立体仓库出入库的设置需要进行人工控制，因此需要点击第三行工具栏中找到"自动立体仓库控制器"，放置在"自动立体仓库"旁边的任何空白地方，然后左键双击"自动立体仓库控制器"连向"仓库"，左键单击控制器，仓库变成紫红色，说明连接成功。然后我们可以暂时现将控制器右键的"属性"中"概要"的"出库间隔"设置为"300s"。

2）安装"装货平台"

在第三行工具栏中找到"装货平台"，按照平台上的红色箭头指示逆时针旋转平台90度，与自动立体仓库的入库平台相连接。由于装货平台的作用是将商品在托盘上进行堆码，所以需要向"装货平台"提供托盘的设备，这时点击第三行工具栏中的"托盘供应器"，放置于"装货平台"下方。因为，"装货平台"上的粗蓝色箭头表示商品进入的方向，平台上的红色细箭头表示托盘移动的方向，所以利用双击左键的方式，将"智能人"与"装货平台"蓝色箭头相连接，将"托盘供应器"与"装货平台"的红色箭头相连接。点击"智能人"，蓝色箭头变成黄色，点击"托盘供应器"，"装货平台"变成黄色，说明连接无误。自动立体仓库货架和装货平台的布局如图5所示。

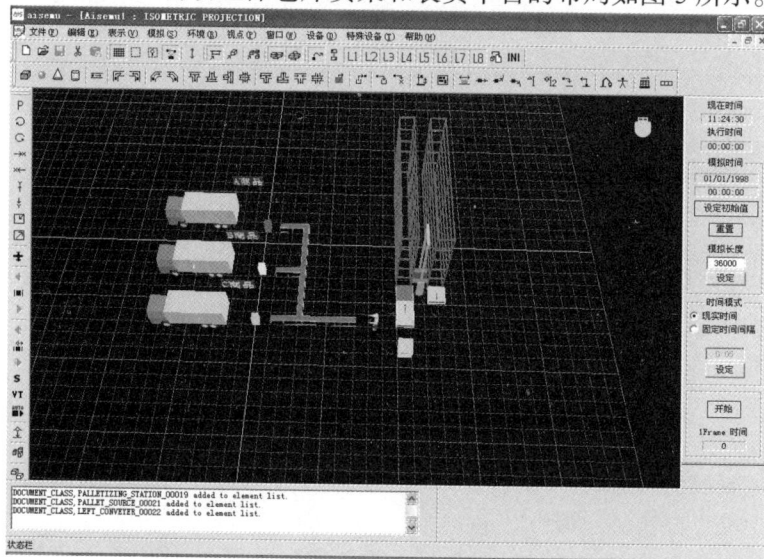

图5 自动立体仓库货架和装货平台的布局

3）安装"卸货平台"

（1）在"自动立体仓库"出库平台的下面安装一个"左转传送带"，并将它顺时针旋转 90 度，然后右键点击"属性"，选择"尺寸"一栏，将各部分长度调整为"2000mm"，高度调整为"300mm"，宽度调整为"1200mm"，然后在这个"左转传送带"的右侧放置一个"智能人"，选择"智能人"的属性，找到"色/形"工具栏，选择"托盘叉车"，就可以将"智能人"变为"托盘叉车"了。

（2）在第三行工具栏中找到"卸货平台"放置在"托盘叉车"的右侧，为了配合作业流程，按下第二行工具栏的"可移动子类设备"按键，将用于指示商品流向的粗红色箭头移动到右侧，在"卸货平台"的下方放置一个用于回收空托盘的"部件消灭器"，然后在粗红色箭头的右侧放置一个"智能人"。这样自动立体仓库出入库作业的设施布局就已经完成。

（3）硬件之间的连接：双击"托盘叉车"连向"卸货平台"的平台，双击"卸货平台"的平台连向"部件消灭器"，双击"卸货平台"的"红色粗箭头"连向右侧的"智能人"。

这样就完成了设施之间的控制连接。

4. 建立分流配送区

1）建立分流传送带

选择"直线传送带"放置在"卸货平台"右侧的"智能人"右侧，点击右键"属性"把尺寸调整为"2000mm"，再选择一个"左右分流传送带"，点击右键"属性"把各个长度尺寸调整为"2000mm"，放在"直线传送带"的右侧，进行自动连接。在"左右分流传送带"上下两端各放置一个"智能人"，将"智能人"分别调整面向传送带，然后从第三行工具栏中找到"笼车"在上下"智能人"身后分别放置一个。最后，在第一行工具栏的设备下拉菜单中找到"卡车"，在2个笼车的后方分别放置一个"卡车"。分流配送区布局如图6所示。

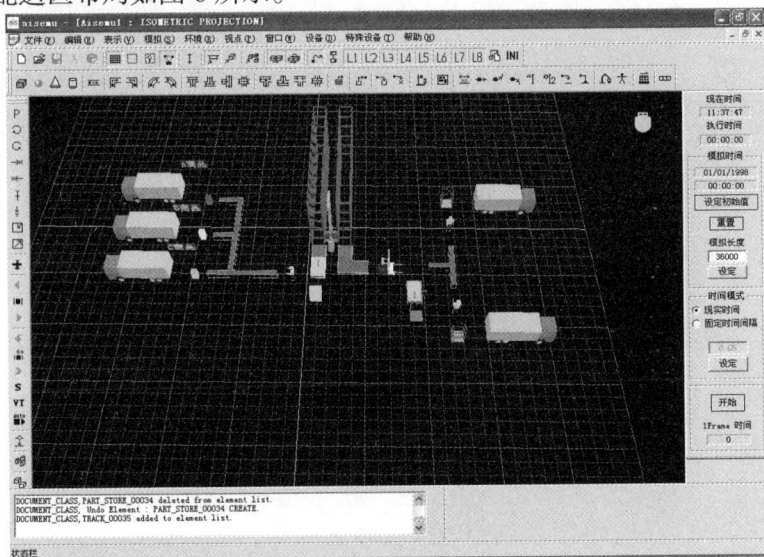

图6　分流配送区布局

2）连接分流配送区的设备

进行设备之间的连接，左键双击"左右分流传送带"连向上方的"智能人"，左键双击"智能人"连向"笼车"，右键点击"左右分流传送带"，找到"支线与下一个设备相连"连向下方的"智能人"，然后左键双击下方"智能人"连向下方"笼车"。

3）设置分流条件

右键点击"左右分流传送带"的"属性"，找到"分流"菜单，建立规则 RULE1，并在左侧"分流条件"右侧，输入分到右侧传送带的商品条形码"001"，这样就可以将 A 商品分流到右侧，而"002""003"条形码对应的商品就可以分流到左侧。

5. 仿真模拟与调整

点击软件右侧的"开始"按键，建立的仓储与配送系统就按照真实时间开始模拟仿真运行，运行效果如图 7 所示。

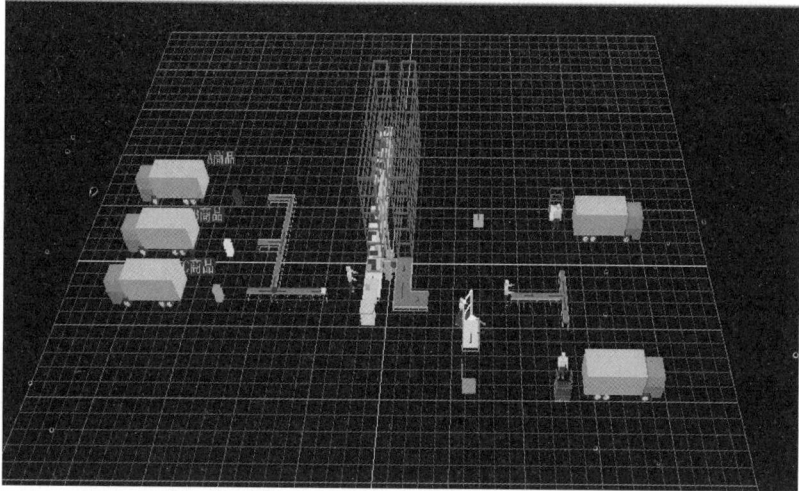

图 7　仓储配送中心系统规划与运作仿真效果图

点击系统界面右侧的"停止"，然后点击上方"重置"，将时间进行修改。然后重新按下"开始"按键，观察系统运行情况。

三、实验考核办法

本实验的考核办法如表 1 所示。

表 1　实验考核办法

考核项目	满分	实际得分
1. 出勤	10	
2. 实验表现	20	
3. 实验软件操作的熟练程度	20	
4. 仿真模型合理性	40	
5. 实验报告	10	
合计		

综合实践二：配送全程仿真监控

实验名称：配送全程仿真监控实验
实验学时：3 学时
授课对象：物流管理专业及相关专业学生

一、实验目的及基本要求

【实验目的】
（1）熟悉配送作业流程。
（2）熟悉配送的主要设施设备。
（3）熟悉冷链全程监控系统基本原理。
（4）掌握冷链货运全程监控软件的功能和操作。（备注：本软件自主开发，相关功能及设置仅供参考。）

【基本要求】

模拟基于 RFID 技术的冷链货运系统的运行环境，使学生加深对冷链监控系统原理的理解，增加其直观认识，掌握冷链监控系统的基本应用，加深学生对冷链全程监控系统基本原理和实际问题处理方法的理解，强化学生将理论知识与工程实践相结合的能力。

二、实验操作步骤

（一）基本原理

实验的基本原理结构如图 1 所示，具体的实验素材包括无线传感器、GPS 导航仪、终端服务器及监控客户端软件。其中，无线传感器用于采集各种冷链监控所需的物理信息，并由传感器将物理信号转换为电信号，再通过无线通信的方式传送出去，无线通信方式可以通过 3G、4G 等移动通信网络实现远程通信，也可以通过 Wi-Fi、Bluetooth、ZigBee 等方式实现近距离通信。与此同时，GPS 导航仪可以对冷链运输车辆实现实时定位，并定期将定位结果通过无线移动通信网发送给远端服务器，并存储在数据库中，从而可以让客户通过监控终端实现对冷链物流的全程监控过程。

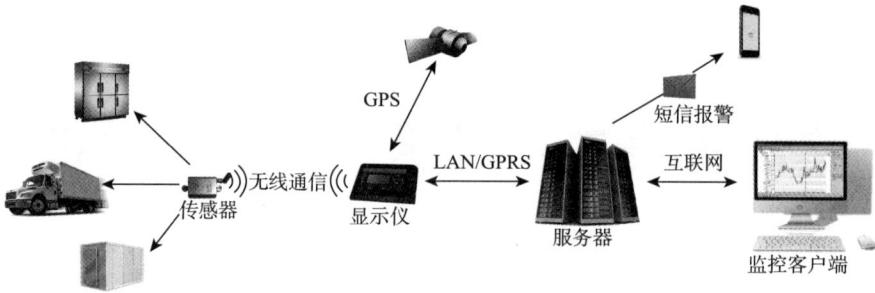

图 1 基本原理结构图

（二）实验模型描述

某配送中心主要针对各城市间货物调配提供商品仓储与配送服务。现在由哈尔滨配送货物到大庆，并对货运全程进行仿真监控。

（三）软件操作步骤

1. 新建文件

（1）首先打开冷链监控与追溯平台软件。

（2）进入登录界面，用户类型下拉可选有管理员、教师、学生，默认学生。

（3）输入用户名及密码点击登录，如图 2 所示，就可以进入冷链监控与追溯平台系统。

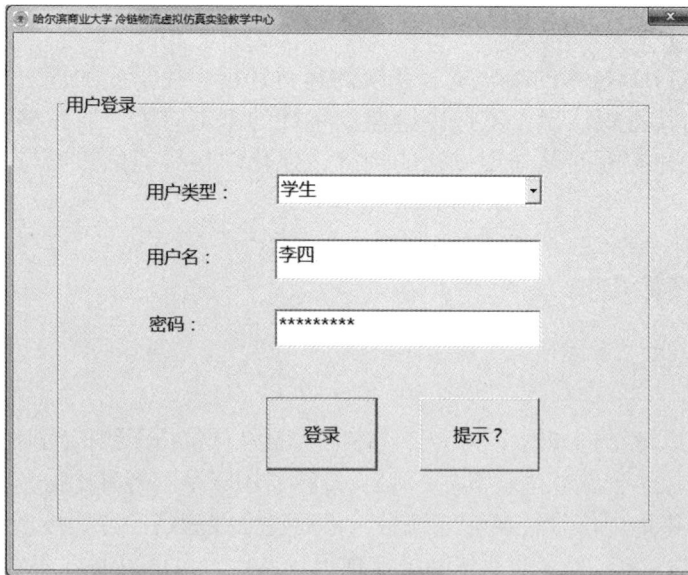

图 2 登录界面

（4）点击运输监控预警。

（5）点击进入冷链全程监控实验，如图 3 所示。

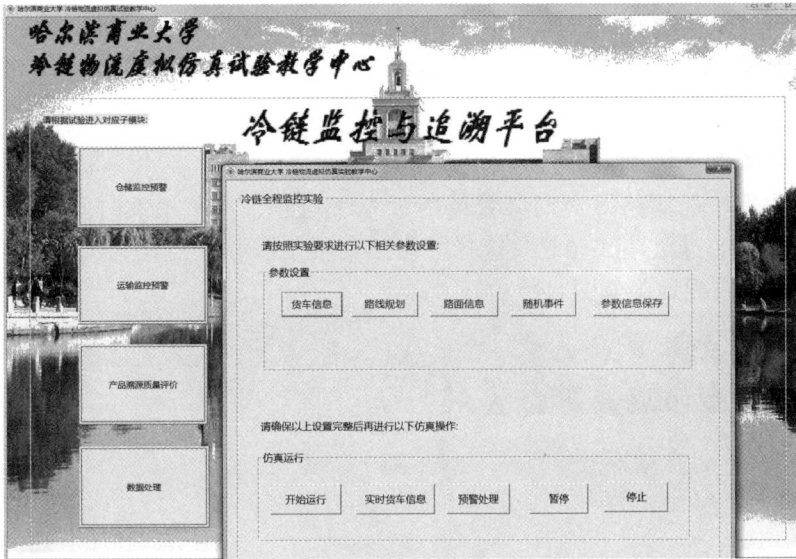

图 3　冷链监控与追溯平台界面

2. 货车参数设置

（1）初始默认货物为：其他类中的其他货物，在这种情况下货物预警温度是可调的，可以根据实际货物来设定其监控温度，默认预警温度为 0~10℃。

（2）货物类型选择：可选项包括乳制品、药品、肉类产品、果蔬农产品和水产品，根据不同的产品类型，对应的报警温度上限和报警温度下限都会有相应的变化。例如，图 4 中所示的货物类型选择肉类产品，则对应的报警温度上限为 4℃、报警温度下限为 0℃。

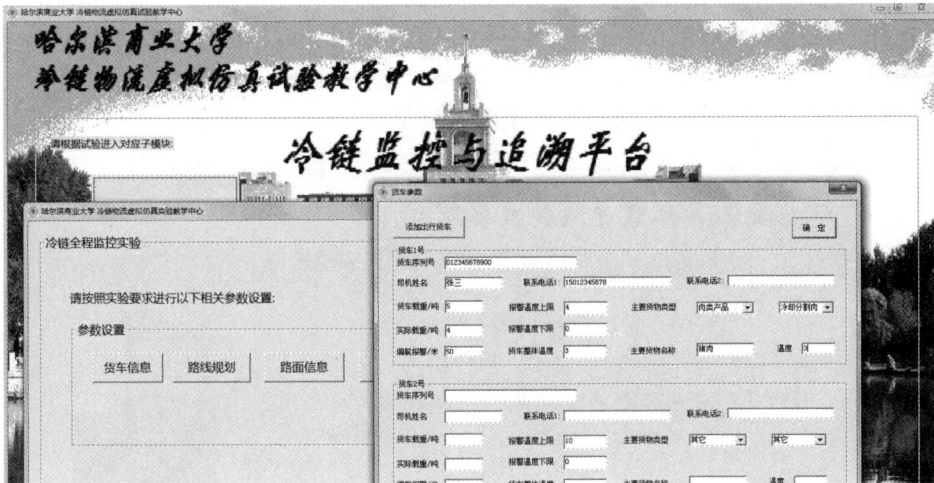

图 4　货车参数设置图

（3）对货物类型进行更精细的选择：为了更好地实现冷链物流监控，需要对货物类型进一步限定，在此，选择货物类型为冷却肉。在主要货物类型"肉类产品"下还可以选冷鲜肉、冻结肉等，不同的货物类型对应的监控结果也会略有差异。

（4）在选择"冷却肉"后，货车的整体温度值也随之定量。根据所选择的货物类型给出预定国家标准的预警温度（冷却肉标准是 0~4℃），冷链监控终端的报警温度上限为 4℃。此时设定货车的整体温度为 3℃。货车参数设置如图 4 所示。

3. 货车运输路线规划

可输入的货车运输路线规划参数包括货车序列号、货车出发时间、始发站和终点站，并且可以添加过路站。在此，选择始发站为哈尔滨，终点站为大庆，全程 164 千米。货车运输路线规划图如图 5 所示。

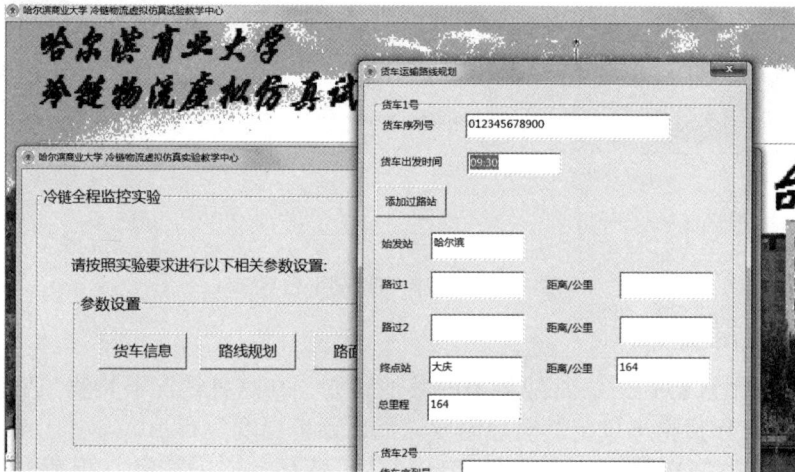

图 5　货车运输路线规划图

4. 随机突发事件设定

随机突发事件设定的界面如图 6 所示，随机突发事件包括高温次数、偏航次数及货车停车次数。其中偏航次数的具体参数在初始参数设定界面中确定。例如，可以将偏航报警米数设定为 50 米，那么当冷链运输车偏离指定路线 50 米以后，传感器就会自动发出报警信号，并通过无线通信网络传输至监控终端。

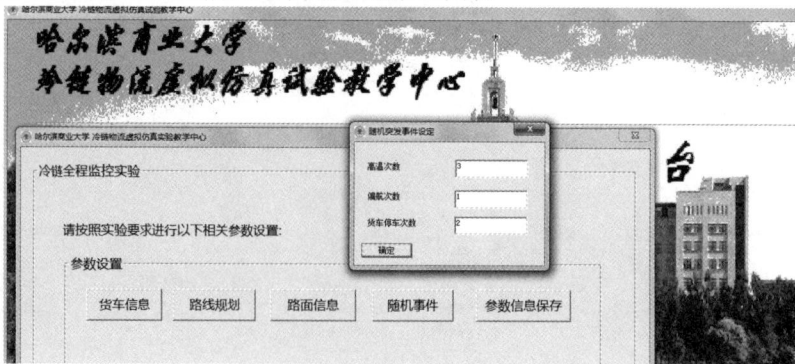

图 6　随机突发事件设定

5. 仿真模拟与监控

（1）点击软件仿真运行组合框中的开始运行，弹出运行界面，此时主界面中货车实时信息和预警处理控件进入可点击状态，而开始运行控件进入不可点击状态。

（2）预警处理提供远程控制功能，主要包括三项，分别为制冷、加热和偏航提醒。若是远程控制制冷等功能无效，则必须提醒司机解决，提醒司机的方式包括闪烁提醒、强制弹出两种方式。

（3）点击货车，会弹出货车的实时监控信息，可以观测到的监控信息包括货车序列号、货车整体温度、主要货物、温度、货车行驶状态、货车行驶速度、货车停车时间/分、货车位置（经度和纬度）、货车出发时间、货车行驶时间、货车平均时间及最佳时间。

三、实验考核办法

本实验考核办法如表 1 所示。

表 1　试验考核办法

考核项目	满分	实际得分
1. 出勤	10	
2. 实验表现	20	
3. 实验软件操作的熟练程度	20	
4. 路线规划的合理性	20	
5. 仿真监控全程实时处理	20	
6. 实验报告	10	
合计		

综合实践三：实际仓库软件操作仿真实验

实验名称：实际仓库软件操作仿真实验

实验学时：3 学时

授课对象：物流管理专业及相关专业学生

一、实验目的及基本要求

【实验目的】

（1）熟悉仓库管理的作业流程。

（2）熟悉仓库管理的主要设施设备。

（3）熟悉仓库管理软件的入库操作、出库操作、库存区管理、盘点作业、货品管理、库存信息分析统计等仿真实验操作。

（4）掌握仓库管理软件的功能和操作。

【基本要求】

学习利用冠唐仓库管理系统软件结合仿真仓库及物品进行仿真的仓库布局、入库操作、出库操作、库存区管理、盘点作业、货品管理、库存信息分析统计等。根据所给出的数据，结合所学知识，针对仿真仓库，考虑仿真情况及约束条件，求出经营总费用最省的订货参数方案。

二、实验操作步骤

（一）基本知识复习

一个完整的仓库管理系统包含订单处理、入库作业、储存盘点、出库配送、仓库布局、货品管理、库存变化分析统计等。这些功能所涉及仓储配送岗位包括物流信息管理员、质检员、库管员、拣货员、装卸搬运员等。需要用到的设施设备包括物流信息系统的载体——计算机，货物传输的工具——传送带，单元化储存工具——托盘，各种类型的货架、配送装载工具——笼车以及装卸搬运的主要工具——叉车，等等。

（二）仿真工具——冠唐仓库管理系统软件的功能介绍

冠唐仓库管理系统是一款实用易用、操作快捷、信息清晰的通用仓库管理软件，支持按条形码出入库操作，操作界面简单清晰，信息管理一目了然，灵活的参数设置接口符合各种工业企业，商贸企业等的管理需要。该软件可以免费下载试用，无时间限制，专业版在标准版的基础上增加了库位管理、生产计算的功能，用户可以更直观的按照仓库的实际布局查看货品情况。同时生产型企业可以根据每次生产的成品数量快速计算出所需的原材料数量。免费试用版冠唐仓库管理系统软件的界面如图1所示。

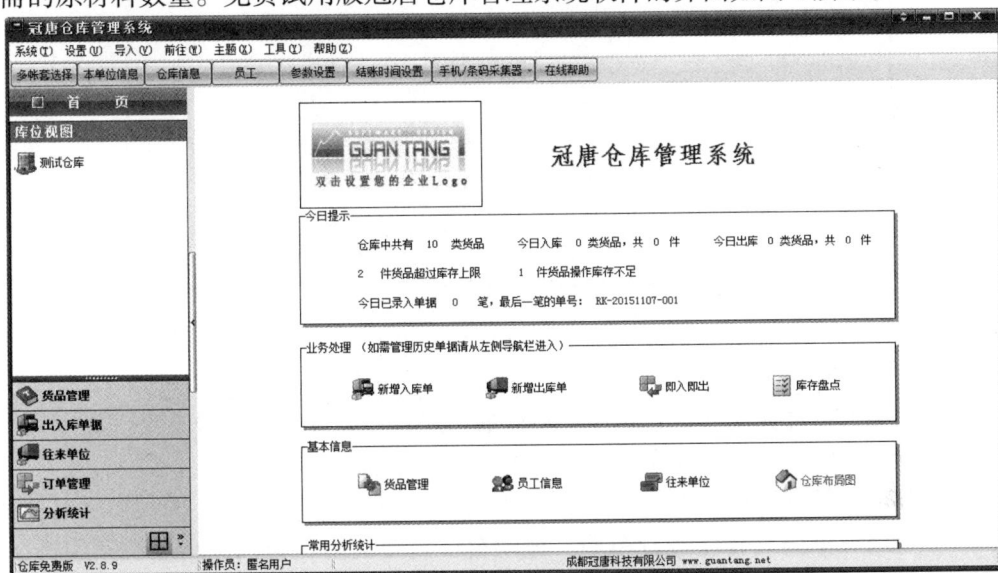

图1　冠唐仓库管理系统软件界面

（三）实验描述

某仓储管理中心主要针对城市中主要商场、超市和便利店提供商品仓储与配送服务。现在通过仿真仓库结合实际仓库管理软件实现入库操作、出库操作、库存区管理、盘点作业、货品管理、库存信息分析统计等仿真实验操作。

（四）软件操作步骤

1. 参数设置

（1）点击电脑桌面冠唐仓库管理系统软件的图标"storage"。

（2）在主菜单"设置"中选择"参数设置"，也可在系统设置的导航栏中直接点击进入。

（3）参数设置中全局设置可在输入货单信息时由系统自动生成货单编号。其中，对于盘点和调拨的单号前缀可在空格处直接点击修改定义（出/入库单号的前缀在"单据定义"中进行修改）。同时可以进行数据备份、单据定义、单位部门、货品类型、扩展字段、出入库扩展字段、其他选型等各项设置。全局设置界面如图2所示。

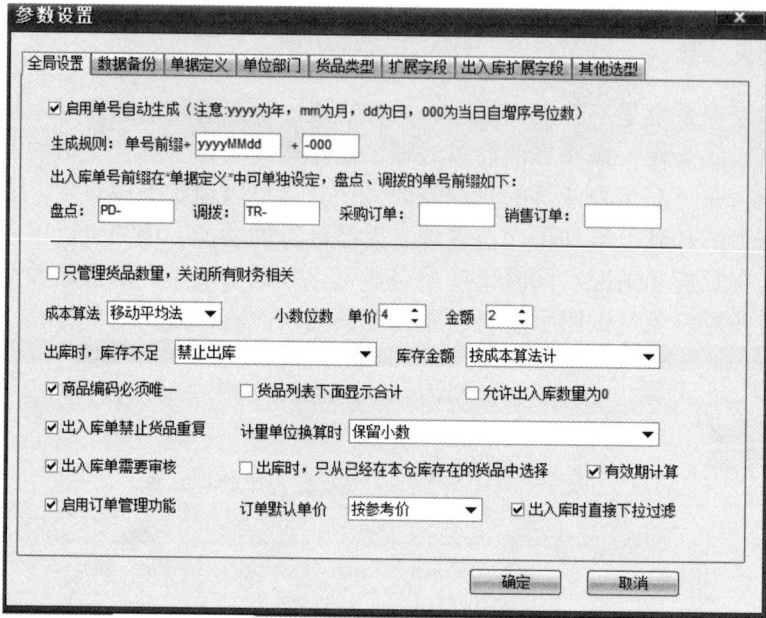

图 2　全局设置界面

2. 仓库布局图设计

（1）在参数设计完成后，针对仿真仓库的布局进行仓库布局图设计。

（2）点击首页，再点击仓库布局图，进入仓库布局。

（3）点击布局编辑器，进入仓库布局编辑。

（4）可以根据仿真仓库进行布局。拖动组件到布局图，输入逐渐属性，如所在仓库、库位编号、备注信息等；然后调整组件大小和位置到布局图的特定位置（该调整也可通过鼠标拖动调整），对于不要的区域可以右键点击，再点击删除。仓库布局设计图如图 3 和图 4 所示。

图 3　仓库布局设计图（一）

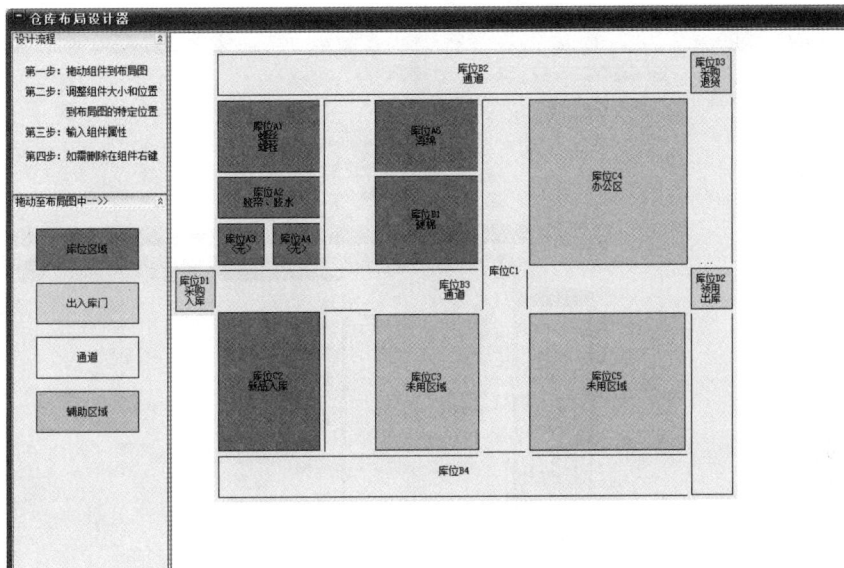

图 4　仓库布局设计图（二）

3. 初始入库管理

（1）在仓库布局设计完成后，针对仿真仓库进行入库管理。

（2）点击首页，再点击新增入库单，进入入库信息管理。

（3）由于是首次进行入库，点击新录入货品，点击条形码，连接条形码读取设备获取仿真物品条形码，再输入产品其他信息，如货品类别、货品名称、计量单位、库存上限、库存下限、入库参考价、出库参考价及生产厂家等信息，如图 5 所示。其中，生产厂家由于是第一次合作，需要重新建立生产厂家的相关信息，如图 6 所示。

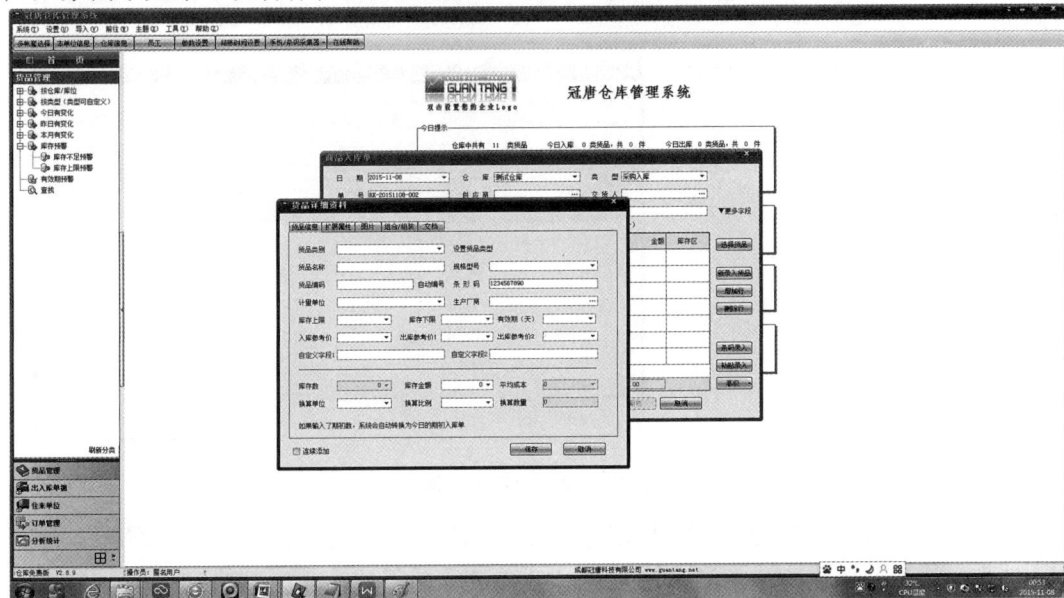

图 5　入库管理图

图 6　生产厂家的相关信息

（4）添加好后，也可以通过出商品入库单据查询，如图 7 所示，里面有待审核和通过的，可点击审核通过。

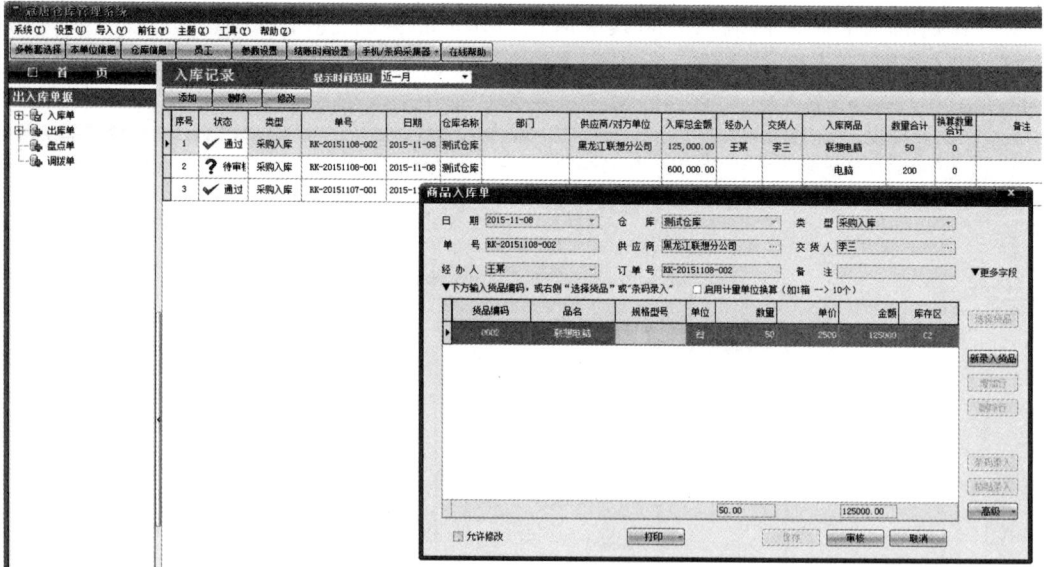

图 7　商品入库单查询

（5）若加新品，都是进行类似以上操作，而登记过的货品信息，即保存在电脑里。

（6）当入库货品是已登记的货品时，可通过条形码读入，更加快捷方便，如图 8 所示。

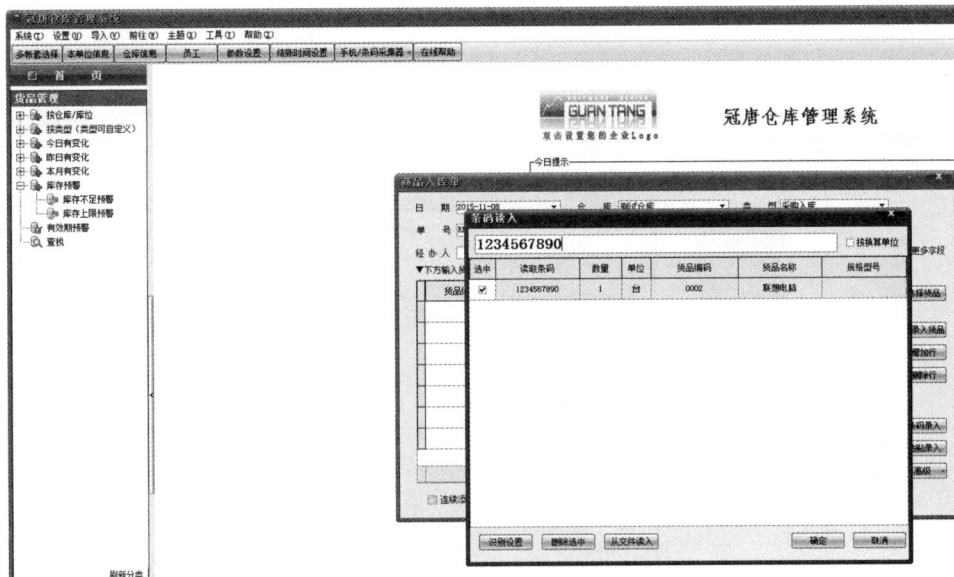

图 8　通过条形码录入

4. 出入库及盘点管理

（1）在初始入库设计完成后，针对仿真仓库进行出入库及盘点管理。

（2）若是入库，点击首页，再点击新增入库单，进入入库信息管理，其他操作与步骤 3.一样。

（3）若是出库，点击首页，再点击新增出库单，进入出库信息管理。可以通过条形码读入，也可以通过选择货品进行出库管理，如图 9 所示。

图 9　出库管理图

（4）若是盘点，点击首页，再点击库存盘点，如图 10 所示。

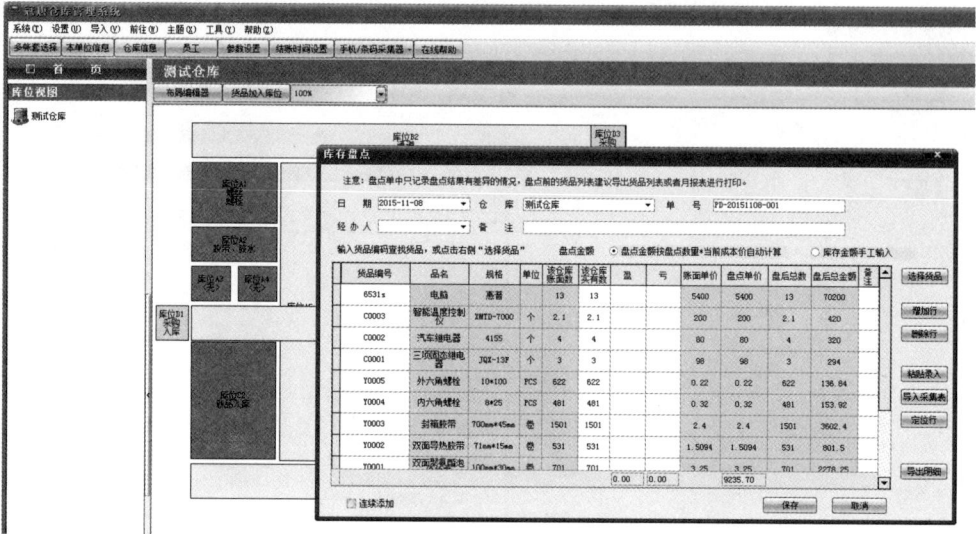

图 10　库存盘点管理

5. 货品管理及分析统计

（1）点击首页，再点击货品管理，进入货品管理。

（2）在货品管理界面，可以进行各种信息查询，如可以按照类型进行货品查询，也可以按照当天、昨天或当月的出入库信息查询，还可以查看库存预警，查看哪些货品不足，还是积压，如图 11 所示。还可以查看有效期预警，查询是否有货品快到期。

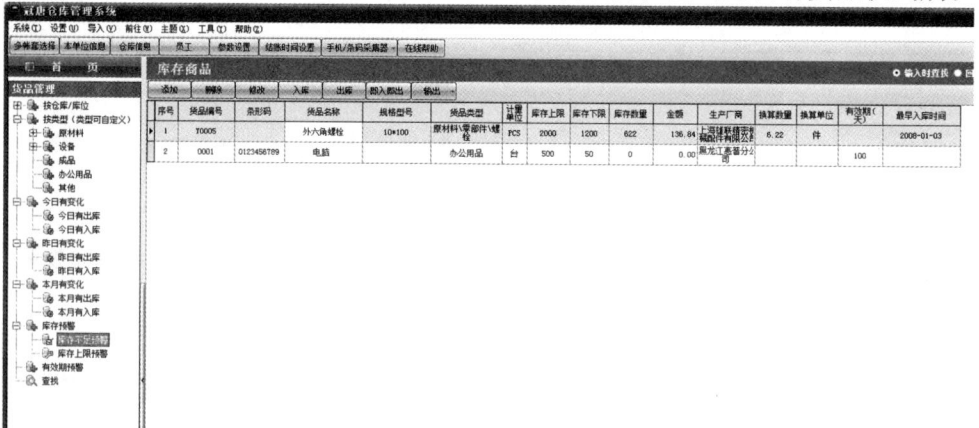

图 11　货品管理

（3）点击首页，再点击库存变化曲线，进入库存分析统计，里面有各项功能，如有库存图表、出入库统计、订单统计、库存预见性分析；点击库存预见性分析，如图 12 所示。

（4）根据库存统计信息，结合所学知识，针对仿真仓库，考虑仿真情况及约束条件，求出经营总费用最省的订货参数方案，该方案以报告形式给出。

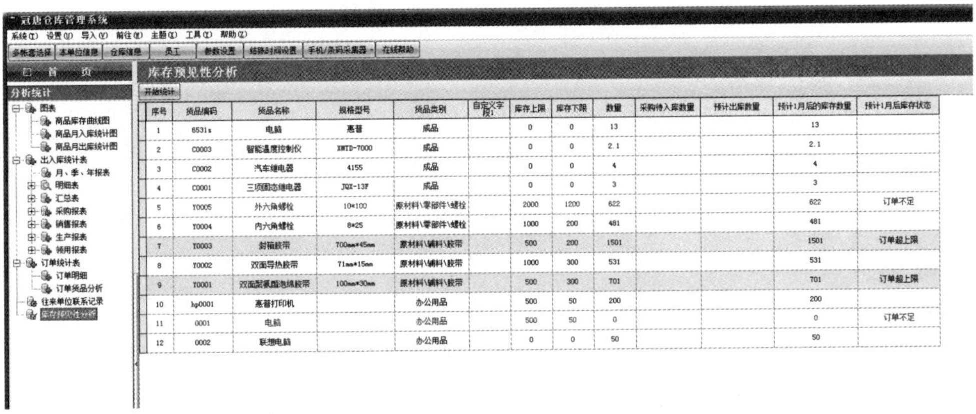

图 12　库存预见性分析

三、实验考核办法

本实验考核办法如表 1 所示。

表 1　实验考核办法

考核项目	满分	实际得分
1. 出勤	10	
2. 实验表现	20	
3. 实验软件操作的熟练程度	40	
4. 仿真订货方案的合理性	20	
5. 实验报告	10	
合计		

参 考 文 献

白世贞. 2010. 现代仓储管理. 北京：科学出版社.

陈子侠. 2015. 物流技术与物流装备. 第二版. 北京：中国人民大学出版社.

何庆斌. 2015. 仓储与配送管理. 第二版. 上海：复旦大学出版社.

蓝仁昌. 2010. 物流技术与实务. 北京：高等教育出版社.

蓝仁昌. 2011. 仓储与配送实务. 北京：物资出版社.

李永生. 2015. 仓储与配送管理. 第三版. 北京：机械工业出版社.

梁金萍. 2009. 物流设施与设备. 郑州：河南科学技术出版社.

汝宜红. 2016. 配送管理. 第三版. 北京：机械工业出版社.

舒文. 2016. 仓储与配送管理. 成都：西南交通大学出版社.

田源. 2015. 仓储管理. 第三版. 北京：机械工业出版社.

汪晓霞. 2012. 城市物流配送管理. 北京：清华大学出版社.

王晓平. 2011. 物流信息技术. 北京：清华大学出版社.

翁兆波. 2015. 物流技术与实务. 北京：中国财政经济出版社.

严萧惠. 2010. 运输与配送管理. 大连：大连理工大学出版社.

叶伟媛. 2014. 运输与配送管理实务. 北京：中国农业大学出版社.

张议. 2013. 仓储与配送实务历史一体化教程. 成都：西南交通大学出版社.

周秀群. 2008. 仓储与配送. 北京：化学工业出版社.

朱长征. 2014. 物流信息技术. 北京：清华大学出版社.